杀戮季节
1965—1966年印度尼西亚大屠杀历史

The Killing Season:
A History of the Indonesian Massacres, 1965-66

[加] 杰弗里·B. 罗宾逊◎著
Geoffrey B. Robinson
谢侃侃 罗杰 等◎译

世界知识出版社

Copyright © 2018 by Princeton University Press
All rights reserved. No part of this book may be reproduced or transmitted in any form or by any means, electronic or mechanical, including photocopying, recording or by any information storage and retrieval system, without permission in writing from the Publisher.

图书在版编目（CIP）数据

杀戮季节：1965—1966 年印度尼西亚大屠杀历史／（加）杰弗里·B. 罗宾逊著；谢侃侃等译著. —北京：世界知识出版社，2023.6
ISBN 978-7-5012-6653-1

Ⅰ.①杀… Ⅱ.①杰… ②谢… Ⅲ.①政治运动—印度尼西亚—1965-1966 Ⅳ.①D734.25

中国国家版本馆 CIP 数据核字（2023）第 091881 号

图字：01-2020-6801 号

责任编辑	刘豫徽
责任出版	李　斌
责任校对	陈可望
书　　名	杀戮季节：1965—1966 年印度尼西亚大屠杀历史 Shalu Jijie: 1965—1966 Nian Yindunixiya Datusha Lishi The Killing Season: A History of the Indonesian Massacres, 1965-66
作　　者	［加］杰弗里·B. 罗宾逊 Geoffrey B. Robinson
译　　者	谢侃侃　罗杰　等
出版发行	世界知识出版社
地址邮编	北京市东城区干面胡同 51 号（100010）
网　　址	www.ishizhi.cn
投稿信箱	lyhbbi@163.com
电　　话	010-65265923（发行）　010-85119023（邮购）
经　　销	新华书店
印　　刷	北京新华印刷有限公司
开本印张	787 毫米×1092 毫米　1/16　30¼印张
字　　数	380 千字
版次印次	2023 年 6 月第一版　2023 年 6 月第一次印刷
标准书号	ISBN 978-7-5012-6653-1
定　　价	136.00 元

版权所有　侵权必究

本书的研究和出版得到北京大学加强基础研究专项"中国文化对外传播的历史影响与定量研究"的慷慨支持,特致谢忱!

序

在历史研究中,冷战国际史研究不仅着眼于国家间的双边或多边关系,而且还在这一基础上向外扩展,探讨某一地区乃至全球的政治、军事格局的形成和走向;向内延伸,分析在已经形成的世界格局中各国国内政策的变化和发展,以及由此产生的对国际关系和国际事务的影响。就此意义上说,它已成为一个独立于国际关系史范畴的新的研究领域。

冷战国际史区别于国际关系史的重要特征即在于它的国际性,它是一个国际史。所谓"国际史",其含义有两个层面:其一在于,无论是学者队伍和史料来源,还是研究对象和观察视角,凡在冷战史的范围内,都不能再以某一个或几个国家为中心,而已经构成了一种国际现象;其二在于,冷战首先表现为以意识形态、制度为分野的分庭抗礼,不同制度的国家卷入其中,成为一种世界范围的国际斗争,由此引发美苏集团对各地区、民族或国家事务的卷入,除阵营国家外,处于中间地带的各民族国家多分别依附于一方,各个国家的发展道路与两极国际格局的演变已经融为一体。这种历史现象的内涵与外延,已不是一般的国际关系史所能囊括的了。

1991年,以苏联解体、东欧剧变和两德统一为标志,冷战作为世界历史上的一个时代结束了。即之,以俄国档案的解密为契机,一系列前社会主义阵营的东欧国家档案也纷纷见之于世,加上原有的美国、英国、日本等国定期公开的档案,学者们可以通过大量的一手材料更加真实地描述和解释冷战时期的历史。所有这些构成了冷战史研究在20世纪90年代异军突起的时代机遇。美国威尔逊国际学者中心(The Woodrow Wilson International Center for Scholars)于1991年率先成立了冷战国际史项目(The Cold War International History Project),许多国家和地区也随之建立了自己的研究机构或团队。此后,"冷战国际史"这一概念便开始流行,并被国际学界广为接受。

当20世纪中叶开始的世界社会主义与资本主义两大阵营的相互对抗成为过去,研究者与研究对象之间的距离也随即逐渐拉开,各国冷战史学者得以在摆脱冷战环境及其思维定式束缚的条件下,对冷战的概念、内涵和外延,冷战的起源,冷战思维对各国决策层的影响,大国关系对国际政治力量改组的影响,小国在冷战格局变化中的地位和作用,不同阵营内部关系的变化及其对两极格局的影响,美苏之间冲突、遏制、对抗和缓和的交替过程,苏联解体过程中的冷战因素,冷战框架和冷战思维对后冷战时期世界格局发展变化的影响等一系列重大历史问题,进行比较客观的再思考。由此,国际学术界掀起了对冷战历史研究的新的热潮,参与的学者人数和国度、研究的角度和方法、课题的种类和范围,以及档案文献资料所涉及的语种和国家等,都大大超过了以往几十年的研究。这种新的国际学术潮流,被国际著名冷战史专家约翰·刘易斯·加迪斯(John Lewis Gaddis)称为"新冷战史"(The New Cold War History)。

近年来,冷战国际史的新研究日渐深入,其主要学术特征表现在以下几个方面。

第一,众多冷战史研究群构成了国际学者队伍。在美国和西欧,美国威尔逊国际学者中心冷战国际史项目、位于乔治·华盛顿大学的国家安全档案馆、伦敦政治经济学院冷战研究项目、以瑞士联邦技术学院安全研究中心为依托的合作安全平行历史项目（The Parallel History Project on Cooperative Security）等，是世界上几个主要的冷战史研究中心；此外还有意大利的马基雅维利冷战史研究中心，法国的"欧洲认同、国际关系和欧洲文明"研究所等冷战研究机构。而中东欧各国也几乎都建立了冷战史研究机构，除俄罗斯科学院冷战史研究中心外，经常在国际学界露面的是匈牙利冷战史研究中心和保加利亚冷战研究组。在亚洲，比较活跃的有中国华东师范大学冷战国际史研究中心，以及日本早稻田大学现代中国研究中心和北海道大学斯拉夫研究中心。韩国参与冷战史研究的主要是韩战研究会和国防部军史编纂研究所。新加坡国立大学近年也成立了冷战研究中心，侧重于冷战在东南亚的历史研究。香港大学历史系的美国研究中心经常与各国冷战中心合作举办国际会议，是亚洲冷战研究的主力之一。在中国台湾，"中央研究院"近代史研究所组建了一个专门研究冷战时期海峡两岸关系的研究群，"国立"政治大学历史系也有冷战史研究小组。印度学者最近也开始加入冷战史的研究队伍。

第二，档案开放、收集的国际化与多国档案的综合利用。冷战国际史研究的基本要求就是必须以第一手的档案文献构成学术论著的叙述主体，不仅如此，这项研究还强调综合利用双边档案和多国档案从事学术考察。以往的冷战史研究，依靠的主要是美国档案，故形成"美国中心论"——冷战史实际上是美国外交史——在所难免。目前，各国档案的开放、收集、整理、翻译及综合利用，已经成为冷战史研究领域首先关注的事情。正是这种档案收集和利用的国际化趋势，从根本上突破了"美国中心主义"倾向，使冷战史研究成为真正意义上的冷战国际史研究。

第三，研究者学术关怀的重点集中在历史事实的重建。冷战国际史之所以被称为"新冷战史"或"冷战史新研究"，并不是因为研究者持有相同的、统一的观点，更不在于他们形成了一个学术流派，而是恰恰相反，学者之间在很多观念、概念、定义以及对史料的解读方面，往往存在不同的释义和看法。就学术关怀而言，研究者的共同努力首先和重点在于重新描述历史过程，重新构建历史事实。冷战时代结束后，世界现代史在基本史实的认定方面出现了颠覆性的变化。过去，由于意识形态的对立和档案文献的阙如，冷战双方的研究者无法看到或不想看到铁幕的另一边究竟发生了什么，学者眼中的历史常常是片面的、虚假的、错误的，甚至是扭曲的或被歪曲的。如今，随着对峙双方档案文献的解密和公布，以及学术研究中意识形态因素的弱化，冷战历史的原貌开始浮出水面。冷战史演进的全过程进入重建阶段，在一个相当长的时间里，各国学者首要的和主要的任务就是恢复历史的本来面目。

第四，档案交流和专题研究方面的国际合作日益加强。冷战史研究走向国际化的趋势，是冷战结束以来各国档案大规模开放的现实促成的，也是其研究领域本身的内涵所决定的。冷战史研究领域的重大专题研讨会，需要多国学者利用多国档案共同参与讨论，如此才能更有效地辨明事实真相，总结历史教训。

第五，研究领域、研究对象和研究方法等方面呈现出新的发展趋势。目前，在持续关注冷战起源、苏联与冷战的关系、中美和中苏关系、朝鲜战争和越南战争等诸多热点问题的同时，冷战史学者也开始走出大国关系史研究的光环，注重考察中心地带与边缘地区的互动关系。从战后基本同步、并列延伸的冷战和殖民主义瓦解的进程来看，冷战的发展实际超出了东西方对抗的范畴，成为一种更为复杂、更具多元化特征的历史过程。两个超级大国在第三世界地区争斗的日益激烈，使无产阶级世界革命中的冷战对峙和民族独立运动这两大历史脉络密切地交织在一起，冷战的规模由此拓展至全球。其间，第三世界扮演的角色不容忽略。只有进一步考察第三世界国家在冷战中的地位和影响，才能使人们更加深刻而全面地了解冷战年代世界格局的内涵，以及在这一总体格局中各国历史的发展道路。此外，冷战国际史研究还进一步突破了传统国际关系史研究的范畴，把观察的视野转向经济、文化和一系列社会问题，"经济冷战""文化冷战""宣传战—心理战"等研究逐渐兴起，跨学科研究成为一种发展趋向。战后以来，经济、文化、科技、宗教、社会等各类专门史，都不可能摆脱冷战这个核心；与此相应，研究冷战史，研究国际格局产生和变化的过程，也必须考察经济、文化、科技、宗教、社会等问题，因为正是这些问题与国际关系问题融合在一起，才构成了冷战时代本身。也只有运用多维视角，才能完全展现出冷战史作为一部国际史的价值和魅力。而就方法论言之，一些学者正尝试着在合理的新历史证据的基础上，建立自己的冷战国际史概念、分析框架和理论模式。而这种做法本来就是冷战国际史研究者所关注的，重新建构历史活动之中的应有之义。

作为冷战中的一个社会主义大国，中国的角色和作用是冷战史的重要组成部分。冷战时期的国际环境对中国的内政外交产生了重要影响，新中国的发展轨迹与冷战进程交织在一起。以此，中国学者在冷战史新研究兴起之初就参与到这一学术潮流中。随着国际交流的深入，中国学者的研究成果正日益引起国际学术界的重视。在朝鲜战争、中苏关系、新中国对外政策、台海危机、越南战争等一系列冷战史重大课题的研究中，许多中国学者的观点及其所依据的史料都在国际学术界产生了重要影响，中国的冷战史研究已经进入国际学术前沿，具备了与国际一流学者对话的能力。因此，与其他学科稍有不同的是，中国的冷战史学科一开始就是与国际学术界保持同步的，目前冷战史学界的新趋势也是贯穿在中国冷战史学科发展之中的。中国的冷战史研究已经成为一个新的学术增长点，其作为中国学术界新兴学科的地位也已经确立。

不过，中国学界在冷战国际史研究中仍然存在某些不足和需要改进之处。其一，冷战时期美国外交政策研究仍然是中国冷战国际史研究的"大宗产品"，从事其他方面研究的学者比例过低。其二，多国多边档案的互证对比研究尚处于起步阶段。其三，偏重政治、外交和军事史研究，对社会、科学、经济和文化方面冷战的研究尚显重视不够。在中国日益崛起的今天，中国的冷战国际史研究还须迈出更为坚实的步伐，学者们的视野应该不断"扩张"，探索也应该"面面俱到"。毕竟冷战的历史极其丰富和鲜活，队伍庞大的中国研究者应当尽可能均衡地关怀和揭示冷战史的方方面面。这不仅是学术发展的需要，也是国家发展的要求。

近年来，"新冷战"（New Cold War）问题开始引起国际社会的关注，大国之间围绕利益和权力展开的对抗，国际政治中出现的对峙和遏制，似乎重演着冷战年代的是是非非。面对新产生的"世界是否会进入新冷战时代""目前国际紧张状态中有哪些因素来自冷战年代""国际局势今后将如何发展和演变"等问题，人们只有通过思考过去的经验教训，才能做出合乎逻辑的解答。由于当代世界的结构性因素和重大国际问题的渊源都与冷战时期密切相关，所以，冷战史研究可以为理解和把握后冷战时期的历史运动规律、应对及管理现实的国际危机，提供必要的历史借鉴和战略性评估。这也是进一步全面、深入地加强冷战国际史研究，并在学科建设方面将这一研究提高到应有地位的现实意义所在。

有鉴于此，我们期待着看到更多国内外学者的冷战史研究新作问世。期待着在重新描述历史过程，重新构建历史事实的过程中，拓宽中国冷战史学者的思路，开掘冷战史研究的新材料，以推动中国冷战国际史研究的继续拓展和深入，促进中国现代史、世界现代史、现代国际关系史和国际政治学研究的发展，以及为中国参与国际事务、选择对外方针提供学术支撑和政策咨询。

我相信，经过中国学者的努力，中国的冷战国际史学科，必将不断走向成熟；中国的冷战国际史研究，也必将以其客观、严谨、厚重、创新的学术品质，跻身于世界史林。

李丹慧
华东师范大学社会主义历史与文献研究院教授
2023 年 5 月

译者序

2023年1月11日，印度尼西亚共和国（以下简称"印尼"）总统佐科·维多多（Joko Widodo）在一次演讲中公开承认，经政府仔细审查，该国独立后数十年内共有12起严重侵犯人权的事件，其中包括1965—1966年"九三〇事件"后发生的大规模屠杀。

1965年10月，苏哈托军事集团以平息政变（"九三〇事件"）为借口，迅速夺取印尼的军政大权，并在随后半年中发动了针对左翼人士的血腥清剿，约50万人惨遭杀害。在其后30余年里，苏哈托"新秩序"政权继续对该国左翼人士进行系统性迫害。直至1998年，苏哈托政权才终于在民怨及金融危机的双重压力下倒台。新秩序时代终结后，印尼社会各界和国际社会一直呼吁印尼政府对1965—1966年大屠杀进行彻底调查与深刻反思。但过去20多年中，印尼官方迫于国内政治压力，在这一方面的进展较为缓慢。正因如此，佐科总统2023年初这次罕见表态具有极其重要的意义。佐科一再重申，"我和政府真诚地致力于确保将来不会在印尼再次发生严重侵犯人权的事件"。国内外人士普遍称赞此举是印尼官方在面对历史问题方面取得的重大进步，不仅有助于为受害者主持公道、伸张正义，也能够在未来防止类似悲剧重演。

《杀戮季节》对印尼1965—1966年的大屠杀及苏哈托新秩序政权在后续30多年针对该国左翼人士进行的系统性迫害进行了深入

探讨，是国际学术界期待已久的一部重量级著作。该书英文版于 2018 年由普林斯顿大学出版社出版，一问世就得到了来自历史学、政治学、国际法学、社会心理学、人权研究、发展中国家研究、东南亚研究、外国语言文化等多领域学者的广泛关注。该书自上市以来好评如潮，在世界各地吸引了大量读者，被英国《金融时报》(*Financial Times*) 和美国《外交事务》(*Foreign Affairs*) 杂志评选为 2018 年度最佳图书，2021 年荣获美国亚洲研究学会 (Association for Asian Studies, AAS) 颁发的"乔治·卡欣奖"(George McT. Kahin Prize)，是多年来世界东南亚研究领域最受瞩目的学术成果之一。

近年来，印尼国内关于 1965—1966 大屠杀的讨论逐步放开，相关话题不再是政治禁忌，《杀戮季节》印尼文译本 (*Musim Menjagal*) 于 2018 年正式出版，引发社会各界热烈讨论。此外，印尼 1965—1966 年大屠杀也引起了国际舆论的广泛关注。丹麦导演约舒亚·奥本海默 (Joshua Oppenheimer) 拍摄的两部纪录片《杀戮演绎》(*The Act of Killing*, 2012) 和《沉默之像》(*The Look of Silence*, 2014) 在各大国际电影节展映，引起轰动，揽下诸多奖项，前者更是入围了奥斯卡最佳纪录片。2016 年 4 月，印尼总统顾问委员会和印尼国家人权委员会等官方机构组织了题为"剖析 1965 年悲剧"的大型研讨会，社会反响强烈。2018 年，中文期刊《东南亚研究》刊载北京大学国际关系学院梁英明教授论文《再论印度尼西亚"9·30 运动"——历史旧案与现实政治》，重新将这一学术课题带回中国学界的视域。因此，向中国读者译介《杀戮季节》可谓适逢其会。

《杀戮季节》详细论述了 1965—1966 年发生在印度尼西亚的大屠杀及其在随后几十年里对当地社会造成的深远影响。此次大屠杀是二战后人类所经历的最为血腥的暴行之一，约 50 万印尼共产党党员及其同情者在印尼军政府所领导的镇压中丧生。与大屠杀严重程度极不相称的是，学界在过去半个多世纪里对这场悲剧普遍缺乏反思。虽然学术圈内小范围的讨论从未间断,该事件却始终没有在国际层面得到广泛关注,许多暴行的参与者至今仍逍遥法外。

在《杀戮季节》一书中,罗宾逊提出了三个简单却根本的问题:大屠杀因何发生?有何后果?为何对它进行的讨论如此之少?根据他对一手资料和已有研究的细致分析,罗宾逊提出了三个主要论点:首先,印尼军队在故意煽动、指挥和组织1965—1966年大屠杀及抓捕行动中发挥了关键作用;其次,在冷战的特殊国际背景下,美国和英国等外部势力在支持和鼓励印尼军队的大规模暴行中扮演了重要角色;最后,印尼彼时的文化、宗教和社会经济方面的紧张局势也为这一悲剧的发生提供了土壤。

本书结构清晰,各章节按照基本的时间脉络向前推进。第一章至第四章阐述了大屠杀发生时重要的历史背景。作者在这一部分剖析了当时印尼国内政局和国际政治间的互动并探究了关于"九三〇事件"的不同解读方式。罗宾逊认为,苏哈托及其领导下的印尼军政府指责印尼共产党策划政变,趁机夺取军政大权,并以"九三〇事件"为借口发动了针对印尼左翼势力的大清洗。第五章至第九章是本书的主体,探讨了军队在大屠杀中发挥的领导作用。此外,西方大国不仅对这些罪行视而不见,还积极支持印尼军队组织旷日持久的反共运动。本书第十章至第十一章则关注了大屠杀对印尼社会产生的长期影响,探讨其造成的后果及引发的一系列历史遗留问题。

《杀戮季节》的作者杰弗里·罗宾逊(Geoffrey Robinson)是美国加州大学洛杉矶分校(UCLA)历史系教授,国际著名历史学家,主要研究东南亚地区的政治暴力、种族屠杀、大规模监禁及人权等问题。罗宾逊在康奈尔大学师从本尼迪克特·安德森(Benedict Anderson)和乔治·卡欣(George McT. Kahin)教授,于1992年取得政治学博士学位。此外,他还担任过联合国东帝汶特派团(UNAMET)政治事务专员,在工作中接触并积累了大量珍贵的一手学术资料。

《杀戮季节》植根于罗宾逊过去30年中在相关领域扎实的研究基础。他的第一本专著《天堂的黑暗面：巴厘岛的政治暴力》(*The Dark Side of Paradise: Political Violence in Bali*，1995年康奈尔大学出版社出版)，探讨了巴厘岛政治暴力的历史根源和其中的结构性因素，至今仍然是研究巴厘岛1965—1966年暴力事件最全面的著作。罗宾逊为该书的撰写进行了多年档案及实地研究，许多在这本书中未使用的材料（尤其是涉及美国政治干预的部分）成为《杀戮季节》的重要基础。

罗宾逊的第二本专著《"如果你离开我们，我们会死在这里"：东帝汶的种族屠杀是如何停止的》("*If You Leave Us Here, We Will Die*": *How Genocide Was Stopped in East Timor*，2010年普林斯顿大学出版社出版)，研究了印尼军队在非法占领东帝汶期间从事的暴力活动，记录了1999年种族屠杀从发生到停止的全过程。罗宾逊认为，1965—1967年发生在印尼的政治事件重塑了印尼军队的机构设置和组织文化，最终影响了其在东帝汶的行为方式。《杀戮季节》沿袭并拓展了这本书所探讨的一些主题：搭建了对大屠杀进行比较研究的框架，讨论了人道干预的逻辑和效果，并深入剖析过渡时期的司法问题。

在此基础上，罗宾逊出版了大量与《杀戮季节》主题相关的书籍和文章，包括对巴厘岛暴力事件的政治经济学分析，以及对印尼军队的政治角色、印尼亚齐地区的政治暴力、东帝汶民兵组织等问题的研究。此外，他还进行了大量访谈及实地调研，在数篇文章中讨论了印尼1965年政变后的政治拘留问题。1999年，罗宾逊担任了联合国东帝汶特派团的政治事务专员，并受联合国人权事务高级专员办事处（OHCHR）委托执笔了题为《1999年东帝汶：反人类罪行》(*East Timor 1999: Crimes against Humanity*) 的长文，被东帝汶"接纳、真相与和解委员会"（Commission on Reception, Truth, and Reconciliation, CAVR）的最终报告收录。

综上，罗宾逊兼具学界和国际组织长期任职经历，是东南亚现代史和国际人权事务方面的权威专家，其著作在相关领域影响巨大，在全球范围内享有盛誉。《杀戮季节》建立在坚实的早期研究基础之上，是其学术生涯中又一力作。该著作的深度与广度大大超越了同类作品，探讨话题更具普世性，具有更为广泛的受众。

本书译者认为，《杀戮季节》深入探讨了印尼1965—1966年的暴力事件，有四项重大学术贡献。

第一，本书是迄今为止关于这一主题最为全面的研究专著。首先，几十年来，虽然学者们已从不同角度探讨了相关话题，但《杀戮季节》对大屠杀的全景式展现是史无前例的。地理上，它关注的是印尼全国，而不是一个或几个特定区域；其次，作者细致研究了印尼国内和国际政治势力间的相互影响；最后，《杀戮季节》不仅生动呈现了大屠杀的诸多细节，还讨论了这一悲剧在过去几十年对印尼造成的长期影响。

第二，罗宾逊较为透彻地回顾了相关文献，指出了现有研究普遍存在的局限与不足。作者质疑了一些将大屠杀起因归结为个人动机，社会心理，或文化、宗教间紧张关系的论述，并对这些观点进行了一一驳斥。罗宾逊认为，尽管上述因素是至关重要的历史条件，但它们不足以对屠杀发生的特殊地点、时间及其发展过程提供合理的解释。此外，也没有证据表明大屠杀是外国阴谋的直接产物。罗宾逊在阐述他的观点时非常谨慎——他强调了印尼军队关键的领导作用，但否认大屠杀是军方蓄谋已久且按计划缜密实施的。

第三，本书采用独特视角，将1965—1966年的大屠杀与20世纪的其他大规模暴行进行了对比，而非仅仅把它作为一种独特的"印尼现象"进行研究。罗宾逊指出，种族灭绝和其他大规模暴行在本质上都是政治行为,是以军队为代表的国家暴力机构蓄意推动的。他认为,印尼军队特有的文化成就了大屠杀的"暴力手段清单"(repertoire of violence),它的存在让与军队相关联的个体亲身学习并参与了暴行的演绎。同时,印尼军队长期以来将左翼势力看作是国家和民族的威胁,这种极端的、近乎歇斯底里的反共宣传和军国主义意识形态成为大屠杀发生的催化剂。

第四,本书在探讨血腥屠杀的同时,着重论述了苏哈托政权在"九三〇事件"之后30多年里对受害者人权进行的"系统性践踏",并在此基础上深刻反思了国际社会长期以来对该事件的集体失语现象。罗宾逊指出,受苏哈托政权迫害的印尼人千千万万,而他们的经历却有着惊人的相似之处。尽管苏哈托政府于1998年倒台,但大屠杀的阴影依然笼罩着当今的印尼社会,当局尚未采取实质性措施对受害者及其亲友们的司法诉求进行积极的回应。因此,《杀戮季节》意在成为一部"打破沉默"的开创性著作,其目标受众不仅仅局限于学术圈。在保证极高学术水准的同时,本书将一场血腥却容易被人遗忘的悲剧重新呈现在了世人面前,力求通过揭露真相来帮助受害者们伸张正义,让那些犯下滔天罪行的凶手不再逍遥法外。

过去几年中,西方学术界涌现出了多部关于印尼大屠杀的优秀学术成果,包括杰斯·梅尔文(Jess Melvin)对印尼军队的研究,西达尔特·钱德拉(Siddharth Chandra)对暴行发生地区人口变化的分析,布拉德利·辛普森(Bradley Simpson)对美国幕后作用的揭露。《杀戮季节》与这些作品相互呼应,产生了重要的学术共鸣,也让大屠杀成为印尼研究领域近年来最为热门的话题之一,这种局面的形成无疑对罗宾逊所倡导的"打破沉默"具有十分重要的意义。

相比之下,国内学术界对印尼大屠杀的关注较少,研究成果及参考资料大多出自信息较为闭塞的时代。由于国内长期以来一手资料匮乏，研究者应用多语种进行研究的能力受限，既有相关研究大多浮于表面，意识形态色彩浓重，对国际时局和事件细节的把握均有欠缺，存在较多误读与曲解。近十年来，《杀戮演绎》和《沉默之像》两部纪录片在国内引起了很多讨论，反响积极。但由于国内观众对印尼历史普遍缺乏了解，许多专业影评人和普通观众对此类作品均存有不同程度的理解偏差。2018年，北京大学国际关系学院梁英明教授发表于《东南亚研究》的文章就"九三〇事件"及其对印尼政治的长期影响进行了论述，指出这一"历史旧案"中仍有许多谜团未解，展开进一步研究极其必要。

基于其翔实的历史叙述，扎实的档案研究和严谨的写作风格，译者认为《杀戮季节》是一部不可多得的学术佳作，填补了印尼历史和国际人权研究的多项空白。由于语言和知识壁垒的长期存在，我国东南亚研究领域拥有国际影响力的相关著作暂时欠缺，翻译国外优秀成果有助于国内学人与世界学术前沿进行深度接触，促进学者交流，提高研究质量，扩大国际影响，有利于国内学者与相关领域国际学术前沿进行对话。近年来，我国学者对东南亚及国际人权问题的关注显著增长，关心此类话题的读者群体也日益扩大。在这一背景下，《杀戮季节》一书非常有助于对东南亚研究、冷战史及国际人权问题感兴趣的读者进行知识储备。

《杀戮季节》译者团队由来自北京大学外国语学院、历史系、国际关系学院、法学院等相关领域师生组成，全体成员均熟练掌握英语和印尼语，在印尼近现代史、冷战史、国际关系、人权法等领域具有一定学术积累。主要译者谢侃侃、罗杰为长期从事印度尼西亚语言、文化、历史研究和教学的教师，负责全书统稿、全译文校改、立项出版、承担全书大部分内容的翻译及定稿工作。此外，部分相关章节译文初稿参与者包括：马广路（第三章）、孔金磊（第四章)、何俊德(第五章)、夏方波(第六章)、谢泽中(第七章)、温华翼(第八章)、赖坤元(第十章)。2019年春,团队负责人谢侃侃在荷兰国际亚洲研究所(International Institute for Asian Studies)通讯上发表了一篇《杀戮季节》的英文学术书评(https://www.iias.asia/the-review/killing-season),该书评已被普林斯顿大学出版社网站收录。

  在本书翻译过程中,译者团队与《杀戮季节》原作者罗宾逊教授保持了紧密的联系。罗宾逊教授向译者提供了无私的帮助,先后分享英文出版申请书、原版图片、匿名评审意见等宝贵资料,还协助团队与普林斯顿大学出版社就版权、内容、市场推广等相关事宜进行接洽。本书翻译工作于2019年启动,前后历时约四年时间,译文经过多轮反复打磨,仍难免存在不足之处,恳请专家、学界同人及广大读者不吝指正。书中主要观点来自作者罗宾逊教授的学术视角,读者在阅读过程之中可以自行鉴别及参考。世界知识出版社编辑刘豫徽老师为本书倾注了大量心血,她极高的专业素养和兢兢业业的工作态度让翻译团队得以从容应对各种困难,不断提升译稿质量。刘老师一丝不苟的做事方式对译者来说也是一种积极的鞭策,如果没有她的辛勤付出,这本译著的付梓时间恐怕还会一再推迟。四年来,众多师友及相关领域学者就本书翻译出版工作给予大量关注、支持和帮助,译者深受鼓励,时刻铭记在心。最后,译者诚挚感谢北京大学加强基础研究专项"中国文化对外传播的历史影响与定量研究"对本书出版所提供的慷慨支持。

译者
2023年3月,燕园

前　言

我最后一次见布迪阿尔佐（Budiardjo）时，我们在伦敦皮卡迪利广场附近他最喜欢的中餐馆吃了一顿饭。他向我讲述了他正在学习的夜校课程和他作为政治犯时的生活。但大多数时间，我们都在谈论印度尼西亚正在发生的变化，以及他能在阔别故土15年后重返家乡的愿望。他看起来很疲惫，伦敦的寒冷也一如既往地折磨着他，但除此之外，他似乎状态不错。几个月后，我得知他死在了离家1万英里的他乡——尽管他在流亡前也曾为自己的国家效力并为其独立浴血奋战。

布迪阿尔佐的经历并不罕见。事实上，在很多方面，他的故事是数以百万计的印度尼西亚民族主义者及左翼人士故事的缩影。他们来自社会各阶层，却都在1965年10月1日上午发生的一场所谓的左翼政变①后饱受拘留、审讯、酷刑、大规模杀戮及流放的摧残。印尼军方将印尼共产党指认为这场政变的罪魁祸首，组织了一场旨在摧毁该党及其附属机构的暴力运动，并成功推翻了"左"倾民族主义者领导人苏加诺。该运动得到了美国及其盟友的协助与纵容。在该暴力事件结束时，50万左右真正的或所谓的共产党人被杀害，

---

① 印尼苏哈托政府宣称政变始于1965年9月30日夜，受该宣传口径的影响，国际上通常将该事件称为"九三〇事件"，但政变实际发生在10月1日。作者将在后文对此进行详述。——译者注

另有约100万人被肆意拘留。布迪阿尔佐便是其中之一——他被监禁长达14年，却从未受到过指控和审判，最终在获释后逃离了祖国。我在这里提到他，并不是因为他的经历非同寻常，而是因为这样的案例非常普遍。我在这本书中讲述的故事是关于成千上万像他一样的人——丈夫和妻子，朋友和恋人，他们的生活被暴力撕裂，再也无法恢复到完好如初的状态。

在第一次听说这些事件及其中所牵涉的外力干预时，我感到痛心疾首。30多年后的今天，[1] 我仍然感到恶心与愤怒——之所以会这样，是因为人们几乎完全忘记了之前所犯的罪行，那些本该为这些事件负责的人却从未受到追究。这些年来，无论我做什么，这种感觉都从未消除。这可能是我写这本书最为重要的一个原因：将我对这些事件的了解与世人分享，希望产生一些改变，至少能打破人们对这些事情所持有的长期沉默。我还不至于会天真地认为我的所作所为会改变历史进程或对其产生巨大影响。但是，如果这本书能够让多一个人对这些罪行采取行动或大声疾呼，抑或更深入地思考他们作为公民或学者的责任，我会得到更多的宽慰。

毋庸赘言，我在写作这本书的过程中欠下了巨大的人情债。20世纪80年代初，我最早开始研究印尼1965—1966年历史的时候还是康奈尔大学的一名研究生。我从一开始就受到了乔治·卡欣和本尼迪克特·安德森教授（下面也称"本"）的鼓励，他们俩从1965年起便开始从事相关主题的研究，并持续多年。我还受到了研究印尼的历史学家奥黛丽·卡欣（乔治·卡欣的夫人）的激励，她曾担任康奈尔大学著名期刊《印度尼西亚》的编辑。在过去30年中，乔治、本和奥黛丽慷慨地与我分享了他们的发现和采访记录，

---

[1] 英文原版写作始于2000年，历经十余年，于2018年由普林斯顿大学出版社正式出版。——译者注

以及他们在印尼等地发现的数百份第一手文件。他们还对我的想法进行了真诚的反馈,并催促我继续写作。另外,卡欣夫妇还让我在他们的客房中免费住了一年时间,唯一的交换条件是帮助饲养他们的宠物山羊西比尔(Sybil)并为它建造一个雨棚。

对于卡欣夫妇和本而言,解开1965—1966年事件的谜团从来不只是简单的学术活动,而是替被错误杀害和监禁的人发声,纠正被严重扭曲的官方历史,并追究相关人员的责任。通过他们,我接触到一个致力于研究1965年"政变"及其后果的学术共同体,他们慷慨地跟我分享了他们的见解和研究成果。我要特别感谢加布里埃尔·科尔科(Gabriel Kolko),他在20世纪90年代后期给我提供了他多年来收集的数千页解密的美国政府文件;还有鲁斯·麦克维(Ruth McVey),我在她托斯卡纳的美丽农舍中度过了难忘的一周,并查阅了她收藏的非同寻常的档案。毫不夸张地说,如果没有这些人的慷慨、指导和鼓励,没有他们严肃而引人入胜的历史学术研究作为榜样,我就不可能(也可能不会)写这本书。

同样,我要对印尼的许多朋友和同人(其中有些已经离开人世)深表谢意。许多年来,正是他们帮助我理解了本书所探讨的可怕事件。我特别感谢他们的洞见、学术贡献和与之相伴的友谊。他们是本·阿贝尔(Ben Abel)、安迪·阿赫迪安(Andi Achdian)、乔治·阿迪琼德罗(George Aditjondro)、哈里斯·阿扎尔(Haris Azhar)、苏旺多·布迪阿尔佐(Suwondo Budiardjo)、阿里夫·布迪曼(Arief Budiman)、莱拉·丘多里(Leila Chudori)、亨达尔迪(Hendardi)、希尔马·法里德(Hilmar Farid)、贾法尔·西迪克·哈姆扎(Jafar Siddiq Hamzah)、辛杜纳塔·哈吉约诺(Sindhunata Hargyono)、阿瑞尔·赫里延托(Ariel Heryanto)、迪亚·拉尔拉萨帝(Diyah Larasati)、林绍良(Liem Soei Liong)、德德·乌多莫(Dede Oetomo)、德贡·桑迪卡尔玛(Degung Santikarma)、卡玛拉·

苏查莫克（Kamala Soedjatmoko）、托尼·苏布理阿特玛（Tony Supriatma）、朱莉亚·苏尔雅库苏马（Julia Suryakusuma）、贾鲁·万蒂塔（Galuh Wandita）和巴斯卡拉·瓦尔达亚（Baskara Wardaya）。我在20世纪80年代末90年代初在大赦国际伦敦总部担任印尼研究负责人，其间，遇到或认识了许多印尼前政治犯和人权活动家，我也对他们致以谢意。由于本书的主题很敏感，他们中的大多数人不希望我在此披露他们名字。出于这种原因，我没有在书中引用他们的话。他们当中有许多前政治犯及其家人，以及为他们积极辩护的社会活动家和律师们——他们时常是在一些不寻常或不安全的情境中以人权或法治之名发表这些言论的。说这些人和事激励了我进行写作是远远不够的——他们不只是激励了我，他们让我意识到自己责无旁贷。

通过这些印尼朋友和同事，我看到了那场所谓的政变和随后的暴力事件背后更为令人神经紧张且异常痛心的层面。在印尼各地的采访和私人聚会中，我听到了一些令人无语的故事：邻居被用砍刀砍杀致死，政治犯被士兵或民兵强奸，亲人们因为新秩序政府的冷酷无情而长期分离或阴阳两隔。在伦敦，我读到了数百封由前政治犯和被持续羁押数十年的人们书写的信件，感谢大赦国际为他们所做的努力，或为了让自己重新站起来而寻求帮助。在雅加达和其他地方，我遇到了许多前政治犯，他们在私下的聚会中分享回忆并为彼此提供支持。从他们那里，我获悉了印尼令人憎恶的监控系统。千千万万的政治犯以及他们的家庭因此家破人亡。与大赦国际及联合国的合作也使我获得了对新秩序政权运作方式的新的认识。尤其是在亚齐和东帝汶，印尼军队和民兵组织的活动与1965—1966年发生的暴行有着惊人的相似之处。通过以上这些经历，以及撰写人权报告与分析的日常工作，我逐渐意识到1965—1966年的事件对当代印尼产生了多么深远的影响：国家对持不同政见者容忍度极

前　言

低,国家和社会被广泛地军事化,反对者常常被施以极端暴力。

在印尼以外,许多朋友和同事也对这本书的构思与缓慢成形提供了帮助。除了学者朋友,他们也包括记者、作家、电影制片人、人权活动家和以各种方式启发或支持我的挚友。毫无疑问,以下的致谢名单是会出现疏漏的,他们是南希·阿德勒(Nanci Adler)、克里斯汀·波尔舍(Christine Bloch)、马丁·范·布劳内森(Martin van Bruinessen)、卡梅尔·布迪阿尔佐(Carmel Budiardjo)、迈克尔·布勒(Michael Buehler)、帕特里克·伯吉斯(Patrick Burgess)、阿曼德·克拉克(Amander Clark)、罗伯特·克里布(Robert Cribb)、哈罗德·克劳奇(Harold Crouch)、莱斯莉·德威尔(Leslie Dwyer)、马丁·艾克霍夫(Martijn Eickhoff)、乔纳森·埃蒙特(Jonathan Emont)、维多利亚·福布斯·亚当(Victoria Forbes Adam)、罗斯和阿德斯·弗朗西斯夫妇(Ross and Ardeth Francis)、安东尼·戈德斯通(Anthony Goldstone)、希拉里·戈亚尔(Hillary Goyal)、沃尔夫·格伦纳(Wolf Gruner)、大卫和玛丽亚·哈里斯夫妇(David and Maria Harris)、凡妮莎·希尔曼(Vannessa Hearman)、伊娃-洛塔·赫德曼(Eva-Lotta Hedman)、安妮·洛特·霍克(Anne Lot Hoek)、大卫·詹金斯(David Jenkins)、西德尼·琼斯(Sidney Jones)、安妮特·凯勒(Anett Keller)、格里·范·克林根(Gerry van Klinken)、罗伯特·勒梅尔森(Robert Lemelson)、阿列克斯·李(Alex Li)、比尔·里德尔(Bill Liddle)、亨克·迈尔(Henk Maier)、伊恩·马丁(Ian Martin)、迈克·麦克林托克(Mike McClintock)、约翰·麦格林(John McGlynn)、凯特·麦格雷戈(Kate McGregor)、简斯·梅尔亨里奇(Jens Meierhenrich)、杰斯·梅尔文(Jess Melvin)、约书亚·奥本海默(Joshua Oppenheimer)、兰登·皮尔森(Landon Pearson)、南希·李·佩卢索(Nancy Lee Peluso)、大卫·彼得拉

克（David Petrasek）、安妮·波尔曼（Annie Pohlman）、特塞尔·波曼（Tessel Pollman）、休谟和阿苏塞纳·罗杰斯夫妇（Hume and Azucena Rogers）、约翰·鲁萨（John Roosa）、萨拉·肖恩哈特（Sara Schonhardt）、亨克·舒尔特·诺德霍尔特（Henk Schulte Nordholt）、劳瑞·西尔斯（Laurie Sears）、布拉德·辛普森（Brad Simpson）、卡雷尔·斯滕布林克（Karel Steenbrink）、卡伦·斯特拉斯勒（Karen Strassler）、斯科特·施特劳斯（Scott Straus）、埃里克·塔格里亚科佐（Eric Tagliacozzo）、盖伊和安德鲁·泰勒夫妇（Gaye and Andrew Taylor）、乌古尔·温格尔（Uğur Üngör）、帕特里克·沃尔什（Patrick Walsh）、杰西卡·王（Jessica Wang）、大卫·韦伯斯特（David Webster）、萨斯基亚·韦林加（Saskia Wieringa）、尤莉安娜·维查亚（Juliana Wijaya）。我特别要感谢道格拉斯·卡门（Douglas Kammen）和玛丽·祖尔布琴（Mary Zurbuchen），以及两位匿名审稿人，他们认真通读整本书稿，并提出了宝贵的修改意见。我也衷心感谢大卫·詹金斯分享了他的精彩照片，乔治·达顿（George Dutton）在地图方面提供的帮助，以及约翰·赛德尔（John Sidel）对书稿提出的颇有见地的评论和多年来令我深受启发的对话。

过去20多年来，我都以加州大学洛杉矶分校（UCLA）为家，我要感谢这里的同事、工作人员和学生。布兰达·史蒂文森（Brenda Stevenson）、内德·阿尔珀斯（Ned Alpers）、戴维·迈尔斯（David Myers）和史蒂夫·阿隆（Steve Aron）先后担任历史系主任，他们批准了我一次又一次的休假申请，使我能够专心进行写作。其他许多同事也为这本书的完成做出了重要的贡献：通过正式和非正式的对话，他们给予了我强有力的同僚支持、有益的阅读建议和细致的评论。其中，我尤其要感谢杰德·阿尔布罗（Jade Alburo）、罗宾·德比（Robin Derby）、乔治·达顿（George

前　言

Dutton)、尼基·凯迪（Nikki Keddie）、罗宾·凯利（Robin Kelley）、维奈·拉尔（Vinay Lal）、凯利·莱特尔－埃尔南德斯（Kelly Lytle-Hernandez）、本杰明·马德利（Benjamin Madley）、比尔·马洛蒂（Bill Marotti）、迈克尔·梅兰兹（Michael Meranze）、迈克尔·萨尔曼（Michael Salman）和彼得·斯泰西（Peter Stacey）。我由衷地感激比比·迪伦（Bibi Dhillon）、戴安娜·丰塞卡（Diana Fonseca）、哈德利·波特（Hadley Porter）等行政管理人员，他们的努力和幽默让历史系成为一个支持大家高效工作的地方。最后，我也要感谢来自各个学科的在读和已毕业的研究生们，他们的研究工作和对问题的探索促使我对本书涉及的主题不断进行新的思考，他们是玛丽·E. 贝瑞（Marie E. Berry）、塞巴斯蒂安·布鲁尔（Sebastiaan Broere）、古斯塔夫·布朗（Gustav Brown）、郑兆祐（Chao-yo Cheng）、金佰利·克莱尔（Kimberly Claire）、妮可·伊图里加（Nicole Iturriaga）、薇欧拉·拉斯玛娜（Viola Lasmana）、萨斯基亚·瑙恩伯格（Saskia Nauenberg）、瑞贝卡·帕克（Rebekah Park）、阿威特·韦尔德迈克尔（Awet Weldemichael）、玛雅·韦斯特（Maya Wester）、朱莉安娜·威尔逊（Juliana Wilson）和马修·赖特（Matthew Wright）。其中，我要特别感谢达利亚·瑟迪亚万（Dahlia Setiyawan）对 1965—1966 年泗水事件①的重要研究，以及她对本书写作中提供的研究和编辑支持。在本书即将完成之时，我教授了一门以人权史为主题的本科研讨课。我要向这门课上的优秀学生们致以深深的谢意，他们的洞见和评论让我深受启发。不用说，我也非常感谢普林斯顿大学出版社的布丽吉塔·范·莱茵伯格（Brigitta van Rheinberg）和埃里克·韦茨（Eric

---

① 泗水事件，东爪哇是大屠杀最为严重的地区之一，泗水（Surabaya）是东爪哇省首府，印尼第二大城市。泗水事件并不是一个专有名词，而是指对大屠杀在泗水的情况展开研究。——译者注

Weitz）鼓励我写这本书，并在此过程中为我提供了各种有益的建议。阿曼达·佩里（Amanda Peery）和出版社的其他人在整个过程中也一直是团队合作和专业精神的典范。我要对他们表达发自肺腑的感激之情。

对于我的家人，没有任何语言可以恰当表达我的感激之情。他们一直陪伴着我，使我一直保持振作。尽管父亲现在已经离我而去，但我感谢他和母亲使我能够放眼广阔的世界，鼓励我少考虑自己、多为他人着想，并为我树立了与偏见和不公进行斗争的优秀榜样。我还要感谢我出色的兄弟姐妹们：凯瑟琳、大卫、安，以及他们的家人。即使在各自的生活中经历了各种困难和考验，他们依然持续不断给予我体贴与支持。他们总是给我加油鼓劲、提供建议。他们给我的信心一直是我的力量之源。我衷心感谢散布在世界各地的罗宾逊（Robinson）与斯坦诺（Stannow）家族的成员，他们无比慷慨地向我敞开了家里的大门与各自的心扉。

最后，我想对妻子洛维萨和女儿索菲亚说，我对你们的爱和感激是没有止境的。从20多年前我们在伦敦见面的那一天起，洛维萨就一直是我的好奇心和灵感的来源。她是失意人的热情捍卫者，经验丰富而内心强大的人权斗士，也是对文字无比敏锐的编辑专家，她比任何人都更支持我写这本书，并在我打退堂鼓的时候鼓励我坚持下去。她是我一生的挚爱，也是索菲亚的母亲。索菲亚几乎和她的母亲一样对正义充满热情，在过去的几年中她见证了这本书的酝酿与成形，对这项"作业"花了那么长时间才完成感到无比惊奇。她和洛维萨还有我的编辑们一样，不断督促我安排时间、遵守诺言，并在到期日之前完成"作业"。因此，当我写下这些文字时，我相信索菲亚会为她父亲完成了这项工作而感到骄傲。

简称与外来词
Abbreviations and Foreign Terms

印尼语简称	英文释义	中文名称
abangan		名义穆斯林
ABRI	Armed Forces of the Republic of Indonesia	印尼武装部队
aksisepihak	unilateral actions by the PKI and affiliated organizations to implement land reform legislation	单边行动
Ansor	Nahdlatul Ulama-affiliated youth organization	伊联青年团
Bakin	State Intelligence Coordinating Body	国家情报协调机构
Bakorstanas	Agency for the Coordination of Support for the Development of National Stability	国家稳定发展支持协调机构
Banser	Ansor Multipurpose Brigade	伊联全能青年旅
Baperki	Deliberative Association for Indonesian Citizenship	印度尼西亚公民协商会
Biro Khusus	Special Bureau	特别局
Brimob	Mobile Brigade	机动旅
BTI	Indonesian Peasants' Front	印度尼西亚农民

		阵线
CGMI	Unified Movement of Indonesian University Students	印度尼西亚大学生联合运动
Dewan Jendral	Council of Generals	将军委员会
Dewan Revolusi	Revolutionary Council	革命委员会
DPR	People's Representative Assembly	人民代表大会（国会）
Dwikora	People's Double Command: to crush Malaysia and defend the Revolution	人民双重指挥部
ELSAM	Institute for Policy Research and Advocacy	政策研究与宣传研究所
ET	former political detainee	前政治犯
G30S	September 30th Movement	九三〇运动
Gerwani	Indonesian Women's Movement	印度尼西亚妇女运动
Gestapu	army acronym for September 30th Movement	九三〇事件运动
Gestok	October 1st Movement	十一运动
GMNI	Indonesian National University Students' Movement	印度尼西亚全国大学生运动
Hanra	People's Defense	人民防务（人防）
Hansip	Civil Defense	民间防务（民防）
HMI	Islamic University Students' Association	伊斯兰大学生联盟
HIS	Indonesian University Graduates' Association	印度尼西亚大学毕业生协会
IPKI	League of Upholders of Indonesian	印度尼西亚自由

	Freedom	维护者联盟
IPPI	League of Indonesian Youth and High School Students	印度尼西亚青年与高中生联盟
IPT 1965	International People's Tribunal on 1965	1965人民法庭
KAMI	Indonesian University Students' Action Front	印度尼西亚大学生行动阵线
KAP-Gestapu	Action Command to Crush Gestapu	粉碎九三〇运动指挥部
KAPPI	Indonesian Youth and Student Action Front	印尼青年和学生行动阵线
KASI	Indonesian University Graduates' Action Front	印尼大学毕业生行动阵线
KKPK	Coalition for Justice and Truth	正义与真相联盟
Kodam	Regional Military Command	地方军事司令部
Kodim	District Military Command	地区军事司令部
Komnas HAM	National Commission on Human Rights	国家人权委员会
Komnas Perempuan	National Commission on Violence against Women	国家反对妇女暴力委员会
Konfrontasi	Confrontation (campaign to oppose the formation of Malaysia, 1963–66)	印马对抗
Kontras	Commission for the Disappeared and Victims of Violence	失踪者和暴力受害者委员会
Kopassus	Special Forces Command	特种部队指挥部
Kopkamtib	Operations Command to Restore Security and Order	恢复安全与秩序行动指挥部
Koramil	Local Military Command	本地军事指挥部
Korem	Sub-regional Military Command	分区军事指挥部
Kostrad	Army Strategic Reserve Command	陆军战略后备指挥部

KOTI	Supreme Operations Command	最高行动指挥部
LEKRA	People's Cultural Institute	人民文化协会
Mahmillub	Extraordinary Military Tribunal	特别军事法庭
Masyumi	Consultative Council of Indonesian Muslims	马斯友美党
MPRS	Provisional People's Consultative Assembly	临时人民协商会议
Nasakom	Nationalism, Religion, Communism	纳沙贡
Nefos	New Emerging Forces	新兴力量、新势力
Nekolim	Neocolonialism, Colonialism, Imperialism	新老殖民主义与帝国主义
NU	Council of Islamic Scholars	伊联
Oldefos	Old Established Forces	旧势力
Operasi Trisula	Trisula Operation	三叉戟行动
Opsus	Special Operations	特别行动
Pancasila	Five Principles (Indonesian national philosophy)	建国五基
Panglima	senior military commander	指挥官
Pangdam	Regional Military Commander	地方军事指挥官
Parkindo	Indonesian Christian Party	印尼基督教党
Partai Katolik	Catholic Party	天主教党
Partindo	Indonesia Party	印度尼西亚党
PDI	Indonesian Democratic Party	印度尼西亚民主党
pemuda	youth	青年
Pemuda Demokrat	Democratic Youth	民主青年团
Pemuda Katolik	Catholic Youth	天主教青年团
Pemuda Marhaen	Marhaenist Youth	平民主义青年团

简称与外来词　Abbreviations and Foreign Terms

Pemuda Pancasila	Pancasila Youth	建国五基青年团
Pemuda Rakyat	People's Youth	人民青年
Pepelrada	Regional Authority to Implement Dwikora	人民双重指挥部地方实施机构
Permak	Anti-Communist People's Union of West Java	西爪哇人民反共联盟
Permesta	Charter of Universal Struggle, a Sulawesi-based rebel movement	全面斗争约章
Peta	Defenders of the Fatherland	乡土防卫义勇军
PKI	Indonesian Communist Party	印尼共产党
PNI	Indonesian Nationalist Party	印尼民族党
PRRI	Revolutionary Government of the Republic of Indonesia	印度尼西亚共和国革命政府
PSI	Indonesian Socialist Party	印尼社会主义党
RPKAD	Army Para-commando Regiment	陆军突击队军团
RTM	Military Detention Center	军事拘留中心
Santri	devout Muslim; also student at an Islamic school	虔诚穆斯林
SARBUPRI	Plantation Workers' Union of the Republic of Indonesia	印度尼西亚共和国种植园工人联合会
Sekber 1965	Joint Secretariat for 1965	1965联合秘书处
Seskoad	Army Staff and Command College	陆军参谋与指挥学院
SOBSI	Central Organization of Indonesian Workers	印尼总工会
SOKSI	Central Organization of Indonesian Socialist Employees	印尼社会主义雇员的总会
Supersemar	Order of March 11, 1966	三一一命令书

Syarikat Masyarakat Santri untuk Advokasi Rakyat	Pious Muslim Community for People's Advocacy	虔诚穆斯林为民请愿联合会
Tameng Marhaenis	Marhaenist Shield	平民主义之盾
tapol	political detainee	政治犯/政治拘留犯
Tapol	A UK-based human rights organization	达波尔
TNI	Indonesian National Army	印度尼西亚国民军
YPKP	Research Institute on the Victims of the 1965 Killings	1965—1966年杀戮受害者研究所

目 录

第一章　　绪论　／1

第二章　　前提条件　／33

第三章　　托词　／72

第四章　　冷战　／109

第五章　　大屠杀　／156

第六章　　军队的作用　／203

第七章　　"亚洲的一缕微光"　／246

第八章　　大规模监禁　／293

第九章　　释放、限制、规训和惩罚　／337

第十章　　真相与正义？　／377

第十一章　　暴力、遗产、缄默　／421

第一章　绪论

> 我从不向你们隐瞒我的信念，一定程度的流血事件将会是印尼发生重大改变的必然导火线；但令我悲哀的是，他们一开始就搞错了杀戮的对象。
>
> ——安德鲁·吉尔克里斯特爵士（Sir Andrew Gilchrist）
>
> 英国前驻印度尼西亚大使
>
> 1965 年 10 月 5 日

在 1965 年下半年至 1966 年中的 6 个多月里，约有 50 万印度尼西亚共产党（印尼语 Partai Komunis Indonesia，PKI，简称"印尼共"）及其附属组织的成员遭到杀害。[①] 此外，约有 100 万人被强制羁押，却没有受到任何罪名指控。有人被监禁的时间长达 30 多年，而其中大部分都遭受了酷刑和其他惨无人道的虐待。绝大多数受害者手无寸铁，而几乎所有被杀害和羁押的人都是当时合法政治社会组织的成员。这并非内战，这是 20 世纪发展最为迅猛却鲜有研究的大规模监禁和屠杀事件之一。

---

① 第五章将对此进行详述，确切的屠杀死亡人数不明，现估算在 7.85 万人至 300 万人。然而，学界的共识是大约有 50 万人被屠杀。——译者注

这场暴行的后果影响深远。不到一年,世界上最大规模的非执政共产党便遭受了毁灭性打击,而且这个国家民选的左派民族主义总统苏加诺也失去了实权。与此同时,恶意反共的军队势力独揽大权,开始了长达30多年、军人主导的威权统治。在大屠杀中崛起的"新秩序"(New Order)① 政权犯下了一系列侵犯人权、臭名昭著的滔天罪行,尤其是在印尼腹地之外的区域,包括东帝汶、亚齐和西巴布亚。接下来的几十年间,数十万人死于政府迫害或屠杀。这些暴力事件的发生从根本上改变了印尼的政治和社会环境,遗留下超级军国主义思想和不容异己的狭隘观念。这种氛围扼杀批判思考,对于反对意见,尤其是左派观点的容忍度极低。或许更重要的是,1965—1966年的暴力事件毁掉了数百万人的生活,他们仅因与被屠杀或羁押的人有血缘或其他关系便遭到官方严酷打击。50多年后的今天,虽然印尼民主化的进程已持续了20年,但印尼社会依然背负着这些暴力事件所造成的累累伤痕。

1965—1966年的屠杀,规模巨大、发展迅猛,产生了深远的政治和社会影响,可与二战后臭名昭著的监禁和大屠杀如发生在波斯尼亚、柬埔寨和卢旺达的大屠杀相提并论。拉丁美洲那些已经成为独裁暴力象征的运动,包括阿根廷和智利的暴力事件,在规模和范围等方面则远不及印尼。美国中央情报局(中情局)在1968年的一份报告中称:"就死亡人数而言,印尼的反共运动是20世纪最惨烈的大屠杀事件之一,与苏联30年代的'大清洗'、二战纳粹的犹太大屠杀……齐名。"② 尽管学界对此并未达成共识,但是有学者

---

① 1966年苏哈托(Suharto)掌握印尼军政大权,开启了所谓的新秩序(Orde Baru,印尼语)时期,用以区别苏加诺执政的所谓旧秩序(Orde Lama,1945—1966)时期。1998年,苏哈托政权在亚洲金融危机后的政治动荡中倒台,新秩序宣告结束。——译者注

② US Central Intelligence Agency, Directorate of Intelligence, *Indonesia—1965: The Coup That Backfired* (Washington, DC: CIA, 1968), p. 71.

将这段暴力史定性为种族灭绝（genocide）。① 然而，半个世纪后，这段历史在国际上仍然鲜有人知。在世界历史项目（The World History Project）的网站上，1965年的条目下甚至包括了"家乐氏推出苹果肉桂麦片"，却完全没有提到印尼50万人遇难的大屠杀。②

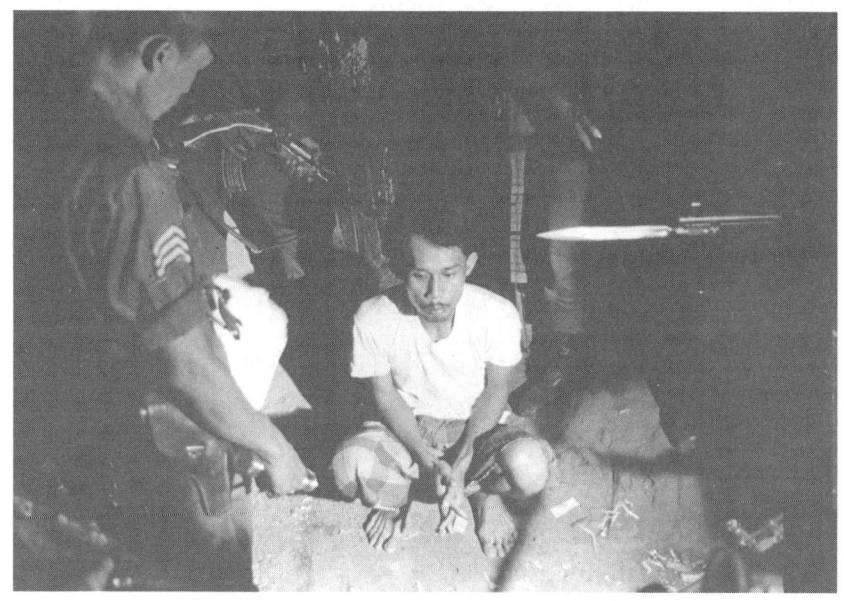

图1.1　疑似印尼共成员在雅加达被士兵拘捕，摄于1965年11月

(Rory Dell/Camera Press/Redux Pictures)

---

①　可参见以下学者的著作：Robert Cribb, "Political Genocides in Postcolonial Asia," in Donald Bloxham and A. Dirk Moses (ed.), *The Oxford Handbook of Genocide Studies* (Oxford: Oxford University Press, 2010), pp. 445–465; Jess Melvin, "Mechanics of Mass Murder: How the Indonesian Military Initiated and Implemented the Indonesian Genocide—The Case of Aceh" (PhD diss., University of Melbourne, 2014)。另外，有的学者回避了"种族灭绝"（genocide）这一词语，其中包括本尼迪克特·安德森（Benedict Anderson）和道格拉斯·坎门（Douglas Kammen）。值得注意的是，一本专门研究种族灭绝的重要文献在新版本中删除了1965—1966年印尼事件的章节，参见 Samuel Totten and William S. Parsons (eds.), *Century of Genocide: Critical Essays and Eyewitness Accounts*, 4th ed. (New York: Routledge, 2013)。

②　See "What Happened in 1965," accessed May 23, 2017, http://worldhistory project.org/1965.

即使在印尼国内，也很少有人了解 1965 年大屠杀的具体情况。当年的事件直到最近才逐渐成为历史学家、人权活动家和媒体关注的焦点。几乎在 20 世纪发生的每场大屠杀之后，人们都会记录大量证词，写下回忆录，揭秘真相，进行法医勘察，有的还会举行纪念活动，补偿受害者，还以公道。但在印度尼西亚，这些活动才刚刚开始。与 20 世纪多数大屠杀不同的是，从未有人因 1965 年的事件被问罪处罚，甚至没人对此事进行过正式的调查，而国际组织或各国政府也从未正式呼吁彻查此事。

本书旨在打破这种危险的沉默。首先，几个基本的历史问题需要阐明：总共有多少人被屠杀或羁押？受害者是谁？他们是如何死亡的？加害者是谁？他们的动机是什么？数百万被羁押者及其家人何去何从？这些基本问题从侧面反映了人们对 1965 年大屠杀缺乏了解。随着时间的流逝，记得当年事件的可靠证人和参与者也日趋减少，因此，我们需要尽快解答这些问题。同时，本书深入分析了如下一些重要问题：这场极端暴力事件是如何发生的？为什么会发生？大屠杀给印尼社会带来了怎样的影响？为什么多年以来很少有关于大屠杀的讨论和纪念活动？

大部分学者都认为 1965—1966 年的暴力事件极具印尼本国特色，主要体现在文化、社会和政治等方面。也就是说，影响印尼事件发展的因素相对特殊，是无法将它与其他大屠杀进行比较的。不可否认，印尼的大规模暴行确实有其独特之处，但我仍然认为它和其他屠杀与羁押事件有着不少共通之处，因此，对它们进行比较研究是可行的。这不仅是为了更透彻地理解印尼事件，也旨在丰富对此类事件的分析和讨论。本书在重点研究印尼事件的同时，也希望能探讨此类屠杀与羁押事件发生的原因、暴行过后的沉默和不作为所导致的历史遗留问题，以及人权的历史发展。为此，本书提出以下几个问题：大规模屠杀羁押事件在何种条件下更容易发生？为什

第一章 绪论

么有的罪行会被人们记住并追究责任,而有的却无人问责,逐渐消逝在历史的长河之中?就受害者、加害者和社会整体而言,这类行为及其所伴随的沉默有着怎样的政治、社会和道德影响?我希望通过本书对印尼1965—1966年的暴力事件展开深入分析和研究,为解答这些问题提供参考。

历史简述

1965年10月1日发生的事件①是大屠杀的直接导火线,但有些人认为这只是发动暴力的借口。当日清晨,六位印尼陆军高级将领被一批低级别军官羁押并杀害,这些军官是九三〇运动(印尼语Gerakan 30 September,缩写为G30S)的成员。该运动声称其已阻止由美国中央情报局支持的"将军委员会"(Council of Generals)策划的"政变",并宣布将继续效忠苏加诺总统。没有被卷入刺杀行动的陆军将领由苏哈托少将指挥,他们对"将军委员会"策划"政变"的说法予以否定,坚持认为这场运动由印尼共主导,开始为打击印尼共制造宣传攻势。他们认为苏加诺总统支持印尼共,故强迫他退位。到1966年中,苏加诺的权力已经被大大削弱,而军方成功掌握了实权,印尼共和所有左派组织均被一一摧毁,官方正式封禁了对马克思列宁主义思想的传播。

军方利用各种政治、司法和军事手段打击左翼势力。比如,在"政变"失败之后数日内,他们便想方设法宣称印尼共策划并谋害了这些将领,印尼共企图武力夺权,并号召民众帮助军方对这些国

---

① 印尼"九三〇事件",实际上发生于10月1日凌晨。1965年10月1日上午7:10,政变者在对印尼全国的正式广播里,自称"九月三十日运动"。因此,在部分北美的英文文献(如著名的"康奈尔文件")里,该事件常被称为"十月政变""十一政变""十一事件"。——译者注

家的叛徒展开斩草除根式的清剿。此时最重要的手段则是进行暴力镇压，包括大规模强制羁押、折磨虐待、强暴强奸以及明目张胆的屠杀。这些暴行具有显著的固定模式，大量证据表明军方势力主导了这些行动的策划与实施。

比如，暴力活动在逮捕、审讯和执行的手段上均有很多相似之处。大部分受害者都是在没有逮捕令的情况下被军方、警方或当地准军事组织扣押，在审讯过程中，许多人都惨遭折磨与虐待。审讯结束后，根据所谓与九三〇运动和左派组织之间牵连程度的不同，他们被划分成三大类人群：部分被羁押的受害者在筛选后被释放，部分继续被拘留，其余的则被选作屠杀的对象。屠杀对象一般由军用车辆转移到行刑地点，或者被转交给当地治安队或准军事组织。有的被束缚捆绑，在大型墓坑旁排成一列后被枪决，有的则被大刀和匕首砍到面目全非。他们的尸骨通常会被扔进水井、河流、湖泊或者水沟里，被安葬的受害者少之又少。许多受害者会在死亡前后遭到性虐待和性暴力：男人会被阉割，女人则会被小刀割坏阴道和胸部。尸体、头颅和其他身体部位会被摆放在路上、市场和其他公共场所以儆效尤。

此外，被逮捕和被杀害的人群有着固定的身份特征。与其他多数屠杀和种族灭绝事件不同，印尼九三〇事件的受害者不是因为种族、国籍或宗教信仰而遭到残害。除个别例外情况，他们主要是因为自身的政治倾向而被逮捕杀害，尽管有的受害者可能并非印尼共成员。另外，虽然惨遭监禁和杀害的人当中有印尼共的部分高级官员，但是绝大多数都是普通百姓，比如农民、种植园园工、临时工、学校教师、画家、舞者、作家和公务员，而他们与10月1日的事件并无任何牵连。换句话说，对印尼共及其相关人员的攻击并不是因为他们参与了当时的事件，而是一种基于集体报复心理的连坐式惩罚。

加害者也有很多重要的共通之处。虽然逮捕和行刑通常由军队和警方下令执行，但是很多任务都是由右翼党派旗下的武装平民和民兵组织负责执行。这种情况下，人们会选择一个或多个特定的行刑人，有时也被称作"刽子手"（印尼语 algojo）。由于本地人和组织的参与，部分学者认为，这些暴力活动是不同社会和宗教团体间自发产生的"横向"争端。这种观点无视甚至可能是刻意淡化了一个重要事实，那就是这些个人和组织基本都受到了军方势力的鼓励和支持，之后我会详细阐述。可以说，如果没有军事组织、相关训练、交通保障和官方的同意和支持，这些团体绝不可能犯下数量如此庞大、周期如此漫长的罪行。

图 1.2　巴厘岛上被军方羁押的印尼共成员和支持者，摄于 1965 年 12 月前后
(National Library of Indonesia)

尽管这些暴力活动在各方面都有相似之处，但它们的模式仍有一定的差异。从地理位置上看，大部分屠杀行为集中在人口众多的中爪哇和东爪哇，巴厘岛、亚齐和北苏门答腊，以及东努沙登加拉

的部分地区。然而，在首都雅加达、西爪哇、苏拉威西、马鲁古的大部分地区，这类暴力事件却较为罕见。屠杀发生的时间段也有所不同。最初，亚齐省于10月上旬开始出现暴力活动，10月下旬扩散到中爪哇省。随后，11月上旬，暴力活动蔓延到东爪哇省和北苏门答腊省。1965年12月，"政变"发生后两个月，巴厘岛上才终于开始出现暴力活动，岛上有将近8万人在接下来的数月内惨遭杀害。与此同时，印尼群岛东端的弗洛勒斯岛（Flores）大部分居民都是天主教徒，岛上直到翌年2月才开始出现暴力活动。1966年3月，军方势力掌握实权后不久，暴力发生的频率开始明显减缓，但在印尼部分地区，屠杀活动持续到1968年才彻底停止。① 关于屠杀，有个关键问题便是如何解释这些差异，下文也将对此进行讨论。

　　印尼国内不同地区的政治监禁程度以及监禁和屠杀的相对比例也有显著不同。例如，在屠杀比例较小的地区，长期监禁的比例相对较高，比如雅加达、西爪哇省和苏拉威西岛的部分地区。反之亦然，屠杀程度较严重的地区，比如总体而言，巴厘、亚齐和东爪哇长期监禁的比例则相对较低。也就是说，长期政治监禁和大规模屠杀之间似乎呈反比关系。这种规律的形成可能是因为不同地区的军事势力在执行摧毁左翼的总方针上采取了不同的策略。部分地区使用了大规模监禁的手段，而其他地区则选择了大规模屠杀。②

　　尖锐的政治和社会矛盾也是事件中的一个重要因素。持续的冷战激化了一部分矛盾，刺激并加深了国内左翼和右翼势力之间的仇恨和分裂。左翼的印尼共势力较大，有民众基础，其根源可追溯至20世纪早期。"政变"发生前的最后一次全国大选于1955年举行，

---

① 1967—1968年，军方执行了两个重要军事行动，打击所谓的印尼共残余势力，其中一个在西加里曼丹岛，另一个在中爪哇省普沃达迪（Purwodadi）和东爪哇省勿里达（Blitar）周边。——作者注

② 这是我们目前所知的规律，并非决定性结论。这方面需要更多研究和调查，尤其是在爪哇岛和巴厘岛的人口聚集地之外区域，才能建立完善真实的地理和时间参考，从而研究屠杀和监禁之间的关系本质。——作者注

当时的印尼共已经获得了较好的群众基础,在此次大选中排在第四位。在接下来的 10 年中,印尼共的规模和影响得到了显著增长。1965 年,印尼共的成员总计约 350 万人,其下包括妇女、青年、农民、种植园园工、文艺工作者等组织,总共约 2000 万成员。① 彼时,印尼共可以算是最具影响力的政党,该党不仅享有苏加诺总统的支持,也在逐步与中国方面建立友好合作关系,甚至在印尼军队内部,尤其是空军方面也有大量支持者。

印尼共的反对者包括了大多数印尼陆军成员和一部分世俗化和宗教政党。其中,伊斯兰教士联合会(印尼语 Nahdlatul Ulama,NU)和右翼世俗的印度尼西亚民族党(印尼语 Partai Nasional Indonesia,PNI)的影响较大。尽管这些组织之间也有不少矛盾,但是他们都对印尼共满怀敌意。另外,这些右翼政党和印尼共一样,也有各自的分支机构,负责定期举行大型集会和街头示威活动,这其中就包括在 1965—1966 年的暴力事件中起到重要作用的武装民兵组织。简言之,时至 1965 年,印尼国内的局势已经极为分裂,左翼和右翼(准确来说是共产党与反共势力)之间有着不可调和的矛盾,双方属下的群众组织和武装力量之间冲突不断。

与此同时,冷战引发的国际争端和激烈冲突加剧了印尼国内的分裂。尽管印尼是不结盟运动的早期支持者,但是到 20 世纪 60 年代早期,印尼开始明显"左"倾,这在西方国家眼里是一个危险信号。比如,1963—1965 年,苏加诺总统开始与中国方面建立友好联系,猛烈抨击了美国对越南的干预行为。印尼不再参与联合国的相关活动,并且开始在政治和军事上反对刚成立的马来西亚,史称"印马对抗"(印尼语 Konfrontasi)。苏加诺声称,马来西亚是英国及其他帝国主义势力用于包围和削弱印尼所建立的傀儡国家。基于

---

① Roger W. Benjamin and John H. Kautsky, "Communism and Economic Development," *American Political Science Review* 62, no. 1 (March 1968): 122.

上述理由，美国、英国和其他盟友都认为印尼局势非常严峻。到1965年夏，美国和英国官员已经确信印尼将倒向共产主义阵营。当时的中情局局长 W. F. 雷伯恩（W. F. Raborn）在 1965 年 7 月底给林登·约翰逊总统的信函中写道："印尼'左'倾严重，除非这一趋势被逆转，否则印尼在不久的将来会成为共产主义国家。"①

这种紧张情绪并非无中生有。自从 40 年代晚期开始，美国政府便不遗余力地破坏印尼共，试图削弱或推翻苏加诺总统。比如，美国在印尼 1955 年的全国大选中暗中支持反共政党，1957—1958 年，中情局实施了秘密行动，为反政府组织提供武器和资金，行动失败后，他们便建立了提供军事训练和援助的项目，旨在巩固军队的政治地位，削弱苏加诺和印尼共的势力。因此，1965 年 10 月后，美国及其盟友支持印尼军方打击苏加诺和左翼势力的行为并不令人意外，西方各大国也顺理成章地开始积极帮助印尼军方控制政府。

美国《时代周刊》（Time）将印尼共的毁灭和军方的崛起称作"近年来对西方最有利的亚洲新闻"，充分体现了当时西方对局势盲目乐观的心态，而《纽约时报》对此事的报道题为《亚洲的一缕微光》（A Gleam of Light in Asia）。② 这些积极正面的评价背后的原因并不难理解。在冷战的大背景下，越战的威胁步步逼近，如果能摧毁全球最大的共产主义政党之一，那么数百万人的监禁和屠杀也不过是必须付出的代价。因此，美国国务院虽然在 1966 年的一份事后调查报告中提到"至少有 30 万印尼人民被屠杀"，但也同时总结道："总的来说，印尼政策的改变是东南亚局势的重要突破，这也向其他国家证明了民族主义势力可以崛起并最终战胜共

---

① Draft Letter from CIA Director W. F. Raborn to the President, July 20, 1965, personal archive of George McT. Kahin (Kahin Papers), "Chronological File".

② "Indonesia: Vengeance with a Smile," *Time*, July 15, 1966, p. 26; James Reston, "A Gleam of Light in Asia," *The New York Times*, June 19, 1966.

第一章 绪论

产主义的威胁。"①

接下来的数十年里，美国及其盟友继续坚定支持苏哈托的新秩序政权，为其提供经济和军事上的慷慨援助，尽管国内和国际上对印尼的人权问题批评不断，但美国仍然坚定不移地为苏哈托政权辩解。与此同时，美国政府还不遗余力地掩饰自己在事件中扮演的角色。1968 年，中情局出版了一份记录当年"政变"的报告——《1965 年印度尼西亚：事与愿违的政变》(*Indonesia—1965：The Coup That Backfired*)，大体上采用了军方的可疑说辞。同时，一批美国前政府官员出版了各种回忆录和文章，转移了人们对美国参与该事件的关注，并质疑任何持有异议的学者，质疑他们的可信度和政治立场，其中就包括美国前驻印尼大使马歇尔·格林（Marshall Green）、中情局驻雅加达的负责人休·托瓦（Hugh Tovar）以及他的同僚 J. 福斯特·柯林斯（J. Foster Collins）和约翰·T. 皮兹卡洛（John T. Pizzicaro）。②

虽然屠杀活动到 1966 年中期已经明显减少，但是打击左翼势力的运动仍在继续，其中最重要的手段便是大规模的强制监禁。"政变"失败后，约有 100 万人被监禁，其中只有几千人受到指控，而他们获得的庭审只是走形式，实际判决极不公正。其他人没有受

---

① US Department of State Report, "Indonesia," [May 1966?], US *Declassified Documents Catalog* (DDC), 1994, #3183. 美国国务院在 1968 年历史记录中总结道："印尼从一个缓慢走向共产主义的国家转变成为一个支持自由民主的国家，这是近几年内最重要的胜利之一。"参见 *Administrative History: State Department*, Vol. 1, Chapter 7, Section L—Indonesia [ND], DDC, 1994, #3184。

② 参见美国前任大使马歇尔·格林的回忆录，*Indonesia: Crisis and Transformation, 1965-1968* (Washington, D. C. : Compass Press, 1990)；中情局驻雅加达的前负责人休·托瓦的文章，"The Indonesian Crisis of 1965-1966: A Retrospective," *International Journal of Intelligence and Counterintelligence* 7, no. 3 (Fall 1994): 313-38；中情局驻雅加达的前任官员约翰·T. 皮兹卡洛（John T. Pizzicaro）的文章，"The 30 September Movement in Indonesia," *Studies in Intelligence*, no. 13 (Fall 1969): 97-111。同样参见中情局官员 J. 福斯特·柯林斯和休·托瓦对乔治·卡欣和奥德丽·卡欣（Audrey Kahin）的偏见抨击，"Sukarno's Apologists Write Again," *International Journal of Intelligence and Counterintelligence* 9, no. 3 (Fall 1996): 337-57。

到任何罪名的指控就被羁押在令人发指的环境中,其中包括强制劳改营和流放殖民地,他们完全不知道自己是否有一天能够重获自由。尽管大部分受害者在经历数月或数年的监禁后被释放,但是仍有不少人被重新逮捕。另外,约有3万未受指控的政治犯被强制羁押在监狱或劳改营,直到70年代晚期才被释放。1979年,全球掀起了一波跨国人权运动,再加上来自美国卡特政府的压力,印尼终于释放了余下的绝大多数政治犯。尽管他们重获人身自由,但前政治犯及其家人在民事、经济和政治方面仍然遭受了各种不可理喻的限制,同时也蒙上了政府强加的污名。这一时期,有数百名经历过庭审的政治犯被处决,另有一些人在羁押期间意外死亡。还有数十人仍被羁押在监狱里,直到1998年5月苏哈托总统退位才被释放。

大规模的抗议活动迫使苏哈托选择退位,人们开始强烈要求政府对1965—1966年的事件展开调查,重新书写当年的历史,对受害者进行道歉和赔偿,寻求和解,还他们一个公道。在民主化改革的过渡时期,印尼在这些方面取得了一定进展。1999年,时任总统阿卜杜勒拉赫曼·瓦希德(Abdurahman Wahid)曾担任过伊斯兰教士联合会领导人,他为该组织参与暴力事件表达了歉意,呼吁撤销新秩序时期针对印尼共的禁令。2004年,印尼成立"真相与和解委员会"(Truth and Reconciliation Commission)的法案获得通过,2012年,印尼国家人权委员会(National Human Rights Commission)发布了一份较为具体的报告,对1965—1966年的暴力事件进行了讨论,要求司法部长开展进一步的调查,并对相关负责人提起诉讼。不幸的是,这类举措在印尼国内遭遇了激烈的反对,主要的批评意见来自政府官员、退伍军人和民间团体。最有希望成功的提议或是没能实现,或是被强行修改,其中就包括上述各种举措。新秩序时期处理1965年事件的专横手段仍然深深根植于印尼政府以及整个社会,这些反对的呼声便是绝佳的证明。军方当初在反共宣传中散播的传言也从未被更正,影响着一代又一代的印尼人。与此同时,曾经煽动 1965 年大屠杀、全力支持新秩序的西方国家如今仍然对它们参与该事件缄口不提,也从未采取任何补救措施。因此,即使在大屠杀发生 50 多年以后,真相、正义、和解在印尼似乎依旧遥不可及。

解释与谜团

一些学者曾深入研究 1965—1966 年大屠杀,并从不同角度对事件发生的原因进行解释,主要关注的方面包括精神和社会心理动机、文化和宗教分歧、社会经济冲突、军队策略以及国际干预。现有的学术研究在这些方面的探讨已相当丰富,可以在此基础上还原一套关于历史及遗留问题更加全面的记录,① 后面的章节将对此进行深入讨论。在此概述一部分主要成果或有裨益,同时重点介绍一些尚未得到充分解释的疑问和谜团。

无论是在学界还是民间,有关印尼暴力事件的叙述都强调了加害者的个人和心理动机。② 例如,克里斯托弗·R. 布朗宁

---

① 现有的研究非常丰富,在此无法完全列举,其中包括了透彻的地方和区域研究、不同角度的全面或主题研究、由事件幸存者和施暴者提供的回忆录与证词。学术文献参见 Douglas Kammen and Katharine McGregor (eds.), *The Contours of Mass Violence in Indonesia, 1965-68* (Singapore: NUS Press, 2012); Martijn Eickhoff, Gerry van Klinken, and Geoffrey Robinson (eds.), "*1965 Today: Living with the Indonesian Massacres*. Special Issue," *Journal of Genocide Research* 19, no. 3 (2017)。

② 例如,乔舒亚·奥本海默(Joshua Oppenheimer)导演的电影《杀戮演绎》,*The Act of Killing* (Drafthouse Films, 2013), DVD; *The Look of Silence* (Drafthouse Films, 2016), DVD。同样,还有印尼作家所写的许多虚构型散文,参见 Putu Oka Sukanta, "Leftover Soul," in Frank Stewart and John McGlynn (ed.), *Silenced Voices: New Writing from Indonesia* (Honolulu: University of Hawaii Press, 2000), pp. 214-223; Mohammad Sjoekoer, "Death," in Harry Aveling ed. and trans., *Gestapu: Indonesian Short Stories on the Abortive Coup of 30th September 1965* (Honolulu: University of Hawaii Press, 1975), pp. 23-26。

杀戮季节：1965—1966 年印度尼西亚大屠杀历史

(Christopher R. Browning) 对德国预备役警队中的"平民屠夫"（ordinary men）现象进行了颇具影响的研究，亚历山大·欣顿 (Alexander L. Hinton) 对柬埔寨大屠杀进行了细致的分析讨论，其间他们都强调了同侪压力、恐惧感、对权威的服从性、文化准则等因素在推动普通人参与和默许暴力活动方面的作用。① 这些因素在印尼事件中的确相当重要，否则将很难解释为什么会有这么多人参与暴力活动。这也能帮助解释暴力事件之后印尼社会的极端沉默——为什么只有极少数人愿意冒险发声抗议。但是，与其他大屠杀一样，在印尼事件中，此类个人动机无法完全解释大规模暴力活动的爆发和发展轨迹。同样关键的一点是理解个人动机背后的成因，它们是由其他结构性条件塑造而成的，尤其是国内国际环境。

为了解释 1965—1966 年暴力发生的根本原因，其他记述提到了印尼独一无二的文化和宗教特色。其中一种普遍的观点认为，屠杀活动的根源在于类似"杀人狂热"（running amok）的文化模式。《时代周刊》1966 年中期发表的一篇文章里写道："爪哇语单词'狂暴'（amok，也作 amuk）可以用来描述共产党政变失败后的一系列的事态发展。压抑已久的仇恨情绪在印尼全国爆发，一场'屠杀盛宴'（an orgy of slaughter）就此开始，其死亡人数甚至超过了 20 世纪美国在战争中丧生的人数总和。"② 虽然这种说法得到了印尼官员及其盟友的认同，但是它并没有，或者至少不该受到学者们的严肃对待。③ 暂且不论它采用了问题重重的文化还原论（cultural

---

① Christopher R. Browning, *Ordinary Men: Reserve Police Battalion 101 and the Final Solution in Poland* (New York: Harper Collins, 1993); Alexander L. Hinton, "Why Did You Kill? The Cambodian Genocide and the Dark Side of Face and Honor," *Journal of Asian Studies* 57, no. 1 (February 1998): 93-118.

② "Indonesia: Vengeance with a Smile," *Time*, July 15, 1966, p. 23.

③ 例如：Marshall Green, *Indonesia: Crisis and Transformation, 1965 - 1968* (Washington, D. C.: Compass Press, 1990)。参见对此的详细评论，Geoffrey Robinson, *The Dark Side of Paradise: Political Violence in Bali* (Ithaca, NY: Cornell University Press, 1995), especially pp. 275-280。

reductionism），并且对关键的责任问题含糊其词，这种说法甚至无法解释事件中最基本的事实。举个最明显的例子，它无法解释持续十多年的大规模强制监禁。监禁活动发生在全国各地，并且持续数十年，瞬时或压抑已久的愤怒情绪不可能导致这种情况的出现。另外，该说法也无法合理解释为何在大规模监禁屠杀之后，印尼民众会长期缄口不言、无人问责。

更加缜密的分析则强调了文化和宗教上的巨大差异，认为这是暴力活动的重要基础。例如，爪哇岛上虔诚穆斯林（santri）和世俗穆斯林（abangan）之间的分歧。① 此类说法能够帮助我们了解部分地区的仇恨和争端背后可能存在着何种积怨，为什么不同地区的暴力活动使用的语言和符号会有所变换。这类说法将种族灭绝归咎于长期的争端和矛盾，然而，它们并不能解释为什么矛盾会在特定的时间和地点突然上升为大规模屠杀。如果各群体之间的分歧已经达到不可调和的地步，那么为什么在"十月政变"之前，这些地方没有出现单独的暴力事件？为什么在部分争端频发的地区，暴力事件会晚于其他地方爆发？为什么国内其他地区的严重分歧没有发展成大规模屠杀？

有的作者将暴力的发生归结于社会经济环境，认为是此类条件催生了印尼各地的尖锐矛盾。② 社会经济方面的争端确实与暴力活动呈正比关系，比如，在"政变"前的几年里，中爪哇、东爪哇和巴厘岛上有关土地和土改的争论非常激烈。另外，在北苏门答腊省

---

① Kenneth R. Young, "Local and National Influences in the Violence of 1965," in *The Indonesian Killings, 1965 – 1966: Studies from Java and Bali*, ed. Robert Cribb, No. 21 (Clayton, Victoria: Monash Papers on Southeast Asia, 1990), pp. 63 – 100; Margot Lyon, *Bases of Conflict in Rural Java* (Berkeley, CA: Center for South and Southeast Asia Studies Research Monograph No. 3, 1970); Robert W. Hefner, *The Political Economy of Mountain Java: An Interpretive History* (Berkeley: University of California Press, 1990).

② See Ann Laura Stoler, *Capitalism and Confrontation in Sumatra's Plantation Belt, 1870 – 1979* (New Haven, CT: Yale University Press, 1985); Robinson, *Dark Side of Paradise*.

的种植园中，劳工和资本之间的矛盾已经达到了临界状态。"政变"后，上述地区的暴力比其他地区更加严重。然而，与基于文化、宗教矛盾的分析一样，基于社会经济冲突的论述不能解释这些争端为何会升级成大规模屠杀和监禁，也无法说明暴力发生的时间为何会如此悬殊。

只有少数学者认为大规模屠杀活动应当归咎为军事和政治领导人的决策。杰斯·梅尔文（Jess Melvin）于20世纪90年代末21世纪初发表的著作以罕见的印尼陆军文件为基础，证明军方策划了亚齐省的屠杀，而我本人也通过其他方式探讨了巴厘岛暴力的根源。① 道格拉斯·坎门（Douglas Kammen）、约翰·罗萨（John Roosa）和罗伯特·克里布（Robert Cribb）等学者也有类似观点，他们认为早期的研究过于关注当地的社会文化条件，而淡化了军方在组织和激化暴力中扮演的角色。② 然而，这种看法遭到了其他学者的反驳，其主要依据是暴力活动的发生地点和时间千差万别，很难一概而论。他们同意军方的领导在部分地区可能起到了重要作用，但是由于地点和时间存在差异，其他地区横向的社会文化矛盾才是暴力活动的主要驱动力。③ 我个人认为这种观点是错误的，显著的时间和地理差异恰恰证明暴力的发生存在一定规律，下文也将对此进行详细探讨。

---

① Jess Melvin, "Mechanics of Mass Murder: How the Indonesian Military Initiated and Implemented the Indonesian Genocide—The Case of Aceh" (PhD diss., University of Melbourne, 2014); Geoffrey Robinson, *The Dark Side of Paradise: Political Violence in Bali* (Ithaca, NY: Cornell University Press, 1995), especially Chapters 11 & 12.

② Douglas Kammen and McGregor, *Contours of Mass Violence*, 1-24; John Roosa, "The State of Knowledge about an Open Secret: Indonesia's Mass Disappearances of 1965-66," *Journal of Asian Studies* 75, no. 2 (May 2016): 281-97; Robert Cribb, "Political Genocides in Postcolonial Asia," in Donald Bloxham and A. Dirk Moses (ed.), *The Oxford Handbook of Genocide Studies* (Oxford: Oxford University Press, 2010).

③ 参见 Hermawan Sulistyo, "The Forgotten Years: The Missing History of Indonesia's Mass Slaughter" (PhD diss., Arizona State University, 1997); Christian Gerlach, *Extremely Violent Societies: Mass Violence in the Twentieth-Century World* (Cambridge: Cambridge University Press, 2010)。

最后，一些学者主张屠杀活动是阴谋策划的结果，由外国情报机关（美国中情局和英国秘密情报局军情六处）和印尼陆军苏哈托、阿卜杜勒·哈里斯·纳苏蒂安（Abdul Haris Nasution）等少数将领里应外合、主导操控。① 毫无疑问，外国势力在"政变"之前曾煽动军方打击印尼共以及苏加诺，之后又助长了暴力发生，我在接下来的章节中会具体阐述该论点。然而，这种外国阴谋论是很难成立的。关键之处在于，该观点过于强调中情局和军情六处策划的少数行动——这些行动并不是特别成功，而且无视以陆军领导为首的印尼势力的动机和能力。此类观点加深了将事件简单化的新殖民主义论调，该论调认为非西方国家发生的重大政局变化，无论好坏，通常都是由美国和其他外部因素导致的。总而言之，在极为谨慎的印尼事件研究面前，国际阴谋论的观点是站不住脚的，我将在后文进行阐述。

上述观点确实有重要的参考价值，如果没有这些研究，要理解"政变"后发生的暴力事件将难上加难。然而，正如我前文所提到的，这些说法不能完全解释一些关键问题：暴力事件中特殊的地理和时间规律因何产生？也就是说，为什么暴力活动会集中在某些特定地区，比如巴厘岛、亚齐、中爪哇、东爪哇、北苏门答腊和东努沙登加拉省的一些地区？为什么不同地区暴力开始和结束的时间会有如此显著的差异？如果差异如此明显，那么各地发生的暴力事件为什么又在形式上如此相似？比如，为什么那些治安会义警和处决队在各地都起到了重要作用？为什么暴力活动通常体现为社会、文化或宗教团体之间的对抗？为什么失踪、毁尸、暴尸和性暴力等手段会如此常见？根深蒂固的文化、宗教和社会经济矛盾是怎样以及因为何种原因升级成大规模屠杀和监禁的？大规模屠杀和监禁之间

---

① 其中最为复杂、极具说服力的经典范例，参见 Peter Dale Scott, "The United States and the Overthrow of Sukarno, 1965-1967," *Pacific Affairs* 58, no. 2 (Summer 1985): 239-264。

又有怎样的联系？最终应当由谁对暴力事件负责？外国势力到底有没有参与其中？如果有，参与程度如何？最后，暴力事件对印尼社会产生了怎样的影响？过去的50多年里，为什么很少有人对此进行讨论或者做出相应的补偿？

宏观视角

要回答这些问题，我们不妨先参考一番关于种族灭绝、大规模暴力、人权问题和冷战的相关文献，以比较研究的方式探讨印尼1965—1966年的暴力事件及其造成的遗留问题。另外，由于此类研究中很少提及印尼事件，印尼案例的加入或许有助于完善并丰富相关讨论。

这些参考文献中提到的部分观点对分析印尼事件尤其具有借鉴意义。其中最重要的论点是：种族灭绝和大规模屠杀本质上是政治行为，由受政治动机和目的驱使的行动者（个人和团体）主动发起。这意味着种族大屠杀不会随便发生，它们并不是社会经济或文化冲突的"自然"产物，而是政治或军事领袖有预谋、有意识的行为结果。本杰明·瓦伦蒂诺（Benjamin Valentino）、斯科特·施特劳斯（Scott Straus）、海伦·费恩（Helen Fein）以及其他学者都对这一观点进行了详细论述。他们关注的焦点不再是群众参与和默许大规模杀戮背后的纯粹心理及社会动机，而是在任当权者蓄意策划的政治行为。这样的政治动机为暴力活动的实施提供必要的激励机制和实施方法。① 这让我们有必要将关注点放在导致大屠杀发生的系统性条件上，并考虑如何追究此类行动相关人员的法律和政治责任这一重大问题。

值得一提的是，为了给大规模屠杀和监禁的实施创造条件，国家及国家机构的能力和性质至关重要。在区分个别暴力事件的集中爆发和地理位置相对分散的持续性大规模监禁和屠杀方面，国家的后勤组织、政治宣传、行政管理和暴力活动的组织控制能力是关键因素。

其中最重要的因素，便是拥有后勤资金并愿意诉诸暴力的机构，比如军队、警察、准军事力量和民兵组织等。这些因素使实施有组织、有规模的暴力活动成为可能。② 虽然这种看法不言自明，但是仍然需要对此进一步解释说明。这些组织中的关键要素是制度文化，我用这个词来指代组织内部的行为准则，根据这些机构过去的历史和行为规范，有的暴力程度较重，有的则相对较轻。制度文化中比较重要的是机构的"暴力手段清单"（repertoire of violence），也就是机构相关人员学习并使用的各种常规暴力手段。③ 在大规模暴力事件中，有一部分特殊的暴力形式仅靠个人心理动机或同侪压力是无法解释的，而我认为这种制度文化和手段储备能够帮助解释此类暴力活动。

---

① 参见 Benjamin Valentino, *Final Solutions: Mass Killing and Genocide in the Twentieth Century* (Ithaca, NY: Cornell University Press, 2004); Scott Straus, *Making and Unmaking Nations: War, Leadership, and Genocide in Modern Africa* (Ithaca, NY: Cornell University Press, 2015); Helen Fein, *Accounting for Genocide: National Responses and Jewish Victimization during the Holocaust* (Chicago: University of Chicago Press, 1979)。

② 不少学者曾指出，政府支援的准军事和民兵组织是种族灭绝的一个共通特征。参见 Scott Straus, *Making and Unmaking Nations: War, Leadership, and Genocide in Modern Africa* (Ithaca, NY: Cornell University Press, 2015); Michael Mann, *The Dark Side of Democracy: Explaining Ethnic Cleansing* (New York: Cambridge University Press, 2005)。

③ See Geoffrey Robinson, *"If You Leave Us Here, We Will Die": How Genocide Was Stopped in East Timor* (Princeton, NJ: Princeton University Press, 2010).

宏观角度的文献同时指出了意识形态在推动种族灭绝和大规模暴力事件中的重要性。比如，埃里克·D. 韦茨（Eric D. Weitz）指出，由群众政治、种族纯净论和革命乌托邦结合而成的独特意识形态推动了20世纪最惨烈的四次种族灭绝事件。① 此外，其他学者也着重强调了从种族歧视、民族主义、现代性和对国家危机的恐惧中滋生的各种意识形态，这些意识形态对解释种族灭绝的爆发和发展至关重要。② 在印尼事件中，国家政治意识形态的确发挥了重要的作用，但是这不能证明革命乌托邦主义和种族纯净论是其中的关键因素。印尼新秩序时期的意识形态是不能算作乌托邦式或具有革命性的，也并非种族纯净主义的意识形态。军方势力及其盟友认为，关乎国家生存的危机并非由某一种族或民族造成，而是将其归结于政治团体及其意识形态——印尼共和共产主义。因此，他们所采取的对应措施不是进行种族大清洗，也不是发动全面改革，而是利用刑罚、监禁、强制教育、压迫和政治宣传的手段直接清除所有异见人士。如果要说1965—1966年大屠杀以及随后发生在亚齐省、东帝汶省、巴布亚省等地的暴力活动受到了意识形态因素的推动，那么这种意识形态可以归结为一种过于强硬甚至近乎疯狂的军国主义及反共思想，他们坚持认为左翼势力对国家和民族的生存造成了严重威胁。

---

① Eric D. Weitz, *A Century of Genocide: Utopias of Race and Nation* (Princeton, NJ: Princeton University Press, 2003); Eric D. Weitz, "The Modernity of Genocides: War, Race, and Revolution in the Twentieth Century," in Robert Gellately and Ben Kiernan (eds.), *The Specter of Genocide: Mass Murder in Historical Perspective* (Cambridge: Cambridge University Press, 2003), pp. 53-74.

② Ben Kiernan, "Twentieth Century Genocides: Underlying Ideological Themes from Armenia to East Timor," in Robert Gellately and Ben Kiernan (eds.), *The Specter of Genocide: Mass Murder in Historical Perspective* (Cambridge: Cambridge University Press, 2003), pp. 29-52; Jacques Sémelin, *Purify and Destroy: Political Uses of Massacres and Genocide* (New York: Columbia University Press, 2007); Mann, *Dark Side of Democracy*; Robert Melson, *Revolution and Genocide: On the Origins of the Armenian Genocide and the Holocaust* (Chicago: University of Chicago Press, 1992); Straus, *Making and Unmaking Nations: War, Leadership, and Genocide in Modern Africa* (Ithaca, NY: Cornell University Press, 2015).

关于种族灭绝的文献还提到了另一重要观点：当地环境，以及地方和国家行动者之间的关系对暴力活动和种族灭绝的发展轨迹造成了不可忽视的影响。比如，斯科特·施特劳斯曾提出，地方行动者在执行国家领导的计划和命令中至关重要，因为他们会直接负责指认、拘留、区分并屠杀特定的敌人。① 大规模暴力事件的发展速度可急可缓，很大程度上取决于地方势力执行国家计划时的意愿和能力，以及国家领导动员和管理地方盟友的能力。同时，当地的社会经济和政治环境也相当重要，因为它们形塑了当地最为突出的政治矛盾，主要体现在土地、政府职位、薪资、宗教等方面，并且提供了激化或限制冲突升级的特定语言、符号和相关的集体记忆。

现有的研究指出，特定的语言和图像能够为种族灭绝等大规模暴力事件的发生作铺垫。② 它们将目标人群描述成下等人类、充满威胁、卖国叛国、毫无道德、两性关系混乱，直接或间接煽动大众用暴力手段打击特定目标人群等。正如海伦·费恩所说，这些言论让潜在的施暴者"不必再担心自己所需要承担的道德义务"，同时也让大规模暴力事件的发生变得更有可能。③ 无论是以何种形式——大规模集会、纸质或电子媒体、宗教布道、艺术作品、精心设计的政治心理战宣传，对目标人群的贬低能够创造出合适的政治

---

① 施特劳斯指出，在研究最充分的种族灭绝案例中，例如亚美尼亚种族大屠杀、纳粹大屠杀、卢旺达大屠杀——"地方因素在目标人群的选择、判断和施暴的过程中发挥着极大影响"。参见 Straus, *Making and Unmaking Nations: War, Leadership, and Genocide in Modern Africa* (Ithaca, NY: Cornell University Press, 2015), p. 131。

② See Fein, *Accounting for Genocide*; Erwin Staub, *The Roots of Evil: The Origins of Genocide and Other Group Violence* (Cambridge: Cambridge University Press, 1989); René Lemarchand, *The Dynamics of Violence in Central Africa* (Philadelphia: University of Pennsylvania Press, 2009); Sara Lipton, *Dark Mirror: The Medieval Origins of Anti-Jewish Iconography* (New York: Metropolitan, 2014).

③ Helen Fein, "Revolutionary and Anti-Revolutionary Genocides: A Comparison of State Murders in Democratic Kampuchea, 1975–1979, and in Indonesia, 1965–1966," *Comparative Studies in Society and History* 35, no. 4 (October 1993): 799. 同样参见 Helen Fein, *Accounting for Genocide*, 尤其是第 1 章; Helen Fein, "Genocide: A Sociological Perspective," *Current Sociology* 38 (Spring 1990): 1–126。

环境，使暴力活动变得无可厚非、正当合理甚至不可或缺。如果对目标人群的丑化正好与固有偏见一致，或是有影响力的政治、军事、宗教人物参与或支持这种行为，那么言论和暴力之间的联系会格外紧密。对敌人进行丑化后，暴力的实施将不再受道德约束，进而促成了大规模暴力事件中的关键要素，即社会共识，或者至少是民众的服从。

从更宽泛的角度来看，不少学者认为种族灭绝之类的暴行通常是伴随战争出现的，并提供了各种证据来支撑这一观点。① 比如，有的学者认为现代战争导致了士兵群体乃至整个社会趋向残暴化，暴力文化的出现让大规模暴力事件更有可能发生。另有一些学者则强调，战争中存在一种"你死我活"（us versus them）的二元心理，以及面对国家生存危机的恐惧，两者为大规模暴力和屠杀打下了话语及政治的基础。在承认战争对种族大屠杀具有一定影响的同时，国际人权史学家们采用了更为宏观的视角，探讨国际法律制度、规则环境和跨国组织如何促进或抑制大规模暴力事件。② 换句话说，上述论点证明了多种国际因素和环境都能推动种族灭绝和大规模暴力事件，而战争只是其中之一。另外，相关文献不仅解释了促成种

---

① See Doris L. Bergen, *War and Genocide: A Concise History of the Holocaust* (Oxford: Rowman and Littlefield, 2003); Scott Straus, *The Order of Genocide: Race, Power, and War in Rwanda* (Ithaca, NY: Cornell University Press, 2006); Norman Naimark, *Stalin's Genocides* (Princeton, NJ: Princeton University Press, 2007); Manus Midlarsky, *The Killing Trap* (Cambridge: Cambridge University Press, 2005); John W. Dower, *War without Mercy: Race and Power in the Pacific War* (New York: Random House, 1986); Valentino, *Final Solutions*; Melson, *Revolution and Genocide*; Weitz, "Modernity of Genocides: War, Race, and Revolution in the Twentieth Century," in Robert Gellately and Ben Kiernan (ed.), *The Specter of Genocide: Mass Murder in Historical Perspective* (Cambridge: Cambridge University Press, 2003).

② Margaret Keck and Kathryn Sikkink, *Activists beyond Borders: Advocacy Networks in International Politics* (Ithaca, NY: Cornell University Press, 1998); Patrice McMahon, *Taming Ethnic Hatred: Ethnic Cooperation and Transnational Networks in Eastern Europe* (Syracuse, NY: Syracuse University Press, 2007); Anja Jetschke, *Human Rights and State Security: Indonesia and the Philippines* (Philadelphia: University of Pennsylvania Press, 2011); Robinson, *"If You Leave Us Here, We Will Die": How Genocide Was Stopped in East Timor* (Princeton, NJ: Princeton University Press, 2010).

族灭绝发生的原因，还指出了我们可以用何种方法预防或终止暴力活动并弥补损失。

同样地，冷战史学家们指出，各个大国曾想方设法为大规模暴力事件的发生创造条件，却又不至于引发全面战争。但关键在于，即便是最大胆的研究成果也不至于声称冷战的博弈可以直接决定发生在其他国家的政治事件，亦不会认为冷战期间的军事政变、战争和叛乱都是由国外势力一手策划。①相反，研究显示，中立或左翼领导的下台、军事政权的崛起以及随之而来的暴乱受到了当地势力复杂列阵（array）的影响。而这些势力列阵的方式会与地区、国际形势的发展和目标进一步相互作用。②以上结论表明，如果要把大规模暴力事件归咎于外国政府和秘密机构的活动，我们需要慎之又慎。诚然，冷战逻辑和他国的介入确实会对当地政府和人民产生真实且严重的后果，例如，格雷格·格兰丁（Greg Grandin）就在对危地马拉的研究中提出了极具说服力的论点。这在印尼事件中也有相应体现，国外势力的干预是影响1965年前后政治大环境的关键因素。

最后，研究种族灭绝的学者强调，要理解种族灭绝和大规模暴力事件的爆发、进展和结束，分析历史进程、经历和偶发事件是必

---

① See Christopher E. Goscha and Christian Osterman (eds.), *Connecting Histories: Decolonization and the Cold War in Southeast Asia, 1945 – 1962* (Stanford, CA: Stanford University Press, 2009). 在玻利维亚、危地马拉和智利等地发生的事件也是同理，参见 Thomas C. Field Jr., *From Development to Dictatorship: Bolivia and the Alliance for Progress in the Kennedy Era* (Ithaca, NY: Cornell University Press, 2014); Greg Grandin, *The Last Colonial Massacre: Latin America in the Cold War*, updated ed. (Chicago: University of Chicago Press, 2011); Tanya Harmer, *Allende's Chile and the Inter-American Cold War* (Chapel Hill: University of North Carolina Press, 2011)。

② 在《从发展到独裁》（*From Development to Dictatorship*）中，菲尔德（Thomas C. Field Jr.）指出，虽然美国实际上反对过玻利维亚1964年的军事政变，但是1961年后的争取进步联盟（Alliance for Progress）仍然对军方主导的现代化进程提供了持续支援，最后直接推动了事件的发生。

不可少的。① 历史体验，尤其是那些演变成集体、官方记忆的历史，既可能推动也可能抑制大规模暴力事件的发生与发展。学者们同时指出，特定的历史条件及本地情况的变化会形塑种族灭绝和大规模屠杀的发展进程。理解种族灭绝中的历史偶发性和发展过程至关重要，因为这有助于解释事件中的地理和时间差异以及事件结束的原因。我们甚至可以说，过往经历和官方历史对暴力事件被记忆、纪念和弥补的方式存在极其深远的影响。如果暴力事件的参与者们仍然手握权力，他们将会处于强势地位来书写其历史，捏造出一种避重就轻、模糊责任、妨碍人们采取补救措施的社会记忆。

新观点

根据上述论点，并基于前文介绍过的印尼研究相关文献，我在此提出一个新的研究方法，用以回答之前提到的一些疑难问题，解释印尼事件的变体和特殊性，同时将之与其他大规模屠杀和监禁事件进行对比。这一研究包括三大论点，我将在下面进行概述，并以此为基础在本书各章节中进行详细讨论。

印尼军队

我的第一个论点是，要理解1965—1966年的暴力事件及其规律、模式，我们必须强调军方势力在激化、推动和组织暴力活动中

---

① See Donald Bloxham, *The Final Solution: A Genocide* (Oxford: Oxford University Press, 2009); Christopher Browning and Jürgen Matthäus, *The Origins of the Final Solution: The Evolution of Nazi Jewish Policy, September 1939-1942* (Lincoln: University of Nebraska Press, 2004); Mann, *Dark Side of Democracy*; Straus, *Order of Genocide*; Valentino, *Final Solutions*; Uğur Üngör, "When Persecution Bleeds into Mass Murder: The Processive Nature of Genocide," *Genocide Studies and Prevention* 1, no. 2 (2006): 173-176.

所起到的关键作用。这并不意味着我认为所有屠杀都是由军方一手操办的，而且事实也并非如此。军方当时面对着来自各种社会、宗教和政治团体的压力，这些团体要求对左翼势力"严惩不贷"（firm action），而军方的运动之所以如此成功，离不开许多印尼人的大力支持和积极合作。我认为大规模屠杀和监禁不存在必然性，也不是自然而然发生的，而是由军方势力鼓励、激化、引导、塑造而成。换句话说，如果没有军方势力的参与，个人、社会经济、宗教和文化矛盾所产生的压力绝不会导致如此大规模的杀戮和监禁，整个社会也不会保持50多年的缄默且无所作为。

图 1.3 印尼军官在中爪哇某村庄向士兵和当地民兵成员
介绍清剿印尼共产党的运动相关事宜，摄于 1965 年前后
（National Library of Indonesia）

军方起到的决定性作用主要包括五大方面。

第一，在所谓的政变失败后，军方立即编造并散播出国家生存危在旦夕的传言，煽动并赞扬打击左翼势力的暴力活动，无论受害者是不是真正的左翼分子。通过精心策划的媒体和政治宣传，军方成功地对印尼共及其附属组织进行了妖魔化，呼吁人们将他们"斩

草除根"。军方的怂恿导致其他反对印尼共的团体纷纷加入,为潜在矛盾和冲突升级为暴力事件提供了必要的催化剂。

第二,军方势力做出了一系列决定,下令拘捕、转移、分类登记、审讯、起诉大量左翼分子。为了执行这些决定,军方必须建立起与地方盟友的关系网,并对其进行长期的管理和维护。如果没有中央层面的计划,没有军方的后勤组织能力,大规模暴力事件绝不会蔓延至国内不同地区,并持续如此之久。军方起到的核心作用也有助于解释暴力活动的鲜明特征;强制失踪、毁尸、暴尸、性暴力、酷刑正好是暴力手段清单的一部分,并由军方的制度文化形塑而成。

第三,为了实施计划,军方势力动用了庞大的平民和民兵组织关系网,其中包括伊联全能青年旅(Banser)和隶属于印尼民族党(PNI)的平民主义青年团(Pemuda Marhaen),并怂恿他们执行大规模暴力活动中的关键任务,如抓捕、羁押、转移、杀害等。虽然部分团体有时会在没有军方明确命令的情况下擅自行动,尤其是在东爪哇省,但是这类事件只是在较小范围内偶尔发生。绝大多数情况下,民兵组织通常都是服从地方军事指挥官的命令,或者经过他们同意,或者在他们知情的情况下才开始行动。正因如此,他们很大程度受到了军方制度文化的影响,他们使用的手段大多是军方的标准暴力手段。正是因为有这些官方认可的民兵组织,印尼社会中的积怨和矛盾才会上升为大规模暴力事件,暴力活动才能蔓延到全国各地,并且长期持续发展,最终导致如此之多的普通人成为暴力的帮凶。

第四,虽然军方自身有执行计划的组织后勤能力,但他们却无法只手遮天。在部分地区,军方动员不了当地的盟友,甚至会受到地方权力机关的阻挠,从而推迟或变更执行计划的方式。与之相反的是,在亚齐省,当地平民组织和军方势力均全力支持中央制订的计划，因此暴力活动几乎是立即展开的。军方领导在各地的动员能力分布不均，致使暴力活动的发生存在地理和时间方面的差异。

第五，军方势力大权在握，因此能够编撰、散播有利于自身的历史叙述，同时阻碍其他版本的传播。为此，军方利用了多种手段，其中包括公共仪式、走过场式审判、民众教育、电影电视等政治宣传，提醒民众勿忘"共产主义的潜在威胁"，并且警告任何持有批评意见的人，提醒他们被定性成左翼分子的严重后果。其效果非常显著，官方的说法误导性强、影响深远，很大程度上造就了屠杀事件之后50多年中民众的沉默和不作为。

国际形势

我的第二个主要论点是，以美英两国为代表的大国势力在其中发挥作用，外加当时的国际形势，刺激并推动了1965—1966年由印尼军方主导的大规模暴力活动。在此，我并非要指控美国或其他国家预谋并策划了所谓的政变或之后的暴力活动，因为这一观点缺乏证据的支撑。然而，我认为，如果没有大国的支持，且在当时处于不同的国际形势，那么军方的大规模屠杀和监禁活动便不会发生。强调国际形势以及大国的作为与不作为也能更好地解释军方为何能够逃脱罪责，以及为何在事件结束后的50多年里，印尼国内和国际社会对此一直保持沉默且无所作为。

这一论点的形成基于对五方面事实的观察。

第一，虽然美国及其盟友坚持否认它们参与了推翻苏加诺政权和打击印尼共的活动，但现在有充足的证据证明它们对印尼进行了干涉。事实上，在"政变"发生前的十多年里，美国和其他西方国家为反共政党提供了秘密支持，为反对苏加诺政权的组织提供军事援助，并想方设法在暗中削弱苏加诺和印尼共的势力。1958年后，它们为军方中的反共势力提供了额外的军事援助，鼓励他们在政治方面发挥主导作用，强硬地对抗印尼共，并向他们保证西方国家会大力支持印尼军方的反共行动。在"政变"发生前一年，美国及其盟友实施了旨在破坏印尼共和苏加诺声望的秘密行动，为军方开展反共活动打下了基础。

第二，现有证据明确表明，在"政变"发生后的数月内，美英两国都鼓励并推动了暴力活动的发展。其秘密行动包括散布不实信息、组织政治宣传，企图进一步"抹黑"印尼共的形象；美英两国明知这是军方主导、打击平民的大规模暴力活动，却故意保持沉默；它们甚至为军方势力提供了经济、军事、后勤方面的秘密援助。两国在"政变"后数日内便开始对印尼事务进行干涉，为苏哈托及其盟友提供了重要的帮助，在关键的时间节点对军方暴力活动给予支持，并保证他们在打击印尼共的行动中无须担心听到批评意见。

第三，暴力事件受到了冷战大背景下国际政治局势的重要影响。如上文所言，当时的国际环境驱动了印尼的政治形势发展，激化了国内左右翼之间的进一步分裂，这些条件无疑为大规模暴力活动的发生奠定了基础。冷战很大程度上影响了印尼国际关系的走向，尤其是在1963年后，国际环境使印尼与中国越走越近，却渐渐疏远了美国等西方势力和苏联。毕竟，确实是因为苏加诺的"左"倾使美英两国及其盟友将印尼视为严重的问题，使它们宁愿牺牲印尼民众的生命，也要支持军方势力打击印尼共和苏加诺。同时，印尼（以及印尼共）在中苏交恶后选择支持中国，导致苏联在事件中几乎没有为印尼共提供任何保护和帮助。

第四，我认为当时与人权相关的国际准则、机构和网络极其匮乏，从而助长了暴力活动的发展。需要指出的是，自20世纪70年代中期始，为了预防和阻止大规模暴力事件的发生，跨国人权组织和民间团体做出了不遗余力的努力，但是1965—1966年，国际上几乎没有任何类似的组织。由于人权组织的匮乏，联合国对暴力活动没有进行丝毫的关注，大部分国家要么表示赞同，要么视而不见，而媒体则大多照搬官方的说法。与之截然不同的是，70年代国际人权组织和相关话语得到迅速发展，美国卡特政府也出面干涉，两个因素在较短的时期内共同作用，使声援印尼政治犯的运动获得了意想不到的成功，最终帮助大部分政治犯在1979年底重获自由。

第五，大国势力为印尼军方改写暴力事件的历史提供了帮助。1965—1966年屠杀结束后，西方政府给印尼新政权提供了经济、政治、军事协助，对当年的暴力屠杀和监禁缄口不提，从而使印尼官方的说法得以广泛流传，并防止人们对20世纪最为惨烈的罪行之一进行深入调查并追究责任。由于这些国际因素的存在，印尼事件体现出与纳粹大屠杀为代表的部分种族灭绝事件的巨大差别。最终导致在过去的50多年里，印尼大屠杀幸存者们既没有机会也没有能力让世界关注该暴力事件。

历史条件

最后，我的第三个论点将强调历史条件和先行事件在理解1965—1966年事件发展中的重要性。确切地说，除了影响暴力活动的文化、宗教、社会经济方面的潜在矛盾，我认为与印尼政治相关的五大关键历史条件也推动了印尼大屠杀的发生。这些历史条件影响了政治思想和冲突矛盾，塑造了关键的政治机构和政治结构，为具有重大政治影响力的官方历史和记忆重构创造了基础条件。

第一，印尼独立后，其殖民和反殖民的历史使左右翼之间的意识形态差异逐渐发展成为印尼政治文化中的重大裂痕。尽管在语言、文化、宗教等方面具有丰富的多样性，可是印尼还是在20年代初步形成了基于意识形态和种族、文化身份的反殖民政治。在这样的政治形势下，左翼势力异常强大，印尼共的政治地位尤其突出。然而，左翼势力的地位也不断受到挑战，这些反对的声音不仅来自支持殖民统治的党派，还有认为共产主义与伊斯兰教立场相左的宗教团体，以及坚信左翼势力会威胁国家团结稳定的爱国人士。这样的潜在矛盾一直持续着，左右翼之间的冲突在印尼取得独立之后不断加剧，为1965年暴力事件的爆发埋下仇恨的种子。

第二，在军队和右翼党派中，越来越多的人认为印尼共对军队的团结乃至国家生存构成了严重威胁。这种看法可追溯至1948年9月，受印尼共支持的武装团体曾试图在东爪哇省茉莉芬市（Madiun）建立自治政治指挥部。军队和政府（共和派）感到他们的权威危在旦夕，于是迅速展开镇压行动，拘捕并处决了该武装团体的主要领导人。从那时起，军队及其右翼盟友便将"茉莉芬事件"（Madiun Affair）描绘成由印尼共主导的武装叛乱，并以此证明印尼共的叛国倾向。该事件也因此成为打击印尼共的动员手段，尤其是1965年10月1日后，军队及其盟友反复提及"茉莉芬事件"，将其当作彻底摧毁印尼共的动机和理由。

第三，印尼在实现独立过程中伴随着战争和革命，这样的环境塑造了由保守派主导且政治地位较高的军队势力，以及独立后军事化程度极高的国家。虽然人们在20年代已经讨论过印尼独立的可能性，但印尼的独立国家概念直到日据时期（1942—1945年）以及反抗荷兰殖民的民族革命时期（1945—1949年）才逐渐发展成形。尽管人们对民主、人权保障和名义上的文官统治深表关切，可是独立后的印尼政府依旧以国家的军队作为支撑，他们对文官和民主做出的承诺都只是表面功夫。印尼独立之后，军方反复强调他们有权直接参与政治决定；1957年，总统宣布进行军事管制，军方进一步巩固了他们在政治和经济上的实际话语权，并坚决不肯将权力让渡。与此同时，印尼的军事化程度在表现和实质上都有显著的增长。

第四，军方很早便发展出一套动员民兵力量打击国内反对派的惯用策略。由于军方成员曾在日占期间接受了日本的军事训练，1945年后又对返回印尼的荷兰及其盟友进行了抵抗，因此，军方在很大程度上依赖地方民众及其准军事组织"拉斯卡"（lasykar，也作 laskar）的支持与协助。这种策略最终被纳入正规的军事手段中，称为"全民防线"（total people's struggle），其实质是动员地方民兵组织打击国内外敌对势力。这种策略不仅在抵抗荷兰及其盟友中起到了重要作用，也有助于消灭任何被军方视为威胁国家发展的国内团体。印尼独立后，这些曾在过往政治运动中使用过的策略和手段再次被军方启用，为"政变"之后动员民兵组织监禁并屠杀左翼人士打下了重要基础。

第五，到了20世纪60年代早期，印尼政治活动趋于激进，具有高度的全民动员性。冷战的两极化趋势更是加剧了印尼国内的紧张局势，苏加诺的反殖民族主义（anticolonial nationalism）虽然令人信服，但也显示出激进的一面，而以美国为代表的大国势力又经常在印尼和世界各地火上浇油。尤其是50年代晚期，美国为各地的叛乱势力提供援助，并对越南政局进行干预；英国无视苏加诺的反对，对新成立的马来西亚提供了支持，导致矛盾不断恶化。而同时，印尼在这段时期与中国的关系迅速升温，使左翼势力更加激进，而右翼方面则变得更加忧心忡忡。上述因素加剧了印尼国内左右翼势力的分裂，而民族危机感的持续发酵更是推进了谣言、猜疑、敌对心理的蔓延与发展，为大规模政治暴力的爆发提供了关键的背景条件与催化剂。

简单来说，前文介绍的观点强调了军方势力、国际因素和背景的影响，关于历史条件在影响大规模暴力活动以及其后社会的长期沉默中所起到的关键作用，本书将在随后的章节对此进行详细论述。这些论点的提出并不意味着，在大规模暴力活动的发展过程之中,个人动机、社会心理、文化和宗教、社会经济矛盾发挥的作用无足轻重——宏观的历史和政治环境在很大程度上塑造并限制了其重要的表现形式。

同样,虽然本书强调了部分"结构性"条件的重要性,指出军方势力蓄意实施了某些行动,但这并不意味着大规模监禁和屠杀从头到尾都是经过细心预谋或注定会发生的。正好相反,值得注意的是,暴力活动会根据当时的具体情况而发生改变。也就是说,本书在解释暴力发生的过程时,会重点探讨偶然事件和随机情况。其中最重要的便是1965年10月1日发生的"政变",但这也并非唯一的偶然事件。无论行动主使者是谁,六位将领的死亡为军方及其盟友提供了采用强硬手段打击左翼势力的关键契机。如果"政变"没有发生,或者军方领导没有利用这次事件达到自己的政治目的,那么很难说印尼的政治矛盾会不会最终酿成如此大规模的暴力活动。

第二章　前提条件

若非持续且长久的奋斗，那么革命将不再是真正的革命。奋斗不仅是与外部敌人作斗争，更重要的是内部斗争，我们要抵抗并遏制所有阻碍或影响革命进程的消极因素。从这种角度来看，革命即是……一曲强有力的交响乐，对敌对己都要取得胜利。

——苏加诺总统（President Sukarno），

印尼独立日演讲

1957 年 8 月 17 日[①]

人们在试图解释印尼 1965—1966 年的大屠杀时，经常会援引该国过去的历史。诚然，暴力事件在一定程度上都受到了历史因素的影响，然而，到底哪段历史更为关键，它们与大屠杀又有怎样的联系，人们在这些细节问题上却很少达成共识。比如，印尼官方的说法几乎把重点完全放在疑似印尼共主导的叛国行为上，强调他们

---

① 苏加诺于 1945 年 8 月 17 日日军投降后宣布独立，此后，荷兰试图在英国的帮助下恢复对印尼的殖民统治，受到印尼方面的顽强抵抗。荷兰于 1949 年 12 月以印尼加入荷印联邦为条件，正式承认印尼独立。印尼取得独立后，将独立日回溯至 1945 年 8 月 17 日，而非获得荷兰承认的 1949 年 12 月 27 日。——译者注

杀戮季节：1965—1966年印度尼西亚大屠杀历史

在1926年和1948年分别对殖民当局和刚建立的共和政体发动武装起义，以及1965年10月的所谓夺权阴谋，但是，这种说法并不能完全解释"政变"之后发生的一系列暴力事件。与之相反的是，许多流行的说法和部分学界观点将暴力的发生归咎于"印尼的过去"这一模糊的时间概念，由于印尼特定的历史条件，类似"杀人狂热"（running amok）的文化，对权威的服从，以及宗教狂热的思想才会肆意蔓延，进而影响并塑造了杀戮者和受害者的行为模式。然而，上述观点都未能全面并具体地说明是何种历史因素推动了大屠杀的发生。

本章从不同角度切入，重点分析笔者所认为推动和影响该历史事件的重要驱动力、行动者、偶发因素。首先，我们需要简要探讨印尼殖民史，追溯20世纪初期左翼运动和民族主义运动的发展，1942—1945年日本占领时期的历史经验，反抗荷兰统治并最终于1949年成功独立，以及独立后动荡不安的15年历史。[①] 随后，本章将详细分析独立后崛起的主要政治势力，以及它们之间出现的矛盾和紧张关系。本章最后一部分将阐述"政变"的前一年，随着政治矛盾变得愈加尖锐，印尼国内发生了各种事件，并详细解释一系列重要的决策与事件如何为1965年10月1日"政变"的发生以及之后的暴力活动创造了前提条件。

通过对这些前提条件进行探讨，本章将强调印尼近代史中的五个方面，它们在推动打击左翼势力的暴力活动中扮演了极其重要的角色：曾经的殖民及革命经历加深了意识形态分歧，导致历史叙事出现重大差异和冲突；军方成员和部分穆斯林团体很早就认定印尼共对国家生存构成了严重威胁；在建国过程中，军方不断发展壮大，成为政治保守的中央集权势力，需要坚决维持现状；军方内部

[①] 印尼在1949年独立受到国际社会承认后政局依旧动荡，先后经历了混乱且不成功的"议会民主制"时期（1949—1957）和苏加诺推行的"指导式民主"时期（1957—1965）。——译者注

第二章　前提条件

逐渐形成的机构文化、手段储备、行为准则为暴力镇压国内反对势力提供了模板；最后，印尼逐步形成了以大规模政治动员、激进主义、两极化为特征的后殖民政治形态。

殖民主义与革命

我们今天称印度尼西亚的群岛国家延绵3000多英里，涵盖几百种不同的语言，是最近一个世纪成立的新兴国家。它的地理轮廓是荷兰殖民统治的产物，在此之前，这片区域还从未形成过统一的政体。① 然而，这并不是说印尼群岛在欧洲人到达之前是一张白纸。恰恰相反，包括爪哇、苏门答腊、巴厘、苏拉威西、婆罗洲在内的数百个岛屿以及它们之间的水域曾经是古老文明的发源地和大型贸易交通网的枢纽，可以追溯至1000多年前。其中不仅包括信奉印度教—佛教的贸易帝国——三佛齐王国（Srivijaya，中国宋代之前称作"室利佛逝"），它坐落在如今的苏门答腊岛上，还包括满者伯夷国（Majapahit，中国明代之前称作"麻喏巴歇"），其统治遍布爪哇岛和巴厘岛的大部分地区，并延至婆罗洲、苏门答腊以及如今东印尼的部分岛屿。

尽管这些文明都具有举足轻重的历史地位，但是它们都不能被称作"印度尼西亚"。"印度尼西亚"这个名字以及其中蕴含的国家概念直到20世纪早期才开始出现，少数当地民众（主要是受过荷兰教育的精英）发起了最初的民族主义运动，首次提出了"印度尼西亚"的概念，认为无论存在多么严重的差异或分歧，东印度群

---

① 虽然欧洲人在印尼群岛上的活动可以追溯至16世纪晚期，但是被荷兰人称为荷属东印度群岛（Netherlands East Indies）的殖民地直到20世纪起初十年才最终成形。1945年8月17日印尼宣布脱离荷兰独立，荷属东印度群岛的地理边界最终成为印尼共和国的边界。

35

岛的人民共同遭遇同一种困境，拥有同样的身份和命运。① 与此同时，用于贸易和行政管理的地方语言马来语被重新命名，更名为印度尼西亚语（Bahasa Indonesia），并被用作全国通用语。与"印度尼西亚"这一统一国家政体的概念类似，之所以选择马来语而非荷兰语或者数百种当地常用语之一，是因为其中蕴含了重要的政治意义。此番选择强调民族主义运动的大原则，即无论特定的族群或宗教团体拥有多么庞大的规模、多么雄厚的经济实力、多么成熟的历史经验，这一族群或宗教团体均不会定义或统治这个国家。印尼的独立只能建立在一个以统一原则为基础，而非基于族群的公民制度上。

殖民主义与反殖民遗产

尽管人们有时会反驳或违背上述政治愿景，但不可否认，它对印尼政治的影响持续了一个世纪。虽然印尼国内的民族和语言多样性显著，不可避免产生了一些矛盾和冲突，但是民族和宗教并不是定义印尼政治论战或国民身份的关键因素。也就是说，印尼与包括美国在内的大部分殖民和后殖民国家有着明显不同，种族、民族、宗教问题并没有在该国政治文化中造成重大裂痕，国内的政治讨论和分歧反而集中在意识形态和哲学思想上：我们应当发起怎样的反殖民斗争？我们会建立何种国家？我们应当根据何种政治意识形态建立新的民族国家？

20世纪二三十年代，最终成功主导政治话题的世俗民族主义仍然只是众多政治主张中的一种。除了那些要求以各种形式保持殖民统治的观点，主要政治主张还包括不同派别的伊斯兰主义以及倡导革命或偏向温和的左翼思想。苏加诺是单一印尼民族主义的先驱倡导者，他希望将不同的主张融合为统一的运动，坚持认为宗教、

---

① 关于印尼民族主义运动的起源和历史，参见 George McT. Kahin, *Nationalism and Revolution in Indonesia* (Ithaca, NY: Cornell University Press, 1952), pp. 37–100。

民族主义、共产主义并非水火不容的政治思想,而是同一种抗争中关键的三个方面。① 这一概念后来被苏加诺称作"纳沙贡"(Nasakom,印尼语"Nasionalisme, Agama, Komunisme"的简称,意为民族主义、宗教、共产主义)思想,成为民族主义斗争中的关键要素,但是在1965年"政变"发生的前几年中,这一思想也引发了尖锐的政治争论。然而,这种反对的呼声恰恰凸显了印尼国内的政治讨论和分歧主要涉及意识形态和政治愿景,而不是基于民族、种族或宗教信仰的身份主张。

图2.1 1926年前后,苏加诺(持书者)与他的同僚及律师们站立在万隆市的殖民法庭门口

(Leiden University Library)

---

① Sukarno, *Nationalism, Islam, and Marxism*, trans. Karel H. Warouw and Peter D. Weldon (Ithaca, NY: Modern Indonesia Project, Southeast Asia Program, Cornell University, 1970). 参见 J. D. Legge, *Sukarno: A Political Biography* (Sydney: Allen and Unwin, 1990)。

殖民统治也推动并加深了印尼群岛内部的政治和社会矛盾，不仅有殖民者和被殖民者的矛盾，还包括当地居民之间的冲突。其中，有人声称自己拥有贵族或其他特权身份的继承权，并动员当地民众攻击其他争夺继承权的对手，通常还会接受军队和荷兰官员的援助。有的矛盾来自阶级矛盾，比如地主和心存不满的农民之间，以及农业劳动者和种植园主之间的矛盾，而这些种植园主一般会在冲突中获得荷兰势力的支持。有的矛盾则是由文化、宗教信仰或生活习惯而引发的，荷兰通常会站在表面上是"传统"特权势力的一方，抵制现代化推动者和民族主义者的诉求。①

殖民时期的其他因素也对印尼造成了长期影响，其中包括经常派遣当地人辅助镇压叛乱，对持有批评或反对意见的人进行境内流放。19世纪晚期到20世纪早期，殖民军队中的绝大部分武装人员都是当地人，他们听从荷兰长官的指挥，并被派往亚齐到巴厘岛等地，专门打击反殖民"叛乱"。实际上，本土的士兵在殖民武装力量中占多数地位，在荷兰官员的命令下屠杀、监禁当地其他居民。这段历史给印尼社会留下了深深的印记，可以说它影响了革命期间和独立后印尼武装势力常用的策略和手段。另外，印尼官方后来也采用了荷兰殖民时期的手段来打击叛乱和反对势力的领袖，将他们流放到印尼群岛的偏远地区，比如新几内亚岛的波文蒂古（Boven Digul）。20世纪30年代，荷兰就曾将1926年印尼共起义的领袖和包括苏加诺在内的民族主义者放逐到此类地区。

二战期间，短暂的日本占领（1942—1945年）也对印尼的政治发展产生了重要影响。这段历史推动了民族主义思想的迅速传播，加快了大规模政治动员的节奏，用本尼迪克特·安德森的话来说，就是让印尼人"初次感受到崇尚军国主义文化的军事化国家是

---

① See Geoffrey Robinson, *The Dark Side of Paradise: Political Violence in Bali* (Ithaca, NY: Cornell University Press, 1995), Chapters 2, 3, and 6.

什么样子"。① 日本官方不仅支持苏加诺等老一辈民族主义者进行活动，还动员了不计其数的年轻人加入大型政治团体，并鼓励他们参与各种军事和准军事组织。② 这些组织在印尼年轻人的心中播下了激进好战的种子，提供预备成员给那些以青年为主的准军事部队。这些部队被称作"拉什卡"（lasykar）或者斗争组织，在1945年8月日本战败后的印尼独立革命中承担了关键任务。其中，最重要的组织是乡土防卫义勇军（印尼语Pembela Tanah Air，简称Peta，也作"卫国军"），是1943年末由日本建立的地方后备军事力量，用于对抗同盟国的军事打击。从1945年末到20世纪70年代晚期，印尼军方官员大部分显然都曾是乡土防卫义勇军成员，其中就包括苏哈托将军。③

值得注意的是，受到占领期间日本军政府的影响，印尼的民族主义斗士首次接触到了残忍暴力的军事手段，包括酷刑、虐待、强制监禁、连坐惩罚等。这些手段经由他们传授给印尼军队，成为武装力量暴力手段的一部分。④ 印尼军方在1965—1966年使用的许多刑罚手法似乎都是直接从日本战时的军事手段中借鉴而来，其中包括模拟处决、污水刑、强暴性侵、烟头灼烧、使用军事基地的发电机进行电击等。与此类似，1965年后用于监禁政治犯的高度军事化集中营，在形式上和控制、惩罚囚犯的策略上，都与1942—1945

---

① Benedict Anderson (ed.), *Violence and the State in Suharto's Indonesia* (Ithaca, NY: Cornell Southeast Asia Program, 2001), p. 11. 关于日占时期的政治影响，参见 Benedict R. O'G. Anderson, *Java in a Time of Revolution* (Ithaca, NY: Cornell University Press, 1972); Robinson, *Dark Side of Paradise*, Chapter 4; Ruth McVey, "The Post-Revolutionary Transformation of the Indonesian Military," *Indonesia* 11 (April 1971): 133-142。

② 其中包括乡土防卫义勇军（Peta）、辅助部队（Heiho）、真主力量军（Barisan Hizbullah）、青年团（Seinendan）、警防团（Keibodan）、爪哇奉公会（Jawa Hokokai）、先锋队（Barisan Pelopor）。参见 Anderson, *Java in a Time of Revolution*, pp. 22-30。

③ 关于乡土防卫义勇军（Peta），参见 Anderson, *Java in a Time of Revolution*, pp. 22-25。

④ 战时的日本军政府"经常私下实施酷刑、公开进行处决，导致大规模饥荒，成百上千的民众在强制劳役中死亡"。参见 Anderson, *Violence and the State in Suharto's Indonesia*, p. 9。

年日军在印尼建立的战俘营极其相似。① 换句话说，日本占领的历史在很大程度上影响了印尼国民军（印尼语 Tentara Nasional Indonesia，TNI）的机构文化及其暴力手段。

图2.2　1942—1945年，日本占领军的政府领导人在雅加达检阅印度尼西亚民族主义者
(Leiden University Library)

印度尼西亚独立革命

印度尼西亚独立革命（1945—1949年）深深地影响了印尼后殖民时期的主要政治轮廓，在国家机构的成立和建国历史的书写中留下不可磨灭的印记，并直接导致了主要政治冲突的形成。② 这场

---

① 安德森指出，在日军到达之前，未能逃脱的荷兰人"会被送进条件恶劣的集中营，通常由日军训练的当地人进行看管"。参见 Anderson, *Violence and the State in Suharto's Indonesia*, p.11。

② 关于印度尼西亚独立革命，参见 Kahin, *Nationalism and Revolution*; Anderson, *Java in a Time of Revolution*; Anthony Reid, *The Indonesian National Revolution* (Hawthorn, Victoria: Longman, 1974)。

第二章　前提条件

革命实际上错综复杂，难以直接概括总结，为了后续分析之便，这里将独立革命简化为由于荷兰在二战结束后企图恢复其对前殖民地之统治而引发的国民反抗战争。日本投降后，印尼民族主义者于1945年8月17日宣布独立，然而，荷兰及其盟友数月后卷土重来，企图重新恢复对印尼的统治，也因此遭到了印尼人民的反抗。

当盟军终于在1945年11月登陆时，由苏加诺及其同僚领导的印尼世俗民族主义共和派已经宣布独立，以他们为首的民族主义者自然不愿意放弃刚刚获得的自由。在荷兰看来，印尼群岛理应是他们的领土，并认为这些共和派人士代表的其实是小部分激进分子和"恐怖分子"，他们曾在二战中与日军合作，已经失去了民众的信任。荷兰将矛头指向了苏加诺，他为了进一步达成民族主义目标，确实曾与日军进行过合作。荷兰和同盟国势力的到来引发一场时断时续、针锋相对的漫长斗争，直到1949年末，荷兰才在美国和联合国的敦促下承认了印尼的独立。值得一提的是，共和派势力在1948年9月镇压了茉莉芬市的左翼起义，这让美国政府相信这群人具有反对共产主义的决心，美方和联合国也因此开始向荷兰施加强硬的外部压力。

革命中的军事要素在很大程度上影响了印尼陆军的规则和惯例，也就是他们的机构文化和手段储备。[1] 荷兰军方对印尼民族主义者与日方的合作相当不满，荷兰方面有很多人曾在日军战俘营遭受虐待而心怀怨念，因而采用了一些非常规手段。这些手段在当时被人们称作"纳粹策略"（Nazi tactics），用如今的标准衡量已经可

---

[1] 关于印尼陆军历史，参见 Harold Crouch, *The Army and Politics in Indonesia* (Ithaca, NY: Cornell University Press, 1978); 又见 Ulf Sundhaussen, *The Road to Power: Indonesian Military Politics, 1945-1967* (Kuala Lumpur: Oxford University Press, 1982); Geoffrey Robinson, "Indonesia—On a New Course?" in Muthiah Alagappa (ed.), *Coercion and Governance: The Declining Political Role of the Military in Asia* (Stanford, CA: Stanford University Press, 2001), pp. 226-256。

以构成战争罪。① 通过模仿二战时他们敌人所使用的手段，荷兰军方拘禁了上千名涉嫌支持独立的当地人，其中多人既未经过罪名指控，也没有经过法院庭审；对被监禁的犯人实施酷刑，以此作为惩罚或是刑讯逼供；为了报复，放火烧毁了数个村庄。另外，荷兰殖民部队认为部分村庄对共和派叛军进行了支援，因此直接在村子里实施了大规模处决，将尸体丢弃到附近的河流和灌溉水渠，与20年后印尼行刑队处理共产党受害者的方式如出一辙。②

另一方面，印尼民族主义势力所采用的手段也非同一般，荷兰将其称作"恐怖主义策略"，如今看来，这些手段属于严重侵犯人权的行为。他们从日本方面吸取激进好战主义思想，大概受此推动而借鉴了日占期间日本军方的常用手法，民族主义势力也放火烧毁了一部分疑似支持荷兰殖民的村庄，对被羁押的犯人进行刑讯逼供，有时甚至会杀害疑似与荷兰合作的犯人。这些手段在1949年印尼独立后成为武装部队机构文化和暴力储备的一部分，直到1965年末军方开始集中打击左翼势力时仍然未被废止。

印尼独立革命同样对军方的信条和结构产生了长远影响。③ 正是在独立革命时期，军方发展出一套"全民防线"（total people's defense）的原则，根据这项规定，军方可以依靠与平民的紧密合作来打击国内叛乱和颠覆运动。独立后，军方动员平民加入治安队和

---

① 比如，一位瑞士学者曾接触到之前保密的荷兰军方文件，证明所述属实。参见 Rémy Limpach, "Business as Usual: Dutch Mass Violence in the Indonesian War of Independence," in Bart Luttikhuis and A. Dirk Moses (eds.), *Colonial Counterinsurgency and Mass Violence: The Dutch Empire in Indonesia* (New York: Routledge, 2014), pp. 64-90; *De Brandende Kampongs van General Spoor* (Amsterdam: Uitgeverij Boon, 2016)。

② 例如：Anne-Lot Hoek, "Wijgaan het hiernog heel moeilijkkrijgen," *NRC Weekend*, January 9-10, 2016; "Ook op Sumatra richtte Nederland enbloedbadaan," *NRC*, February 13, 2016; "Waarheidscommissie Indie Is Nodig," *NRC Weekend*, October 10, 2015; "Bloedbaden op Bali," *Vrij Nederland*, November 13, 2013。

③ 关于军方信条和结构的发展，参见 Robinson, "Indonesia," pp. 230-233. 又见 Ruth McVey, "The Post-Revolutionary Transformation of the Indonesian Military," *Indonesia* 11 (April 1971): 133-142; Crouch, *The Army and Politics in Indonesia*; and Sundhaussen, *The Road to Power*。

准军事组织的策略便是基于这一理念。革命也导致他们开始考虑成立印尼"领土保卫军"(territorial army),在每个省、县、乡镇、村设立永久驻扎的武装部队,同样主要用于对抗国内骚乱和颠覆运动带来的威胁。最后,贯穿于整个革命过程中,军方逐渐吸收独立的武装组织,对他们进行统一指挥,同时致力于清除威胁军方权威的左翼组织和代表伊斯兰主义势力的社会主义青年团(Pesindo)和真主力量军(Hizbullah)等团体。军方集中化程度越来越高,意识形态方面也逐渐趋于同质。① 印尼陆军遵从的这些信条及其结构促成了1965—1966年的大规模屠杀和监禁活动,是该事件发生的重要前提条件。

诚然,独立革命未止于印尼当地人和荷兰军队之间的军事较量,其影响不但涉及军事领域,还波及其他方面。以下几个根本问题也相当关键:应当由谁来领导这场斗争(共和派、联邦主义者、伊斯兰主义者、共产党人、社会主义者)?斗争应当采取何种形式(军事或外交、自上而下或自下而上)?新成立的国家应当采用哪种制度(世俗制、中央集权制、联邦制、伊斯兰制)?无论上述问题是否得到解决,各派的处理方式均影响到后殖民时期新国家的特征,并且形塑了独立后崛起的各政治力量的组成形式。关于这些问题的讨论,进一步加深了意识形态方面的尖锐冲突,成为 1965—1966 年大规模暴力发生的第二个前提条件。

在宣布独立后数日内颁布的宪法中,我们能清楚地看出革命对新印尼所产生的影响。1945 年 8 月被召集起草宪法的小团队意识到迅速行动的重要性,知道要为中央集权统治提供支持,因此起草了一份基础文件,赋予总统办公厅实权,设计出一个中央集权而非联

---

① 由副总统穆罕默德·哈达(Mohammad Hatta)提出、时任陆军副司令纳苏蒂安上校大力支持的军方"合理化"(rationalization)计划,旨在将约有 80 万正规和非正规武装人员的军队削减成为约有 16 万人的精简军队。Ruth Ann Swift, *Road to Madiun: The Indonesian Communist Uprising of 1948* (Ithaca. NY: Cornell Southeast Asia Program, 1989), p. 44。

邦制的共和政府。然而，建立独裁统治、中央集权的世俗国家绝非当时的唯一选择。当时提出的其他选项包括：效仿西方国家建立民主机构，成立践行社会主义的非共产主义国家；以斯大林的苏联体制为模板建立共产主义国家；将自治权下放到不同的地区政府，建立联邦制国家；以特定版本的伊斯兰法作为国家法律基础，建立政治与神权相结合的国家。每种体制都有坚定不移的拥护者，各方都曾在争取独立的过程中不择手段地谋取影响和权力。独立后数年里，他们也经常带着清晰的记忆和苦涩的心情审视过往得失。

新政府最早面临的挑战来自伊斯兰势力。在宣布独立时，他们要求宪法中必须增加条文，规定对于印尼的绝大多数穆斯林公民来说，伊斯兰教法高于其他法律。在《雅加达宪章》（*Jakarta Charter*）中提出的这一要求差点获得通过，但决策者最终选择成立支持宗教平等的世俗国家，此决定遭到伊斯兰教人士反对，他们认为该决定有失公允。① 这次失败并没有阻止伊斯兰教人士继续提出挑战。恰恰相反，1948年，称为"伊斯兰教国运动"（又称"伊斯兰之家"）的反叛组织逐渐崛起，要求成立伊斯兰教国。"伊斯兰教国运动"及其武装力量"印尼伊斯兰军"（Tentara Islam Indonesia）在印尼国内部分地区获得了大量民众支持，尤其是西爪哇和亚齐省，同时也包括南苏拉威西省和南加里曼丹省。该运动对新生的印尼共和国产生了持续长久的威胁，直到20世纪60年代初才被彻底击败。② 镇压"伊斯兰教国运动"的行动在很大程度上巩固了印尼军队在爪哇及外岛地区的力量。另外，这次反叛运动使军方内部的世俗民族主义者对伊斯兰势力产生了深深怀疑。打击"伊斯兰教国运动"的长期军事行动导致军方有机会发展他们的平叛战略和战术，其中包括臭名昭著的"腿之围栏"（fence of legs）战术，他们

---

① 关于1945年中期《雅加达宪章》的起源，参见 Legge, *Sukarno*, pp. 170-171。

② 关于"伊斯兰教国运动"（Darul Islam），参见 C. van Dijk, *Rebellion under the Banner of Islam: The Darul Islam in Indonesia* (The Hague: Martinus Nijhoff, 1981)。

动员村民在疑似敌方基地的周围围成一圈以逼迫叛军离开。此类战术为 1965 年军方镇压印尼共的行动提供了模板，成为暴力活动过程中的行动指南。

新政府面临的第二大挑战来自左翼政党。到了 1948 年，左翼政党与共和派领导人及其支持者、印尼穆斯林协商委员会（Majelis Syura Umat Muslimin Indonesia，Masyumi，也作"马斯友美党"）保守人士的矛盾愈加凸显。左翼党派坚信印尼迫切地需要真正的社会变革，而不只是民族解放。加上政府对武装部队进行"合理化"计划的威胁，左翼势力开始对共和派领导人进行批判。然而，战前著名的印尼共领袖慕梭（Musso）于 1948 年中期返回印尼，不久便将左翼分子拉拢到新激进派印尼共的旗帜下，这种批判也因此转变为公开反对。正是由于这种历史环境的催化，1948 年 9 月中旬，东爪哇省茉莉芬市的左翼官员和部队与共和派掌控的军队发生了正面冲突，并宣布成立国民阵线政府（National Front Government）。① 虽然茉莉芬市的起义似乎只是地方性事件，印尼共的中央领导并不知情，但是共和派领袖和外国政府立即指控印尼共，认为他们主导了这次政变，并将其定义为苏联企图推翻该地区民族主义政府的庞大阴谋的一部分。马斯友美党的领导们也加入了该阵线，呼吁对无神论的印尼共发动"圣战"，并动员手下的真主力量军（Hizbullah）和保卫真主军（Sabilillah）等准军事力量协助军方。之后数周时间里，共和派的军队对该地区进行了全面进攻，从最西边的中爪哇省沃诺吉里市（Wonogiri）清扫到最东边的东爪哇省谏义里市（Kediri）。他们在行动期间逮捕了约 35 000 名印尼共成员，包括慕梭和十几位印尼共领导人在内的许多成员惨遭杀害，另有多人死于

---

① 关于"茉莉芬事件"的详尽回顾，参见 Swift, *Road to Madiun*。

杀戮季节：1965—1966年印度尼西亚大屠杀历史

残忍的大规模处决。①

尽管在"茉莉芬事件"中死亡的人数相比之下并不算多，大部分被拘押的印尼共成员很快就被释放，但是此事件进一步加深了印尼共与军方、马斯友美党之间的矛盾和裂痕。"茉莉芬事件"在各方面都为1965年暴力活动的爆发奠定了基础。例如，在茉莉芬市镇压印尼共的运动中，军方采取了与1965—1966年同样的暴力手段，包括即刻处决（见图5.2和图5.3）、未经指控或审判的强制监禁等。另外，在打击"伊斯兰教国运动"的过程中，军方还动员了当地的准军事力量，让其协助指认、羁押、杀害嫌疑人。"茉莉芬事件"催生了政治立场截然不同的各种历史叙述，不断推动并激化了1965年之前的政治纷争。此外，印尼共及其盟友坚持认为"茉莉芬事件"是共和派伙同帝国主义盟友"挑衅"的结果，旨在诱捕印尼共成员并趁机进行清剿。② 同时，以马斯友美党为首的印尼共反对者认为，事件清晰地证明了印尼共叛国、心甘情愿为外国势力服务的企图，因此政府绝对不能相信印尼共。③ 1965年所谓的政变发生后，印尼共的反对者立即提出与"茉莉芬事件"类似版本的解读，以证明印尼共的阴谋与颠覆政权的意图。他们将1965年失败的"政变"称作"第二次茉莉芬事件"（second Madiun），并将责任归咎于印尼共，坚持认为印尼共应当被彻底剿灭，以免左翼力量死

---

① 慕梭（Musso）于1948年10月31日遇害身亡，其他11位印尼共领袖同年12月遇害。1948年12月，荷兰方面打破休战状态后不久，几乎所有被拘留的印尼共成员都获得释放，并加入了反抗荷兰的战斗。参见 Swift, *Road to Madiun*, p. 80。哈米什·麦克唐纳（Hamish McDonald）写道："12月之后，反叛运动彻底结束，其领袖被处决，有数千人惨遭杀害，还有大概3.5万人被政府逮捕。" Hamish McDonald, *Suharto's Indonesia* (Sydney: Fontana, 1981), p. 18。

② 例如，Mirajadi, "Tiga Tahun Provokasi Madiun," *Bintang Merah*, August – September 1951。

③ 例如，The Masyumi-run newspaper *Abadi*, September 4, 1953。关于茉莉芬事件的官方说法，参见 Sekretariat Negara Republik Indonesia, *Gerakan 30 September: Pemberontakan Partai Komunis Indonesia. Latar Belakang, Aksi, dan Penumpasannya* (Jakarta: Sekretariat Negara Republik Indonesia, 1994), pp. 17–23。

灰复燃。①

　　苏加诺提出的世俗民族主义与共和派主导的运动，在各种斗争中得以存活并最终崛起。苏加诺于1945年6月撰写的国民思想或意识形态"建国五基"（Pancasila）中具体阐述了该制度的内容和需要做出的妥协。② 经过独立革命的斗争，苏加诺本人权力大增，成为民族英雄、国家总统，以及各种政治势力抗衡中不可或缺的中间人。军方在这样的形势中扮演了重要角色，其势力比起1945年更加强大、集权化程度更高、意识形态也更加单一。与此相对，左翼和伊斯兰势力在独立革命中被削弱，政治影响力严重受损。然而，这两种势力并未完全消失，其拥护者将印尼独立视为重新崛起、扩张势力的新机会。

自由民主和指导式民主（1950—1965年）

　　经过商讨，荷兰政府于1949年12月向印尼移交主权，使受过教育、具有国际视野的印尼当地人有机会将1945年颁布的专制宪法替换为更加契合战后自由民主准则的宪法。新的"自由"宪法更加注重《世界人权宣言》（1948年）中最新提出的重要原则，其中包括言论和集会自由；建立起多党议会制民主政体；将总统拥有的权力大幅削弱。数十个不同政党在这样的政治环境下涌现出来，对政府职位和民众支持率的竞争也愈演愈烈。

　　观察家们称赞1955年举行的第一届全国议会选举，认为对一个刚刚经历了数十年殖民统治、战争和独立革命的国家来说，这是一次伟大的胜利。③ 更重要的是，这次选举体现了四大政党的实力，

---

① 例如，Tim PBNU, *Benturan NU-PKI, 1948-1965*（Jakarta, 2013）。
② 苏加诺最初提出的五项原则是民族主义、国际主义（以及人道主义）、民主、社会公正、宗教自由前提下的神明信仰。关于建国五基的起源，参见 Legge, *Sukarno*, pp. 184-188。
③ 参见 Herbert Feith, *The Indonesian Elections of 1955*（Ithaca, NY: Cornell Modern Indonesia Project, 1957）。

包括印尼民族党、马斯友美党、伊斯兰教士联合会、印尼共产党，与此同时，原本颇有影响的政党走下政治舞台，比如印尼社会主义党（印尼语 Partai Sosialis Indonesia，PSI，也作"印尼社会党"）（见表 2.1）。选举因此推动了印尼政治结构的重大调整，自此以后，内阁及其他政治主体必须将政党的真实选举实力纳入考量范围，使印尼共产党及其主要对手都获得了前所未有的实权。

表 2.1　1955 年议会选举结果

四大政党	席位	得票占比（%）
印尼民族党	57	22.3
马斯友美党	57	20.9
伊斯兰教士联合会	45	18.4
印尼共产党	39	16.4

资料来源：作者自制。

1955 年选举也推动了制宪议会（Constituent Assembly）的形成，该议会的主要职责是起草新宪法，以替代 1950 年颁布的过渡宪法。然而，由于在关键问题上产生了难以解决的争议，制宪议会直到 1957 年底都未能完成宪法草案。与此同时，地方选举和地方叛乱的形势变化进一步激化了政治矛盾。在 1957 年和 1958 年爪哇部分地区的地方选举中，印尼共的支持率在全国选举后的数年内持续增长，印尼共甚至赢得了当地多个地方辖区的市长及其他政府职位。[1] 在右翼政党看来，印尼共势力增长如此迅速是极其危险的信号，而向来对印尼共充满警惕的一部分军队成员也变得更加惴惴不安。

与此同时，偏远岛屿上发生的地方叛乱使整个国家充满了不安

---

[1] 关于 1955 年和 1957 年部分省级选举结果的比较，参见 J. D. Legge, *Central Authority and Regional Autonomy in Indonesia: A Study in Local Administration, 1950–1960* (Ithaca, NY: Cornell University Press, 1961), p. 150。

定因素,包括苏门答腊岛上的"印度尼西亚共和国革命政府"(Pemerintah Revolusioner Republik Indonesia,PRRI)叛乱与苏拉威西岛上的"全面斗争约章"(Piagam Perjuangan Semesta,Permesta)叛乱。① 两地的叛乱目的都并非要求独立,而是希望从根本上改变中央政府与地方的关系,要求外岛地区在财产、税收、权力上享受与爪哇中心区域平等的分配权。两地叛乱中的叛军主要成员都是地方军事指挥官,社会主义党和马斯友美党也对他们进行了支援。另外,美国政府也积极地参与其中,本书第四章将对此进行详细说明。

受这两次叛乱影响,中央政府做出一系列决定,提高并巩固了军方及总统的地位,从根本上改变了印尼的发展轨迹。1957年3月,在军方领导的迫切请求下,苏加诺宣布实行军事管制,军方因此在经济和政治生活方面获得了无可比拟的力量。在军事管制下,许多刚刚国有化的行业,包括外商独资的种植园、油田、精炼厂都受到高级军官及其所指挥部队的控制。② 此类变化进一步加强了军队的经济和政治力量,在很大程度上导致军方和印尼共的势力对比出现巨大失衡。

1959年,苏加诺要求结束"自由民主制",重新启用1945年的总统制宪法。他声称议会制民主是一种从国外输入的制度,与印尼传统并不匹配,并宣布成立一种被称为"指导式民主"的全新政治体系,因为他认为这是更加适合印尼文化的制度。③ 这一举动得到军方领导层和知名保守派人士的大力支持,他们认为议会制政体

---

① 关于地方叛乱,参见 George McT. Kahin and Audrey Kahin, *Subversion as Foreign Policy: The Secret Eisenhower and Dulles Debacle in Indonesia* (New York: New Press, 1995); Barbara Harvey, *Permesta: Half a Rebellion* (Ithaca, NY: Cornell Modern Indonesia Project, 1977)。

② Crouch, *Army and Politics* 39; Daniel Lev, *The Transition to Guided Democracy: Indonesian Politics, 1957-1959* (Ithaca, NY: Cornell Modern Indonesia Project, 1966), pp. 34, 69-70。

③ 参见 Daniel Lev, *The Transition to Guided Democracy*; Herbert Feith, *The Decline of Constitutional Democracy in Indonesia* (Ithaca, NY: Cornell University Press, 1962)。

是导致政局动荡的根源，使印尼共和其他左翼政党在这种制度下受益匪浅。① 由于1945年宪法回归，政府重新启用了"专业集团"（functional group）委任代表的原则，指导式民主也因此保证了军方在所有重要的司法和行政部门中都拥有一席之地，并巩固了军方的政治地位和权力。与此同时，这也代表着印尼实行了约40年的议会民主制走向终结。

指导式民主在一开始似乎有效解决了议会制带来的分歧和政治瘫痪问题，虽然这很有可能是苏加诺个人的政治才能使然。比如，伊里安查亚（Irian Jaya）在1949年独立条约中被划归荷兰，苏加诺却成功地号召民众，要求荷兰归还该地区的大面积领土，并因此发现了团结人民为共同目标而奋斗的方法。政治党派和各类团体甚至组织了大型集会和游行，支持苏加诺强烈的民族主义思想。然而，伊里安查亚争端于1962年平息，主权回归印尼，民众的热情也渐渐消退。虽然苏加诺之后也试图继续寻找团结国民的奋斗目标，但均以失败而告终。② 其中，苏加诺于1963年9月发起了"印马对抗"（Confrontation，印尼语和马来语Konfrontasi）运动，反对在马来半岛和婆罗洲北部的英国前殖民地上成立的新兴民族国家马来西亚。然而，"粉碎马来西亚"（Crush Malaysia）的运动并没有团结整个国家，反而创造出一种新的政治环境，加快政治分化的速度，使印尼共变得更加好斗，坚定了军方阻止印尼共崛起的决心。③

简言之，尽管指导式民主加强了总统和军方的权力，通过分配选举削弱了各党派的实力，但是它并没能结束固有的政治纷争。恰

---

① 议会制的一大问题是容易产生无能、持续时间短暂的政府。在1949年12月到1957年3月，印尼有过七届内阁，全都未能坚持到两年以上。Feith, *Decline of Constitutional Democracy*, pp. xvii‑xix。

② Crouch, *Army and Politics*, p. 45.

③ 关于"印马对抗"的详述，参见Crouch, *Army and Politics*, pp. 55‑62。又见John Subritsky, *Confronting Sukarno: British, American, Australian, and New Zealand Diplomacy in the Malaysian-Indonesian Confrontation, 1961‑1965* (New York: St. Martin's Press, 2000)。

恰相反，由于缺乏选举制度的支持，许多政治问题被搬上了街头。左右翼政党开始频繁上街示威，进行大型集会和游行，动员越来越多的群众加入他们的阵营，试图获得总统的青睐。因此，来自各行各业民众，包括众多青年、女性、工人、农民、艺术家、作家在内的许多人都直接参与政治，有时还会被卷入尖锐的矛盾冲突里。① 他们在这类游行中经常会使用模仿苏加诺强烈民族主义和反帝国主义口吻的词汇和语调，后来就连右翼政党都以革命的语言来表达诉求，宣称他们的目标是打倒"新殖民主义、殖民主义、帝国主义"（Neo-colonialism, Colonialism, Imperialism，三者合称为 Nekolim），他们支持"新兴力量"（New Emerging Forces, Nefos），苏加诺是广受爱戴的"人民的喉舌"（Mouthpiece of the People），他们要坚定不移地支持建国五基、纳沙贡（Nasakom）等。这种大型动员的氛围以及其中使用的革命激进语言在"旧秩序"（Old Order）的最后几年中愈演愈烈。

关键人物和团体

1959 年之后，群众政治的逐步升级也是"九三〇事件"爆发的一个重要前提条件。一方面，军队为维护国家稳定而变得越来越强大且极度政治化；另一方面，左右翼政党间的政治分歧也愈加尖锐，再加上动员民众加入民兵组织打击国内反对者的传统，新的群众政治为"政变"及随后的暴力活动奠定了必要结构性基础。除了

---

① 安德森将该过程描述为"群众政治（mass politics）迅速扩张到印尼社会的各个方面，每个政党（包括印尼共、民族党、伊联）都宣称自己是意识形态组织的'大家庭'的核心，拥有两千万拥护者，并在社会生活各方面不断争取更大的影响力"。Benedict Anderson, "Old State, New Society: Indonesia's New Order in Comparative Historical Perspective," in Benedict Anderson (ed.), *Language and Power: Exploring Political Cultures in Indonesia* (Ithaca, NY: Cornell University Press, 1990), p. 107.

印尼政治生活这些总体上的特点，各关键人物和团体的行为与"政变"前一年间所发生的一些偶然事件越发加剧了紧张局势、催化了暴力事件的发生。

苏加诺

指导式民主体系的中心便是苏加诺总统——印尼近代史和1965年"十月政变"事件中的关键人物。① 尽管有人批评他是政治煽动家、风流坯子、具有危险思想的左翼分子，但在印尼国内，不仅是过去，就连现在都有许多人将其视为民族英雄。由于领导世俗民族主义运动，苏加诺曾于1929年被荷兰殖民政权强制关押，他也因此成为反殖民主义抵抗运动中英勇、智慧且极富人格魅力的标志性人物。②

---

① 关于苏加诺的人生和政治思想，参见 Legge, *Sukarno*。
② 苏加诺于1929年12月被捕，1930年与其他三人同时受审。随后，他于1931年12月被释放，但是于1933年8月再次被捕，直到1942年开战时才重获自由。参见 Kahin, *Nationalism and Revolution*, pp. 90-94。苏加诺为1930年庭审准备的辩护词《印度尼西亚的控诉！》（*Indonesia Accuses!*）成为反殖民主义的经典宣言。参见 Sukarno, "*Indonesia Accuses!*" *Sukarno's Defense Oration in the Political Trial of 1930*, Roger K. Paget ed./trans. (Kuala Lumpur: Oxford University Press, 1975)。

第二章 前提条件

图 2.3 印尼总统苏加诺，摄于 1951 年

(Leiden University Library)

苏加诺同时也是诡计多端的政治操纵者（a wily political operator）。他利用卓越的政治策略说服了意识形态、宗教信仰截然不同的政治团体，让他们放下分歧，建立民族主义大联盟。尽管他主导的民族主义有着强烈的反帝国主义、反资本主义倾向，但是他本人并非共产主义者，也从来没有加入印尼共。虽然苏加诺支持过其他左翼政权，然而他的意识形态立场准确来说更像是民粹主义，而不是共产主义。毕竟，在他统治下的各种政策和计划中很少体现类似马克思

53

列宁主义的内容。苏加诺不承认无产阶级的概念,拒绝阶级分析的理论,却自创了"平民"(Marhaen)概念,将与此对应、相对模糊的意识形态称作"平民主义"(Marhaenism),这一思想后来被印尼民族党借用。

更重要的是,苏加诺是民族团结的坚定拥护者。荷兰殖民政权为抵制反殖民运动建设共和制政体的构想,提出了建立"联邦制"的权宜之计,遭到苏加诺及其同僚们的反对和唾弃,并催生了与之截然不同的"民族团结"思想。他最具野心的建国五基和"纳沙贡"(Nasakom)思想都是尝试将看似毫不相干甚至是背道而驰的想法、信念、思想和政治主张相互包容,合而为一。① "纳沙贡"是民族主义、宗教、共产主义的简称,而建国五基的宗旨则倡导将社会公正和人道主义的现代世俗思想与信仰神明的宗教思想相结合。

在印尼独立后的十几年中,苏加诺持续扮演着中间人和统一者的关键政治角色,谨慎地平衡着印尼国内两大政治组织——军方和印尼共的需求。然而,随着时间流逝,他逐渐出现了"左"倾倾向,对印尼共的各种举措提供支持,在国际上也体现出更加激进的反帝国主义立场。在"十月政变"之前两年时间里,这种趋势越来越明显,苏加诺不断公开地抨击国内的"恐共思想"(communistphobia)与国外的新老殖民主义及帝国主义(Nekolim)。②

例如,1963 年后,苏加诺开始对英美两国发起猛烈批判,无视甚至怂恿对英美资产和外交机构的设施进行破坏(physical attacks)。随着与西方国家关系逐渐恶化,印尼与中国的关系愈加亲近。的确,到 1965 年为止,中国或许是印尼最为友好可靠的盟

---

① 参见 Benedict R. O'G. Anderson, "The Idea of Power in Javanese Culture," in Claire Holt, Benedict R. Anderson, and James T. Siegel (ed.), *Culture and Politics in Indonesia* (Ithaca, NY: Cornell University Press, 1972), pp. 1–69。另见 Legge, *Sukarno*。

② Crouch, *Army and Politics*, p. 68.

友，两国之间的外事交流甚为频繁。1965年1月，印尼自愿退出联合国，认为该机构被帝国主义和新殖民主义势力控制并承认了马来西亚的成员国地位；同年5月，印尼共成立45周年之际，苏加诺在民众集会上发表了演讲。同年8月17日，他在几位印尼共高层官员的帮助下撰写了独立日演讲稿，他宣布："我们将成立反帝国主义轴心联盟——雅加达—金边—河内—北京—平壤轴心（the Jakarta-Phnom Penh-Hanoi-Peking-Pyongyang axis）。"① 总之，在10月1日"政变"前的最后一年里，印尼共及其盟友认为他们已经成功获得了总统的支持，但军方及其右翼盟友则有更为充分的理由担心总统会带领国家向左翼方向发展。

印尼共产党

印尼共产党同样扮演了关键的角色。印尼共成立于1920年，是亚洲最早的共产党，其历史甚至比中国共产党更为久远。到1965年时，印尼共已经发展成为世界上规模最大的非执政共产党。② 1963年，印尼共宣称他们的持证成员已经达到约350万人，另有附属组织成员2000万。③ 然而，值得注意的是，印尼共是既不控制武装部队，也无意策划革命的合法政党。有人认为，印尼共选择走议会制这条路的决定是重大战略失误，也是最终导致他们在1965年

---

① Crouch, *Army and Politics*, p. 67.
② 印尼共成立于1920年5月23日，其前身是1914年建立的东印度社会民主联盟（Indies Social Democratic Union）。参见Kahin, *Nationalism and Revolution*, pp. 74-75。中国共产党成立于1921年7月1日。
③ Rex Mortimer, *Indonesian Communism under Sukarno: Ideology and Politics, 1959-1965* (Ithaca, NY: Cornell University Press, 1974), p. 366. 莫蒂默（Rex Mortimer）提供了以下的成员数据，数字以百万计：印尼共（PKI, 3.5），人民青年团（Pemuda Rakyat, 3），印尼总工会（SOBSI, 3.5），印尼农民阵线（BTI, 9），印尼妇女运动（Gerwani, 3），人民文化协会（LEKRA, 5），印尼大学毕业生协会（HIS, 0.07）。另见*Harian Rakyat*, May 14, 1965; Crouch, *Army and Politics*, p. 67。

"十月政变"后轰然倒台的主要原因。① 然而,若从短期结果看,印尼共几乎通过这种和平斗争的手段而掌握了实权。在冷战最严峻时期,印尼共的斗争模式为推动左翼成功提供了一种新颖的策略。

图 2.4 印尼共主席艾地(D. N. Aidit)在党内集会上发言,摄于 1955 年 9 月
(Howard Sochurek/Getty Images)

---

① 例如:Sudisman, "Analysis of Responsibility: Defense Speech of Sudisman, General Secretary of the Indonesian Communist Party at His Trial before the Special Military Tribunal, Jakarta, 21 July 1967," Benedict Anderson trans. , (Melbourne, Victoria: Works Co-operative, 1975); Olle Törnquist, *Dilemmas of Third World Communism: The Destruction of the PKI in Indonesia* (London: Zed Books, 1985)。

第二章 前提条件

印尼共并非自始至终都坚持议会制斗争路线。1926年11月，荷兰在印尼的统治依旧稳固，印尼共发动了一场武装起义，期望能引发一场彻底的政治变革，最终让殖民统治垮台。然而，荷兰军队迅速镇压了这场起义，并对印尼共采取了严厉措施；约1.3万名党员被逮捕，其中800多人被流放到印尼群岛东部偏远的波文蒂古地区（Boven Digul）。① 在印尼独立革命期间，印尼共再次崛起，并像上文提到的那样，支持了1948年9月东爪哇省茉莉芬市的起义，最后又以失败告终。这次起义被印尼本国军队所镇压，在此之后，这两种政治势力之间的尖锐冲突又持续了20年。

尽管印尼共的组织结构、名誉声望遭遇了重重打击，可是他们在印尼独立后不久便重整旗鼓，随着老一辈领导人逐步退隐，新一代的领导班子决定通过合法议会制斗争来扩大影响。其中的关键人物包括艾地、卢克曼（M. H. Lukman）、尼约托（Njoto），他们当时都只有二三十岁，却在1951年1月成为印尼共新一代政治局（politburo）的核心。② 随后数年，虽然印尼共多多少少受到了高层政治的排挤，但是这条议会制的道路让该党在1955年第一次全国大选中受益匪浅，正如上文所言，他们出人意料地突破重围，成为第四大民选政党。

大选佳绩使印尼共拥有了前所未有的政治影响力，导致他们能够通过议会选举掌握实权。印尼共在1957—1958年地方选举中的胜利更是进一步提升了这种可能性。受到威胁的军队和右翼党派不仅推动了1957年实行的军事管制，还于1959年大力支持苏加诺用

---

① Kahin, *Nationalism and Revolution*, p. 86. 起义开始于1926年11月12日，在部分地区断断续续爆发，直到1927年上半年才结束，但是参与人数从始至终仅几千人。关于1926年起义和印尼共早期历史，参见 Ruth McVey, *The Rise of Indonesian Communism* (Ithaca, NY: Cornell University Press, 1965)。

② 慕梭领导的新印尼共政治局（new PKI Politburo）于1948年8月下旬设立，新一代的几位领导人均为其成员。1951年，艾地27岁，卢克曼31岁，尼约托23岁。参见 Swift, *Road to Madiun*, pp. 56-57。

"指导式民主"替换自由民主制的决定。但是，这种从选举制到群众动员政治的转变并未成功削弱民众对印尼共的支持。随后的事件证明，印尼共在动员群众方面也有着出色的表现。

印尼共的成功和民众的支持在一定程度上应当归因于他们的组织效能，但是也有其他值得一提的因素。① 其中，印尼共被认为是所有主要政党里最清廉的。他们还提出并试图推广能够吸引大多数人支持的政策，包括土地改革、薪水提升、物价管控、工会权利等。另外，尽管印尼共有国际主义倾向，并与相关组织保持联系，但是他们也一直拥护苏加诺的强烈民族主义立场，在伊里安查亚主权问题、印马对抗、企业国有化、对抗新老殖民与帝国主义势力等方面都给予了苏加诺巨大的支持。简要地说，印尼共的民众支持率高，而且他们的组织能力和政治理念恰好符合时代需求和指导式民主政策，就连反对者都认同他们的实力。美国国家安全委员会（National Security Council，NSC）当时的执行秘书詹姆斯·雷（James Lay）于1960年12月写道，印尼共"管理有序、资金充足、指挥得当。他们在组织纪律、统一目标、政治行为的掌控方面是印尼政党中的佼佼者。印尼共控制了工人运动，在选举中实力突出，另外党内很少出现违法行为，因此具有很强的政治自信"。②

尤其是1963年后，印尼共的高支持率及其激进的好战倾向令军方和右翼政党更加警觉。从外交政策到土地改革，再到对武装部队的控制，军方及右翼政党认为印尼共对他们各方面的利益都构成了严重的威胁。他们还担心在苏加诺的大力支持下，印尼共可能会

---

① 参见 Ruth McVey, "Nationalism, Revolution, and Organization in Indonesian Communism," in Daniel Lev and Ruth McVey (eds.), *Making Indonesia: Essays on Modern Indonesia in Honor of George McT. Kahin* (Ithaca, NY: Cornell Southeast Asia Program, 1996), pp. 96-117; Rex Mortimer, *The Indonesian Communist Party and Land Reform, 1954-1965* (Clayton, Victoria: Monash University Centre for Southeast Asian Studies, 1972); Mortimer, *Indonesian Communism*。

② Memorandum from Executive Secretary of NSC, "US Policy on Indonesia," December 19, 1960, *Declassified Documents Catalog*, United States, 1982, #592.

在不久的将来进入印尼政局的领导层，占据更加中心的政治地位。

另外，印尼共的战略虽然获得了巨大的短期收益，但同时也带来了很大的风险。例如，印尼共于1951年后走上了非革命的和平道路，尽管他们是工人阶级的代表，印尼共在表达和推进这些工人阶级的诉求时却不敢轻举妄动。这导致他们的党内凝聚力有所衰减，开始失去对其群众基础的控制。尤其是在"单边行动"（印尼语 aksisepihak，也作"单方面行动"）中，部分地区的群众组织无视领导层的要求，在土地改革中的做法过于激进。此外，印尼共越来越依赖苏加诺的支持和保护，如果苏加诺的地位有任何变化，无论是由于他的健康状况恶化，还是政治权衡的结果，印尼共将很难自保。① 最重要的是，由于坚持和平的斗争策略，印尼共成员在遭遇以军方为首的敌人攻击时毫无还手之力。

军方

虽然军方在动员群众方面的能力逊于印尼共，但是他们在指导式民主的政治体系中也扮演了重要角色，在1965年"十月政变"前的数年内，军方的实力大幅度增长。他们的影响力一部分来源于对几乎所有枪支的控制权，另一部分则是在军事管制中获得的重要政治经济实力。② 军方之所以能获得如此重要的力量，很大程度上是因为当时许多种植园和其他类型的外资企业被国有化，随后被收归军方所有。另外，由于一系列军事行动的胜利，包括镇压苏拉威西和苏门答腊岛上的地方叛乱、打击亚齐和西爪哇的"伊斯兰教国

---

① 1967年，印尼社会主义党的反共派高层人员告诉乔治·卡欣，艾地的行为使印尼共过于依赖苏加诺，他说："一部分是因为艾地的性格，尤其是他过于虚荣，思想较为封建，导致他容易被权力威慑，对苏加诺阿谀奉承到了危险的程度。"参见 George Kahin interview with senior PSI figure, June 14, 1967, Jakarta, Kahin Papers。

② 军事管制一直从1957年3月持续到1963年5月。1964年9月，在军方的要求下，又重新启动了部分管制。这保证了军方在1965年10月事件前一直拥有强大的实力。参见 Crouch, *Army and Politics*, pp. 76, 33。

运动"叛乱、支持夺回伊里安查亚的主权并与马来西亚进行对抗,军方的政治势力和控制范围也大幅增加。① 最后,军方在这段时间中实力的增长也是外国军事协助的结果,第四章将对此进行更加详细的阐述。由于来自国外的协助,印尼军方升级了关键的武器装备,成为现代化军队,同样重要的是,军方高层因此获得了大笔资金,可以用于加强其他势力对他们的支持,巩固他们的权威。

由于如上这些方面的发展,到了20世纪60年代早期,军方的势力范围、集权化程度、意识形态的统一性达到了前所未有的高度。另外,在理论上和实际操作中,军方把重心几乎完全放在了打击国内颠覆运动,而不是对抗来自外部的威胁上。诚然,革命时期形成的军队结构和方针在很大程度上加强了军方的势力,使消除国内敌对势力成为他们的当务之急,但在印尼独立后,军方在这些方面取得的发展是更为迅猛的。② 其中包括军方的"地域结构"(territorial structure),也就是指由中央控制的部队驻扎到了全国各地的城市、乡镇和村庄,以及建立全民防线的方针——军方动员平民加入预备役民兵部队,在军方的指挥下对抗国内反对势力。到1965年,军方已经根据这些原则建立了民防部队,称作民防(印尼语 Pertahanan Sipil,简称 Hansip)和人防(印尼语 Pertahanan Rakyat,简称 Hanra),他们的势力遍及全国各地,可以迅速动员成千上万听从军方指挥的平民。另外,50年代提出的"双重职能"(印尼语 dwi-fungsi)方针也同样关键,导致军方不仅在国防上具有

---

① 关于军方实力的巩固,又见 Lev, *Transition to Guided Democracy*。另见 Crouch, *Army and Politics*, p.47。

② 关于印尼陆军的结构和方针的简述,参见 Geoffrey Robinson, "Indonesia—On a New Course?" in Muthiah Alagappa (ed.), *Coercion and Governance: The Declining Political Role of the Military in Asia* (Stanford, CA: Stanford University Press, 2001), pp.226-56。

第二章 前提条件

举足轻重的作用，还可以直接参与印尼的经济、社会、政治事务。①该方针很大程度上影响了军方的角色和形象，为他们插手1965年"政变"以及后续事件奠定了重要基础。上述所有的军事结构与方针都为1965年后印尼军队镇压印尼共的运动提供了关键的前提条件和操作模式。

尽管印尼军队势力强大，可是内部的政见在指导式民主时期并不统一。军方高层领导基本上都对印尼共持怀疑或仇视态度，担心他们可能会夺取政权，但是大多数军官却都效忠于苏加诺，普遍对他的民族主义和反殖民主义思想持赞同态度。另外，许多来自中爪哇、东爪哇、巴厘岛和北苏门答腊的官兵不仅支持苏加诺，甚至对印尼共赞赏有加。② 空军部队尤其赞同苏加诺的左翼民族主义思想，他们的指挥官——奥马尔·达尼（Omar Dhani）少将的立场经常与陆军相去甚远。③ 不仅如此，由于军方自20世纪40年代晚期就与"伊斯兰教国运动"武装反叛势力进行较量，军队内部还非常担心伊斯兰极端主义的发展。④

武装部队内部政见不一，其中部分因素是印尼共的行动规划。从50年代中期甚至更早开始，印尼共就积极扩充人手，希望至少

---

① 最初由陆军参谋长纳苏蒂安于1958年提出，命名为"中间道路"（Middle Way）方针，后来在1965年4月被重新提炼总结成为"三条神圣承诺"（Tri Ubaya Sakti）。参见 Crouch, *Army and Politics* 82; Robinson, "Indonesia, " p. 232。

② 根据纳苏蒂安将军高级助理的说法，收缴的艾地日记中列有许多中爪哇和东爪哇省的军方情报人员，他们都支持印尼共。参见 George Kahin interview with Lieutenant Colonel Henu Heli, June 13, 1967, Jakarta, Kahin Papers。另有线人告诉卡欣，1965年时中爪哇和东爪哇省地方领导层的军方代表中大概有30%是支持印尼共的。参见 George Kahin interview with Sumarman, June 20, 1967, Jakarta, Kahin Papers。与此类似，据说北苏门答腊省的军方高层曾告诉美国官员，北苏门答腊省大约有30%的士兵对印尼共持支持态度。参见 Douglas Kammen, personal communication, January 24, 2017。

③ 比如："虽然没有证据表明奥马尔·达尼和其他高级空军军官在意识形态上支持印尼共，但是他们对陆军的敌对态度使他们能够被视为与印尼共一起支持苏加诺反对军方领导层的一员。"参见 Crouch, *Army and Politics*, p. 84。关于海军和警察的立场，参见 Crouch, *Army and Politics*, pp. 84-85。

④ Crouch, *Army and Politics*, p. 37。

赢得军方与其他武装部队中官兵的同情。这便是印尼共秘密"特别局"（印尼语 Biro Khusus）的主要目标，据说他们参与了"九三〇运动"的策划。① 不过，由于独立后政府部门力量孱弱，军队内部政见不一也是自然结果，因为这种力量的缺乏导致大多数政府部门内部容易出现各种分歧，有的可以归咎于个人恩怨，有的则是政治影响力、物质利益、意识形态所造成的矛盾。② 武装部队内部缺乏统一最终激化了这种分歧，推动了"政变"及后续暴力事件的发生。

其他反共势力

在指导式民主的动员政治中，反对印尼共的势力还包括不少宗教和保守世俗党派。其中最为关键的是伊斯兰教士联合会、穆斯林协商委员会（马斯友美党），以及印尼民族党的右翼势力。③ 这些政党以单独或合作的形式与印尼共争夺苏加诺的支持，并不择手段地谋取各种立法和行政职位。由于缺少选举制度，党派争夺政府职位的方式变成了通过大型集会和游行动员民众，炮制各种阴谋诡计，并利用媒体传播各自的政治倾向。

伊斯兰教士联合会，简称伊联，是印尼国内历史最为悠久、规模最大的宗教团体之一，他们多年来都避免直接参与党派政治

---

① 关于印尼共在武装部队内部进行招募的努力和特别局的成立，参见 Crouch, *Army and Politics*, pp. 82-83。

② 比如，军方中比较关键的矛盾之一是基于陆军指挥官雅尼将军和武装部队司令纳苏蒂安将军之间的私人恩怨。关于陆军和武装部队中缺乏统一性的问题和雅尼与纳苏蒂安的分歧，参见 Crouch, *Army and Politics*, pp. 79-81。

③ 当然还有不少其他右翼政党，包括印尼社会主义党，因支持地方叛乱而在 1960 年与马斯友美党一起被取缔，平民党（Murba），1965 年 1 月被政府"冻结"，以及天主教党（Partai Katolik）。但是与印尼民族党、伊联、马斯友美党相比，这些政党的政治参与程度较低。

第二章 前提条件

的竞争。①然而，在1955年全国大选中，伊联作为政党参选，并赢得了18.4%的普选选票，其支持者大多集中在人口众多的东爪哇和中爪哇省。民众的支持使伊联在议会中掌握了话语权，同时勉强获得苏加诺及其盟友的尊重。作为尊崇"传统主义"的穆斯林政党，伊联由村庄中德高望重的伊斯兰教士领导，但是他们并不提倡成立伊斯兰教国。然而，整个20世纪50年代及60年代早期，他们对印尼共采取了公开的敌对态度，指控他们有反宗教和无神论倾向。除此以外，伊联强烈反对印尼共和印尼农民阵线（Barisan Tani Indonesia，BTI）对土地改革和"单边行动"的支持。而土改过程中，印尼左派经常故意针对伊联和伊斯兰教人士。这段时期，伊联与印尼共等其他政党一样，热衷于动员各类群众组织举行示威活动，以展示他们的政治实力，要求政府满足他们的诉求。这些大型组织中就包括两个准军事青年组织——伊联青年团（Ansor）和伊联全能青年旅，它们经常与印尼共的附属人民青年②发生冲突，之后还积极参与了1965年10月后对印尼共成员和其他左翼分子的大屠杀（尤其是在东爪哇和中爪哇省）。

马斯友美党是印尼第二大宗教政党。③作为一个"现代主义"的伊斯兰政党，马斯友美党的领导和支持者大多数是受过教育、较为西化的知识分子，势力范围远超爪哇岛的中心地区，他们的反共产主义立场十分坚定。马斯友美党和印尼共之间的矛盾可以追溯至

---

① 关于伊联，参见 Greg Fealy and Katharine McGregor, "East Java and the Role of Nahdlatul Ulama in the 1965–66 Anti-Communist Violence," in Douglas Kammen and Katharine McGregor (ed.), *The Contours of Mass Violence in Indonesia, 1965–68* (Singapore: NUS Press, 2012), 104–30。另见 Andrée Feillard, *NU vis-à-vis Negara: Pencarian Isi, Bentuk dan Makna* (Yogkakarta: LKiS, 1999)。

② 人民青年（Pemuda Rakyat）为印尼共下属青年组织。——译者注

③ 穆斯林协商委员会（马斯友美党）最初是在1943年11月（日占期间）由日方成立，以统一印尼伊斯兰教的不同派系。参见 Harry J. Benda, *Crescent and the Rising Sun: Indonesian Islam under the Japanese Occupation* (The Hague: W. van Hoeve, 1958)。

印尼独立革命时期，曾在茉莉芬事件时集中爆发。由于马斯友美党对印尼共怀有强烈不满，赢得了美国政府的青睐，在1955年的全国大选中接受了来自美国政府的秘密经济和战略支持。① 因此，他们获得了20.9%的普选选票以及57个议席，成为大选中民众支持率第二高的政党。尽管在选举中表现突出，马斯友美党对他们的政治地位仍不满意，其高层领导认为雅加达中央和周围群岛的权力分配失衡。基于这些原因，委员会的部分领袖与社会主义党（PSI）的反共高层联手，为20世纪50年代晚期的地方叛乱运动提供了援助。这一举动严重损害了这两个政党的民族主义立场和信誉，最终导致了他们被取缔。虽然马斯友美党和社会主义党已经正式解散，但是党内的重要人物仍活跃于幕后，继续对苏加诺和印尼共提出反对和批评。另外，隶属于马斯友美党的伊斯兰大学生联盟（Himpunan Mahasiswa Islam，HMI）仍然可以公开进行活动。② 1965年10月前，伊斯兰大学生联盟以及上述两党经常遭到印尼共的批评，它们在"政变"后打击印尼共、逼迫苏加诺退位的运动中扮演了至关重要的角色。

除了印尼共，印尼民族党是国内最重要的世俗政党，其历史可追溯到20年代。③ 印尼民族党历史悠久，民族主义立场坚定，在1955年全国大选和随后的地方选举中都赢得了数量可观的选票。然而，民族党内部的腐败问题极其严重。虽然其他党派也存在类似问题，但是印尼民族党的成员似乎经常利用职位为自己和党内成员谋取私利。另外，党内的左翼常常与左翼政党争夺中央和地方的领导职位，这种分歧也削弱了印尼民族党的实力。左翼成员基本上都支

---

① 关于美国在1955年大选中对马斯友美党的支援，见第四章。
② 关于伊斯兰大学生联盟在这几年中的活动，参见 M. Alfar Alfian, *HMI, 1963–1966: Menegakkan Pancasila di Tengah Prahara* (Jakarta: Kompas, 2013)。
③ 关于印尼民族党的历史，参见 J. Eliseo Rocamora, "Nationalism in Search of an Ideology: Indonesia's Nationalist Party, 1946–1965" (PhD diss., Cornell University, 1974)。

持苏加诺的反帝国主义和反资本主义立场,因此在部分问题上愿意和印尼共进行合作。与此同时,党内的右翼成员比较保守,担心民族党与印尼共的交往过于密切,且更希望与军方保持合作。到20世纪60年代初,印尼民族党与印尼共、伊联一样,动员了许多群众组织举行示威游行,以推动党内目标的实现。平民主义青年团便是这些组织中的一员,同样积极参与了1965年10月后的大屠杀。

危险之年

1965年"十月政变"前的最后一年中,上述所有政治团体之间的矛盾上升到了不可调和的程度,印尼独立后影响政治局面的宏观历史因素也持续发酵,其中包括群众政治、尖锐的意识形态冲突、军方对政治的严重干涉、平民准军事组织的行动等。这一年中,印尼共越来越激进好斗。在许多颇具争议的问题上,苏加诺都展现出了明显的左翼倾向。正因如此,印尼共和军方领导层之间的矛盾也逐渐激化。随之而来的问题还包括苏加诺日益恶化的健康状况,政治团体之间的冲突偶尔会上升为严重的人身攻击,还有谣言称外国势力干涉印尼内政。虽然这些事件和趋势最终不一定会发展成大规模屠杀和监禁,但是它们毫无疑问催化了这一结果的产生。[①]

苏加诺仿佛未卜先知,把1964年8月印尼独立日的演讲标题定为《危险年代》(The Year of Living Dangerously)。之后的一年中,印尼共开始要求获得更大的政治影响力,采取了一系列愈加激进的立场,军方领导层因此非常担心。对于军方而言,最为严峻的威胁是创立"第五军种"(Fifth Force)的提议——武装多达2100

---

① Crouch, *Army and Politics*, p. 42.

万农民和工人。① 印尼共主席艾地首次提出这一想法是在 1965 年 1 月,当时外交部长苏班德里约（Subandrio）刚刚结束了对北京的正式访问。②

"第五部队"的想法提出后,各方的反应千差万别。空军相当支持该提议,其指挥官奥马尔·达尼总是与苏加诺和左翼势力共同进退,与军方其他部队唱反调。与此同时,陆军、海军、警察部队的领导层则担心"第五部队"的计划会削弱他们对武装力量的控制,让数百万敌对势力也拥有武器。另外,他们知道不能直接反对该计划,否则会遭到其他人诟病,批评他们没有全身心投入"印马对抗"的行动中,甚至可能被扣上反革命的帽子。因此,军方依照指导式民主中对待其他问题的模板,表面上对"第五部队"的提议表示支持,暗地里却对其进行破坏。③

对于印尼共在 1965 年早期提出的另一个提议,军方也采取了相似的做法。当时各方势力都会援引苏加诺的"纳沙贡"思想来展示他们对总统的忠心,并以此证明自己政治立场的正当性。而印尼共则以"纳沙贡"思想为基础,提议"各领域都应遵守纳沙贡思想"（Nasakomization in all fields）,军方自然也包括在内。在实际操作中,这意味着武装部队必须在指挥部中加入"顾问团"（advisory teams）,顾问团成员将分别代表印尼政治中的三大主流势力——民族主义、宗教主义和共产主义。如果这一提议通过,印尼共将获得前所未有的机会,影响武装部队的政治思想和方向。与之前一样,空军领导对该提议表示赞同,而其他军方领导则将其视为危险信号。他们采取了一贯的做法,一方面大力支持在各领域推行"纳沙

---

① 2100 万的数字据说是志愿加入"粉碎马来西亚"运动的人数。关于第五部队的计划以及相关争议,参见 Crouch, *Army and Politics*, pp. 86-94。

② 据说艾地于 1965 年 1 月将这个想法告诉了苏加诺。参见 *Harian Rakyat*, January 15, 1965。

③ Crouch, *Army and Politics*, p. 91.

贡"思想，另一方面又以实际行动表明他们永远不会接受这一提议。这些提议进一步坚定了部分军方领导的决心，使他们不惜与苏加诺发生正面冲突，也要阻止印尼共的继续发展。①

从1965年春季开始传出谣言，称军方内部形成的"将军委员会"接受了外国情报机关的协助，正在筹备推翻苏加诺政权。尽管军方领导层和外国使节屡屡否认，可是这些谣言并没有立刻消失，同年5月传出文件，似乎证明了英美政府正在与印尼陆军军官合谋秘密行动。这份文件后来被称作"吉尔克里斯特文件"（Gilchrist Letter），是英国驻印尼大使安德鲁·吉尔克里斯特写给英国外交部的一份信件草稿。② 信中最具煽动性的内容提到了与"当地军方中的盟友"合谋行动计划。虽然军方和大部分使馆工作人员都坚称这封信件是伪造的，但是苏班德里约、苏加诺、印尼共仍然将其视为证明帝国主义国家秘密干涉印尼内政的确凿证据。

苏加诺对此的回应是召集军方指挥官到他的官邸，其中包括当时的陆军司令雅尼将军（General Yani）。苏加诺质问，雅尼手下的军官是否与英美大使馆有所联系。据说，雅尼承认了巴尔曼（Parman）和苏肯德罗（Sukendro）将军确实与英美有联系，而高级军官偶尔会在他家聚会并"释放压力"（let off steam）。然而，他否认了军队中存在"将军委员会"，也没有其他推翻苏加诺政权的秘密计划。③ 尽管该说法遭到多方否认，苏加诺、苏班德里约、印

---

① Crouch, *Army and Politics*, pp. 87-89.

② 关于"吉尔克里斯特文件"，参见 Brian May, *The Indonesian Tragedy*（London: Routledge and Kegan Paul, 1978）, pp. 125-126. 标注日期为1965年3月24日的一份字迹模糊的副本和一份抄本被包括在外交部长苏班德里约1966年庭审的官方记录中。参见 "*Gerakan 30 September*" *Dihadapan Mahmillub, Perkara Dr. Subandrio*, Vol. 1（Jakarta: Pusat Pendidikan Kehakiman A. D., 1967）, pp. 102-103。第四章将对这份文件进行更详细的讨论。

③ 根据其他说法，雅尼将军告诉苏加诺确实存在类似"将军委员会"的组织，但那只是用来讨论人事问题的讨论会。部分观察员猜测"将军委员会"由陆军战略预备役指挥部（Kostrad）的情报官员阿里·穆尔多波（Ali Murtopo）设计，用于故意刺激印尼共和苏加诺，并为指挥部打击印尼共提供借口（pretext）。

尼共坚持认为"将军委员会"存在，军方政变的威胁迫在眉睫。根据印尼共的说法，正是这种担心推动了他们之后数月的战略策划，促使党内部分领导与军队中的进步人士进行合作，为阻止军方政变而努力。

1965年发生的大事件中不仅包括事关中央政府的各种谣言和秘密协议，还有全国各地乡村、城镇街头愈演愈烈的政治冲突。1965年头两个月，隶属印尼共的工会受到反帝国主义情绪煽动，突袭了属于英美两国的地产和种植园，在军方和反共政党内部引起了强烈反应。当年2月，隶属印尼共的种植园工人联合会（Sarekat Buruh Perkebunan Republik Indonesia，SARBUPRI）试图夺取位于北苏门答腊省、由美国橡胶公司（US Rubber Company）所拥有的种植园。然而，苏加诺非但没有道歉，还分别告诉美国橡胶公司和固特异（Goodyear）橡胶公司的主管，印尼政府将暂时掌管外资橡胶园及不动产。不仅如此，苏加诺还支持民众继续占领西方国家的财产，包括加德士（Caltex）、标准石油（Stanvac）、壳牌（Shell Oil）在内的外国石油公司的管理层为此而人心惶惶。①

另外，印尼共和印尼农民阵线通过"单边行动"实施土地改革的行动遭到了伊联、印尼民族党及其属下群众组织的强烈反对。②尤其是在东爪哇省、巴厘岛、北苏门答腊省，印尼民族党和伊联动员属下群众组织对抗土地改革，引发的冲突有时甚至会上升成人身攻击，导致人员伤亡。③尽管事件中的伤亡人数并不算多，可是这些冲突确实加深了各组织之间的矛盾，为1965年"十月政变"后

---

① Bradley Simpson, "The United States and the International Dimension of the Killings in Indonesia," in Bernd Schaefer and Baskara T. Wardaya (eds.), *1965: Indonesia and the World, Indonesia dan Dunia*, bilingual ed. (Jakarta: Gramedia Pustaka Utama, 2013), pp. 54-55.

② 关于土地改革的争论，参见 Mortimer, *Indonesian Communism*, chapter 7; Robinson, *Dark Side of Paradise*, pp. 235-272。

③ Crouch, *Army and Politics*, p. 64. 关于印尼共在土地改革方面立场的详细论述，参见 Mortimer, *Indonesian Communism*, pp. 132-140。

第二章　前提条件

的大规模屠杀活动提供了前提条件（preconditon），成为关键的背景铺垫。1965年5月在北苏门答腊省西玛伦坤县（Simalungun）班达尔贝琪（Bandar Betsy）种植园发生的暴力事件正是如此。当时，一名退伍的陆军准尉在要求印尼农民阵线成员离开他们所占领的种植园时遭到杀害。① 1965年10月后，这一事件成为军方和右翼党派在对抗印尼共的运动中进行群众动员的汇合点（a rallying point）。

在城镇的大街小巷中，群众集会和游行也越来越频繁，民众的情绪也愈加激动，不时上升成为暴力事件。虽然所有政党都坚持使用革命性的语言和符号，大力宣扬他们对苏加诺和纳沙贡思想的支持，坚决反对新老殖民主义与帝国主义，要求打倒马来西亚，等等，但是敌对组织之间的差别依旧非常明显。左翼势力的游行者要求美国立即停止在越南的轰炸行动，指控西方势力干涉印尼内政，呼吁更换包括内阁部长在内的反共高层人物，批判"恐共"思想以及腐败的"资本主义官僚"，要求取缔包括伊斯兰大学生联盟在内的多个政治团体。与此同时，右翼势力的游行者和反共媒体批判了印尼共的无神论立场，指控印尼农民阵线的单边行动使全国民众陷入恐慌，警告这场革命正在偏离预定的轨道，并暗示印尼共和苏加诺已经成为中国的傀儡。

急速恶化的经济环境更是加剧了上述矛盾。② 在通货膨胀肆虐、米价飞速上涨的同时，公务员、教师、士兵的工资和薪水却一成不变，甚至有所减少。印尼盾（Indonesian rupiah）的不断贬值也意味

---

① 关于班达尔贝琪事件的详细内容，参见 Crouch, *Army and Politics*, pp. 87-88。
② 哈罗德·克劳奇写道："1963年的通货膨胀率是119%，1964年则是134%，随后1965年1月至8月的涨幅有50%。随着物价的不断上涨，出口下降，外国政府越来越不愿意提供新的贷款援助。国民购买进口商品的能力逐渐下降，苏加诺只好将'自力更生'（Berdikari）原则加入'五项革命奇迹'（Five Magic Charms of the Revolution）中，并于1965年宣布不再进口大米，随后1966年纺织品的进口也停止了……与此同时，政府提升税收的能力也有所下降，随后道路、铁路、港口，以及其他基础设施也陷入常年失修的状态。"参见 Crouch, *Army and Politics*, pp. 95-96; 另见 J. A. C. Mackie, *Problems of the Indonesian Inflation* (Ithaca, NY: Cornell Modern Indonesia Project, 1967)。

着只有极少一部分有钱人或者关系户才能买到进口商品。如此环境不仅造成工薪阶层和城镇居民的生活质量下降，还助长了政府官员、军官、政客的贪污腐败行为，导致焦虑不安的情绪蔓延至全国各地。在这样的大背景下，印尼共的反腐倡廉、物价管控、劳资谈判、增长工资的运动自然获得了大多数群众的支持。因此，也就不难理解为何会有如此之多的教师、公务员、大学教授、作家甚至部分士兵都开始支持印尼共及其属下的组织。

所有这些紧张局势都为"十月政变"及后续暴力活动的爆发提供了重要的前提条件，然而，真正的关键转折点发生在1965年8月上旬。8月4日，距离苏加诺发表既定的独立日演讲仅剩不到两周时间，他在接待政府代表团的过程中突然倒下并呕吐。一时间有关他病情的谣言四起，虽然细节无从查证，但是这些谣言都暗示苏加诺可能命不久矣。全国上下得知消息后惶恐不安，不同政党的高层人物都开始为苏加诺可能去世做准备。印尼共及其盟友对此尤其忧虑，担心"苏加诺的死亡或者丧失行动能力……也许会导致印尼共陷入几乎毫无防备的状态"。① 由于害怕他们会突然失去关键的政治支持者——在军方和右翼党派面前极力捍卫印尼共的苏加诺总统，印尼共及其盟友开始认真考虑如何应对苏加诺的死亡。与此同时，军方领导层意识到苏加诺死亡或丧失行动能力可能成为他们掌权的机会，或者至少能够中止他们视之为国家滑向"左"倾的趋势。

其结果是：在军队和印尼共这两个主要的权力竞争者之间，政治紧张局势急剧升级，双方都开始认真准备迎接后苏加诺时代。哈罗德·克劳奇写道："在接下来的一个月中，印尼的政治局势极度紧张。总统的健康状况堪忧，政变的谣言四起，在这种情况下，武装部队开始为10月5日建军节筹备大型庆祝活动，以抗衡印尼共5

---

① Crouch, *Army and Politics*, p. 82.

月举行的大规模周年庆。当大约两万名士兵聚集在雅加达时,人们开始担心'有大事要发生'了。"①

1965年10月1日清晨,大事真的发生了。

---

① Crouch, *Army and Politics*, p. 96.

第三章 托词

> 权欲熏心的将军们和官员们对百姓日渐深重的苦难视若无睹,凌驾于人民之上,生活奢靡,追求享乐,蹂躏我们的妇女并且挥霍公帑,他们应该被逐出军队并接受相应的惩罚。
>
> ——陆军中校翁东(Untung),九三〇运动

1965年10月1日清晨时分,六名印度尼西亚高级将领在其位于雅加达的家中被一小队士兵绑架。[①] 在被带往市郊的哈利姆空军基地(Halim Perdanakusuma Air Force Base)之前,三名将军因反抗绑架者而被当场射杀;另外三名则被活捉送到该基地,又在那里被刺死或被射杀。[②] 第七位将军纳苏蒂安设法逃脱,却还是负了伤,而他的副官则遭到杀害。七具尸体都被丢弃进一个叫作鳄鱼洞(Lubang Buaya)的橡胶园中一口干枯的水井中,并被泥土和树叶

[①] 参与的部队主要是总统警卫团(Tjakrabirawa)第一营、中爪哇的蒂博内哥罗(Diponegoro)师第454营,东爪哇的布拉威查亚(Brawijaya)师530营。这场运动共指挥了大约2500名军人。

[②] 雅尼(Yani)、班查伊丹(Pandjaitan)和哈约诺(Harjono)将军在被绑架的时候被杀;苏普拉普托(Soeprapto)、巴尔曼(Parman)、苏托约(Soetojo)将军随后被杀害。

第三章 托词

覆盖。

这些事件耸人听闻,但它们并非导致大规模暴行的充要条件。其实,通过逮捕和起诉直接行凶者及主使者,加上总统的立即干预,本可能以流血更少的方式解决那天的危机。该行动所导致的史无前例的大规模杀戮和拘禁,赋予了该行动本不会有的意义。故而50余年来,学术争鸣和政治争论聚焦于如下问题:谁是九三〇运动的幕后主使?他们的动机又是什么?众说纷纭,莫衷一是。

某种程度上,该争论源于政变随后的事件,尤其是对数十万人的大规模杀戮和监禁。那种暴行罪大恶极且影响深远,以至于相较之下,谁应对九三〇运动负责的问题则显得无足轻重。但是,关于该事件的辩论是至关重要的,因为它把我们带往事件的核心:军队及该行动(杀戮和监禁)的支持者是否利用谎言来诬陷、监禁、拷问和杀害印尼共产党员和其他左翼分子。在甄别证据之后,笔者认为确系他们所为,且是蓄意为之。本章分两个部分为该事件做铺垫。开篇依据争议不大的史实来阐释"十一事件"的前因后果。[1]之后,本章概述数种关于该运动相互矛盾的解释,揭露官方说法的虚假性和矛盾性。后续的几章则将探讨当时官方炮制的叙事是如何被宣传和利用的,如何成为攻击印尼共和苏加诺的借口、大规模杀戮和监禁的理由,并最终达到了军方掌权的目的。

---

[1] 这里的解释主要来自一些值得信赖的史料,包括 Harold Crouch, *The Army and Politics in Indonesia* (Ithaca, NY: Cornell University Press, 1978); John Roosa, *Pretext for Mass Murder: The September 30th Movement and Suharto's Coup d'Etat in Indonesia* (Madison: University of Wisconsin Press, 2006); Douglas Kammen and Katharine McGregor (eds.), *The Contours of Mass Violence in Indonesia, 1965–68* (Singapore: NUS Press, 2012)。该解释也利用了10世纪60年代和70年代乔治·卡欣教授对关键人物的一系列访谈,作者能够获取这些访谈笔记。乔治·卡欣的私人档案[Kahin Papers]。

杀戮季节：1965—1966年印度尼西亚大屠杀历史

九三〇运动

这一绑架并杀害将军们的团体自称发起了"九三〇运动"，其领导人是总统警卫部队的一位营长，陆军中校翁东。① 当绑架发生的时候，忠于该运动的军队控制了雅加达的关键设施，包括总统府和国家电台（印度尼西亚国家广播电台，RRI）。大约在1965年10月1日上午7：15，翁东在国家电台播放了一份声明，宣布该运动旨在保卫总统和国家，以制止由中情局（CIA）扶持的将军委员会策划政变：②

> 将军委员会是中情局资助的颠覆性团体，最近它蠢蠢欲动，在今年8月第一周苏加诺总统病重期间尤其活跃。他们希望苏加诺总统病死的企图并未实现。因此，为了实现其阴谋，将军委员会谋划从东、中和西爪哇调兵，在本年10月5日建军节（Armed Forces Day）阅兵（machtvertoon）。随着军队大量集结，将军委员会甚至策划发动反革命政变。③

这份公告宣称在该运动保护下苏加诺总统是安全的，并宣布计

---

① 翁东是总统警卫团第一营的营长。其他集中参与的军官有阿卜杜勒·拉迪夫（Abdul Latief）上校和苏巴佐（Supardjo）准将。

② 1965年10月1日的事件通常被描述为"政变"、"未遂政变"，或者"流产的政变"。一些观察者已经发现这些术语在某种程度上具有误导性，它们似乎接受了具有争议性的假设，即九三〇运动试图发动一场政变且掩饰了10月1日后一场真正政变的爆发，军方趁机夺取政权的事实。鉴于此，我将1965年10月1日的事件称为所谓政变、假定政变或者声称的政变。我称采取1965年10月1日行动的团体为"九三〇运动"。

③ "翁东中校最初的声明"收录于"Initial Statement of Lieutenant Colonel Untung," reprinted in Benedict Anderson and Ruth McVey, *A Preliminary Analysis of the October 1, 1965 "Coup" in Indonesia* (Ithaca, NY: Cornell Modern Indonesia Project, 1971), pp. 164-166。

第三章 托词

划建立"革命委员会"（Dewan Revolusi）来捍卫革命原则。值得注意的是，它强调该运动是军方内部事件，"针对的是败坏军队声誉且对印度尼西亚共和国和苏加诺总统图谋不轨的将军委员会"。它也谴责将军们生活奢侈腐化，漠视下属，沉溺女色。[①] 一听闻早上的事件，苏加诺总统首先赶到总统府，接着去往哈利姆空军基地。得知将军们已经被杀害后，他命令停止这一行动，但是在一段时间内并未就此发表公开声明。

与此同时，在该运动的首次广播公告后的数个小时内，其他的部队开始集合镇压该运动。镇压方的领导人是苏哈托——最终取代苏加诺成为总统的人。尽管身为陆军战略后备司令部司令（Komando Strategis Angkatan Darat or Kostrad），苏哈托出人意料地并未被列为刺杀目标，因此得以掌控并调动军队来对付该运动。将军们的死亡扫清了苏哈托通往权力之路，尤其是在陆军司令雅尼遇难，以及纳苏蒂安将军因反抗绑架者负伤暂离帅位后。

当日下午3点左右，该运动的领导人们发布了一系列公告，其中混乱的信息进一步加剧了紧张局势。一方面，（该运动的）"一号法令"重申了该运动"完全是军方内部事件，旨在制止参与将军委员会的将领们肆意妄为"，同时也阻止其党羽；[②] 另一方面，它宣

[①] 例如，它说，"权欲熏心的将军们和官员们对百姓日渐深重的苦难视若无睹，凌驾于人民之上，生活奢靡，追求享乐，蹂躏我们的妇女并且挥霍公帑，他们应该被逐出军队并接受相应的惩罚"。原文参见"Initial Statement of Lieutenant Colonel Untung," reprinted in Benedict Anderson and Ruth McVey, *A Preliminary Analysis of the October 1, 1965 "Coup" in Indonesia* (Ithaca, NY: Cornell Modern Indonesia Project, 1971), p. 166.

[②] "一号法令是关于建立印度尼西亚革命委员会的"收录于"Decree No. 1 on the Establishment of the Indonesian Revolution Council," reprinted in Benedict Anderson and Ruth McVey, *A Preliminary Analysis of the October 1, 1965 "Coup" in Indonesia* (Ithaca, NY: Cornell Modern Indonesia Project, 1971), pp. 167-169. 同样地，第2号法令通过宣布陆军中校成为军队中的最高的军衔实际上把所有将军降职，并且晋升该运动的支持者一个军衔，直接参与其中的两个军衔。"第2号法令是关于解职和晋升的"，收录于"Decision No. 2 Concerning Demotion and Promotion of Rank," reprinted in Benedict Anderson and Ruth McVey, *A Preliminary Analysis of the October 1, 1965 "Coup" in Indonesia* (Ithaca, NY: Cornell Modern Indonesia Project, 1971), pp. 175-176。

布今后权力转移至新成立的革命委员会,而苏加诺的现有内阁将被解散。故而,与之前宣称保护总统的公告相反,后一份法令给人的印象是,该运动是在反对总统,或者至少没有获得总统的全面授权。苏加诺总统本人的沉默则强化了这一印象。

鉴于此,加之苏哈托将军的反制,对该运动的支持随即开始瓦解。大概到10月1日下午6:00,在雅加达(参与政变)的军人大多已经投降或者逃离,忠于苏哈托的军队已经完全控制了该城。实际上,该运动自始至终坚持了不到一天。不久之后,雅加达司令乌玛尔·维拉哈蒂古苏玛(Umar Wirahadikusuma)关闭了大多数主要媒体,只有两个军方掌控的《武装部队报》(*Angkatan Bersendjata*)和《战斗报》(*Berita Yudha*)是明显的例外。当晚稍后,苏哈托通过广播公告该运动是"反革命的",总统安全了,但是苏哈托已经接管了军队。他还发布了类似的最后通牒,要求苏加诺必须离开哈利姆,到第二天早上,那里的军队必须投降,否则他将派兵驱逐他们。

空军基地内的形势既紧张又混乱。一天内数名重要人物聚集在那里,包括总统苏加诺、空军司令达尼、印尼共主席艾地和一些总统顾问。其中仅有达尼出面支持九三〇运动,而苏加诺、艾地和其他人则保持沉默。① 在场的还有参与该运动后留下来的军人和印尼共的附属组织,如妇女团体印度尼西亚妇女运动(Gerakan Wanita Indonesia, Gerwani)、青年团体人民青年的成员,他们中的一些人已经采取了反对将军们的具体行动。随着晚上苏哈托对该运动支持者发布公告和最后通牒,在哈利姆基地的人员必须做出决断。到第二天10月2日早上,哈利姆的剩余军人大多数都已自行解散或者被逮捕了,所有的重要人物都已经离开了空军基地——苏加诺去了

---

① 1965年10月1日上午9:30哈尼签署了一项支持该运动的命令。然而,由于种种原因直到当天下午晚些时候该命令才通过印度尼西亚国家广播电台播报。关于该命令的文本,参见 Boerhan and Soebekti, *Gerakan 30 September*, 2nd ed. (Jakarta: Lembaga Pendidikan Ilmu Pengetahuan dan Kebudajaan Kosgoro, 1966), pp. 83–84。

距离雅加达50公里、位于茂物（Bogor）的总统官邸，而达尼、艾地和翁东则去了中爪哇。①

处于守势的苏加诺

在接下来的日子里，苏加诺总统的权力遭到了削弱，而军队则在苏哈托将军领导下夺取权力。在10月2日的一次由军队司令和副官参加的会议上，总统重申他提名布拉诺托·莱戈索穆德罗（Pranoto Reksosamudro）将军接替已故的雅尼将军担任陆军司令。在莱戈索萨穆德罗接替雅尼的前一天，苏哈托就宣布抵制总统的决定。鉴于资历最深的军官对其进行抵制，苏加诺态度软化，授权苏哈托"恢复安全和秩序"。

10月3日早上，苏加诺最终通过广播通告全国，他安全无虞且仍掌权柄，并呼吁冷静。② 但是他的安抚旋即被实际发生的事情破坏。在他于国家电台广播讲话之后不到24小时，遇难将军的尸体被发现于哈利姆附近的老井中，并在10月4日的早上被挖掘出来。苏哈托将军在场见证了尸体挖掘工作。在那种恐怖的背景之下，他谴责谋杀将军们的凶手背信弃义和残忍野蛮，并首次暗示印尼妇女运动、人民青年组织的志愿者们，以及空军在那场杀戮中的共犯关系。一排士兵、摄影师和记者在场记录尸体发掘和苏哈托的评论，随后在全国范围内的纸媒和电子媒体上传播。

恐怖的画面出现在军队掌控下的纸媒和电视上，加上苏哈托煽动性的演讲，为第二天10月5日的军事游行和葬礼做了铺垫。亡故将军们的遗体由士兵们和重型装备护送，通过雅加达的街道被运送到加利巴达英雄公墓（Kalibata Heroes' Cemetery）。精心安排的游

---

① 事件主要的参与者在事发后都聚集在哈利姆空军基地，但是很快随着局势的变化都离开了，所以陆军所指的"政变"至此时就已结束。——译者注

② 关于苏加诺评论的文本，参见 Boerhan and Soebekti, *Gerakan 30 September*, 2nd ed. (Jakarta: Lembaga Pendidikan Ilmu Pengetahuan dan Kebudajaan Kosgoro, 1966), pp. 79-81。

行展现了军队的丰采和团结一心的面貌;这也是抹黑左派的运动中具有标志意义的转折点。纳苏蒂安在墓地发表了煽情的演说,把(亡故的)将军形容为"国家英雄",并反复提及行凶者的背信弃义和残忍野蛮。他的小女儿在他反抗绑架时身受重伤,彼时她仍在医院同死神搏斗。① 宣传结合军事仪式产生了令人震惊的效果;群众开始聚集、呼吁向杀害这些将军的凶手复仇,并取缔与该运动相关的所有组织。这些愤怒的呼吁很快转变成暴行,群众洗劫并纵火烧毁了人民青年和印尼共的办公室和住所。②

苏加诺于 10 月 6 日在茂物召开内阁会议,试图阻止针对左派的复仇和暴力浪潮,维护他的权威。他援引革命精神并警示被帝国主义者蒙蔽的危险,恳请部长们和军官们保持冷静,等待他对这场危机做出"政治解决方案"。然而,苏哈托及其盟友又一次抵制住了总统的权威,从他那里攫取了更大的恢复安全与秩序的权限。10 月 10 日,在苏加诺的批准下,苏哈托建立了"恢复安全与秩序司令部"(Komando Operasi Pemulihan Keamanan dan Ketertiban,或者 Kopkamtib)。在接下来的 30 多年里,军队主要依赖这样一个超越宪法的强力机构,攻击左派并坚持军队统治。一周之后,10 月 16 日,苏哈托正式宣誓就任陆军司令,为根除左派并让军队最终掌控政权扫清了道路。

---

① 关于纳苏蒂安的演讲文本,参见 Boerhan and Soebekti, *Gerakan 30 September*, 2nd ed. (Jakarta: Lembaga Pendidikan Ilmu Pengetahuan dan Kebudajaan Kosgoro, 1966), pp. 97–100。

② 例如,1965 年 10 月 9 日、14 日的《武装部队报》(*Angkatan Bersendjata*);1965 年 10 月 13 日和 15 日的《社会使者》(*Duta Masyarakat*)。

第三章 托词

图3.1 雅加达印尼共总部遗址,1965年10月8日遭袭击和纵火,
旗帜上写的是"判处绑架将军们的凶手死刑"
(Bettman/Getty Images)

10月1日事件发生两周后,当时雅加达的形势大致如下。九三〇运动被军事镇压,军队的领导权被苏哈托及其追随者攫取。苏加诺名义上仍然在位,但苏哈托实际上操控权柄。通过其掌控的纸媒和电子媒体,军队开始大力宣扬其关于此事件的说法。一些印尼共的大型附属组织被指控参与杀害将军们的行动,尤其是人民青年和印尼妇女运动,他们的成员被袭击,住所和办公室被摧毁。与此同时,印尼共的领导层已经瘫痪;一些领导人逃亡到中爪哇,而另一些则或隐匿躲避,或被捕,或遭杀害。

尽管事态发展神速,但是反对苏加诺和左派的行动既非轻而易举也非一蹴而就。的确,军队及其盟友又用了六个月抢班夺权,再过一年之后苏加诺才最终被解除职务,由苏哈托就任代总统。进度缓慢的原因之一在于总统在全国大部分地区仍然广受爱戴。军队及其盟友不敢铤而走险发动政变或者逮捕总统,因为这种行为很容易被视为背叛而事与愿违。与此相反，他们需要逐步挑战苏加诺的合法性和权威，以便使他的最终下台显得自然合法。军队对此的主要策略是，先暗示最终再公开声称苏加诺在某种程度上参与九三〇运动，或至少默许之。在接下来的几个月里，通过媒体宣传、精心安排的示威游行以及政治审判，这一战略得到系统性的贯彻，并在要求总统正式回应参与所谓政变的指控时达到顶峰。

令这些反对苏加诺的行动变得复杂的是，还有很多人并不相信印尼共发动该运动。根据纳苏蒂安的高级副官所说，直到1966年1月，"并非每个人都相信政变是印尼共所为；或者不确定它（九三〇运动）是不是军队内部事件。军队实际上处于十分微妙的境地。我们不得不劝服人们相信将军委员会不存在……我们播放了翁东招供的录音，但是他（苏加诺）仍未被说服"。①

反左派行动需要一定时间的第二个原因是，在印尼部分地区仍然有九三〇运动的支持者。最大的挑战来自中爪哇，那里的军队和一些关键指挥官支持该运动，而相比雅加达的运动领导人，他们坚守阵地的时间更持久。② 甚至在这些军官被拘捕或杀害之后，中爪哇的政治平衡还大致维系了接近三周。如之后讨论的，正是在苏哈托下令部署精锐之师陆军司令部军团（Resimen Para Komando Angkatan Darat，RPKAD）到中爪哇之后，这种平衡才被打破，针对左派的暴行才真正开始。

---

① 1967年6月13日，乔治·卡欣与赫努·赫利（Henu Heli）上校在雅加达的访谈，Kahin Papers。

② 在中爪哇支持翁东行动的关键军官是驻在三宝垄（Semarang）的蒂博内哥罗师司令部的青年军官。他们包括苏赫曼（Suherman）上校、马乔诺（Marjono）上校和陆军中校乌斯曼·萨斯特罗迪布罗托（Usman Sastrodibroto）。在日惹，该运动的部队杀死了两名俘虏，卡塔姆索·达尔莫库苏莫（Katamso Darmokusumo）上校和苏吉欧诺（Soegiono）陆军中校，但在梭罗（Solo）和沙拉笛加（Salatiga），所有的俘虏都毫发无损地释放。关于此时中爪哇的形势，请参见 Benedict Anderson and Ruth McVey, *A Preliminary Analysis of the October 1, 1965 "Coup" in Indonesia* (Ithaca, NY: Cornell Modern Indonesia Project, 1971), pp. 89-101, 106-111, 115-118。

第三章 托词

对苏加诺和左派立即采取行动的第三个障碍是，尽管苏哈托坚决主张军队团结一致，但事实上，在陆军内部及陆军与其他军种之间，尤其是与空军之间，存在相当大的分歧。正如随后讨论的，这种分歧在很大程度上导致了该运动最初的爆发，这也是军队在十拿九稳地对付敌人之前所必须解决的问题。苏哈托也知道军队和公务员中存在部分同情印尼共的人，因此不得不制订一项计划来解决这个问题。为此，军队领导层系统性地清洗了官员、士兵和公务员队伍，排除有任何迹象支持该运动或者被认定为同情苏加诺和左派政党的人。

苏哈托的"缓慢政变"（Creeping Coup）

由于这些原因，从 1965 年 10 月到 1966 年 3 月这六个月，总统及其左派盟友和苏哈托将军及其盟友之间一直紧张对峙。

一方面，苏加诺总统运用自己的声望和总统权限，保护印尼共及其附属组织免遭暴力袭击，维护他的重要顾问，尤其是苏班德里约、黄自达（Oei Tjoe Tat）[①] 和达尼，批驳对其参与九三〇事件的指控。他屡屡呼吁冷静和团结，防止"新殖民主义"势力利用局势，谴责暴行的蔓延，要求民众等待政治解决方案。[②] 总统也拒绝使用军方发明的称呼"九三〇运动"（Gerakan Septermber Tiga Puluh，Gestapu）来指代该运动，而坚持称之为"十一运动"（Gerakan Satu Oktober，Gestok）。

另一方面，苏哈托千方百计地削弱苏加诺的权威来为攻击左派创造条件。他精心设计媒体与宣传运动，煽动针对印尼共及其附属

[①] 黄自达（1922—1996），印尼华裔领袖、律师，曾参加印尼国籍协商会，在苏加诺的最后一届内阁中出任国务部长。——译者注

[②] 卡门和麦克格雷戈（McGregor）写到，在这一时期，"苏加诺继续厉声反对明目张胆的谎言和鼓动平民以牙还牙及屠杀的宣传"。Douglas Kammen and Katharine McGregor (eds.), *The Contours of Mass Violence in Indonesia, 1965-68* (Singapore: NUS Press, 2012), p. 3。

组织的攻击，并把军队描述为维护秩序和拯救国家的英勇捍卫者——这是至关重要的计策之一，第六章将详述其细节。10月1日当晚，军队封禁了雅加达的几乎所有媒体，使宣传运动成为可能。针对印尼共的公愤被煽动，例如有媒体报道：在10月1日的晨光中，印尼妇女运动的成员阉割了将军们，把他们的眼睛挖出来，在他们旁边赤裸跳舞，像女巫一般哈哈大笑。这些报道后来被证伪。①这些虚假报道出版后的数个小时内，大批民众开始在雅加达及全国范围集会，最初要求取缔印尼共，之后洗劫了该党的办公室，最后开始攻击和杀害印尼共成员。

苏哈托及其高级军官幕僚们也通过授权和动员示威、请愿和公开声明等形式的群众性政治活动来实现其政治目的，要求禁止印尼共及其附属组织、驱逐苏加诺及其盟友、坚决打击杀害将军们的凶手。这些精心安排的群众活动一直是"指导式民主"（Guided Democracy）下政治生活的主流，现在军队旧法新用，效果极佳。在军队的操纵下，这些诉求在1966年初汇集成"三大人民诉求"（Tri Tuntutan Rakyat, Tritura）：取缔印尼共、清洗内阁中的所有"九三〇运动"和印尼共分子、降低生活必需品的价格。苏哈托和军队以这些示威、集会和请愿真实反映了群众的意志为托词，同意了这些诉求。实际上，军队及其文职盟友谋划并协调了这些诉求和表达形式。

为了执行这个策略，军队有热情的文职盟友，其中很多人来自受过良好教育的印尼中产阶级。其中最重要的是伊斯兰教士联合会的领导人，随着马斯友美党被禁和印度尼西亚民族党的分裂，伊斯兰教士联合会成为全国首屈一指且最有权势的政党。在10月1日后的数周到数月里，伊斯兰教士联合会副主席苏布汉（Z. E. Subchan）成为关键人物，这段时间，他的党派率先攻击印尼共和

---

① 1965年12月，苏加诺通过引援官方尸检来证实他的说法，否认了关于将军们被肢解的指控。大家都置之不理。他的呼吁被视为代表左派的诡辩和对于将军们之死毫无悔意的证据，而遭到拒绝。

苏加诺。军队的行动也得到了来自天主教党（Partai Katolik）和举足轻重的天主教人物的支持，例如激烈反对共产主义的约瑟夫斯·贝克神父（Father Josephus / Joop Beek），他与军方情报机构之间的关系是众所周知的。① 高中生和大学生也给予了至关重要的支持，他们中的很多人显然相信反对苏加诺和印尼共就是在反对威权主义和经济崩溃。学生分化成了不同的行动团体：诸如印尼大学生行动阵线（KAMI）和印尼青年与学生行动阵线（KAPPI），他们参加的是相对和平的街头示威；但是更激进的学生团体与"清扫行动"合作，甄别和逮捕左派嫌疑分子。最终，该运动得到来自深受西方自由主义思潮影响的印尼知识分子和文化界人士热情洋溢的支持。这些人包括一群受西方教育、经常被称为"伯克利黑帮"（Berkeley Mafia）的经济学家，他们把苏加诺的"左"倾民族主义经济政策视为灾难，与军队合作试图终结此类经济政策，向外国投资开放国门。他们中也有一批声名显赫的记者和作家——例如小说家穆赫塔尔·卢比斯（Mochtar Lubis）——他直言不讳地批评共产党的文化组织人民文化协会（Lembaga Kebudayaan Rakyat）以及苏加诺执政晚期国家整体呈现的"左"倾倾向。综合来看，军队原本缺乏民意支持，而这个中产阶级联盟为军队行动提供了某种程度上的民意背书，使军方对左派的攻击变本加厉。

苏哈托摧毁左派另一项最重要的策略是，创立一个看似合法的新机构，它同样赋予军方冠冕堂皇的理由，该机构有权限清洗、拘留、审讯和监禁任何被怀疑参与该运动（九三〇运动），或者被视为威胁安全和秩序的人。截至彼时，最高权力机构是恢复安全与秩序司令部（Kopkamtib）。它拥有广泛的权力，采取一切措施来恢复安全和秩序，且不受包括总统和最高法院在内的任何政治和司法机

---

① 关于贝克神父（Father Beek），参见 Made Supriatma, "Kamerad Dalam Keyakinan: Pater Joop Beek, SJ dan Jaringan BA Santamaria di Asia Tenggara," *Harian Indo Progress*, September 29, 2016。

构的制约。在它被创立后的数周乃至数月之中，安全与秩序司令部在地区和地方分支机构成为执行"清洗"和"歼灭"印尼共及其盟友的关键机构。地方军队和警察部门依照苏哈托通过安全与秩序司令部发布的指令行事。这些指令向反共的政治和宗教领导人的言行提供了必要的指导和依据。

军队领导策略的一个相关方法是，为反对苏加诺及其盟友而建立一个准司法机构来伪造证据和制造声势，此机构可以为他们的逮捕行动提供理由，或损害苏加诺及其盟友的权威，抑或兼而有之。此机构的关键部门是特别军事法庭（Mahkamah Militer Luar Biasa, Mahillub），它是审判民事和军事嫌疑人之地。苏哈托是特别军事法庭的庭长，该法庭和此机构其他部门都处于他的最高威权之下。从1966年初开始，除了像翁东一样直接涉及该运动的人，像苏班德里约和达尼一样的关键人物也被带到这些法庭受审。这些政治审判的鲜明目的就是牵连苏加诺的盟友，进而给苏加诺本人造成不可挽回的政治伤害，如此一来，便为完全消灭左派扫清了道路。[1]

此时，对军队来说至关重要且立竿见影的策略是，从1965年10月初就开始筹划的系统性暴力运动。后续的几章将详细阐释该运动，包括大规模杀戮和大规模监禁，还有虐待、酷刑、强奸、不公正的审判和奴役。基本针对的是印尼共成员及其附属组织，在一些地方也针对苏加诺的支持者，印尼国籍协商会（Badan Permusyawaratan Kewarganegaraan Indonesia）成员，甚至是有"左"倾倾向的军方人员。最严重的暴行发生在亚齐、巴厘、中爪哇、东爪哇和北苏门答腊——除亚齐外，其余地区都有势力庞大且活跃的印尼共成员。绝大多数杀戮发生在1965年10月到1966年3月的6个月里，但是暴行并未完全止于此时。直到1968年，左派和苏加

---

[1] 克劳奇写道，这些审判主要为了"通过代理人诋毁总统并展示他没有权力拯救他最忠诚的同僚"。Crouch, *Army and Politics*, p. 211. 关于审判亦可参见 Amnesty International, *Indonesia: An Amnesty International Report* (London: Amnesty International, 1977), pp. 45–54.

第三章　托词

诺派嫌疑人仍然继续遭受任意逮捕和拘留。1967—1968年，军队执行了两次大规模的军事行动来镇压其所宣称的来自印尼共的顽抗，其中第一次发生在东爪哇的勿里达（Blitar），第二次在西加里曼丹。① 此外，指控参与所谓政变的政治审判持续了数年之久，其中一些延宕到70年代。

图3.2　1965年11月，反共青年参与军方在中爪哇的默拉皮山（Mount Merapi）搜捕印尼共领导人艾地的行动

(Bettman/Getty Images)

---

① 勿里达（Blitar）军事行动的重点是一小股印尼共党员，他们在大规模杀戮之后曾试图在一群以富有同情心著称的村庄中建立据点。1967年，军方将他们描述为危险的武装叛乱分子，在这一地区发动了被称为三叉戟行动（Operasi Trisula）的全面军事行动，导致数百人死亡。参见 Vannessa Hearman, "Dismantling the Fortress: East Java and the Transition to Suharto's New Order Regime" (PhD diss., University of Melbourne, 2012)。西加里曼丹的行动直接针对的是所谓的共产党人，绝大多数是华裔印度尼西亚人。在那种情况下，军方利用族群差异和矛盾煽动达雅克人攻击和杀害他们社区的华裔。参见 Jamie Davidson and Douglas Kammen, "Indonesia's Unknown War and the Lineages of Violence in West Kalimantan," *Indonesia* 73 (April 2002): 53–87。

"三一一命令书"

在苏哈托与苏加诺之间，或广而言之的左右两派之间的权力斗争中，1966年3月是个转折点。随着印尼共乱作一团，数十万左派分子遭到拘留、被迫逃亡或死亡，苏加诺的势力因丧失关键顾问和被指责参与该运动而遭到削弱，军队成为国内权势最盛的政治力量。现在要做的只剩下以看似合乎宪法的程序来进行总统职权的交接。这个过程中至关重要的时刻是1966年3月11日。在一片争议之声中，苏加诺总统签署了一项命令将行政权授予苏哈托将军，意味着他终结了自己的职权，变得有名无实，为军队掌控权力提供了关键的"合法性"基础。

此项命令便是广为人知的"三一一命令书"（Surat Perintah Sebelas Maret, Supersemar），它一直是印尼国内激烈辩论极富争议的一个话题。新秩序的拥护者指出，"三一一命令书"确凿地证明职权交接是合法的，而批评者则坚持它不过是掩饰"政变"的"遮羞布"。一些人声称这项命令是伪造的，而其他人则指责向苏加诺总统递交信件的军官或明或暗地用暴力胁迫总统。例如，他们已经注意到，苏加诺收到"三一一命令书"时，忠于苏哈托的重装部队包围了总统府。① 甚至其他人则指出此项命令书根本不存在，或者即使存在也未被签署——后来，当局表示无法找到命令原件，这种说法其实是具有一定可信度的。

无论真相如何，3月11日决定性地标志着苏加诺职权的终结和左派的灭亡，军队崛起成为国家的主导性政治力量。为从临时人民协商会议（Majelis Permusyawaratan Rakyat Sementara, MPRS）中清洗苏加诺支持者和左派分子扫清障碍。在1966年6月的临时人民协商会议上，苏加诺被传唤解释其在"九三〇事件"中的作用。这

---

① 印尼语"信"和这里命令书里的"书"是同一个词（surat）。——译者注

实际上是一项弹劾,其结果早已成为定局。其后,尽管苏加诺偶尔试图维护他的权威,但他仅仅扮演着礼仪性的角色。1967年3月,他被临时人民协商会议正式解除总统职务,禁止参与政治生活,软禁在家。三年后的1970年6月21日,他离开人世。"三一一命令"也为1966年6月5日临时人民协商会议通过第25号决议铺平了道路,该决议禁止传播马克思列宁主义和共产主义思想,宣布印尼共和数十个左派组织非法。① 尽管其合法性备受质疑,但半个世纪以来,该决议成为镇压左派的关键法律基础和依据。最终,它为苏哈托通过看似符合宪法的程序当选总统扫清了道路。1967年3月,一个被彻底清洗的、顺服的临时人民协商会议宣布苏哈托成为代总统;1968年,该会议选举他为总统,此后,他独揽总统大权长达30年。

事件解读

关于1965年10月1日及随后数月所发生事情的大致梗概,现在如若达成了基本共识,就不会有关于谁发动了该运动和他们目的何在的争论。50多年过去了,至少有6种关于该问题的解释。多数依赖间接证据、基于可能性的权衡,以及十分有限又相互矛盾的档案证据。故而人们可能得出这样的结论,即不可能知道哪种解释最接近真相。但这个问题并非那么令人懊恼。一些解释在本质上比另外一些更加令人信服。接下来,本章尝试概述关于九三〇事件的主

---

① Majelis Permusyawaratan Rakyat Sementara (MPRS), *Ketetapan MPRS Republik Indonesia No: XXV/MPRS/1966 tentang Pembubaran Partai Komunis Indonesia, Pernjataan Sebagai Organisasi Terlarang Diseluruh Wilajah Republik Indonesia bagi Partai Komunis Indonesia dan Larangan Setiap Kegiatan Untuk Menjebarkan Pahamatau Adjaran Komunis/Marxisme-Leninisme*, July 5, 1966. 印度尼西亚共和国临时人民政治协商会议:《关于解散印度尼西亚共产党、在整个印度尼西亚领土范围内作为被禁止的组织且禁止任何传播共产主义或马克思—列宁主义思想教条的公告》,1966年7月5日。

要观点,并评估它们的优缺点。

印尼共作为"主使者"

印尼政府官方版本的叙事把六位将军之死归咎于印尼共,声称该党企图夺取国家政权,刺杀将军的行动只是其无耻阴谋的冰山一角。[①] 尽管承认一些军官参与了该运动,但是官方版本坚持他们只不过是受到蒙骗,印尼共领导层操纵了所谓的政变。在这一版本中,苏哈托将军及其盟友作为阻止印尼共夺权的国家拯救者出场。当他们提及对印尼共实施的大规模屠杀和逮捕时,该事件则被描述为因人民对印尼共的奸诈行径怒不可遏,最终导致了令人遗憾却不可避免的后果。官方版本还暗指印尼共受到中国的指使,却否认或者回避任何西方国家干涉的可能性。[②]

此外,一个更为复杂的官方叙事突出了印尼共特别局(Special Bureau)的作用。它是负责与现役军事人员联络并寻求操控他们的秘密机构,据传其领导人是一个名为夏姆(Sjam)的神秘人物。虽

[①] 尽管在所谓政变之后数日内,该解释开始见诸于大肆渲染的媒体报道中,但是它的首次系统性报道是在军方的出版物印度尼西亚共和国《武装部队报》中,*40 Hari Kegagalan G-30-S* (Jakarta: Staf Pertahanan Keamanan, 1966)。第二份官方叙事发表于 1968 年,是 Nugroho Notosusanto and Ismail Saleh, *The Coup Attempt of the "September 30 Movement" in Indonesia* (Jakarta: Pembimbing Massa, 1968)。一份印尼官方话语的解释,政府所谓的白皮书最终在 1994 年出版,即 Sekretariat Negara Republik Indonesia, *Gerakan 30 September: Pemberontakan Partai Komunis Indonesia. Latar Belakang, Aksi, dan Penumpasannya* (Jakarta: Sekretariat Negara Republik Indonesia, 1994)。鲁萨(Roosa)提出,这些解释实际上在三个关键问题上有分歧:印尼共责任的性质、该运动的性质和该运动是怎样被摧毁的。参见 John Roosa, "The September 30th Movement: The Aporias of the Official Narratives," in Douglas Kammen and Katharine McGregor (ed.), *The Contours of Mass Violence in Indonesia, 1965–68* (Singapore: NUS Press, 2012), pp. 25–49。

[②] 本版本与中情局于 1968 年发表的官方版本有着惊人的相似:US Central Intelligence Agency, Directorate of Intelligence, *Indonesia—1965: The Coup That Backfired* (Washington, D. C.: CIA, 1968)。美国官员也支持这种观点。在所谓政变发生的时候,弗朗西斯·加尔布雷斯(Francis Galbraith)时任雅加达使团副团长,之后成为大使。他 1971 年告诉卡欣,称他坚信印尼共是 10 月 1 日行动的幕后主使。1971 年 6 月 1 日,乔治·卡欣与弗朗西斯·加尔布雷斯在雅加达的访谈,Kahin Papers。

第三章 托词

然有怀疑者指出夏姆可能是"内奸",其职责是诱导印尼共进入一个毁灭性的阴谋,然后可以此为托词粉碎左派,但是军方坚持夏姆只为印尼共工作,致力于为印尼共的阴谋招募军官。

官方解释存在若干问题。首先,它没有提供印尼共试图发动政变的合理动机。正如第二章所描述的,到 1965 年中,通过合法的政治活动、与苏加诺总统的密切关系,印尼共获得了令人难以置信的政治资本。在此种情况下,人们需要怀疑为何印尼共要冒着丧失一切的风险来夺权。尤其是为何要选取这种彼时定会激怒军队、招致武力镇压的武装暴动策略,而在事件之前的 15 年中,该党还一直避免该策略,并对其毫无准备。1965 年 3 月,美国驻印尼大使霍华德·琼斯(Howard Jones)在菲律宾与国务院官员交谈时,质疑印尼共有抢班夺权的动机:"印尼共在目前与苏加诺总统合作的战术下成就斐然。除非印尼共领导层比我认为的更加有勇无谋,否则他们不会给如此旗帜鲜明地挑衅军方,引发强力镇压。"① 诚然,在军事政变中获益最多的一方不是印尼共,而是军方自己或者至少是军方某派系,因此,军方才最有这么做的动机。

当时的外国观察者们,包括那些从谴责印尼共中获益的大使,都强调了上述问题及其他矛盾之处。例如,1965 年 10 月 19 日的一份关于所谓政变的内部分析中,英国驻印尼大使吉尔克里斯特总结道:"印尼共谋划一场重大起义或者在 10 月 1 日以翁东及其手下为突袭部队夺权的说法是荒诞的。印尼共在行动过程手足无措且漏洞百出……(这)绝非共产党阴谋的特点。"② 同样地,1965 年 11 月,驻扎在雅加达且与印尼军官联系密切的美国上校乔治·本森

---

① Howard P. Jones, "American-Indonesian Relations," presentation at Chiefs of Mission Conference, Baguio, Philippines, Howard P. Jones Papers, box 21, Hoover Institution Archives, 12, cited in Roosa, *Pretext for Mass Murder*, p. 193.

② British Embassy Jakarta (Gilchrist) to Foreign Office (Stewart), "Attempted Coup in Indonesia," October 19, 1965, DH 1015/215, FO 371/180320, National Archives of the United Kingdom [UKNA].

（George Benson）告诉本尼迪克特·安德森："印尼共绝无可能参与其中。"① 正如乔治·卡欣1971年的记录所言，难以看出"印尼共铤而走险杀害军官的动机，因为这种挑衅很容易造成军方猛烈反击，这对于印尼共和苏加诺又有何益处呢？"②

关于证据的另一组问题，官方版本更加经不起推敲。首先，10月1日做出绑架和杀害将军行为的并非印尼共成员而是由身着军服的军官率领的普通士兵。其次，雅加达的运动领导人得到了大约2500名军人的支持，而在中爪哇也获得了大量军队成员的支持。尽管很多印尼共的附属组织也在哈利姆空军基地，如人民青年和印尼妇女运动，其中一些人也参与了反对将军们的行动，但是在参与该运动武装部队的数量和火力面前，他们的人数和作用相形见绌。

少量被炮制来支持官方版本的档案"证据"也存在真实性问题。其中最为重要的是印尼共的全国性报纸《人民日报》（*Harian Rakyat*）在10月2日发表的一篇社论，表示支持九三〇运动。结果那篇社论成为军队指责印尼共参与所谓政变唯一的档案证据。就这篇社论而言，其真实性和作者身份的问题至关重要，但它在这两方面仍然令人困惑不解。例如，为何共产党的官方机构会发表一篇社论，支持一场已经失败的政变呢？此外，当天雅加达其他所有的全国性报纸都被军方控制或者被关闭，何为印尼共的报纸能够被准许发表最后一篇自证其罪的社论呢？考虑到10月1日早晨，军方明令警告其他报纸的编辑都不得对该运动做出任何报道，这就更加可疑了。③ 这些被警告的报纸就包括伊斯兰团体的报纸《伊斯兰之

---

① 根据安德森所说，本森（Benson）相信："一旦政变失败，印尼共就会被逼得陷入走投无路的境地。"1965年11月10日本尼迪克特·安德森采访乔治·本森（George Benson）上校，鲁斯·T.麦克维的私人档案[McVey Papers], box 9, file 190。

② 1971年6月1日，乔治·卡欣与弗朗西斯·加尔布雷斯在雅加达的访谈，Kahin Papers。

③ 1967年6月18日，乔治·卡欣与五位伊斯兰学生联盟（HMI）的核心领导人在雅加达的访谈，Kahin Papers。

第三章 托词

声》(Suara Islam),其编辑后来透露,在所谓政变当天的上午11点,两名军官(其中一名是陆军中尉)来到办公室,命令他们不得发表已经写好、送到印刷厂的报道。1967年,其中一名编辑对卡欣说:"我们从印刷厂撤回了那篇报道,没有公开发表。但正如你所见,我们差点就将它发表了。"为何那天没有尽职的军官到访《人民日报》编辑部命令他们不得发表呢?至少,已有证据表明那时军方领导层故意诱使印尼共全国性报纸《人民日报》编辑就该运动发表一篇社论,而明令禁止其他报社这么做。另外一种可能性是那篇定罪社论根本就不是印尼共领导层写的,而是因嫁祸印尼共而获益的人所写,并以此为借口发动了一场咄咄逼人的运动,一劳永逸地消灭了该党。安德森指出:"中情局报告显示,(《人民日报》的社论)一定是事先炮制的。它可能由该党领导层执笔,但这并无定论。"①

其他证明官方叙事的证据包括囚犯在被拷问和被严重胁迫的情况下做的证词和招供。即使暂不考虑使用这些供状作为证据的道德和法律问题,供状的可靠性仍然值得质疑。要知道这些供状是在什么样的情境下取得的,即便并非全部,其中一些很有可能实际上是由情报人员和审讯者炮制、被拘留者签字画押的。印尼共产党主席艾地的所谓供状即是一个例子。根据军方信息,当他被军方拘捕之时,他在一份声明中招供了他本人和印尼共发动了该运动。然而,我们无从验证那个观点,因为他旋即被逮捕他的军方枪决了。②

官方解释过分依赖两名关键军方谋划者、陆军中校翁东和上校拉迪夫的证词,而围绕他俩的证词也存在严重的问题。1965年11月,他们的审讯记录被军方有选择地引用,意图证明二人受命于印

---

① Benedict Anderson and Ruth McVey, "What Happened in Indonesia?" *New York Review of Books*, June 1, 1978.
② Dinas Sejarah TNI-AD, "Crushing the G30S/PKI in Central Java," in by Robert Cribb (ed.), *The Indonesian Killings, 1965–1966: Studies from Java and Bali*, No. 21 (Clayton, Victoria: Monash Papers on Southeast Asia, 1990), p. 165.

尼共。但是，他俩在出庭受审时都推翻了官方审讯报告。① 类似的质疑也出现在纽诺（Njono）的证词之中，他是印尼共政治局成员，于1965年10月3日被捕，而在1965年12月初，军方情报中心公开了他所谓的关于该党责任的供状。他的供状中出现了弄错政治局成员这样的基本事实错误。另外，没有政党会在多名领袖身处国外的情况下，制订并执行一套如此重要的行动方案。② 安德森和麦克维提出疑问，认为纽诺并不是这份认罪供状的作者，他们在1966年写道："至少，关于政治局讨论的那部分很有可能是事先写好让他签字的。"③

关于印尼共高层密谋了该运动的证据中，只有神秘人物夏姆的法庭证词能够在法律层面"站得住脚"。在1967年对政治局成员苏迪斯曼（Sudisman）的公开审判上，夏姆披露他就是该党特别局的领导人，他根据艾地的命令协调行动。然而，如上所述，夏姆的证词仍然备受质疑。例如，令人疑惑不解的是，当其他人立即被围捕、审判和杀害之时，夏姆承认在该运动中发挥了如此关键的作用，却长期逍遥法外。此外，尽管夏姆最终被收监、审判、判处死刑，其狱友发现他与军方和狱警有着非同寻常的友好关系，他从未受虐待，偶尔还参与审讯其他囚犯。④ 种种迹象使一些观察者推测，尽管他毫无疑问与艾地关系亲密，夏姆也可能为军方效力。⑤ 鉴于夏姆身份及与该党联系的隐蔽性，唯有艾地能够反驳他的证词，但

---

① Roosa, "September 30th Movement," p. 36.
② 关于纽诺（Njono）的所谓供状及一篇对此的长篇评论，请参见 Anderson and McVey, *A Preliminary Analysis*, pp. 211-217。
③ Ibid., p. 217.
④ 1979年6月4日与萧玉灿（Siauw Giok Tjan）的访谈，McVey Papers, Biog box 2；1979年6月16日与苏裴诺（Supeno）和萧玉灿的访谈，McVey Papers, Biog box 2。
⑤ 相关案例请参见 W. F. Wertheim, "Whose Plot? New Light on the 1965 Events," *Journal of Contemporary Asia* 9, no. 2 (1979): 197-215. 亦可参见1979年4月21日与黄自达和B男子（Mas B）的访谈，McVey Papers, box 8, file 169a。

艾地已被军方处死。至少，质疑者推断他可能与其逮捕者达成一项交易，提供针对印尼共的认罪供状以换取宽大处理。一位政府高级官员在1979年告诉访谈者，"当政府发现某些事情的证据时，夏姆便会准备好确认或者否认它。[我们]咨询他有关印尼共和九三〇运动的一切"。①

最后，关于印尼共根据中国和中共的指令行事或受其影响的观点几乎是毫无根据的。与此同时，英国大使写道："谣传涉及中华人民共和国，但这些指控站不住脚……我推测中国人干涉的程度大致与印尼共参与的程度相当——事先了解一些情况的皮毛，提供了一些无足轻重的支持，但没有直接操控。"② 根据近来关于此课题的学术研究，尽管可以确信印尼共领导层与中国最高领导人讨论过政治策略，但是已在很大程度上证实了该大使的推断。③ 与此同时，官方坚持西方国家未曾干涉此事，正如第四章和第七章概述的那样，这与现有证据相互矛盾。

"康奈尔文件"

1966年，康奈尔大学的安德森和麦克维提出了另一个解释，认为"九三〇运动"在某种程度上正如其所宣称的那样，是一群中级军官发起的运动，旨在反对他们眼中贪污腐化、对总统心怀不轨且受到中情局操控的军队高层。根据他们发布的《初步分析》（*Preliminary Analysis*），翁东及其同伙坚信军队高层与中情局狼狈为奸，已经设立将军委员会，并谋划在10月5日建军节那天发动军

---

① 1979年4月9日与SB在伦敦的访谈，McVey Papers, file 169b。

② British Embassy Jakarta (Gilchrist) to Foreign Office (Stewart), "Attempted Coup in Indonesia," October 19, 1965, DH 1015/215, FO 371/180320, National Archives of the United Kingdom [UKNA].

③ Taomo Zhou, "China and the Thirtieth of September Movement," *Indonesia* 98 (October 2014): 29-58. 尽管周陶沫（Taomo Zhou）提出艾地把该运动的计划告诉了中国最高领导人，但是她并未能提供证据证明这一观点。

事政变，故而中级军官们提前采取了行动。①

这种解读后来被称为"康奈尔文件"，它建立在深入解读该运动的声明和剖析军队内部已有矛盾与分裂的基础之上。例如，它着重强调了该运动的声明和行动在诸多方面反映了中下层军官关注的问题。安德森和麦克维注意到，涉及该运动的军方关键人物均来自中爪哇，于是也主张这些军官的行动是被某种文化范式和态度塑造的，这使他们和他们所反对的生活奢靡腐化的雅加达将军们迥然不同。

他们的观点掷地有声，质疑了官方关于所谓的"十月政变"的解释。当印尼共在政治上如此成功的时候，他们有何种动机发动这样一场行动？为何一个已经通过和平动员策略取得成功的党，会突然改弦更张发动武装起义，尤其是在它没有武装的时候？如若该党确实策划了那次政变，为何它甚至没有采取最基本的预防失败的措施——例如确保总统的支持和动员其数目庞大的党员呢？通过提出这一系列问题，并坚持所谓的政变主要是军队内部事件，安德森和麦克维揭示出整个叙事的另一面，即军方显然希望掩盖一些事实。如此一来，两位学者挑起了持续至今的愤怒辩论，导致他们被禁止入境印度尼西亚30多年。诚然，为了回应"康奈尔文件"，1967年，印度尼西亚陆军参谋指挥学院（Sekolah Stafdan Komando Angkatan Darat，Seskoad）前校长苏瓦多（Suwarto）上校和苏哈托将军委托两位作者，专门撰写了军方关于九三〇事件

---

① 故而他们写道："10月1日的政变本质上是一次军方内部事件，由蒂博内哥罗师的一个小集团发动，利用了苏加诺和印尼共的领导而达成自己的目的，结果却无可挽回地损害了一方的（苏加诺）的道德和政治权威，造成了另一方（印尼共）被消灭。"Anderson and McVey, *A Preliminary Analysis*, p. 119。

的第二份解释。①

在"康奈尔文件"完成后的 50 年里,人们曾质疑其合理性。首先,它似乎刻意忽视了印尼共可能卷入该运动的任何证据。印尼妇女运动和人民青年的志愿者在哈利姆基地的出现,人民青年团体流露出对该运动同情心,以及中爪哇的某些军官和印尼共官员紧密合作,这些可能无法证明印尼共策划了"十一事件"。② 然而,他们确实表达出对该运动一定程度的同情和合作意愿。此外,正如下面谈到的,近来更多的研究提出,印尼共主席艾地的确直接涉及该运动的策划,尽管他没有告知其他政治局或中央委员会成员。安德森和麦克维坚持认为印尼共及其附属组织与该运动没有丝毫联系或者完全没有以任何方式支持该运动,显得有些矫枉过正了。

尽管有这些缺点,"康奈尔文件"的主旨仍然具有说服力。无论某些印尼共领导人被揭露在行动中扮演了何种角色,毫无疑问的是,不管是在雅加达还是其他地方,军官和士兵在政变的策划和执行中扮演了关键的角色。任何解释若回避或否认军官与士兵发挥的作用,并且淡化军队内部的紧张关系对引发该政变的作用,那么它不仅是一种误导,而且必然被视为蓄意欺骗。

苏加诺——幕后操纵者?

第三种解读把所谓政变的责任归咎于苏加诺总统,称他为"邪恶的幕后操纵者"(devious dalang)。③ 根据这种解释,要么是苏加诺策划了对将军们的绑架,要么他知道某些针对将军们的阴谋正在

---

① Notosusanto and Saleh, *Coup Attempt*. 关于康奈尔大学和军方之间的争论的历史,参见 Benedict R. O'G. Anderson, "Scholarship on Indonesia and Raison d'Etat: Personal Experience," *Indonesia* 62 (October 1996): 1-18; Asvi Warman Adam, "Ben Anderson's Work on Indonesia Challenged Suharto's Military Rule," *Jakarta Globe*, December 18, 2015; George McT. Kahin, *Southeast Asia: A Testament* (New York: Routledge, 2003), Chapter 8。
② "十一事件",即"十月政变"或"九三〇事件"。——译者注
③ 印尼语"dalang"指的是身居幕后的皮影戏表演者。——译者注

酝酿之中，并预期这一行动符合他的政治利益，便放任其发展下去。

　　早在1965年末1966年初，军方及其盟友就合谋提出了苏加诺参与政变的观点，以此作为破坏他合法性并解除他权力的措施之一。这个运动利用了大量的国家资源，包括情报机构和10月1日后苏哈托建立的准司法机构，最终导致了诸如临时人民协商会议发起的弹劾审讯等一系列后果。① 与苏哈托政权关系密切的作家安东尼·戴克（Antonie Dake）在其著作《苏加诺档案：1965—1967》（*The Sukarno File, 1965-1967*）中进行了类似的叙述。② 最近，印尼军事专家、曾于1965年担任军方报纸《武装部队报》的记者萨利姆·哈吉·赛义德（Salim Haji Said）进一步拓展了这个观点。③

　　在这个版本的情境中，苏加诺策划了绑架而非杀害雅尼将军，并用一个更顺从的人来替换他。毕竟，用绑架来推行政治行动在印尼是有先例可循的。1945年8月16日，苏加诺自己就和未来的印尼第一任副总统哈达一起被激进的民族主义青年绑架过，这些青年主张领袖们应该立即宣布独立并领导反抗日本人的起义。他们很快被释放，毫发无损但感到愧疚，并在第二天宣布独立。鉴于那段历史，主张这一理论的人提出，苏加诺可能把绑架雅尼和其他人视为一种解决棘手政治对手的手段。但当该计划演变成杀害六位将军

---

① 参见档案汇编，包括1967年1月，恢复安全与秩序司令部（Kopkamtib）撰写、苏哈托将军向临时人协（MPRS）提交的审讯报告和特别军事法庭（Mahmillub）证词：Departemen Angkatan Darat, Direktorat Kehakiman, Team Pemeriksa Pusat, "Laporan Team," Jakarta, January 19, 1967, Kahin Papers。

② Antonie Dake, *The Sukarno File, 1965-1967: Chronology of a Defeat* (Leiden: Brill, 2006)。

③ Salim Haji Said, *Gestapu 65: PKI, Aidit, Sukarno, dan Soeharto* (Jakarta: Mizan Publishers, 2015)。

时，苏加诺却试图置身事外。① 在 1976 年的一次采访中，苏加诺最后一届内阁的副总理约翰内斯·莱梅纳（Johannes Leimena）告诉卡欣，他并不相信苏加诺下过命令或者企图杀掉那些将军："他断然不会批准这一如此暴力且残忍的行动。"②

关于苏加诺涉及所谓政变的主要证据，是绑架发生前后他的行为举止和活动。例如，他的指控者称，8 月的某个时候总统接见了翁东，显而易见是在谋划绑架阴谋；1965 年 9 月 30 日，他已经签署了一项解除雅尼陆军司令职务的命令。他们也注意到，10 月 1 日早晨，苏加诺选择驱车前往哈利姆空军基地，并停留至当晚深夜该运动确凿无疑失败之时。尽管苏加诺坚持他是和其他高级军官们一起前往该空军基地的，为在局势不断恶化的情况下迅速恢复安全局面，但他的指控者提出他在哈利姆现场证明他与该运动相互勾结。

苏加诺关于该运动的声明也被引用为他参与阴谋的证据。例如，他发表评论称"十一事件"是"印度尼西亚革命海洋中的涟漪"，而且他拒绝称此次事件为"政变"。指控他的人将苏加诺的这一表态视为他对该运动的同情，以及对六位将军之死麻木不仁的证明。他反复呼吁保持冷静，拒绝封禁印尼共，保护外长苏班德里约和内阁中的其他左派人士，坚持所有政党保持克制并通过政治方式解决问题，这些同样被认为是苏加诺参与且支持所谓政变企图的证据。

这些论点的一个重要缺陷是，它们严重依赖的证据是靠不住的或很容易被其他看似更合理的解释取代。如此一来，关于苏加诺的

---

① 在军方通过媒体发表这一声明之后，相当一部分当地观察者明显已经相信苏加诺涉及绑架而非杀害将军们的阴谋。他们包括以下乔治·卡欣采访对象：1967 年 6 月 18 日，雅加达，5 位伊斯兰学生联盟（HMI）的核心领导人；1967 年 6 月 12 日，日惹苏丹；1967 年 6 月 14 日，印度尼西亚社会主义党（PSI）一位高层领导；1967 年 6 月 20 日，苏马尔曼（Sumarman），Kahin Papers。

② 1976 年 5 月 3 日，乔治·卡欣与约翰内斯·莱梅纳（Johannes Leimena）在雅加达的访谈，Kahin Papers。

意图及行动的关键证据,包括他与翁东的所谓八月会谈,9月30日签署解除雅尼陆军司令职务的命令,全部基于班邦·维查纳尔科(Bambang Widjanarko)在军事羁押期间、严刑拷打之下做出的证词。① 鉴于我们已知当时在羁押期间存在虐待嫌疑人和罗织罪状的情况,我们至少应该怀疑那份供状的真实性。由于此时苏哈托及其盟友正千方百计地寻找削弱苏加诺的证据,质疑的态度就更加重要了。他们在调查过程中收集的大量证据,明显是有倾向性的,且绝非最可靠的。

但即使我们抛开这些质疑,接受维查纳尔科证词的表面意义,那么总统对其言行所做的解释与其指控者所提出的一样,均是存在漏洞的。仅凭这一点,仍不足以得出苏加诺与该运动合谋的结论。与此同时,他呼吁冷静、结束暴行,这可以被确信为理性之声和治国策略,也可以被看作背叛的证据。②

苏哈托——缺失的一环?

第四个理论指责苏哈托是主使者,即阴谋中"缺失的一环"。③ 在这个情境中,苏哈托是这场政变中的决定性人物,此次"注定要失败的"政变是一场蓄意挑衅,旨在为军方全面惩罚印尼共与苏加

---

① 关于批评戴克(Dake)不加辨别地依赖维查纳尔科(Widjanarko)的证词,参见一个前政治拘禁者的回忆录 Tan Swie Ling, *G30S 1965, Perang Dingin dan Kehancuran Nasionalisme: Pemikiran Cina Jelata Korban Orba* (Jakarta: Komunitas Bambu, 2010), pp. 14–17。

② 在坚="持质疑苏哈诺通敌说法的人中,一位是印度尼西亚前驻莫斯科大使马奈·索菲阿安(Manai Sophiaan, 1964 – 1967)。其书 *Kehormatan Bagi Yang Berhak: Bung Karno Tidak Terlibat G30S/PKI* (Jakarta Yayasan Mencerdaskan Kehidupan Bangsa, 1994), 在发行之初,引起抗议的轩然大波。

③ W. F. Wertheim, "Suharto and the Untung Coup—the Missing Link," *Journal of Contemporary Asia* 1, no. 2 (Winter 1970): 50–57; Wertheim, "Whose Plot?" 苏加诺似乎也与阴谋中的低级别人物有所关联,包括杜尔·阿里夫(Dul Arief)中尉和贾胡鲁布(Djahurup)中尉。二人皆是总统警卫部队成员,且被认为与苏哈托的挚友阿里·穆托波(Ali Murtopo)交往甚笃。尽管必须展开进一步的研究才能得出结论,但是这些关联至少暗示出穆托波和苏哈托涉及绑架且杀害将军们的计划。参见 Asvi Warman Adam, "Ben Anderson's Work on Indonesia Challenged Suharto's Military Rule," *Jakarta Globe*, December 18, 2015。

第三章 托词

诺提供借口。正如人们所料想的那样,并没有档案材料支持这种解释,但是间接证据足以引起对苏哈托所起作用的种种质疑。

首先,离奇的事实是为什么苏哈托没有被列为该运动的目标。按照程序,苏哈托作为军中精锐之师——战略后备司令部司令,在雅尼缺席的情况下是可以递补的一位军官。在政变开始后的数个小时内,他便能够自如地调动军队并运用职权镇压该运动。这个理论的支持者提出,只有在策划者职级太低或者蓄意谋划才能解释这个显而易见的疏忽,而相对来说,蓄意谋划更能够解释得通。不然为何苏哈托这么一个举足轻重的人物会毫发无损呢?

该谜团的一个解释是,主要策划者翁东和拉迪夫与苏哈托长期保持着私人和工作联系,有理由相信苏哈托将会支持他们的行动计划。[1] 苏哈托在印尼独立革命和西伊里安(Trikora)战役期间,一直是翁东的司令。1964年4月,他曾去中爪哇参加翁东的婚礼。在独立革命期间,拉迪夫曾在苏哈托手下服役,而且是苏哈托家庭的一个亲密朋友。基于这些密切的联系,翁东和拉迪夫显然相信苏哈托不仅不会威胁他们的计划,反而还是一个潜在的盟友。1978年,拉迪夫在他的审判辩护陈词中表示:"我坚信,如果说有谁被认为对苏加诺总统忠贞不渝的话,那就是非苏哈托莫属了。我在日惹(Yogyakarta)就结识他了,我很清楚地了解苏哈托将军先生的为人。"[2]

其次,与该谜团相关的答案是苏哈托可能完全预料到了该运动的计划。这一猜测的主要证据是9月30日晚上拉迪夫和苏哈托的

---

[1] 关于这些联系的细节,参见 Wertheim, "Whose Plot?"; Ruth McVey, "A Preliminary Excursion through the Small World of Lt. Col. Untung," unpublished manuscript, n. d。

[2] Abdul Latief, *Pleidoi Kol. A. Latief, Soeharto Terlibat G30S* (Jakarta: Institut Studi Arus Informasi, 2000), p. 279.

神秘会面，恰恰就在该运动开始前数个小时。① 两人在雅加达主要的军事医院会面是确凿无疑的，苏哈托的小儿子因为前几天被烫伤而正在那里接受治疗。但是那次会面的目的仍然众说纷纭。当被问及此次会面的目的时，苏哈托称拉迪夫来到医院要么是为了杀掉他，要么是确认他因过于关心儿子而无暇分心干预这个阴谋。然而，拉迪夫坚称他之所以来到医院，是为了告知苏哈托该运动计划先发制人地阻止将军委员会的政变，以便于"随时向他寻求支援"。② 换句话说，尽管苏哈托声称他事先对该运动的计划毫不知情，并且差点成为受害者之一，但拉迪夫说苏哈托提前知道该运动的计划，却没有出手制止。这些相互矛盾的解释可能永远不会被厘清，但至少说明苏哈托与拉迪夫在将军们被绑架和杀害的前一晚会面，引发一系列重要的问题，即苏哈托究竟在多大程度上预料到了该阴谋。

最后，证明苏哈托参与了这场注定要失败的阴谋的证据是，人们知道他跟被害将军之一的雅尼互为竞争对手，而且另一名被害者纳苏蒂安曾因腐败问题惩罚过苏哈托，苏哈托因此对其怀恨在心。③ 从高层一下子拿掉六位将军会确保苏哈托不再有竞争对手，使他成为国内最高级别的军官。除了可以从粉碎左派的行动中获益，苏哈托也可能把该阴谋视为使其事业更进一步的机会。

总之，现有的证据至少有力地证明苏哈托是该运动策划者之一，就像印尼共或苏加诺一样。即使人们不能接受苏哈托精心谋划了该阴谋的主张，但至少可以合理地怀疑他事先知晓此事，且给人

---

① 关于那次会面的进一步讨论和其含义，参见 Wertheim, "Whose Plot?" pp. 208-211。在所谓政变发生的前两天，拉迪夫显然就已经前往苏哈托位于雅加达的家中拜访他和他夫人，试图询问将军委员会。据拉迪夫所言，在那时候，苏哈托告诉他，近来苏哈托已经收到将军委员会谋划政变的情报。参见 Latief, *Pleidoi*, p. 277。

② Latief, *Pleidoi*, p. 279.

③ 作为陆军司令，纳苏蒂安将军在1959年10月解除了苏哈托对中爪哇蒂博内哥罗师指挥权。Hamish MacDonald, *Suharto's Indonesia* (Sydney: Fontana, 1980), p. 32。

留下了苏哈托支持政变者的印象,然后却在关键时刻转而反对该阴谋,利用其作为打击印尼共和苏加诺的托词。在当时的政治逻辑下,这种手段能够自圆其说。在 1965 年后期,印尼共对苏加诺总统有着巨大影响力,苏加诺仍然广受爱戴。在这种情况下,无论多么有权势的团体都不敢直接攻击印尼共。通过把该运动归咎于印尼共,苏哈托及其盟友恰恰能够获得急需的托词,用以镇压该党并代表军队夺取政权。

一场外国阴谋?

挑衅论的另一种说法认为,外国情报机构,尤其是美国中情局和英国军情六处(MI6),策划的秘密行动导致了 10 月 1 日的政变,他们与印度尼西亚盟友勾结,为反共势力镇压印尼共并把苏加诺赶下台而罗织了罪名。苏加诺自己率先提出这一主张,当时他责怪该运动"偏离了印尼共的领导,是新殖民主义势力的阴谋诡计,是某些个人的奸诈伎俩"。[①] 但是外国学者,其中最引人注目的是皮特·戴尔·斯科特(Peter Dale Scott)等观察家们则进一步阐释了这一点。[②]

不言而喻的是,关于美国干涉的观点一直备受争议。[③] 一方面,美国政府官员坚决否认美国与所谓的政变有任何瓜葛。当时的美国大使马歇尔·格林呼应官方说辞,在他的回忆录中写道:"1965 年

[①] Sukarno, "Nawaksara," cited in Douglas Kammen and Katharine McGregor (ed.), *The Contours of Mass Violence in Indonesia, 1965–68* (Singapore: NUS Press, 2012), p. 4.

[②] Peter Dale Scott, "The United States and the Overthrow of Sukarno, 1965–1967," *Pacific Affairs* 58, no. 2 (Summer 1985): 239–264. 1967 年,一位和军方关系密切的印尼社会主义党高层告诉卡欣,10 月 1 日的行动就是一场挑衅,极有可能是英国情报部门精心策划的。1967 年 6 月 14 日,卡欣与印尼社会主义党高层的访谈,Kahin Papers。

[③] 关于对斯科特观点的批判,参见 H. W. Brands, "The Limits of Manipulation: How the United States Didn't Topple Sukarno," *Journal of American History* 76 (December 1989): 785–808.

10月1日的事件对我们而言是突如其来的。"① 同样地，苏哈托坚称："摧毁印尼共的行动完全是印度尼西亚凭借一己之力成功实施的……没有来自中情局的任何援助。"② 鉴于这些事件之后发生骇人听闻的杀戮，加之苏哈托的新秩序政权反对共产主义，这对美国在该地区的利益至关重要，所以就很好理解为何美国和印尼政府如此执着地坚持这个说法了。然而，就像第四章和第七章详细论述的那样，目前解密的档案证据和间接证据清楚地显示，美国及其盟友对"十一事件"和随之而来的暴行负有或直接或间接的责任。

该种可能性的首先在于，在所谓政变前十多年，美国国家安全机密文件明确支持使用"秘密和公开的一切手段"包括武装力量"来阻止印尼……落入共产党的控制之中"。③ 这些可不仅是纸面上的文字游戏而已；1957—1958年，美国根据这一指令采取措施，积极支持反对印尼政府的武装叛乱。④ 此外，美国对这些叛乱的支持包括供给武器装备和弹药、向公开宣称旨在推翻印尼政府的叛乱分子提供飞行员和军事顾问等。

鉴于最受美国关注的是共产主义扩张，美国认知中的印尼共产主义威胁也高度相关。再次有证据证明美国干预的可能性。现有档案证明，到1965年，美国政府确信印尼正在不可逆转地倒向共产主义。正如之前注意到的，1965年中，中情局局长雷伯恩（Raborn）向约翰逊总统写信说："印度尼西亚正走在一条通往共产

---

① Marshall Green, *Indonesia: Crisis and Transformation 1965-1968* (Washington, DC: Compass Press, 1990), 63. See also B. Hugh Tovar, "The Indonesian Crisis of 1965-1966: A Retrospective," *International Journal of Intelligence and Counterintelligence* 7, no. 3 (Fall 1994): 313-338.

② Cited in "CIA's Role in Anti-Communist Drive Denied," *Jakarta Post*, November 2, 1994.

③ NSC 5429/5, December 22, 1954, "Statement of Policy by the National Security Council on Current US Policy in the Far East," cited in US Department of State, *Foreign Relations of the United States (FRUS)* Vol. 12, *East Asia and the Pacific (1952-54)*, part 1: 1066.

④ George McT. Kahin and Audrey Kahin, *Subversion as Foreign Policy: The Secret Eisenhower and Dulles Debacle in Indonesia* (New York: New Press, 1995).

主义的道路上,除非这一趋势得到逆转,否则在不久的将来它成为共产主义国家。"① 如果说在 1957—1958 年,即共产主义威胁还相对较小的时候,美国政府就准备进行军事干涉,那么很难相信在 1965 年,当这种威胁大得多的时侯,美国会对此无动于衷。如果我们考虑到此时美国在该地区其他地方的所作所为,② 美国这么做的可能性就会进一步地增加。毕竟在 1965 年,约翰逊政府在越南的战事迅速升级,猛烈轰炸北越,并在南越部署数万地面军队。如果美国不惜用战争的方式来阻止越南倒向共产主义,那么我们不难假设其在印度尼西亚也在谋划某种行动。

显而易见的是,我们从已解密到 1965 年的档案中发现,美国政府煽动印尼军方集团采取强硬措施对抗印尼共和苏加诺。美国提出的方式是向印尼军方中的"朋友"保证,如果军方做好打击印尼共的准备,美国及其盟友将会提供援助并且保持沉默。尽管经过严格审查,现有的美国档案仍然显示,到 1965 年,苏哈托是为数不多的坚定反共的军官,美国官方已经视其为军方中的朋友之一,可以依仗他们来消灭印尼共。

可能最令人心寒的是,美国提出的打败印尼共的策略之一,几乎与 1965 年实际发生的事一模一样:印尼共应该被指责负有叛国罪,以此作为军队大规模镇压的托词。周密的策略其实是一项挑衅行动,谋划这样一连串发生的事件:以谣言或者文件的形式故意泄露右翼政变的计划,这会诱使印尼共和其他进步势力鲁莽行事,而该行为会被误解为背叛或者威胁国家安全。这样一份计划的奥妙之处在于,它可以通过相对较少的资源来实现,且基本或完全不显露外国干涉的痕迹。它所需的无非就是一些秘密资金(quiet cash)、炮制必要文件等方面的一些帮助,以及秘密保证支持可信赖的朋

---

① Draft Letter from CIA Director W. F. Raborn to the President, July 20, 1965, Kahin Papers, "Chronological File".
② 美国于 1965 年 3 月在越南开始了大规模地面战争。——译者注

友。从这个角度看，1965年初的吉尔克里斯特信件（Gilchrist Letter）和关于中情局支持的将军委员会的政变计划的谣言，都将被赋予新的含义。①

是中情局和军情六处精心设计了这些谣言和文件，甚至杀害了这些将军，来煽动军方镇压，或为军方镇压提供理由吗？② 完全可能，但需要强调的是，这种观点的证据很大程度上是间接的，所以我们同样有理由来质疑是否真的是外国阴谋导致了整个事件的发生。虽然如此，正如之后各章中相当详细的论述，有充分的证据表明，1965年，在煽动军队反对印尼共和苏加诺、推动随后的大规模暴行方面，美国及其盟友发挥了关键作用。

共同作用的结果

历史学家约翰·鲁萨最新的关于这些事件的解读，与所有上述解释在各个方面都有所不同。通过援引新证据，鲁萨提出10月1日的行动是个漏洞百出的方案，它由少量进步军官策划，而印尼共领导人艾地通过神秘的中间人夏姆参与其中。③ 正如韦特海姆

---

① 尽管极具风险，杀害将军们也可以被视为一场蓄意挑衅，旨在挑拨军队打击印尼共和左派。在所谓的政变企图数周之后，英国大使吉尔克里斯特观察到，"由于遭到前所未有穷凶极恶的挑衅，将军们被迫在10月1日采取行动"。British Embassy Jakarta (Gilchrist) to Foreign Office (Stewart), "Attempted Coup in Indonesia," British Embassy Jakarta (Gilchrist) to Foreign Office (Stewart), "Attempted Coup in Indonesia," October 19, 1965, DH 1015/215, FO 371/180320, National Archives of the United Kingdom [UKNA]。

② 一些印尼观察家已经强调有可能是内奸的干预引起了这场危机。例如，一个印尼社会主义党前官员在1967年注意到，"十一运动"中的异常行为似乎是通过精心算计后用来挑起军方镇压的，他因此推测夏姆是为军情六处工作的内奸。1967年6月14日，卡欣与印尼社会主义党高层在雅加达的访谈，Kahin Papers。

③ John Roosa, *Pretext for Mass Murder*. 鲁萨利用的新证据包括苏巴佐准将在1966年的某个时候记录的关于该运动的一份档案，一份政治局成员伊斯坎德尔·苏贝克蒂（Iskandar Subekti）在监狱中撰写的档案和一份他与印尼共成员阿瑟普·苏雅曼（Asep Suryaman）的访谈。克劳奇多年前提出了类似的观点：在一股"左"倾军官领导的联合行动中，印尼共至多是只能算合谋者。参见 Harold Crouch, "Another Look at the Indonesian Coup," *Indonesia* 15 (April 1973): 1-20. See also Crouch, *Army and Politics*。

(Wertheim)和其他人所言,并非苏哈托策划了这一注定失败的行动,而是筹划不善、执行不力加上苏哈托迅速的镇压措施共同导致了其惨败的结果。此外,在1965年之前的某段时间,美国和他国政府就一直鼓动军队领导人策划最终夺权,这也导致了政变。尽管承认了艾地的作用,但是鲁萨的解释着重批驳了官方认为印尼共政治局或中央委员会策划了该运动的观点,强调总体上该党党员与这件事毫无瓜葛。2009年,印度尼西亚司法部长下令禁止该书,这证明印尼当局把鲁萨的书视为对其解释的一种直接挑战。①

在此种解读中,策划者天真地以为军方高层在谋划政变,他们的初衷是绑架六位将军,以先发制人的手段阻止政变。绑架而非杀死他们,策划者计划效仿的是印尼政治中由来已久的绑架传统。正如策划者所期待的,倘若此事获得总统的支持,这一行动将会阻止预料之中的军事政变,也会为国内政治进一步"左"倾开辟道路。但在这件事的发展过程中,将军们不仅遭受逮捕,还遭到杀害,这让苏加诺不可能支持该运动的行为,从而导致了它的迅速失败。

鲁萨提出艾地和夏姆二人都参与策划了该运动,并质疑该行动完全是军队内部事务的观点。与此同时,鲁萨主张艾地并未告知印尼共政治局或中央委员会这些计划,并证明这些计划是和进步军官一起谋划的。鲁萨的观点和军方的观点大相径庭,军方观点暗指整个印尼共领导层和该党均参与了该行动,并坚持印尼共是唯一的主使者。②的确,在鲁萨看来,如果有一个罪魁祸首,那他既不是印尼共,也不是军方,而是夏姆:"军官和印尼共之间的中间人夏姆,神不知鬼不觉地迷惑了双方,把双方拖进了一项没有严密

---

① See Roosa, "September 30th Movement," p. 49.
② Roosa, *Pretext for Mass Murder*, p. 201. 关于该观点的其他证明在于,事实上,10月1日被杀的6位将军之一巴尔曼(Parman)是政治局成员萨基尔曼(Sakirman)的兄弟。萨基尔曼似乎不可能知道任何杀害将军们的计划。

筹备的行动之中。"①

鲁萨也为苏哈托所起的作用提供了合理的解释，回答了为何苏哈托没有被所谓的政变企图列为目标，以及政变开始后，他如何能够迅速而有效地回应的。鲁萨认为苏哈托不可能亲自筹划这个行动，并否认了该行动注定失败的观点。此外，他提出，很可能是因为苏哈托与拉迪夫和翁东的友谊，也可能是通过他自己的陆军战略预备司令部（Kostrad）的情报消息——苏哈托预先获知了他们的计划。他预先获得的消息解释了他何以能够在10月1早晨如此迅速地行动。这方面值得注意的是，如若苏哈托的确事先预见了针对将军们的行动，却没有报告或者采取任何行动加以阻止，那么根据他的政权所订立的"直接参与该运动"的标准，他是有罪的。无论有无审判，这足以令其被监禁很多年。②

最后，鲁萨主张10月初——在军方尚未掌握确凿证据证明印尼共的责任之前，苏哈托之所以能迅速而高效地打击印尼共和苏加诺，是由于美国及其盟友鼓动军方的事实，他们一获得托词，就制订出一项对付印尼共和苏加诺的计划。

---

① Roosa, "September 30th Movement," p. 39. 当时的一些观察家们认为艾地和纽多（Njoto）可能以此为手段迫使该党走上一条更加激进的道路。此条推理线是基于印尼共内部存在亲北京派（艾地和纽多）和亲莫斯科派如优福素·阿吉托罗普（Jusuf Adjitorop）和卢克曼（Lukman）的分裂，剩余的人没选边站如萨基尔曼（Sakirman）。1967年5月16日乔治·卡欣与喀布尔·阿里芬（Kabul Arifin）将军、帕托诺（Partono）中校和库斯纳迪中校（Kusnadi）在雅加达的访谈，Kahin Papers。

② 根据官方规定，那些被怀疑直接参与该运动者被划分为A类拘留者，包括所有"策划、参与策划或者知晓反革命运动计划却未向当局报告的人"。参见 Presiden Republik Indonesia, *Instruksi Presiden/Pangti ABRI/KOTI No. 22/KOTI/1965—Kepada Kompartimen2/ Departemen 2, Badan2/Lembaga2 Pemerintah—Untuk Laksanakan Penertiban/Pembersihan Personil Sipildari Oknum "Gerakan 30 September,"* signed on president's behalf by Soeharto (Kepala Staf Komado Operasi Tertinggi/Panglima Operasi Pemulihan Keamanan dan Ketertiban), November 15, 1965, printed in Boerhan and Soebekti, *"Gerakan 30 September,"* pp. 239-248。关于进一步的讨论请参见第八、第九章。

第三章 托词

10月1日早晨，苏哈托知道该运动很有可能用作其渴望已久的托词，为军方上台服务。军方迅速敏捷地谴责印尼共，组织反共的平民团体，精心安排宣传运动，这都反映了其早有准备。将军们已经做了应急预案。运动后军方的行为不能仅仅被解释为一系列随机应变。①

鲁萨的解释有一定优点，但是如同这里其他被讨论的理论一样，它留下了一些未解之谜。一个绕不过去的问题是关于动机的问题。即使人们接受鲁萨的说法，相信最初的计划是绑架而非杀害将军们，但为何艾地会采取如此的挑衅行为，其原因尚不甚明了。是他在政治上粗心大意，以至在这场豪赌中压上全党遥遥领先的优势地位吗？当人们想起之前所提出的关于夏姆身份和作用的严肃问题时，动机问题就会显得愈加重要。请注意他在该运动溃败后从当局得到的特殊照顾，他明显迫切地想证明军方想听到的一切，人们一定会质疑夏姆在为谁效忠。鉴于鲁萨认为夏姆精心策划了这场运动，这个问题就愈加重要了。如若答案指向军方或者军方某派系，例如陆军战略预备司令部（Kostrad）情报局，即该运动是军方及其盟友蓄意策划的挑衅，那么该挑衅理论则又有了可信度。当然，所有这些问题都不能动摇鲁萨的关键论断，即印尼共的普通党员对该运动的计划一无所知，苏哈托及其盟友利用"十一事件"作为摧毁该党和夺取政权的托词。

总而言之，关于1965年10月1日早上以及接下来的数周乃至数月中发生了什么是存在普遍接受的共识的，但是主要分歧在于谁发动了这场运动，为何他们要如此行动，以及他们有什么历史和政治意义？由于不同的解释，关于该运动起源和性质的争论看似没完没了，这让我们无法集中注意力关注后续的更多事件：50万人被屠

---

① Roosa, *Pretext for Mass Murder*, p. 221.

戮，另有 100 多万人遭大规模监禁，以及左派遭到彻底清洗。毋庸置疑，1965—1966 年大规模暴行的重要性远超六位将军之死。确实，在关于该运动相互矛盾的解释中，包括官方版本在内，没有一个能够解释 1965—1966 年紧随该运动发生的大规模杀戮和监禁，更别说为其辩护了。

但是，这也不意味着各种争论对暴行问题毫无意义。该争论仍然重要，部分原因是迥异的解释揭示了随后的事件应受到谴责，尤其是针对左派的大规模暴行。如果官方解释试图为暴行正名并为凶手脱罪的话，很多其他的解释则清楚地表明暴行不仅违反法律而且毫不公正。更加重要的是，解读的问题意义重大，因为官方解释作为一种特定叙事，其宣传与随后的大规模暴行之间有内在关联。

换言之，1965—1966 年的大规模暴行是一种特定解读的产物。该解读把将军之死归咎于印尼共，把该党描述为恶贯满盈的凶手和叛徒。此种叙事既是在挑衅也是在为极端暴行辩护。短期内，它也旨在为军方抢班夺权辩护，而从长期来看，它为新秩序政权及其名义上的民主继承者提供了正当性。

第四章　冷战

如果共产党发动的政变走向失败，那么这场不成熟的政变将成为西方的灵丹妙药。

——1964 年 12 月英国外交部对印尼局势的点评

1965 年 10 月 1 日发生的暴乱让我们感到非常震惊。

——马歇尔·格林，美国驻印尼大使

印尼"九三〇事件"是一场"北京政府依据其世界革命理念策划的共产主义政变"。

——印尼军报《武装部队》（Angkatan Bersendjata）

关于印尼 1965 年"十一政变"，长期以来有一个备受争议的问题，即该事件究竟在多大程度上受到了外国势力的影响或介入。有一种可能性是，美国及其盟友与印尼军官进行合作，合谋设计了这次政变。其目的是镇压印尼共产党（以下简称"印尼共"）并颠覆苏加诺的统治。① 另一种可能性是，美国及其盟友与这次政变毫无关系，完全是印尼军方单方面所为。② 第三种可能性是，如印尼军方和一些外国政治观察家所说，这次政变是中国政府干涉印尼内政的产物。③ 最终的事实可能就介于这些立场和看法之间。尽管官方文件中关于该事件的重要部分尚未公开，但迄今为止并没有任何决定性的证据可以证明是美国或其盟友提前策划了此次政变。不过，这样的设想其实在一定程度上高估了美国中央情报局特工的能力，而忽视了印尼本地参与者的主观能动性，尤其是印尼军方高层内部军官的动机与能力。同样，目前也没有任何证据证明是北京谋划了这次政变。

尽管无法证明1965年的事件是外国势力精心策划的产物，但这不代表他们没有参与这一事件，即西方国家"手脚很干净"。相反，现在有大量的证据可以表明，他们的的确确参与了政变。1965年的事件涉及两个主要因素。

第一，国际大背景，特别是冷战和反殖民族主义的言论与逻辑，塑造了当时印尼的政治生态，促使其整体政治环境向两极化和激进化方向发展。这种全球层面的政治氛围，加上地区内外主要大国的行动，均推动了印尼政治环境的转变，令印尼军方更有可能夺取权力。在这种两极分化和充满危机的氛围中，包括中国在内的几

---

① Peter Dale Scott, "The United States and the Overthrow of Sukarno, 1965–1967," *Pacific Affairs* 58, no. 2 (Summer 1985): 239–264; W. F. Wertheim, "Suharto and the Untung Coup—the Missing Link," *Journal of Contemporary Asia* 1, no. 2 (Winter 1970): 50–57.

② Marshall Green, *Indonesia: Crisis and Transformation, 1965–1968* (Washington, D.C.: Compass Press, 1990); US Central Intelligence Agency, Directorate of Intelligence, *Indonesia—1965: The Coup That Backfired* (Washington: CIA, 1968); H. W. Brands, "The Limits of Manipulation: How the United States Didn't Topple Sukarno," *Journal of American History* 76 (December 1989): 785–808; B. Hugh Tovar, "The Indonesian Crisis of 1965–1966: A Retrospective," *International Journal of Intelligence and Counterintelligence* 7, no. 3 (Fall 1994): 313–338.

③ 认为中国有参与政变的外国政治观察家包括维克多·费奇（Victor Fic）等，参见 Victor Fic, *Anatomy of the Jakarta Coup: October 1, 1965* (New Delhi: Abhinay Publications, 2004)。

个主要大国都扮演了一定的角色。① 其中，美国、英国和它们最亲密的盟友更在中间发挥了核心作用。

第二，除了这种"无意"或间接的影响，美国、英国及其最亲密的盟友等主要政府，都奉行了故意镇压印尼共和苏加诺总统的政策，并期待反左翼势力，尤其是其中的军队能够取而代之。更具体地说，1958年美国等国家便曾试图创造条件，鼓励军队对印尼共采取武力行动。为此，美国及其盟友向印尼军队中的反左翼势力提供了军事援助，与之签署了秘密协议，并给予了资金支持，鼓动他们对抗印尼共和苏加诺。同时，它们还谋划了一场败坏印尼共和苏加诺声誉的秘密行动，为军方后续行动提供合理借口。相比之下，虽然中国也曾试图影响印尼的政治平衡，但其行为对政变的影响是有限的，并且没有任何证据支持"中国曾鼓励印尼共夺取政权或参与策划'十一政变'"的说法。

国际背景

1965年3月，美国发动了针对北越的大规模轰炸行动，史称"滚雷行动"（Operation Rolling Thunder）。几个月后，数万名美国地面部队开始在南越展开作战行动。美国对越南内战的干预表明了自第二次世界大战结束以来国际事务发展的广泛趋势。此趋势深刻塑造了那个时期印尼的政治生态。这些趋势中最主要的表现包括冷战的开始和加速，亚非新兴独立国家中反殖民主义的兴起，以及外国势力对这些新兴国家公开和秘密的干涉行为。在此宏观的国际背景下，印尼国内的政治斗争和两极分化日益加剧，在政治活动中使

---

① See Bernd Schaefer and Baskara T. Wardaya (eds.), *1965: Indonesia and the World, Indonesia dan Dunia*, bilingual ed. (Jakarta: Gramedia Pustaka Utama, 2013) .

用武力也因此具备合法性，这为军事对决、武装夺取政权和广泛的暴力活动提供了完备的先决条件。

冷战、反殖民主义和秘密行动

1965 年政变前的 15 年是冷战期间两极化趋势最为突出、各国最为好战的时期。50 年代末 60 年代初中苏关系破裂后，中国在亚洲地区的重要性日益提高，加剧了这一时期该地区内日益割裂的政治氛围。菲德尔·卡斯特罗的古巴和毛泽东的中国陆续成为各地区和国家中左翼革命者的指路明灯。[①] 尽管苏联在 20 世纪 60 年代初期持续向各共产主义国家提供经济和军事援助，但中国及其盟友在核战争、经济发展和社会革命等方面的立场却变得越来越有影响力，这不可避免地将印尼的政治发展推向了"左"倾方向，加剧了印尼国内右翼分子长期以来对于中国人的猜忌心理。该阶段下的冷战其实并不"冷"；相反，局部热战时常出现。这一情况也加剧了准军事部队的频繁使用、酷刑的实施和法外杀戮等现象。其中，这些现象在亚洲地区尤为常见和突出。无论是秘密的还是公开的，冷战期间的策反活动和军事干预导致了缅甸、柬埔寨、朝鲜、老挝、马来西亚、菲律宾和越南等国家发生了旷日持久的流血冲突。总的来说，冷战的这些时代特点塑造并加剧了印尼国内左翼与右翼之间长期存在的政治紧张局势，为 1965 年 10 月发生的暴乱奠定了前期基础。

冷战时期，亚非新兴国家中强大的反殖民主义的兴起是当时重要的政治现象。比如印度的贾瓦哈拉尔·尼赫鲁、埃及的贾马尔·纳赛尔和加纳的夸梅·恩克鲁玛等领导人，公开挑战了西方的霸权主义和帝国主义，并以不结盟运动的形式在美苏对抗的国际局势中

---

① 古巴在拉丁美洲的角色，参见 Tanya Harmer, *Allende's Chile and the Inter-American Cold War* (Chapel Hill: University of North Carolina Press, 2011)。

寻求中间道路。苏加诺总统便是不结盟运动组织中的领军人物,并在万隆主办了第一次重大集会,也就是 1955 年的亚非会议。① 尽管美国及其盟友倾向于将不结盟运动视为共产主义发展途中的"特洛伊木马",参与不结盟运动的国家领导人也毫不犹豫地接受了美苏双方提供的军事及经济援助,但是苏加诺对不结盟运动和国家自力更生的承诺却也是千真万确的,并在很大程度上塑造了印尼的政治生态。最重要的是,参加不结盟运动推动了苏加诺与邻国的交往互动,影响了他对于美国及其盟友的态度,成为他获得民众广泛支持的重要因素。

如前所述,1965 年前后,印尼的政治生态受到了美国和其他西方大国的影响。美国及其盟友不断努力削弱印尼左翼和中立领导人的权威,并试图用符合美国政治和经济利益的政治人物取而代之。类似的情况也发生在其他国家。最臭名昭著的例子包括 1953 年推翻伊朗总理穆罕默德·摩萨台,1954 年罢免危地马拉总统雅各布·阿本斯,以及通过准军事组织入侵猪湾企图推翻卡斯特罗政权(未能成功)。不太出名但依然重要的例子还包括美国支持逮捕并随后在 1960—1961 年谋杀刚果总理帕特里斯·卢蒙巴,中情局让社会主义候选人萨尔瓦多·阿连德在 1964 年智利选举中落败,以及美国为玻利维亚的军事政变创造条件,并在 1964 年底将平民总统维克多·帕斯·埃斯滕索罗赶下台等。② 1965 年 4 月,美国两万名海军陆战队员在多米尼加共和国登陆,防止胡安·博施重新掌权的行

---

① 万隆会议,参见 George McT. Kahin, The Asian-African Conference, *Bandung, Indonesia* (Ithaca, NY: Cornell University Press, 1956)。

② 危地马拉的例子,参见 Greg Grandin, *The Last Colonial Massacre: Latin America in the Cold War*, updated ed. (Chicago: University of Chicago Press, 2011)。刚果的例子参见 Stephen R. Weissman, "What Really Happened in Congo," *Foreign Affairs* 93, no. 4 (July–August 2014): 14-24。玻利维亚的例子参见 Thomas C. Field Jr., *From Development to Dictatorship: Bolivia and the Alliance for Progress in the Kennedy Era* (Ithaca: Cornell University Press, 2014)。中情局这些年的秘密行动,参见 Rhodri Jeffreys-Jones, *The CIA and American Democracy* (New Haven, CT: Yale University Press, 1989), pp. 82-155。

动，让更多人察觉到西方国家颠覆左翼政权的意图。西方国家的这些行动和更广泛的干涉模式塑造了印尼人对西方大国意图的观感，加剧了印尼与西方国家之间日益严重的政治冲突。

这些影响随着西方国家在东南亚的行动而得到了进一步的加强。到1965年时，西方国家在东南亚的干涉模式已相沿成习。① 最明显的案例是美国军方对越南内战的直接干预，当然这并不是西方国家干涉该地区的唯一案例。二战后，大部分欧洲国家试图通过武力恢复他们在东南亚地区的殖民秩序。法国苦战8年（1946—1954年）试图夺回对越南、柬埔寨和老挝的统治权，同时，荷兰在印尼发动了持续4年的战争（1945—1949年）试图阻止印尼的独立。此外，尽管美国在1946年7月允许菲律宾独立，但是之后美国立马在东南亚地区其他国家密谋摧毁左翼和中立运动，比如在缅甸、柬埔寨、老挝和越南等国家开展秘密行动。这些行动中最广为人知的是1962年肯尼迪政府授意美国中央情报局在老挝开展的"秘密战争"。与此同时，英国在二战后返其前殖民地马来亚，直到1957年才给予马来亚独立地位。在当时以及之后的一段时间内，英国发起了一场残酷的镇压马来亚共产党的行动。1963年，英国表态支持"马来西亚计划"，② 鼓励将马来半岛上的前英国殖民地和婆罗洲北部合并成为一个国家。这一计划却被苏加诺认为是"包围印尼"的帝国主义阴谋。③

西方国家在亚洲地区内外的干预行为，成为印尼批评帝国主义势力过度扩张的话柄，同时也加剧了印尼政治生活中既有的冲突。这一因素与冷战的两极化趋势和反殖民族主义的兴起，共同构成了

---

① 艾森豪威尔时代美国对东南亚和其他地区干预的总结，参见 George McT. Kahin and Audrey Kahin, *Subversion as Foreign Policy: The Secret Eisenhower and Dulles Debacle in Indonesia* (New York: New Press, 1995), pp. 3–19.

② 1963年马来西亚在原有马来亚和英属北婆罗洲的基础上成立。——译者注

③ 苏加诺也反对这项计划，理由是他否定了婆罗洲的沙巴和沙捞越人民在决定他们未来前途的发言权。

第四章 冷战

1965年前夕印尼局势动荡的重要背景。

印尼的"共产主义威胁"

冷战的大背景影响了主要大国对印尼的态度和相关政策。1948年末,在印尼东爪哇的茉莉芬市,左翼势力发起了一场起义,最终被印尼军队镇压。① 当时正处在冷战初期,一些政治观察家看到苏联对茉莉芬起义进行了干涉,因此将这场起义定性为"共产主义政变"。虽然没有证据可以证明该观点,但是美国官员却普遍接受了这一论断。印尼领导层意图粉碎该运动的行为显示出了其强大的反共产主义意愿,因此成为美国支持印尼抵抗荷兰、争取独立的充分理由。不过,独立后,西方国家仍担心共产主义在印尼境内死灰复燃。

1953年11月,美国国家安全委员会的一份声明(NSC171/1)清晰地表明,当时美国正在担忧共产主义势力可能掌控印尼。声明中提到,美国政策的主要目标是"防止印尼走上共产主义道路"。② 同样地,1954年12月美国的"远东"政策中也谈道:

> 为了维护该地区的领土和政治完整,美国需要……(e)采取一切可行的秘密和公开手段,包括根据宪法程序,在必要且适当的时机使用武力来阻止印尼或其境内重要地区因公开袭击、颠覆、经济统治或其他手段被共产党攫取;与其他太平洋共同防卫组织成员一起开展公开

---

① Ruth Ann Swift, *The Road to Madiun: The Indonesian Communist Uprising of 1948* (Ithaca, NY: Cornell Southeast Asia Program, 1989).
② NSC 171/1, "United States Objectives and Courses of Action with Respect to Indonesia," in US Department of State, *Foreign Relations of the United States* (*FRUS*), Vol. 12, *East Asia and the Pacific (1952-54)*, Part 2: p. 398.

行动。①

接下来的十年中,因为共产主义威胁,美国及其盟友对印尼的情况越发关注。在20世纪50年代大部分时间里,美国对印尼的关注主要集中于苏联。其间,苏联试图通过大量的经济和军事援助扩大其在该地区的影响力。之后,美苏关系虽然缓和,但西方对印尼"共产主义威胁"的忧虑并没有减少。1964年美国国家安全委员会曾提到,印尼共产主义势力的发展可能打破马来西亚和其他东南亚陆地国家内部各方力量与共产主义势力之间的平衡。②

无可争辩的是,正如美国及其盟友鼓动印尼军队和右翼势力的发展,中国及其盟友,如阿尔巴尼亚和朝鲜,同样在背后支持了苏加诺总统的印尼左翼势力。

尽管"共产主义"和"自由世界"之间的斗争是这些年印尼政局变化的主要推动力,但外国政府对印尼的行动并不仅是由意识形态驱动的。他们同样重视保持对印尼自然资源的控制,占领市场及维护私人资本的利益。1953年,印尼大概有8000万的人口,是亚洲地区仅次于中国的第二大国家,被认为是该地区政治领域的关键国家。从经济角度上来说,印尼拥有大量的矿物和资源,包括锡矿、石油和天然橡胶。从战略角度上来说,印尼群岛横跨太平洋和印度洋,是亚太地区至关重要的军事和商业枢纽。例如,1953年美国国家安全委员会报告提道:

> 印尼对美国及其他自由世界国家具有重要的战略意

---

① NSC 5429/5, "Statement of Policy by the National Security Council on Current US Policy in the Far East," in *FRUS*, Vol. 12, Part 1: 1066.

② National Security Action Memorandum 288, March 17, 1964, cited in Franz Schurmann, *The Logic of World Power: An Inquiry into the Origins, Currents, and Contradictions of World Politics* (New York: Random House, 1974), p. 450.

义。作为一个庞大的群岛,印尼连接着太平洋和印度洋,地处亚洲和澳大利亚之间,拥有超过 8000 万人口。同时,它也是橡胶、锡矿和石油的生产国。失去印尼将对美国和其他自由世界国家的安全产生严重影响。[1]

这些切实的政治、经济和战略利益加大了外国势力对印尼竞争的紧迫性。美国和英国担心,苏加诺的"左"倾势头将对印尼的私人投资,尤其对外国在石油和橡胶等行业的投资构成直接威胁,而当时中国还有望取代西方,成为印尼丰富自然资源和出口市场的主要受益者。1965 年初,英美的这些担忧达到顶峰。印尼工会和其他组织要求没收美国和英国在印尼的财产,包括石油设施和种植园等。波及的企业包括美孚、加德士、施丹维克(Stanvac),[2] 和固特异轮胎,这些企业都与美国政府有着密切的联系。[3] 此外,历史学家布拉德·辛普森(Brad Simpson)指出,美国及其盟友急于确保印尼能够安全融入美国主导的自由的国际政治和经济秩序,以此挫败印尼民族主义者或左翼分子领导的可能侵蚀西方霸权的经济活动。[4] 基于这些原因,在政变发生前的数年里,美英及其盟友将印尼,特别是苏加诺和印尼共视为"眼中钉,肉中刺"。

---

[1] NSC 171/1, "United States Courses of Action with Respect to Indonesia," p. 396. See also Memorandum from Joint Chiefs of Staff to Secretary of Defense, February 28, 1958, *US Declassified Documents Catalog* [DDC], 1981, #313B.

[2] 经查,施丹维克 [Stanvac(Standard-Vacuum)] 是标准石油与真空石油公司合并成立的。——译者注

[3] 在 1965 年 3 月 15 日的电话交谈中,副国务卿乔治·鲍尔告诉国家安全顾问麦克乔治·邦迪(McGeorge Bundy),他"非常担心印尼局势,他昨天和今天刚与石油公司开过会"。George W. Ball Papers, series 3, Seeley G. Mudd Manuscript Library, Princeton University [Mudd Library]。

[4] Bradley Simpson, *Economists with Guns: Authoritarian Development and U. S. -Indonesian Relations, 1960–1968* (Stanford, CA: Stanford University Press, 2008); Bradley Simpson, "The United States and the International Dimension of the Killings in Indonesia," in *1965: Indonesia and the World, Indonesia dan Dunia* (ed.), BerndSchaefer and Baskara T. Wardaya, bilingual ed. (Jakarta: Gramedia Pustaka Utama, 2013), p. 52.

两极化、激进主义和紧张态势

无论深层动机和利益驱动是什么，主要外国势力在政变发生前施行的政策，以及用以粉饰这些政策的冷战话术，都加剧了印尼的政治分歧和紧张局势，激化了国内左翼与右翼之间的斗争，导致政治两极化、激进主义和好战态势进一步发酵。[1]

美国及其盟友的行动印证了苏加诺对西方帝国主义企图的疑心。1963年马来西亚建国后，苏加诺对美国和英国的批评日益尖锐。尤其针对英国，苏加诺认为，马来西亚是英国一手创造，用来包围和威胁印尼的帝国主义堡垒。1963年9月，反英情绪达到了高潮。一群愤怒的印尼民众烧毁并洗劫了英国驻印尼大使馆，而负责维持秩序的印尼安全部队却袖手旁观，未采取任何行动。同时，苏加诺认为美国也是新帝国主义阴谋的同谋。尽管公开声称中立，但美国显然选择站在了英国和马来西亚一边，坚持要印尼和马来西亚结束对抗，并以此作为美国援助的条件。此外，美国和马来西亚、英国进行的其他勾当也让苏加诺以及大部分印尼民众有足够的理由质疑美国所谓的中立立场。因此，1964年3月，苏加诺在印尼民众面前才喊出了那句著名的"美国——去你的狗屁援助！"（America—Go to hell with your aid!）

---

[1] 正如克劳奇所写的那样，"1964年和1965年外交政策发展对国内的影响，强化了印尼共产党的新武装力量的趋势"。Harold Crouch, *The Army and Politics in Indonesia* (Ithaca, NY: Cornell University Press, 1978), p.68。

第四章 冷战

图4.1 1965年苏加诺总统在雅加达举行的"五一"劳动节集会上发表演讲，人群上方的广告牌描绘了"世界工人"对敌人的沉重打击
(Bettman/Getty Images)

美国对越南和中南半岛其他地区的干预成为另外的刺激点，充分证明了帝国主义势力正在干涉他国内政。在1965年6月给麦克乔治·邦迪的一份关于美国在越南行动副作用的备忘录中，詹姆斯·汤姆森（James Thomson）曾准确地概括了这个问题："对于试图转向共产主义阵营的印尼而言，我们在越南的行动是宣传的天赐良机。除此之外，这个悲伤的主题（越战）不值一提。"① 在1965年美国于越南部署地面部队之前，苏加诺对美国进行了谴责。1964年8月初，他公开承认北越政府的合法性，断绝与西贡的关系，因此得罪了美国。② 1964年8月17日，苏加诺在独立日的演讲中谴责了美国对越南和马来西亚的政策。这番讲话掀起了印尼的反美浪

---

① James C. Thomson Jr. Memorandum for Mr. Bundy, June 11, 1965, National Security Council, NLK-77-95 #3. Personal archive of George McT. Kahin [Kahin Papers].

② Franklin B. Weinstein, "The Uses of Foreign Policy in Indonesia" (PhD diss., Cornell University, 1972).

潮，反美主义成为印尼国内政治逻辑的核心。

1965年4月，约翰逊总统派遣了密使埃尔斯沃斯·邦克（Elsworth Bunker）前往雅加达，试图修补两国日渐恶化的关系。然而，由于邦克无法许诺美国外交政策将有所改变，这次出访任务以失败告终。会议记录显示，苏加诺向邦克表示，美国在马来西亚以及亚非国家中的行为"耗尽"了印美两国之间的友好关系。[1] 美国在"印马对抗"中的表里不一，以及中国对印尼反美运动的大力支持，促使激进的群众动员政治在印尼国内越来越有市场，成为解决印尼国内问题的另一种路径。但是，这样的选择却也进一步加剧了印尼国内的紧张局势、两极分化和好战主义趋势，为危机的发生铺平了道路。

在接下来的几个月中，印尼国内的反美情绪达到前所未有的高度。7月，苏加诺在美国驻印尼大使马歇尔·格林的就职典礼上，公开批评了美国的对马和对越政策。7月和8月，格林大使官邸外爆发示威游行，美国驻棉兰领事馆和美国驻泗水领事馆接连遭到袭击。此外，在8月17日的独立日讲话中，苏加诺对美国和其他新殖民主义势力发起了猛烈抨击。尽管印尼高涨的反美情绪使印尼国内一些右翼分子陷入困境，削弱了苏加诺的敌对势力，但也导致印尼国内政治局势的两极分化更加严重。[2]

在印尼右翼势力看来，西方国家在亚洲内外开展的行动是为了阻止共产主义的扩散。因此，英美的立场和行动一定程度上助长了军方及其朋党的气焰，让他们在1965年敢于公开反抗苏加诺和印尼共产党。这是美国喜闻乐见的。1965年3月3日，美国大使馆特别工作组在给国务院的电报中写道："从长远来看，我们相信目前开展的军事行动和其他措施清楚地表明了美国在南越、泰国、马来

---

[1] Embtel 2116 (part 2 of 3), US Embassy Jakarta to Department of State, April 5, 1965, Indonesia, Vol. 4, Country file, NSF, box 247, Lyndon Baines Johnson Library[LBJ Library].

[2] Weinstein, "Uses of Foreign Policy," p. 588.

第四章 冷战

西亚和菲律宾等邻近自由世界国家的行动决心。这将对印尼的行为产生有益影响。"①

印马对抗同样是造成苏加诺和军队之间剑拔弩张的原因,导致印尼军队和英美站在了同一阵营,共同对抗苏加诺政权。虽然军队领导人最初支持印马对抗行动,但很快他们发觉这一行动是个大麻烦。一方面,他们对苏加诺政府向支持对抗行动的左翼分子,尤其是印尼共提供参政机会感到不快。② 印尼共的权力集中于爪哇地区,而军方认为将军队调离爪哇是极度危险的。③ 另一方面,他们认为,印马对抗将威胁到美国和苏联对军方的武器及军事援助。当时,中国对印尼反美运动的大力支持对印尼来说只是个小小的宽慰。中国对印尼的军事援助微不足道,但其领导人的动机令人怀疑。因此,印尼陆军最高司令部"进行了一系列旨在阻碍政策有效实施的演习"。④

印尼右翼势力还认为,苏加诺与中国关系的改善会使印尼共,以及陆军的竞争对手、印尼空军等国内的势力进一步加强。出于对这些因素以及更加纯粹的意识形态的考量,军队开始抗议苏加诺对中国的示好,声称印尼共产党和苏加诺的政策都是听命于中国政府的。

---

① Embtel 1735, US Embassy Jakarta to Department of State, March 4, 1965, Record Group [RG] 59, Central Files of the Department of State, 1964–66 [Central Files], POL INDO-US, US National Archives and Records Administration [NARA].

② Ulf Sundhaussen, *The Road to Power: Indonesian Military Politics, 1945–1967* (Kuala Lumpur: Oxford University Press, 1982), 188.

③ Rudolf Mrázek, *The United States and the Indonesian Military, 1945–1966* (Prague: Czechoslovak Academy of Science, 1978), 2: 152.

④ Crouch, *Army and Politics*, p. 73.

美国的干涉

除了在其他地方采取行动产生的间接后果，在 1965 年之前的十年中，外国势力实施了一系列影响印度尼西亚政治进程的政策。尽管中国和苏联在一定程度上施加了影响，但迄今为止，有充足的证据显示美国才是最主要的幕后推手。至少在政变发生的前十年，美国就开始干预行动了。通过研究美国在这十年中为了阻止共产主义势力蔓延的行动，我们可以更清楚地认识到它在"十一政变"中可能扮演的角色。因此，回顾美国从 1955 年以来的行动，我们可以探寻美国干涉行动的长期发展轨迹，大致了解其背后的思想和所采用的方法。

1955—1958 年的秘密行动

在政变前十年，美国对印尼内政的干涉主要通过提供"信息"和组织援助等形式展开，目的是让印尼人"清楚地了解国际共产主义威胁"。① 当然，这种组织援助是以秘密资金的形式展现的。美国首次对印尼内政进行干涉是在 1955 年印尼第一届全国大选期间。美国官员希望，印尼两个反共政党——马斯友美党和伊斯兰联盟党（PSI）能够在大选中脱颖而出，而印尼共则将"失去民众的支持"。② 为了达成这一目标，美国向马斯友美党和伊斯兰联盟党提

---

① Progress Report on NSC 5518, "US Objectives and Courses of Action with Respect to Indonesia," April 3, 1957, DDC, 1982, #588. See also NSC 171/1, "United States Courses of Action with Respect to Indonesia," November 1953, *FRUS*, Vol 12, part 2.

② "如果大选在不久的将来举行……很有可能，马斯友美党和社会主义者将拥有最强大的力量，而共产主义者的地位则将经历相应的衰减。" NSC 171/1, "United States Objectives and Courses of Action with Respect to Indonesia," November 1953, p. 397。

第四章 冷战

供了秘密资金,进行了技术援助,并给予了相关政治建议。

1955年1月,美国行动协调委员会在一份进度报告中明确提到,美国为了提高马斯友美党选举成绩,削弱印尼共的选举吸引力做了以下工作:

> 随着更加积极和公开地反对共产主义运动,马斯友美党开始不断主动向美国新闻处寻求援助。美国新闻处为马斯友美党会议制作了相关的电影和宣传手册,为该党出版物提供了反共主义专题材料,向该党领导人提供相关信息,并协助该党出版具有强烈反共色彩的书籍。①

美国对印尼大选的影响远不止提供反共信息。根据20世纪50年代在印尼工作的中央情报局前官员约瑟夫·史密斯(Joseph Smith)的说法,美国在大选前提供了约100万美元的资金援助。② 同样,当时美国驻印尼大使休·卡明(Hugh Cumming)回忆道:"在1954年12月前往华盛顿的旅途中,他被告知美国即将在印尼开展某些秘密行动。"③ 这趟旅程的时间点表明,美国有关行动可能涉及对马斯友美党的秘密财政和宣传支持。美国与马斯友美党之间的秘密关系在1957年4月向助理国务卿发出的备忘录中得到了证实。该备忘录指出:"美国联系了印尼马斯友美党的一些高层官员。"④ 美国同样与印尼伊斯兰联盟党的重要官员保持了密切的联系,也有可能为该党在选举中提供了必要支持。

在此背景下,1955年印尼选举的结果却让美国大失所望。选

---

① Operations Coordinating Board, Progress Report on NSC 171/1, "United States Objectives and Courses of Action with Respect to Indonesia," January 12, 1955, 13; NSC Series, Policy Papers Subseries, box 8, NSC 171/1—Policy on Indonesia, Dwight D. Eisenhower Presidential Library.
② Joseph B. Smith, *Portrait of a Cold Warrior* (New York: Putnam, 1976), pp. 210-211, 215.
③ Kahin and Kahin, *Subversion as Foreign Policy*, p. 78.
④ Cited in Joseph B. Smith, *Portrait of a Cold Warrior* (New York: Putnam, 1976), p. 78 n12.

前,选情普遍认为马斯友美党将赢得大选。然而,最后的选举结果却令人大跌眼镜,马斯友美党仅获得20.9%的支持率,伊斯兰联盟党的支持率更是只有2%。① 与此同时,印尼共和民族党却得到了前所未有的支持,共赢得了近40%的选票。马斯友美党糟糕的选举表现和印尼共出乎意料的成功引起艾森豪威尔政府内部的警觉。② 之后,印尼共在1957年地方选举中更加出色的表现则进一步加剧了美国政府的焦虑情绪。鉴于此,美国开始更加积极地干预印尼内政,公开和秘密手段并施,试图削弱印尼共的力量以及苏加诺政权的稳定。在此阶段中,美国选择继续倚靠马斯友美党和伊斯兰联盟党的高层领导,同时开始寻求印尼军方的支持。

在这几年中,美国为颠覆苏加诺政权采取了各种方法,其中包括在许多地方都屡试不爽的肮脏伎俩。1975年,美国参议院委员会报告称,他们已经"收集到美国中情局策划暗杀苏加诺总统的证据",其中一位特工身份已经确认。③ 美国中情局使用阴招,人工合成造假了一些色情电影和照片,试图影射苏加诺与一名俄罗斯空姐曾发生不正当性关系。一旦完成后,这些电影和照片将被匿名送至其他国家的各家新闻媒体,并暗示是苏联在背后捣鬼,试图引诱并勒索苏加诺。一位中情局官员在回忆录中评论了该计划,他写道:"事实上,我们在这个计划上取得了相当大的进展。它成功地出现

---

① Herbert Feith, *The Indonesian Elections of 1955* (Ithaca, NY: Cornell Modern Indonesia Project, 1957), p. 58.

② 卡钦斯写道:"印尼在1955年举行的第一次全国大选,令艾森豪威尔政府更加关注印尼的国内政治局势。虽然印尼共产党只是印尼的第四大党,但华盛顿认为它的发展是颇具威胁的。" Kahin and Kahin, *Subversion as Foreign Policy*, p. 79。

③ Select Committee to Study Governmental Operations with Respect to Intelligence Activities, US Senate, *Interim Report: Alleged Assassination Plots Involving Foreign Leaders*, November 20, 1975, p. 4.

第四章 冷战

在世界各地的报刊上。"①

颇具戏剧性的是，1957—1958 年，艾森豪威尔政府承诺向两个反叛组织——印度尼西亚共和国革命政府和全面斗争约章提供秘密资金、军事装备和空中支援。两个组织当时正在与苏加诺政府作战。② 两个叛乱组织均由心怀不满的军官领导，得到了马斯友美党和伊斯兰联盟党有关的重要人物的大力支持。虽然这些叛乱分子并没有试图推翻政府，但华盛顿官员在叛乱中看到了削弱苏加诺、加强主要反共政党和阻止共产主义势力掌权的机会。

因此，美国针对印尼成立的临时跨部门委员会在 1957 年表示，美国应该"加强外岛反共势力的决心、意志和凝聚力"——"如果印尼共产党控制了爪哇，这些力量可以汇聚为一个集结点"。③ 而参谋长联席会议甚至认为，为了防止共产主义取得胜利，有必要对叛乱分子提供更多的秘密军事支持，不仅是在印度尼西亚，还要扩展到整个（东南亚）地区，甚至到"中东"。在 1958 年 4 月发给国防部长的备忘录中，参谋长们夸张地表示：

> 目前的限制不允许美国及时向持不同政见者提供足够的援助，以确保取得最后的胜利。这些异见人士的溃败几乎肯定会让共产主义完全统治整个印尼。倘若事态这么发展，势必在马来亚和泰国引起连锁反应，甚至可能在老挝

---

① Smith, *Portrait*, pp. 238-240, 248. 山姆·哈尔彭（Sam Halpern）是美国中央情报局计划副理事会远东分部的一名官员，他显然对此参与了这次策划。在 1990 年的一次采访中，哈尔彭说这个计划适得其反，但墨西哥城、曼谷和菲律宾的报纸都报道了这个故事。BBC interview with Sam Halpern, October 23, 1990, transcript in author's possession。

② 地区叛乱事件，参见 Kahin and Kahin, *Subversion as Foreign Policy*; Barbara Harvey, Permesta: *Half a Rebellion* (Ithaca, NY: Cornell Modern Indonesia Project, 1977)。

③ "Special Report on Indonesia," prepared by the Ad Hoc Interdepartmental Committee on Indonesia for the NSC, September 3, 1957, *FRUS*, Vol. 22, Southeast Asia (1955-1957), pp. 436-440.

和柬埔寨引发后续的麻烦。同时，这样的局势甚至可能会导致东南亚条约组织的瓦解，进一步扩大共产主义在中东穆斯林地区的影响力。因此，如果要阻止共产主义的统治，美国必须采取行动，包括必要的公开行动，来确保印尼反叛人士的成功或镇压苏加诺政府的亲共产主义分子。①

尽管美国方面的援助助长了印尼国内的叛乱，使其更加暴力，叛军最终还是被政府击败了。不过对于美国来说，更糟糕的是1958年5月在击落的一架B-26轰炸机上，印尼捕获了一名来自美国的飞行员艾伦·劳伦斯·波普（Allen Lawrence Pope）。这名飞行员的出现印证了苏加诺总统此前对叛乱背后有美国搞鬼的猜疑。美国宣称波普只是一名自由职业者，试图以此为借口掩饰秘密军事行动。不过，之后印尼便在一场新闻发布会上披露了飞行员的真实身份，指明他是美国中央情报局支持叛军秘密军事行动的特工。② 但是，在不到一个月之前，艾森豪威尔总统还在强调无论如何美国都不会介入印尼的冲突。他表示："在不触及我们的利益时，我们将始终保持谨慎、中立的和适当的态度，不偏袒任何一方。"③

不出所料，苏加诺和印尼左派充分利用了美国干预印尼内政这一事实，并利用在苏门答腊发现美国军事装备的证据，来打击叛乱分子和叛乱支持者的名声，其中包括马斯友美党和伊斯兰联盟党的领导人。苏加诺确信，哪怕叛乱被镇压了，这些人依然会继续密谋

---

① Memorandum from the Joint Chiefs of Staff to the Secretary of Defense, April 8, 1958, DDC, 1982, #2385.

② 这项行动使用了多达20架民用航空运输公司的飞机。而这家公司隶属于美国中央情报局，在20世纪五六十年代曾参与整个东亚和东南亚的秘密军事行动。波普的飞机于1958年5月18日被击落。他在印尼受到审判并被判处死刑，但在1962年，他被释放并被允许返回美国。

③ David Wise and Thomas B. Ross, *The Invisible Government* (New York: Random House, 1964), p.145. 主流媒体接受并重复着政府的虚假的中立主张。参见 *The New York Times*, May 9, 1958。

反对他。因此,他选择取缔两大政党,并监禁了两党中的一部分重要领导人。同时,美国对叛乱分子的支持也导致美国与印尼关系急剧恶化,让苏加诺对美国的意图产生了极度的不信任。正如雅尼将军于1965年6月对美国大使馆官员所说:"美国是印尼独立以来唯一一个公开支持叛乱的国家。这是我们的总统永远不可能忘记的,这使反美情绪能够轻易地广为流传。"①

1958—1965年的军事援助

随着1958年外岛叛乱的溃败,美国开始实施一项新的战略,目标仍是削弱苏加诺政权,摧毁印尼共。与此前试图分裂国家,最终却以失败告终的策略不同,美国开始和印尼的军方建立联系,将军队视为印尼国内唯一且可靠的反共力量。美国的政策制定者鼓励印尼军方在印尼政坛中扮演更为重要的角色,发挥更加直接的作用,将军队视作可取代文官政府的先锋。更具体地说,美国希望印尼军方可以联合民间盟友,一起推翻苏加诺和共产党的统治。② 美国通过实施带有故意分裂意图的军事援助和训练来推动这一战略。

援助计划背后的基本理念是突出印尼国内的政治分歧和冲突,目的是挑起一场冲突,并保证军方在冲突中肯定会取得胜利。事实上,美国历届政府都有意识地支持了这场不断恶化的政治斗争中的一方,同时疏远并减少对另一方的支持。通过这样的方法,印尼国内逐渐形成了一种政治环境——军方受到激励,具有采取行动的强烈动机。

---

① Embtel 2650, US Embassy Jakarta to Department of State, June 7, 1965, RG59, Central Files, DEF 6 INDON, NARA.
② 当时在"欠发达"国家中,军队可以充当"现代化"和"政治稳定"的代理人的想法并不是印尼独有的。这是20世纪五六十年代美国社会科学家所阐述的广泛趋势的一部分,并得到了艾森豪威尔和肯尼迪政府的认可。参见 Ron Robin, *The Making of the Cold War Enemy: Culture and Politics in the Military-Intellectual Complex* (Princeton, NJ: Princeton University Press, 2001)。

在 20 世纪 50 年代的大部分时间里，美国对印尼军方的军事援助相当有限。事实上，从 1951 年到 1954 年，美国并没有向印尼军方提供任何形式的军事援助。① 哪怕决定施以援手，援助的金额也非常低。1955 年 6 月，艾森豪威尔总统根据 1954 年《共同安全法》，批准了对印尼军方提供约 20 万美元的拨款，用于"帮助印尼进行警务管理培训和购买警方通信设备"。② 当时，美国没有对印尼军方进行大量的军事援助，并不是因为美国政府对印尼漠不关心，而是由于美国政府认为，和一个被共产主义影响，或没有反共倾向的政府进行任何军事援助协议谈判是不明智的。

不过，这种观点在 1958 年发生了显著的变化。这种转变在一定程度上是由于人们意识到，在选举之后，苏加诺和印尼共的势力变得越发强大。同时，美国也担忧，由于苏联对印尼的军事援助远超美国及其盟友，这种差异将影响到印尼国内的政治平衡。美国海军在 1958 年 3 月给参谋长联席会议的一份备忘录中警告说，苏联的援助"很可能导致印尼被共产党统治"。③

因此，美国开始加强对印尼的军事援助计划，保证大部分援助都流向印尼陆军和警察，而不是其他军事部队。美国将印尼军方作为援助的主要对象并非出于国防层面的考量，而是因为印尼陆军是美国在印尼最可靠的政治伙伴盟友，是对抗共产党的堡垒。因此，参谋长联席会议在 1958 年给国防部长的一份备忘录中指出，对陆军的援助是由于：（1）印尼陆军是印尼唯一一支有能力阻止共产党

---

① 相比之下，该地区其他国家获得了大量资金。例如，印度支那国家在同一时期获得的军事援助总额超过 12.5 亿美元。泰国收到约 1.4 亿美元，菲律宾收到约 1.14 亿美元。具体数据参见 NSC, "Costs of Approved and Projected United States Economic and Military Programs in the Far East," *FRUS*, Vol. 12, Part 1: pp. 290-293。

② Memorandum for the Director of the Foreign Operations Administration from the White House, June 16, 1955, DDC, 1992, #1557.

③ Memorandum for the Joint Chiefs of Staff from Department of the Navy, "Sino-Soviet Bloc Assistance to Indonesia," March 28, 1958, DDC, 1982, #2384.

第四章 冷战

统治国家的非共产主义力量；（2）在美国援助的鼓动下，印尼陆军参谋长纳苏蒂安将执行他遏制共产党的"计划"。①

更加巧合的是，印尼陆军也强烈地反对民主——这一政治立场非常符合美国的利益，因为美国官员相信，举行自由选举将有利于印尼共产党。因此，在1959年1月提交给总统的一份备忘录中，美国国务院提议将印尼的军事援助增加一倍，并高度赞扬了印尼军方采取的一些"审慎但有效的措施来限制共产主义的活动"：

> 在这方面，印尼军队做的最重要的一步是，推迟了原定于1959年9月举行的大选。原本共产党预计将在这次大选中获得重大胜利。这次选举的推迟为印尼提供了一个政治相对稳定的时期。在这个时期内，印尼军方可以发展一个有效的政府，用来代替共产党纲领领导下的政权，为美国和其他自由世界国家减少，甚至消除共产主义接管印尼的危险。②

至于是否是军队造成这一局面还有待讨论。毕竟，在20世纪50年代后期，军方不是唯一一个想要结束印尼选举政治的利益方。③ 不过，美国决策者积极支持那些希望结束选举的人的态度是毋庸置疑的。这也是美国政策背后的逻辑。从某种程度上来说，如果选举能让有利于美国的政党或联盟取得胜利，那么选举就将得到美国的支持。相反，如果是反美的一方获胜，那美国必然反对举行

---

① Memorandum for the Secretary of Defense from the Joint Chiefs of Staff, "Aid for Indonesia," September 22, 1958, DDC, 1982, #2386.

② Memorandum for the President from the Department of State, January 30, 1959, DDC, 1995, # 0224.

③ See Daniel Lev, "On the Fall of the Parliamentary System," in David Bourchier and John Legge (ed.), *Democracy in Indonesia: 1950s and 1990s*, No. 31 (Melbourne: Monash Papers on Southeast Asia, 1994) , pp. 39–42.

选举。

尽管1958年后美国对印尼军事援助的金额仍然相对较少，尤其是与苏联的大规模援助相比，美国援助可谓杯水车薪。不过，美国对印尼军队在美国陆军学校接受的军事训练却呈现出了超高的性价比。① 正如内部备忘录一再强调的那样，这些训练项目有助于在美国和印尼军事人员之间建立一种具有政治价值的"个人联系"。② 1964年4月，美国将军麦克斯韦尔·泰勒（Maxwell Taylor）在给纳苏蒂安将军的信中强调了这些个人关系的重要性，并希望这种关系能够继续下去：

> 近年来，我和我在联合参谋部的同事们非常满意我们两国军队之间发展起来的特殊关系……如果我们把眼光放长远，着眼于我们在东南亚共同的长期目标，我认为我们之间的持续合作无论对印尼，还是对美国的国家利益，都至关重要。③

从1950年到1965年，大约有2800名印尼军官参加了军事训练项目，军官的反共情绪在训练中也被逐渐挑起。美国国家安全委员会在1960年的一份报告中指出，军事援助计划"增强了印尼非共

---

① 1961年美国国务院对总统的备忘录指出，美国对印尼的军事援助始于1958年，到1961年每年约为2000万美元，到1961财政年度总计为5980万美元。同期，中苏援助总额约为10亿美元。参见 Memorandum for the President from the Department of State, "The Sukarno Visit," April 20, 1961, DDC, 1981, #367A; Memorandum from Executive Secretary of NSC, "US Policy on Indonesia," December 19, 1960, DDC, 1982, #592。

② See NSC 5429/5, DDC, 1982, #586; Memorandum for the Secretary of Defense, September 22, 1958, DDC, 1982, #2386. 仔细研究这一时期美国军事训练的影响，参见 Bryan Evans III, "The Influence of the United States Army on the Development of the Indonesian Army (1954–1964)," *Indonesia* 47 (April 1989): 25–48。

③ Telegram (JCS 5747) from CJCS to US Embassy Jakarta, April 8, 1964, RG 59, Central Files, DEF 19 US-Indonesia, NARA.

第四章　冷战

产主义和反共产主义分子对抗共产主义的决心"。① 值得注意的是，在 1965 年"十一政变"上午遇害的 6 名将军中，有 5 名曾在美国接受过军事训练。

美国援助印尼军方的另一个重点是在 1962 年启动的公民行动计划。该计划以在菲律宾、韩国和南越等地成功实施的计划为蓝本。② 具体来说，公民行动的主旨是鼓励军队带头开展一些有利于民生的发展计划，包括公共工程、农业和医疗，而这一点对军队来说其实并不新鲜。自印尼民族革命以来，军队便持续地参与了深入农村一级的社会和经济活动中，履行"领土战争"（Territorial Warfare）和"双重职能"（Dwifungsi）等职责。如今，这一计划得到了美国的大力支持。1962—1965 年，纳苏蒂安将军与美国公民行动特别顾问本森上校（Colonel Benson）开展了密切合作，这一计划也成了纳苏蒂安将军的心头好。③

虽然明面上是为了促进农村地区的发展，但公民计划实际上却是"项庄舞剑，意在沛公"——印尼共。根据已经解密的美国政府文件，公民行动是美国特别小组（负责协调政府秘密行动的国家安全委员会）批准计划的一部分。尽管该委员会 1961 年 12 月的会议记录尚有部分没有披露，但该会议记录依然清楚地说明了公民行动的性质和规模。记录显示，1962 年财年美国国会曾拨发了一笔秘密资金，"用于支持印尼的公民行动和反共产主义活动，这些行动将由印尼方面执行（原文本中有不到一行内容尚未解密）"。记录还透露，一笔在 1962—1963 财年秘密拨发的资金"用于协助（原文本中有不到一行内容尚未解密）对选定的人员和平民进行秘密培

---

①　*OCB Report on Indonesia*（NSC 5901），January 27, 1960, DDC, 1982, #590.
②　从 1962 年开始，该项目接受了由本森上校领导的美国军事训练顾问团（MILTAG）的指导。Scott, "United States," pp. 248, 255。
③　对公民计划的同情，参见 Guy Pauker, "Political Consequences of Rural Development Programs in Indonesia," *Pacific Affairs* 41, no. 3 (Fall 1968): 400−401。

训。这些人将被安排在公民计划中的重要岗位（原文本中有不到一行内容尚未解密）。"① 简言之，秘密行动和公民行动计划密切相关，两者均显示了破坏印尼共计划的端倪。

美国的援助和培训项目同样促进了印尼军官和美国官员之间密切的私人关系，将印尼军方领导层、特定学者和包括中情局在内的美国政府官员结成了一个关系网络。② 比如，美国兰德公司政治学家盖伊·波克尔（Guy Pauker）与印尼陆军参谋和指挥学院的负责人、亲伊斯兰联盟党的苏瓦托上校（Suwarto）曾结下深厚的感情。③ 在波克尔的鼓动下，苏瓦托逐渐接受了"军队是印尼国内最可靠的社会政治机构"的理念，并教导军官应为自己日后在政治、经济领域取得领导地位做好准备。④ 苏瓦托，以及一些受过美国训练的经济学家（其中许多人曾在加州大学伯克利分校接受教育）都被邀请到陆军参谋与指挥学院（Seskoad）举办的研讨会。这个群体有时候被称为"伯克利黑帮"，逐步形成了强大的社会关系网络，将反共军队力量和现代化经济技术官僚们有机地联系在了一起。⑤

重要的是，在这段关键时期内，陆军参谋与指挥学院中有一名官员就是苏哈托，当时的他还是一名上校。20世纪60年代初，苏哈托在陆军参谋与指挥学院中参与制定了"领土战争"理论和公民

---

① "CIA Paper for the Special Group," December 11, 1961, and "Minutes of the Special Group," December 14, 1961, cited in "Memorandum Prepared for the 303 Committee," February 23, 1965, *FRUS*, Vol. 26, *Indonesia; Malaysia-Singapore, Philippines (1964-66)*, p. 237n2.

② 关系网络，参见 Scott, "United States," pp. 246-251.

③ 根据一些报道，波克尔还负责将康奈尔报告传递给印尼陆军和其他官员的联系人。1984年5月在纽约，伊萨卡与乔治·卡欣的个人交流。参见 also "Points from Talks with Lance Castles," September 18-19, 1966, personal archive of Ruth T. McVey [McVey Papers], box 4, file 97, p. 1。

④ 苏瓦托也是本森上校的助手，而本森上校是美国驻雅加达军事办公室的负责人，为公民计划提供指导和支持。Scott, "United States," p. 255。

⑤ David Ransom, "The Berkeley Mafia and the Indonesian Massacres," *Ramparts*, October 9, 1970; Hamish McDonald, *Suharto's Indonesia* (Sydney: Fontana, 1980), pp. 68-86.

第四章　冷战

行动等政策。① 也正是在陆军参谋与指挥学院中，苏哈托与军官们以及接受过美国培训的经济学家们建立了密切的关系。1965 年 10 月以后，这些人构成了他"餐厅内阁"② 的核心。在这几年里，苏哈托的关系网还囊括了一些商人和军官，这些人在外国大公司和军队之间充当着中间人。1957 年宣布戒严令后，由于军队控制了关乎印尼经济命脉的主要的企业，外国公司的特许经营权使用费开始直接流入军队的口袋，故而苏哈托的关系网拓展得更加迅速。③

1961 年，美国官员进一步调整了援助计划，使其更加灵活，在政治上更具效用。在给国务院的一封绝密电报中，美国大使琼斯建议取消对印尼军事援助的政治限制，以加强印尼军队对美国的信心，防止苏联对印尼军事装备供给市场的垄断。同时，美国应该向印尼军队提供现代化的军事装备，加大印尼军方对美国军事训练的依赖性。琼斯认为，这些变化的基础是"由于认识到一个事实，即提供援助的根本目的是为政治服务的，亦即为了加强反共的军事领导层"。琼斯还主张，美国应该"向纳苏蒂安、雅尼和其他军方官员供应迫切需要的军事装备"，以"提高他们在印尼武装部队内部的影响力"。④

如果说琼斯的备忘录凸显了美国在提供军事援助方面的政治考量，那么他提到的防止苏联垄断印尼军备市场的言论则表现出了美

---

① Sundhaussen, *Road to Power*, p. 188.
② "餐厅内阁"，指苏哈托身边由高级军官和经济学家构成的非正式决策群体。——译者注
③ 这个网络的关键参与者包括美国大型石油公司德士吉和施丹维克，它们的特许经营权使用费通过军队的石油公司 Permina 支付，Permina 由苏哈托的盟友伊布努·苏托沃（Ibnu Sutowo）领导，另一家印尼石油公司 Pertamin 由查尔斯·萨利赫（Chaerul Saleh）领导。另一个重要参与者是美国航空航天巨头洛克希德公司，该公司可能支付佣金以换取陆军合同。1960 年加入苏哈托军队的阿莱姆沙（Alamsjah）将军和商人鲍勃·哈桑（Bob Hasan）被认为是这些促成这些生意的中间人。两人后来都成为苏哈托将军的亲密伙伴和商业伙伴。Scott, "United States," pp. 254–257.
④ Embtel 2536, US Embassy Jakarta to Department of State, March 7, 1961, *FRUS*, Vol. 23, *Southeast Asia (1961–1963)*, doc. 152.

国在另一方面的担忧。1960年,赫鲁晓夫向印尼提供了一笔高达1亿美元的军事援助。这是印尼1960—1965年获得的最大一笔援助。据估计,1960—1965年,印尼从苏联获得了大约11亿美元的军事援助,远超美国对其的援助。到1965年,印尼武装力量中大约90%的空军装备和80%的海军装备都来自苏联。①

尽管面对这样的情况,美国国会却依然在1963年秋季通过了新的《外国援助法案》,限制对印尼的军事和经济援助。1964年,随着印尼和美国之间的紧张局势进一步升级,国会和美国媒体认为应该向印尼施加压力,要求进一步限制对印尼的援助。例如,1964年8月的《塔楼修订案》(Tower Amendment)要求停止对印尼的一切援助。② 然而,美国一些内部人士明白,援助的真实目的是维护美国的政治利益,完全削减军事援助显然不符合美国的利益。这么做也会使美国此前平衡印尼国内政治力量的愿望功亏一篑。因此,美国国务卿迪安·腊斯克(Dean Rusk)在1964年7月17日写给总统的备忘录中强调,美国的军事援助"没有在军事上帮助印尼,而是让我们能够与印尼国内有兴趣和有能力抵抗共产主义的关键人物保持联系。我们认为,这对整个自由世界都至关重要"。③

为了避免与国会和媒体发生冲突,约翰逊政府在公开同意削减开支的同时,私下里继续向印尼军队的盟友提供援助。在1964年8月提出的削减计划的摘要中,国务卿腊斯克向总统报告说:"现在,我们对印尼的援助正处于关键节点,我们需要保持与印尼关键人物

---

① Zhou, "China and the Thirtieth September Movement," p. 41.

② *The New York Times*, August 14, 1964.

③ Memorandum for the President from Secretary of State Dean Rusk, "Your Meeting with Prime Minister Tunku Abdul Rahman," July 17, 1964, US Declassified Documents, accessed June 1, 2017, http://tinyurl.galegroup.com/tinyurl/47QSU4. In his memoir, Ambassador Jones wrote that by maintaining some assistance to the army and police, "we fortified them for a virtually inevitable showdown with the burgeoning PKI." Howard P. Jones, *Indonesia: The Possible Dream* (New York: Harcourt Brace Jovanovich, 1971), p. 324.

第四章　冷战

的紧密联系，不能支持苏加诺政权和他的马来西亚政策。"①

削减的援助经费明显削弱了对苏加诺"对抗（马来西亚）运动"的制约。不过，那些有助于与印尼军队保持关系的关键项目如军事训练等，还是被保留了下来。负责远东事务的助理国务卿威廉·邦迪（William Bundy）在给总统的一份备忘录中指出，"我们认为，这是保持与印尼军方关系的一个重要渠道，其长远价值仍然十分可观"。② 同样被保留下来的还有公民行动计划——纳苏蒂安最喜欢的项目，以及对警队的技术援助。这些项目将"保持美国在印尼权力中心的影响力"。③

1964 年 8 月下旬，美国国家安全顾问麦克乔治·邦迪在给总统的一份备忘录中总结了当时美国援助战略背后的指导逻辑：

> 目前，局势对我们来说并不利，尤其是与印尼的联系正岌岌可危：(1) 尽管越南和老挝已经被收归到我们的东南亚版图中，我们现在依然无法承担印尼发生重大危机的后果；(2) 为了阻止共产党接管政权，我们应该与印尼的军方保持一些联系，哪怕这种联系很脆弱；(3) ……我们希望能够重新开启援助；(4) 我们不想让在印尼的美国投资遭受攻击。④

尽管采取了这些预防措施，但 1964 年 8 月中旬通过的《塔楼修正案》还是在印尼引发了大规模的反美示威游行。8 月 16 日，

---

① Memorandum for the President from Secretary of State Rusk, August 30, 1964, *FRUS*, Vol. 26, attachment to doc. 67.

② Memorandum for the President from Assistant Secretary of State William Bundy, August 27, 1964, Kahin Papers, "Jones File."

③ Ibid.

④ Memorandum for the President from Special Assistant for National Security McGeorge Bundy, August 31, 1964, *FRUS*, Vol. 26, doc. 67.

也就是国会通过修正案的第二天,《纽约时报》报道称,日惹市的美国新闻处的托马斯·杰斐逊图书馆(Thomas Jefferson Library of USIS)被"一群大喊大叫的印尼年轻人"占领,他们声称,这座图书馆"现在正式成了印尼人民的财产"。① 在印尼政治日益军事化和两极化的背景下,美国向反共势力提供的援助和支持,帮助了印尼国内有能力和有意愿抵抗印尼共的群体,用琼斯大使的话来说,"扭转了印尼国内局势"。无论如何,这就是美国政策的明确意图,关键问题只在美国是否以及如何实施了这些政策。

挑 衅

1964—1965 年,美国和印尼的关系急剧恶化,苏加诺政府与中国保持着密切的往来。美国和英国的官员对印尼局势越来越警惕。印尼国内发生的对美国和英国财产的暴力袭击、企图夺取外资掌控的种植园和石油设施、尖刻的反美言论,以及大规模的示威游行等活动,都给了英美更为直接和重要的借口进行回击。② 与此同时,英美也认识到,它们对印尼非共产主义盟友公开表达支持都会是灾难性的。因此,两国选择在明面上假装对印尼内政不干涉甚至不感兴趣,暗地里默默实施了更为隐蔽的秘密行动。从 1964 年末开始,它们放弃了正常的外交手段,转而考虑各种非常规的方法,包括秘密行动和心理战等。同一时期,中国领导人也采取了一系列措施,包括支持苏加诺和印尼共对抗军队,这进一步加剧了印尼国内的紧张局势。

---

① *The New York Times*, August 16, 1964.
② 美国对这些行动的反应,参见 *The New York Times*, January 21 and 24, February 26, April 23, May 2, August 16, 18, and December 9, 1964; February 4, 19, 20, and 27, March 1, 17, 19, 20, 22, and 24, April 7, 18, and 29, May 22, July 19, August 1, 4, 8, 22, and 31, and September 15, 1965。

第四章　冷战

非常措施

　　1964年末至1965年中期，从一系列内部备忘录中，我们可以大致了解美国官员日益增长的焦虑情绪，以及在政变发生前九个月中曾考虑过的行动路线。1964年12月，在一份有关英国首相哈罗德·威尔逊即将访问华盛顿的国务院备忘录中曾发现这条对美国总统的建议，"美国和英国必须准备展开全面的军事斗争以对抗印尼"。① 1965年1月，中央情报局的一份备忘录曾明确地指出，"现在美国和苏加诺之间已经水火不容"。② 该备忘录同样指出，印尼共掌权的机会只会与日俱增，军队已经到了必须迅速行动、先发制人的关键时刻。同时，该备忘录总结说，"目前苏加诺领导下的印尼政府正在向着和英美开战的方向飞驰，印尼很有可能被中国支配，印尼政权则很有可能被印尼共掌握"。同年3月初，在国家安全委员会秘密303委员会（特别小组的继任组织）会议上，一名中央情报局官员敦促制订"更宏大的计划或总体规划，阻止印尼加入中国阵营"，并指出失去一个拥有1.05亿人口的国家将让美国"在越南取得的胜利徒劳无益"。③ 3月15日，副国务卿乔治·鲍尔（George Ball）在与国家安全顾问麦克乔治·邦迪的电话交谈中表示，印尼国内局势正在"非常迅速地朝着错误的方向发展"，"从长远政治角度看，印尼对我们来说可能比南越更重要"。④ 1965年6月，在一份致美国助理国防部长麦克乔治·邦迪的绝密备忘录中表

---

① Memorandum for the President from the Department of State, "Harold Wilson Visit to Washington," December 5, 1964, DDC, 1978, #431A.

② CIA, Office of National Estimates, Special Memorandum No. 4-65, "Principal Problems and Prospects in Indonesia," January 26, 1965, Indonesia, Vol. Ⅲ, Country file, NSF, box 247, LBJ Library.

③ "Memorandum Prepared for the 303 Committee," February 23, 1965, *FRUS*, Vol. 26, 237n3.

④ George Ball Telephone Conversation (Telcon) with McGeorge Bundy, March 15, 1965, George W. Ball Papers, box 4, Indonesia (4/12/64-11/10/65), LBJ Library.

示，苏加诺政权是"一个颇具规模的威胁"。① 在 7 月 20 日的一份信函草稿中，中央情报局局长拉伯恩（Raborn）建议总统，"除非局势逆转，否则印尼在不远的将来迟早会走上共产主义的不归路"。② 几周后，在 8 月中旬，副国务卿鲍尔和国家安全顾问邦迪认为，美国应举行会议来提醒总统注意印尼局势的严峻性——共产党人极有可能接管印尼。而这用鲍尔的话来说，将是"自中国倒向共产主义阵营后影响最为深远的一件事"。③

因此，在 1965 年 10 月之前的几个月里，美国政府高层达成了共识，认为美国需要采取全新且果断的措施来应对印尼局势。一旦印尼"倒向共产主义"，美国在亚洲和世界范围内的地位将受到严重的威胁。在商议过程中，美国总统将苏加诺的辩护者、无能的驻印尼大使琼斯替换为立场更为强硬的格林。据悉，格林就任时曾带着一项新的战略计划抵达了雅加达。④ 在此背景下，美国和英国向它们在印尼军队中的盟友以及反共平民发出信号——它们已经做好准备对抗苏加诺和印尼共。当英美发现它们不便采取武装行动时，它们讨论了如何协助它们的当地盟友采取行动，从而为向苏加诺和印尼共摊牌创造条件。

英美最早的想法之一是中央情报局在 1964 年 9 月的一份秘密电报中提出的一个目标。该目标旨在建立一个由可靠的、由军队和

---

① Memorandum for the National Security Adviser from the Assistant Secretary of Defense, Attached to Report on Military Assistance Reappraisal FY 1967–1971, Office of the Assistant Secretary of Defense, International Security Affairs, June 1965, DDC, 1981, #33A.

② Draft Letter from CIA Director W. F. Raborn to the President, July 20, 1965, Kahin Papers, "Chronological File".

③ George Ball Telephone Conversation (Telcon) with McGeorge Bundy, August 16, 1965, George W. Ball Papers, Mudd Library.

④ 格林此前曾担任驻韩国大使，自 20 世纪 50 年代初以来，他一直是美国中央情报局（CIA）官员威廉·科尔比（William Colby）的好友。格林大使的任职，参见 Memorandum from the President's Special Assistant for National Security (McGeorge Bundy) to President Johnson, June 30, 1965, FRUS, Vol. 26, doc. 125。

平民组成的反共联盟。① 电报指出，这样的联盟在权力斗争中极有可能占据上风，而他们的成功对美国来说将是有百利而无一害的。电报也明确表示，中情局倾向于让可信赖的军事高层（那些"我们可以评估其目前态度的人"）担任联盟的核心人物。这样，在夺得政权后，这些人将强化美国的利益和优势。中情局认为这些军官在印马对抗和反共方面表现得非常"友好"，"站在了正义的一边"。这些人是"纳苏蒂安将军、苏哈托将军、苏迪曼（Sudirman）将军、阿杰（Adjie）将军、萨巴尼（Sarbani）将军和一些中层将领。而目前不是那么坚定的反共主义者，包括雅尼（Yani）将军、帕尔曼（Parman）将军和玛塔迪纳塔（Martadinata）上将"。尽管美国声称苏哈托只是位不知名的人物，但截至1964年9月，苏哈托仍然名列中情局的"朋友圈"中，被美国认为在印马对抗和反共产主义方面都是站在了"正义"的一边。

当时，美国官员还指出，在打击印尼共的斗争中，关键的民间和宗教组织也是美国潜在的合作者，因此开始向他们提供援助和建议。这些组织包括势力强大的伊斯兰教士联合会。其成员后来成为暴力事件的主要参与者，他们在东爪哇发动了血腥而普遍的杀戮。② 此外，中情局认为的潜在盟友还包括一些政界人士，比如第三副总理萨利赫（Chaerul Saleh）和贸易部长马利克（Adam Malik）。③ 根据曾在印尼工作过的中情局官员所说，马利克自20世纪60年代起

---

① CIA Intelligence Info Cable ＃TDCS－315－00846－64, "US-Indonesian Relations," September 19, 1964, DDC, 1981, #273B.

② Ibid.

③ 根据1964年9月中央情报局的文件，"纳苏蒂安上将的属下中有政治头脑的军官也看好萨利赫和马利克……沿着这样的路线发展出来的联合力量绝不是不可想象的，如果能够克服目前的离心趋势，它将是强大的"。CIA Intelligence Info Cable #TDCS－315－00846－64, "US-Indonesian Relations," September 19, 1964, DDC, 1981, #273B。

就与中情局保持着密切的联系。① 当时，萨利赫和马利克是印尼两个强烈反对共产党的政治组织——促进苏加诺主义机构（Body to Promote Sukarnoism，BPS）和穆尔巴党（Murba Party）的核心人物。后来，这两个组织都由于接受中情局金援而被政府取缔。②

创造条件

除了确定印尼国内潜在的盟友和联盟，美国及其盟友还考虑了如何为军队创造最后决战的条件，并保证它们获得最终的胜利。一种提议是向军方领导层许诺，如果军方对印尼共采取强硬措施，西方国家将不会对其进行干预。在1965年1月9日的电报中，美国驻吉隆坡大使贝尔（Bell）向美国驻雅加达大使指出，在印马对抗的背景下，军队中反共分子可能会犹豫是否要对印尼共采取行动，因为他们害怕遭到英国、美国和马来西亚军队的报复。贝尔的提议是悄悄地向军方领导人保证，他们将获得打击印尼共的自由：

> 我们是否有办法向印尼军方保证，马来西亚政府和英联邦不会对他们的行动进行干涉，至少在印尼共即将夺权之前不会……我们依赖印尼军队有些时日了。如果我们能给他们打这样一针强心剂，他们可能会更加没有顾虑地采

---

① 1990年，这位前官员告诉采访者，"在他［马利克］离开回到莫斯科之前［他在1959年至1962年担任印度尼西亚大使］之前，我在代理机构会见了他，告诉他是时候组织反对共产主义了。马利克说他会考虑一下"。中央情报局加入后，马利克成为有组织的抵抗应急计划的一部分。BBC interview with William (Bill) Ostlund, April 1990.

② 促进苏加诺主义机构成立于1964年9月，并于1964年12月17日被废止。它由马力克和报纸编辑迪亚赫领导，并由萨利赫支持。穆尔巴党成立于1948年，并于1965年1月6日被"冻结"。1964年党的领导人是苏加尼，马力克和萨利赫是主要的支持者。参见Crouch, *Army and Politics* 65; Rex Mortimer, *Indonesian Communism under Sukarno: Ideology and Politics, 1959–1965* (Ithaca, NY: Cornell University Press, 1974), p. 377; Coen Holtzappel, "The 30 September Movement: A Political Movement of the Armed Forces or an Intelligence Operation?" *Journal of Contemporary Asia* 9, no. 2 (1979): 238。

第四章 冷战

取行动。①

仅仅两周后，美国驻雅加达大使馆报告称，有令人鼓舞的迹象表明，军方高层对军方接管政权的想法表现出了"接受"的态度。1965年1月21日，琼斯在一封给美国国务院的电报中披露了一位"优秀的"情报人员与（印尼）陆军情报负责人帕尔曼将军的一次会面。电报显示，帕尔曼曾表示在苏加诺死前，"最高军事指挥部"内部对"接管政府"表达出了"强烈的意愿"，他们正在制订发动政变的"具体计划"。此外，正如电报所述，军方领导人认识到，任何直接针对苏加诺的政变都不可能成功，因此有人建议，"政变应在保持苏加诺领导地位不变的前提下进行"，但要留给他一个被架空权力的既成事实。② 这可谓一个对1965年"十一政变"实际发生状况的清晰描述。

1965年3月，国家安全委员会303秘密委员会将注意力转向了印尼危机，更具体地说，是美国在该国实施的秘密行动计划。为该会议准备的一份备忘录显示，自1964年夏季来，美国国务院和身份仍处于保密状态的另一机构（据猜测是中央情报局）一直在制订针对"印尼政治行动的作战计划"。该计划的主要目的是削弱印尼共和"红色中国"的影响力。利用印尼共内部的派系争斗，强调印尼对中国的不信任传统，把印尼共描绘为"红色中国帝国主义的工具"，美国希望借此来支持印尼国内的反共势力。③

该计划的部分内容已经得到执行。备忘录指出，"通过安全机

---

① Embtel 836, US Embassy Kuala Lumpur to Department of State, January 9, 1965, Indonesia, Vol. Ⅲ, Country file, NSF, box 247, LBJ Library.

② Embtel 1435, US Embassy Jakarta to Department of State, January 21, 1965, US Declassified Documents, accessed June 2, 2017, http://tinyurl.galegroup.com/tinyurl/44QB88.

③ "Progress Report on [*Less than One Line of Source Text Not Declassified*] Covert Action in Indonesia." See "Memorandum Prepared for the 303 Committee," February 23, 1965, *FRUS*, Vol. 26, pp. 234-237.

制，关键人物已获得了一定资金，以增强他们继续反共活动的能力和决心。反共活动实质上是朝着美国的方向进行的"。除了为反共个人和团体提供秘密经费支持外，新计划还设想了一系列心理战活动，后文将对此进行更详细的讨论。尽管资金数额和来源仍然保密，但303委员会于1965年3月4日批准了拟订的秘密行动计划，使其立即生效。

一个月后，美国总统特使邦克代表约翰逊总统访问了印度尼西亚。虽然这次访问表面上是为了最后一次争取邀苏加诺加入反共阵营，但邦克大使暗地里与反对派人士进行了会面，详细讨论了应急方案。① 在1965年4月提交给总统的报告中，邦克概述了当时美国的主要立场——为军方领导的反共力量和其他反共盟友创造必要条件，以对抗印尼共和苏加诺。因此，报告中第12点曾总结说，"美国的政策应该致力于创造条件，为潜在力量提供最有利的对抗条件"。具体而言，这些"潜在力量"包括"a）军队，特别是陆军；b）温和的穆斯林政治组织；c）其他暂不活跃的政治组织"。②

综上所述，我们有清晰的证据表明，在1965年"十月政变"前，美国（可能也包括马来西亚和英国）的官员们在认真考虑，甚至已经开始实施一系列战略，鼓动军队和平民盟友采取行动对抗印尼共产党。同时，这个节骨眼上，由于印尼国内反美主义和政治激进化的势头限制了正常外交政策手段的有效性，极端的两极分化和敌对政治力量之间的均势反而为美国及其盟友提供了一个难得的机会，让印尼人为美国的利益而战，至少部分事实的确如此。到1965

---

① 邦克访问的第二个目的在吉克瑞斯特的信中被提及。根据美国大使馆电报，1965年5月下旬，雅尼将军在一次地区指挥官集会上说，这封信说"约翰逊总统个人特使的访问将给他们足够的时间来讨论和准备仔细的联合计划"。Embtel 50, US Embassy Jakarta to Department of State, July 10, 1965, RG 59, Central Files, POL INDON-US, NARA。

② Memorandum for the President, "Ambassador Bunker's Report on Indonesia," April 24, 1965, cited in Frederick Bunnell, "American 'Low Posture' Policy toward Indonesia in the Months Leading up to the 1965 'Coup'," *Indonesia* 50 (October 1990): 45.

年中期,印尼陆军高级司令部似乎完全同意了这一观点。据报道,在1965年7月的一次会议上,雅尼将军对派驻印尼军方的美国公民行动顾问本森(Benson)说:"我们有枪,同时我们要保证不让共产党人拿到枪。这样,如果发生冲突,我们完全可以把他们消灭掉。"①

心理战与黑色行动

在政变前的最后几年中,美国和英国试图通过心理战和黑色行动来影响印尼的政治平衡。这些行动的目的是败坏印尼共和苏加诺的名声,更重要的是挑起他们与反共力量之间的政治冲突。事实上,通过美国政府在这段时期的机密文件中可以发现,挑起与印尼共的最后决战其实不是美国对印尼政策的无心之举,而是其终极目的。那次运动的关键是为军队发动对左派的行动创造条件。这一战略并不是新鲜产物,但它在1965年初的危机气氛中重新焕发了"生机",从而得以继续执行。

美国国家安全委员会的政策文件曾暗示了1965年"十一政变"的发生。1960年12月,国家安全委员会表示,美国应该"优先处理那些孤立印尼共的行动,促使印尼共公开与政府进行对抗,借此为印尼人民维护自身利益创造政治合法性并提供镇压措施"。② 一个月后,1961年1月,美国官员开始更明确地讨论"心理战行动"。在1961年1月26日发给国务院的一份绝密电报中,也就是肯尼迪总统就职后几天,琼斯大使建议,美国应该"在适宜的时机准备一场可能的大规模心理战,协调各类秘密和公开的资源"。③

---

① Cited in Theodore Friend, *Indonesian Destinies* (Cambridge, MA: Harvard University Press, 2003), p. 102.
② NSC 6023, "US Policy on Indonesia," December 19, 1960, DDC, 1982, #592.
③ Embtel 2154, US Embassy Jakarta to the Department of State, January 25, 1961, *FRUS*, Vol. 23, doc. 143.

不到一年后，美国在印尼开展了秘密的"公民行动"，这一切可能并不是巧合。

自1963年1月苏加诺宣布对抗行动以来，美国、英国和马来西亚开始合作削弱苏加诺和印尼共，心理战行动逐渐上升到了一个新的高度。① 对英国和马来西亚人来说，心理战计划是更广泛秘密行动的一部分。这项行动得到了澳大利亚和新西兰的支持，目的是削弱苏加诺政权，甚至在某些情况下引发印尼的分裂。② 除了向各种印尼反叛组织提供武器、军事训练和资金，英国和马来西亚政府高层官员还为心理战制定了指导方针，用以"援助和鼓励印尼境内不同政见者的运动"。③ 这场运动借助秘密无线电台谴责共产主义，并鼓动爪哇以外的地区实现更大程度的自治权或直接闹独立。

然而，到了1965年初，英国开始担心支持分离主义运动会降低军队对抗印尼共的能力，因此英国相应地调整了他们的计划。英国联合行动委员会（Joint Action Committee）在1965年3月由新工党政府高级部长批准的备忘录中建议：

> 从长远角度来看，对印尼异见人士运动的大力支持可能会适得其反，因为它可能削弱军队对抗印尼共的能力……因此，英国应该通过秘密手段向印尼军方表明，他们对任何异见者的支持，都不过是对"印马对抗"行动的

---

① 英联邦政府在1963年采取了一种隐蔽的战争方式来应对印马对抗，其目的是挑起"一场导致内战或无政府状态的旷日持久的权力斗争"。Simpson, "United States," p. 53。

② 这些计划的细节，参见David Easter, "British and Malaysian Covert Support for Rebel Movements in Indonesia during the 'Confrontation,' 1963-1966," *Intelligence and National Security* 14, no. 4 (Winter 1999): 195-208。

③ Cited in David Easter, "British and Malaysian Covert Support for Rebel Movements in Indonesia during the 'Confrontation,' 1963-1966," *Intelligence and National Security* 14, no. 4 (Winter 1999): 195-208。

第四章　冷战

战术回应。①

这些计划与印尼陆军军官的策略异常吻合，后者对印马对抗行动已经越来越不耐烦。② 印尼陆军策略中最重要的两个部分始于1964年中期，主要涉及苏哈托将军和他的亲信阿里·穆尔托波（Ali Murtopo）中校、尤加·苏加玛（Yoga Sugama）陆军上校和穆尔达尼（L. B. Murdani）陆军少校。通过他们以及一些1958年叛乱行动参与者的帮助下，陆军安排了一系列与马来西亚官员的秘密会议，采取秘密战略，以避免发生兵戎相见的情况。③ 此外，苏哈托利用他在对抗行动中多军种司令部（Komando Mandala Siaga, Kolaga）副指挥官的职务，来确保印尼前线部队在与马来西亚对抗中长期处在兵力和装备都不足够的状态。④ 很明显，这两种战略都是为了颠覆苏加诺的统治，并削弱他和印尼共的势力。在这方面，苏哈托和他的亲信的利益，与英国、马来西亚及美国的利益达成高度一致。苏哈托等人采取的秘密行动正好符合了这些国家的目的。此外，苏哈托及其同僚们对印马对抗的公开批评和参与秘密

---

① JA (65) 9 (Final), cited in David Easter, "British and Malaysian Covert Support for Rebel Movements in Indonesia during the 'Confrontation,' 1963–1966," *Intelligence and National Security* 14, no. 4 (Winter 1999): 195–208.

② 正如克劳奇所写，"因此，在1964年和1965年期间，军队领导人进行了一系列旨在阻碍实施对抗政策的演习"。Crouch, *Army and Politics*, p. 73。

③ 根据不同的报道，一些伊斯兰联盟党和印尼前共和军革命政府成员保持了与马来西亚人民的联系，包括前面的戴斯·阿尔维（Des Alwi）、达安·莫格特（Daan Mogot）、维尔利·佩西克（Welly Pesik）、扬·瓦伦杜（Jan Walandouw）等。参见 Masashi Nishihara, *The Japanese and Sukarno's Indonesia: Tokyo-Jakarta Relations, 1951–1966* (Honolulu: University Press of Hawaii, 1976), p. 149; Crouch, *Army and Politics*, pp. 74–75; Julius P. Pour, *Benny Moerdani, Profil Prajurit Negarawan* (Jakarta: Yayasan Kejuangan Sudirman, 1993), pp. 323–343。

④ 苏哈托于1965年1月1日被任命为 Kolaga 的副指挥官。罗莎写道："苏哈托放慢了部署速度，并使驻扎在马来西亚边境附近的部队保持人手和装备不足的状态。" John Roosa, *Pretext for Mass Murder: The September 30th Movement and Suharto's Coup d'Etat in Indonesia* (Madison: University of Wisconsin Press, 2006), p. 187. See also Crouch, *Army and Politics*, pp. 71–75。

行动的经历为今后他们与英美等国家展开军事合作奠定了坚实的基础。

有趣的是,在政变发生前的最后一年,美国和英国官员讨论的计划和1965年"十一政变"当天发生的情况异常相似。秘密战略的关键是挑衅:激怒印尼共产党,迫使他们做出挑衅举动,而这将证明军队的反击是正当的。美国、英国和其他国家的外交官从1964年末开始讨论的理想场景,其实很大程度上已经在1960年由国家安全委员会提出:"一场草率的印尼共产党政变"将引发军队的武力回击,到时剿灭印尼共的行动就可以被粉饰为"军队维护了印尼的国家利益"。

在上面提到的1964年9月的美国印尼关系情报备忘录中,中情局提出了实施该战略的首份草案。报告概述了有利于取得反共胜利的情况,指出了两个关键性问题。首先,在一系列持续的斗争中,反抗成功的概率将逐渐递增;其次,如果印尼共采取挑衅行动,军队很有可能以武力回击——"印尼共突然或激进的举动肯定会引起军队的反击"。[①] 1965年3月,琼斯在菲律宾举行的一次国务院官员非公开会议上,对这一观点表示赞同:"当然,从我们的角度来看,印尼共一次不成功的政变尝试,将可能成为扭转印尼政治局势的关键。"[②]

[①] CIA Intelligence Info Cable # TDCS – 315 – 00846 – 64, "US-Indonesian Relations," September 19, 1964, DDC, 1981, #273B.

[②] Howard P. Jones, "American-Indonesian Relations," presentation at Chiefs of Mission Conference, Baguio, Philippines, Howard P. Jones Papers, box 21, Hoover Institution Archives, 12, cited in Roosa, *Pretext for Mass Murder*, p. 193.

第四章　冷战

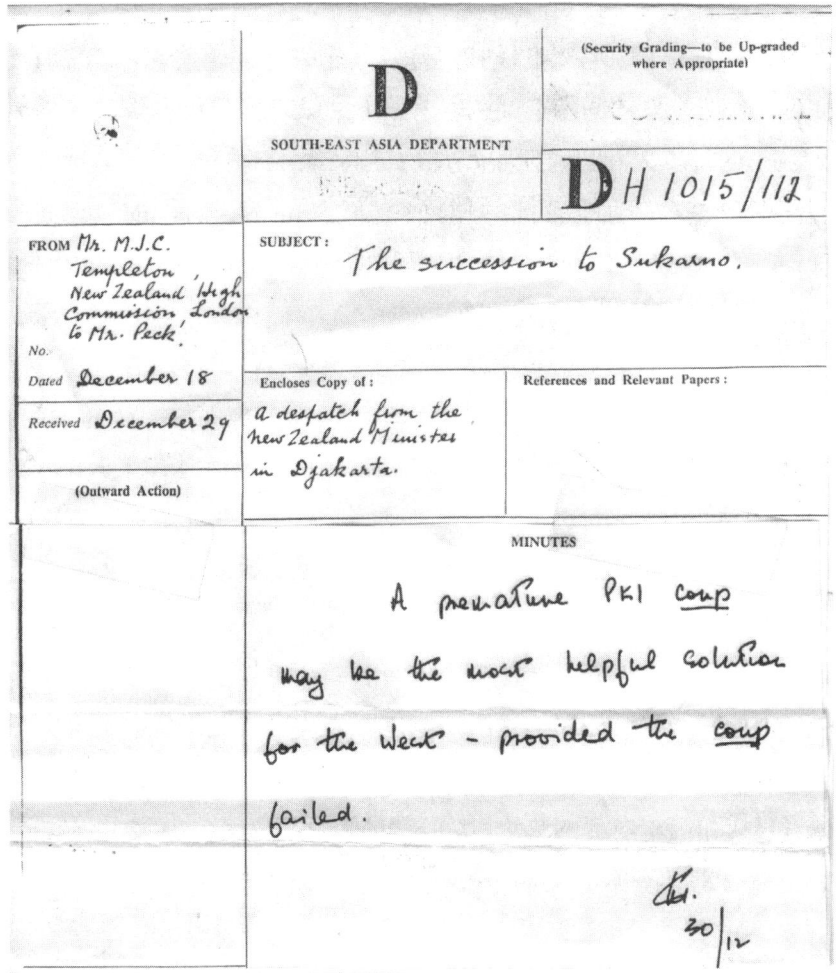

图4.2　英国外交部在1964年12月关于印尼的报告中写道："如果政变失败，草率的印尼共政变可能是对西方最有效的解决方案。"

(UK National Archive)

在这一阶段，诱发一场草率的印尼共政变的计划开始在英联邦各国政府间流传，拓展在印尼秘密行动的计划也逐步成为共识。在1964年11月27日的一份备忘录中，英国外交部助理国务大臣爱德华·佩克（Edward Peck）写道："在苏加诺统治时期，鼓动印尼共

147

发动草率的政变有百利而无一害。"① 在答复新西兰于 1964 年 12 月提出的一份关于印尼的报告时,另一位英国官员评论说:"如果政变失败,草率发动的印尼共政变对西方来说可能是最有效的解决方案。"② 此后不久,英国在 1965 年 1 月采取行动,扩大了秘密行动的规模,并在新加坡的情报与研究部(Information and Research Department)设立了专门针对印尼的政治战主任(director of political warfare against Indonesia)一职。③

1965 年 3 月 4 日,美国驻印尼大使馆在发往美国国务院的电报中强调,对印尼的反美运动来说,美国没有太多进行回应的空间。电报表示,"唯一有效的措施就是从军事领域入手",不过,这很有可能损害印尼陆军的声誉和政治地位。④ 这一反应也体现出美国被印尼问题束缚住了手脚。在此情况下,采取秘密行动不仅是必要之举,也是当时的最佳方案。凑巧的是,当时一个秘密行动计划已经就绪。1965 年 3 月初,国家安全委员会 303 委员会批准了一项在印尼开展秘密行动的计划。这项计划包括"秘密联络并暗中支持现有反共组织,在伪造信件行动、媒体行动,包括黑色电台,以及印尼现有机构和组织内部的政治行动中发挥作用"。⑤

基于这些证据,以及秘密心理战的标准行动程序可以确定,此

---

① Cited in Roosa, *Pretext for Mass Murder*, p. 190.

② British Foreign Office note on Mr. M. J. C. Templeton, New Zealand High Commission in London to Mr. Peck, "The Succession to Sukarno," December 18, 1964, FO 371/175251, UKNA. 有趣的是,雅加达新西兰使馆的原始报告也提到了草率的印尼共政变的优势,并指出"如果印尼共产党企图夺取政权……在我们看来,这对印度尼西亚和我们自己都有好处"。Report from the New Zealand Legation, Jakarta to Secretary of External Affairs, Wellington, "Sukarno and the Succession," December 1, 1964, FO371/175251, UKNA。

③ Simpson, "United States," p. 56.

④ Embtel 1735, US Embassy Jakarta to Department of State, March 4, 1965, RG 59, Central Files, POL INDO-US, NARA.

⑤ Memorandum Prepared for the 303 Committee, "Progress Report on [less than one line of source text not declassified] Covert Action in Indonesia," February 23, 1965, *FRUS*, Vol. 26, pp. 234-237.

第四章　冷战

时英美已经开展了一系列行动，包括在印尼国内外的出版物中投放虚假的或具有争议的新闻、散播关于各方意图的谣言和散播伪造文件等。这些行动只有一个目的，那就是营造出一种高度敌对的氛围，刺激左派采取果断的行动。如同美英在计划中所设想的那样，行动的理想结局将是挑衅印尼共采取对应措施，最好是诱使该党发动一次失败的"政变"，从而为军队镇压共产党人提供借口。①

在此背景下，1964年底到1965年初流传的一些文件和谣言具有了新的意义。第一份文件是巴基斯坦驻巴黎大使拉希姆（J. A. Rahim）寄给外交部长祖尔菲卡尔（Zulfikar Ali Bhutto）的信函。② 在信中，拉希姆记录了他在1964年12月与在北大西洋公约组织工作的荷兰情报官员进行的一次谈话。这位官员告诉拉希姆，西方情报机构正在印尼策划一场"草率的共产主义政变"。这场政变"注定将会失败"，但会给印尼军队提供"一个合法且合理的机会来粉碎共产主义势力，让苏加诺成为军队的阶下囚"。这位官员曾总结道，西方不费吹灰之力就将解决掉印尼这个"坏家伙"。他说："从1964年底开始，西方政府与（印尼）军方相互勾结，设计了一个方案，使军方能够对印尼共和苏加诺采取有力行动。"③

1964年末，更多的迹象表明，西方的心理战正在火热进行中。查鲁尔·萨利赫（Chaerul Saleh）是反印尼共的穆尔巴党和促进苏加诺主义机构中的关键人物，于1964年9月被中央情报局认定为理想人选。到了12月，他开始公开宣称自己手中掌握着一份关于

---

① NSC 6023, "US Policy on Indonesia," December 19, 1960, DDC, 1982, #592; Roosa, *Pretext for Mass Murder*, p. 193.

② 英国学者内维尔·麦克斯韦（Neville Maxwell）在巴基斯坦外交部档案中发现了该文件。His unpublished letter of June 5, 1978, to *the New York Review of Books* describing the document's contents was later printed as Neville Maxell, "CIA Involvement in the 1965 Military Coup: New Evidence from Neville Maxwell," *Journal of Contemporary Asia* 9, no. 2 (1979): 251–252。

③ 分享这些信息很可能是心理战的一部分。在当时的情况下，荷兰籍的北约官员可能故意与巴基斯坦大使分享了煽动性信息，并合理地期望这些信息能够传递给印尼民众。

印尼共密谋夺取政权的文件。印尼共和苏加诺对其予以驳斥，指出这是伪造文件，一部分原因是它显然意在陷害印尼共，另一部分原因则是这份文件中的措辞和大多数印尼共文件中的用语截然不同。① 考虑到当时西方机构正在讨论如何鼓动印尼内乱和共产党政变的爆发，这份文件很有可能是西方情报机构的杰作。这是一种相对简单、单位成本产生效益较高的方式，可以渲染左翼政治威胁国内安全的气氛，反过来又可以促使军方做出强有力的反应。

1965年初，印尼国内开始谣言四起，传言一个将军委员会已经在中央情报局的支持下成立，并策划某种政变行动。在苏加诺面前，雅尼将军坚称这个传言是不实的，但他也承认，他已经组建了一个由高级军官组成的"智囊团"来讨论升职事宜。② 与雅尼将军关系密切的美国武官威利斯·埃塞尔上校（Willis Ethel）后来证实，印尼军方的确成立了一个"顾问团"，旨在制订在苏加诺死亡或印尼共夺取政权的情况下接管军队的应急计划。③ 不论雅尼将军的说法是真是假，此事与几个月后的事件的确存在密切关系。至少，此事引发了印尼共内部和改革派军官之间的紧急讨论，讨论如何阻止此类政变的发生。同时，一些左派和忠于苏加诺的人士高度

---

① Ruth McVey, Letter to George McT. Kahin, Benedict Anderson, Herbert Feith, and Frederick Bunnell, July 4, 1978, McVey Papers, box 8, file 172. Mortimer cites *Harian Rakyat*（January 22, 1965）as claiming that the document was a forgery, in Mortimer, *Indonesian Communism under Sukarno*, p. 367.

② 据报道，智囊团包括苏普托、哈约诺、帕尔曼和苏肯德若将军。US Central Intelligence Agency, Directorate of Intelligence, *Indonesia—1965: The Coup That Backfired*（Washington, DC: CIA, 1968）, 191. 苏瓦托也参与了应急计划。他是陆军参谋与指挥学院的前负责人，也是鲍克的好朋友，曾在利文沃斯堡受训，埃塞尔上校称他为"真正亲美人士"。David Ransom Interview with Col. Willis Ethel, n. d., McVey Papers, box 10, file 198, 5。

③ 参见 David Ransom Interview with Col. Willis Ethel, n. d., McVey Papers, box 10, file 198, 5。另外，当被问及1965年11月的将军委员会时，本森说："我认为一般工作人员聚在一起谈论事情的话，他们不会写下来讨论的对象。但他们的确已经在计划他们必须面对印尼共产党的场景。"参见"Record of a Telephone Conversation between Colonel George Benson, Ruth McVey, and Fred Bunnell on November 15, 1965,"McVey Papers, box 9, file 190。

重视政变发生的威胁,因而制订了先发制人的计划。① 这就是9月30日运动发起的根源所在。从这个意义上说,政变的谣言完全遵循了心理战的脚本,诱导了左派的行动。正像国家安全委员会在1960年讨论的那样,"为镇压措施创造借口,从印尼国家自身利益的角度来看,这些措施在政治上是完全正当的②"。

5月,印尼情报官员声称发现了英国驻印尼大使吉尔克里斯特的一封信,似乎印证了西方的阴谋。据说这封以英国大使馆为抬头的信中有这样一段话,"最好要再次向我们当地军队里的朋友们强调,谨慎、纪律和协调对这一行动的成功至关重要"。③ 这封信在总统府和军队最高指挥部引起了轩然大波。在5月27日对地区指挥官的一次秘密讲话中,雅尼将军提到,苏加诺在前一天召见了他和其他武装部队指挥官,总统要求知道这些"军队里的朋友"究竟是谁。④ 不过,英美官员坚称这封信是伪造的,并暗示这封信是苏班德里约的情报机构捏造的,目的是打击英国及其国内敌人。这可能是真的。不过,考虑到时间和局势,这封信很有可能是英国人或美国人准备的,用来与"军队里的朋友"进行沟通,或者作为一种心理战手段,来刺激印尼共武断行动。这也是西方国家和军队最乐意

---

① 政治局委员恩约诺在1966年受审期间的证词中清楚地说明了这一点。参见"*Gerakan 30 September*" *Dihadapan Mahmillub, Perkara Njono* (Jakarta: Pusat Pendidikan Kehakiman A. D. , 1966) , pp. 31-42. See also Crouch, Army and Politics, p. 133。

② NSC 6023, "US Policy on Indonesia, " December 19, 1960, DDC, 1982, #592. 1966年,马利克的一些随行人员也认为,军事委员会的谣言是美国中央情报局和美国大使馆故意散布的。参见 Ruth McVey Interview with Adam Malik and Company, October 2, 1966, McVey Papers, box 2, file 31C, p. 8。

③ Cited in Brian May, *The Indonesian Tragedy* (London: Routledge and Kegan Paul, 1978) , pp. 125-126.

④ 根据美国大使馆的报告,雅尼将军曾告诉地区指挥官,说他已经向苏加诺承认有军人"对政治问题非常挑剔",其中一些人"同情美国人"。Embtel 50, US Embassy Jakarta to Department of State, July 10, 1965, RG 59, Central Files, POL INDON-US, NARA。

看到的。① 如果吉尔克里斯特的信被证实是英国人或中央情报局伪造的、用来蓄意煽动印尼共和苏加诺采取行动的话，我们有理由相信，自1960年以来由美国中情局和其他机构提出的那些计划实际上一直在紧锣密鼓地进行中。

在"十一政变"前的最后几周，关于将军委员会受中情局支持，将在1965年10月5日武装部队日之前发动政变的谣言甚嚣尘上。谣言传播非常之广，广到让人有充分的理由相信这很有可能是一种蓄意的挑衅行为。克劳奇说，在1965年9月紧张而不稳定的政治气氛中，这样的谣言足以引发亲苏加诺、亲印尼共且反对最高司令部的力量采取某种先发制人的行动。② 至少，这样的谣言将为这些势力提供足够的理由支持先发制人的或报复性的行动。更重要的是，在某种程度上，参与9月30日运动的军队成员恰恰反映了这种反将军委员会而非亲共产党的倾向。

总之，无论在十月政变之前数年还是在前几个月中，伪造文件、传播谣言或者用其他方法散布信息都可能引发针对所谓将军委员会的暴力行动。按照美国国家安全委员会的说法，这种暴力行为将刺激军队对共产党采取行动。虽然目前还不能完全证实，但我们有充分的理由相信，这些谣言和文件是蓄意煽动共产党参与策划政变的一部分佐证。无论如何，这些文件，连同中央情报局的证据和政府提出的处理共产主义威胁的建议都表明，美国和其他外国势力在蓄意挑起印尼左右派之间的斗争，保证右派在诉诸武力的情况下获得最终的胜利。③

---

① 另一种值得进一步研究的可能性是，吉尔克里斯特的信函和将军委员会计划发动政变的谣言是科斯特拉德情报局长和苏哈托的盟友穆尔托波上校捏造的。

② Crouch, *Army and Politics*, p. 133.

③ 中情局前官员拉尔夫·麦格希（Ralph McGehee）曾表示，1965年后，这一战略在某种程度上成了中情局的标志。Interview with Ralph McGehee, November 1983, Ithaca, NY.

第四章　冷战

中国因素

通常来说，我们很容易联想到外国势力对一国内政进行干预的假设，但这种论断却难以被证实。印尼1965年"十一政变"也是如此。虽然无法证明这场政变是外国政府秘密行动的产物，但是可以确定的是，外部势力和国际大背景对这场政变起到了很大的推动作用。毫无疑问，美国及其盟友在这场政变发挥了一定的作用。英美两国声称未参与政变，印尼军方声称中国人指导下的印尼共产党是唯一的责任方，但我们却有非常充足的理由怀疑这些言论的真实性。当然，我并不是说1965年"十一政变"一定是外国势力策划并实施的，目的是推翻苏加诺的统治并歼灭印尼共。但是，域外大国的政策和行动都直接或间接、有意和无意地促成了这场政变的发生。确切来说，美国、英国和中国的外交政策对印尼的国内政治产生了影响，大大提高了军事政变和左右翼之间暴力冲突发生的可能性。

总结来说，一共有三个相关的因素促成了政变的发生。

第一，虽然冷战并不是形塑各大国行为的唯一因素，但冷战的整体氛围依然对1965年前印尼的政治环境产生了重要影响。冷战氛围影响了各国的政治生态和外交风格，促使国际政治向着更加两极化、激进化和暴力化的方向发展。这种氛围的产生并不仅是西方反共直接造成的，中国及其盟友，乃至苏联在某种程度上也对此有所影响。因此，印尼国内左翼日渐高涨的好战情绪并非凭空而来，而是全球冷战铁幕的延伸和延续，最终在1965年达到顶峰。此外，冷战的背景同样加剧了印尼国内意识形态的分歧，加剧了左右翼之间的冲突，在双方原本可和解的立场之间制造了隔阂。

第二，美国和英国政府在亚洲和其他地区中一系列的具体行动和干预行为，也进一步加剧了印尼政治两极化和激进化的趋势。

1963年，马来西亚在英国和美国的支持下成立。同时，1965年美国对北越进行了轰炸，并在南越部署地面部队。这两起事件都加深了苏加诺对美国帝国主义的反感情绪，也让印尼民众相信英美国家一直在干涉他国内政。此外，中国政府对印尼共的公开支持、苏加诺在国内政治和外交政策上的"左"倾趋势，都令印尼军方领导层和右翼政党深感警惕，导致他们与印尼共之间的裂痕进一步加深。政变正是在印尼军方和印尼共共同推动的两极化背景下爆发的。

第三，除了英美上述行动的间接影响，美国和英国的决策者至少在政变前十年就开始故意削弱苏加诺政权，试图消灭印尼共。1955年，美国政府尝试通过向印尼提供经济和其他秘密援助的方式来影响印尼第一次全国选举的结果。几年后，美国为武装叛乱分子提供了直接的军事和经济援助，支持他们推翻苏加诺政权并打击印尼共。后来，美国将希望寄托于印尼军方，向其提供了大量的军事训练和援助，旨在打倒印尼共，削弱苏加诺的政权。从本质上说，美国的这些行为的目的是利用和激化印尼国内的政治分歧，来达到推翻现有政府的目的。

美国国务院和国防部为保持美国对印尼军方的支持和影响力，采取了各种措施。除此之外，美国中情局及英国军情六处同样鼓动了印尼军队在打击印尼共、夺取政权等方面发挥更为直接的作用。从1964年开始，美国和英国政府采取协同一致的措施，发动了隐蔽的心理战攻势，以此来玷污印尼共和苏加诺的名声。更为重要的是，英美以此为军队提供了获得合法性的借口，让军队以"国家利益"为名来对付苏加诺和共产党。这样看来，中情局前局长威廉·科尔比（William Colby）公然声称"我们与政变毫无关系"的说法不足为信。[①]

[①] Frederick Bunnell Interview with William Colby, August 1978, McVey Papers, box 10, file 198.

第四章　冷战

当然，我们需要强调的是，这些背景因素和具体行动是否发挥了作用取决于这些外部势力的能力，他们是否可以加剧印尼国内的政治分裂，能否鼓动更多社会反共势力依照他们的意愿采取特定的政治行动。我们知道，到 1965 年时，印尼国内，特别是在陆军最高司令部，已经形成了一股强大的反共势力。这股势力与美国及其盟友的国家利益，哪怕不是完全相同，也在大方向上保持了基本一致。根据本章呈现的证据，我们可以肯定，西方大国已尽其所能为印尼军方提供了行动良机，保证了他们这么做还免受惩罚。相比之下，目前还没有证据支持印尼军方的说法，证明中国在世界革命战略的指导下直接参与策划了"九三〇政变"。

第五章　大屠杀

> 不久后就要遭受屠杀的印尼共产党员及其支持者们都被捆住了双手。紧接着,伊联青年团的人来了,军队的人跟着保护他们。他们将那些人带到可以施行屠杀的地方,例如森通(Sentong)附近的村庄或是普沃达迪(Purwodadi)地区的大种植园中。这些地方已经挖好了许多大坑。他们将被害人一个接一个推搡到大坑的边缘,脖颈处套上绳索,绳索逐渐收紧直至濒死。接着用铁杆或是其他坚硬的工具抽打受害者,直至他们死去。受害者死去之后,再砍下他们的头。森通的村庄里有许多人都这般死去,大种植园中更是多达上千人。在这些种植园里,香蕉树就生长在一个个坟墓之上。
>
> ——佚名:《关于印尼反革命残暴事实的补充材料》

针对印尼共产党及其盟友的暴力运动在所谓政变后不久就开始了。到 1966 年中,大约有 50 万人在这场运动中遇害。美国中央情报局在 1968 年的一份报告中将这一事件描述为"现代社会最惨绝人寰和最为集中的大屠杀"。① 半个世纪之后，关于这场屠杀的最为基本的事实仍存在许多争议。人们依旧缺乏对这一事件性质及其基本逻辑的深入认识。由于没有任何官方的、系统的关于这场屠杀的记录，想要重构这一事件必须仔细挖掘多种记录，包括一些来自目击者或是施暴者的证据或回忆录、部分外国政府解密的档案，以及军队官员的内部报告和官方声明。② 本章是全书主要关注屠杀事件本身的章节，将利用这些资料来尝试解答两个相关问题。首先，要厘清究竟发生了什么，消除一直以来都存在的一些误解。这需要解答以下的问题，究竟有多少人死于这场屠杀，这些受害人都是谁，他们都在什么时候、在什么地方、怎么死去的，是谁杀死了他们。其次，本章将审视那些早先提出用以解释这场屠杀的论断，主要关注那些强调固有的文化、宗教、社会、经济张力的观点。这一章将以对这些解释的反思做总结，同时提出一些他们尚未解答的问题。

---

① US Central Intelligence Agency, Directorate of Intelligence, *Indonesia—1965: The Coup That Backfired* (Washington, DC: CIA, 1968) , p. 70.

② 除了较早前出版的资料和外国政府的解密文件，这些记录引用了大量近期出版的幸存者和刽子手的回忆录和证言，包括：Baskara T. Wardaya (ed.), *Truth Will Out: Indonesian Accounts of the 1965 Mass Violence*, trans. Jennifer Lindsay (Clayton, Victoria: Monash University Publishing, 2013) ; Putu Oka Sukanta (ed.), *Breaking the Silence: Survivors Speak about the 1965-66 Violence in Indonesia*, trans. Jennifer Lindsay (Clayton, Victoria: Monash University Publishing, 2014) ; Kurniawan, et al. (eds.), *The Massacres: Coming to Terms with the Trauma of 1965* (Jakarta: Tempo, 2015) ; MeryKolimon, Liliya Wetangterah, and Karen Campbell-Nelson (eds.), *Forbidden Memories: Women's Experiences of 1965 in Eastern Indonesia*, trans. Jennifer Lindsay (Clayton, Victoria: Monash University Publishing, 2015) 。同时，参见的内容还包括一部分出现在约书亚·奥本海默导演的两部纪录片《杀戮演绎》(*The Act of Killing*, Drafthouse Films, 2013) 和《沉默之像》(*The Look of Silence*, Drafthouse Films, 2016) 中的施暴者证言。

图 5.1 反共组织平民主义青年团民兵队成员手拿大砍刀,
巴厘岛,1965 年
(National Library of Indonesia)

屠杀模式

近 50 年来印尼官方的模糊处理、社会的恐惧心理以及国际社

第五章　大屠杀

会的漠视均加深了对这场大屠杀的误解,更是留下了认知与事实间巨大的豁口。当有机会重新辩证地审视和理解这一事件的时候,我们需要去澄清一些误会以及为一些模棱两可的事实找到定论。

遇害人数?

在那场所谓政变的余波中,究竟有多少人被杀害了?各类估计数据从 7.85 万到 30 万不等。① 由于屠杀速度极快,加之许多尸体被抛弃在了全国各地不计其数没有标记的坟墓之中,估计出现了跨度很大的差异。更为重要的是,如此之大的跨度反映了那些在 30 年间仍握有权力的责任人没有对这一杀戮事件的严重程度进行严肃调查。正如上文提到的,西方国家、国际组织以及在冷战高峰期对屠杀共产党人进行报道的媒体对这一事件的故意漠视与其沉默的态度,也导致了这些数据的缺失。

受害者人数的问题已经成为新秩序时代的批评者与辩护者之间激烈争论的一部分。批评者们一般会引用人数更多的数据,而辩护者则较为典型地(虽然并非总会这么做)坚持使用看起来数量更少的数据。一些辩护者团体甚至会抓住受害者人数不确定这一疑点,质疑是否真的存在大屠杀。尽管美国中央情报局做了上文提到的评估,然而,一位美国中情局前驻雅加达的官员指出"大屠杀乃虚

---

① 某个官方的事实调查委员会(Fact Finding Commission)在进行了 10 天(1965 年 12 月 27 日至 1966 年 1 月 6 日)的调查之后提出了 78 500 的数字,然而当时的屠杀行动仍在进行之中。Komando Operasi Tertinggi (KOTI), *Fact Finding Commission Komando Operasi Tertinggi* (Jakarta, January 10, 1966). 他们提出的数字被广泛认为是一个明显低估的数量;某位来自这个委员会的成员曾知会苏加诺,真实数量比这一数字多好几倍。Pramoedya Ananta Toer and Stanley Adi Prasetyo (eds.), *Oei Tjoe Tat, Memoar OeiTjoe Tat: Pembantu Presiden Sukarno* (Jakarta: Hasta Mitra, 1995), p. 192. 1989 年,陆军准将 Sarwo Edhie Wibowo,一位在屠杀行动中扮演重要角色的将军,暗示死亡人数达 300 万人,但人们认为这一数字过大了。有部分记录有实际死亡人数达 200 万人的材料亦是如此。对于这些估计的回顾,可参阅 Robert Cribb (ed.), *The Indonesian Killings, 1965-1966: Studies from Java and Bali*, No. 21 (Clayton, Victoria: Monash Papers on Southeast Asia, 1990), p. 12.

构"，部分机构官员也声称受害者人数被显著地高估了。① 尽管印度尼西亚当局从未直接否认大屠杀的存在，但仍然一如既往地尝试掩盖事实，而不是将受害者的人数公之于众。事实上，他们从一开始就力图将所有的关注点放在那六个被杀的将军身上，煞费苦心地将其变成美化军队形象的历史，掩盖对左翼人士屠杀的事实。从官方记载中难以找到对六个将军之外其他受害者人数的讨论或记录。举例来说，1968 年出版了一份关于"政变"及其余波的长达 200 页的官方历史记载，其中仅有两段描述了屠杀事件，并且没有对事件起因和程度进行任何描写。作者写道，紧张的局势"最终升级为群体冲突，导致印度尼西亚的某些地区发生了大屠杀"。②

尽管存在种种阻碍，近年来，学界还是较为认同大屠杀的受害者人数在 50 万左右。这一数字与一些西方国家大使馆的内部估计基本一致。这些大使馆在 1966 年 2 月末推断，之前提出的 40 万的数字是"严重的低估"，正确数字也许多达 100 万。③ 50 万这一数字也与当时印尼军方的老一代军官给出的基本吻合。其中一名武装

---

① Richard Howland, "The Lessons of the September 30 Affair, " *Studies in Intelligence* 14 (Fall 1970) : 26. Also see Hugh Tovar, " The Indonesian Crisis of 1965 – 1966: A Retrospective, " *International Journal of Intelligence and Counterintelligence* 7 no. 3 (Fall 1994) : 313 – 338; J. Foster Collins and Hugh Tovar, "Sukarno's Apologists Write Again, " *International Journal of Intelligence and Counterintelligence 9*, no. 3 (Fall 1996) : 337 – 357.

② Nugroho Notosusanto and Ismail Saleh, *The Coup Attempt of the "September 30 Movement" in Indonesia* (Jakarta: Pembimbing Massa, 1968) , p. 77.

③ British Embassy (Gilchrist) to Foreign Office (de la Mare) , February 23, 1966, FO 371/ 186028, National Archives of the United Kingdom [UKNA] . The Swedish Ambassador (Edelstam) offered the estimate of 1 million in February 1966. See Edelstam to Nilsson, " Utrotningen av kommunist-partieti Indonesien, " February 21, 1966, Utrikesdepartementetsarkiv, Serie HP, Grupp 1, Mal Ⅺ, Politik: Allmänt Indonesien, 1965 maj-juli 1966, National Archives of Sweden, Riksarkivet [UA/HP 1/Ⅺ, Riksarkivet] . In a report from June 1966, the ambassador noted that the former German ambassador (Werz) had suggested even higher figures. See H. Edelstam to H. Bergström (Utrikesdepartementet) , "Likvidering av kommunisterpånorra Sumatra, Indonesien, " June 16, 1966, UA/HP 1/Ⅺ, Riksarkivet.

第五章 大屠杀

部队的军官曾将这一数字记录在 1966 年 1 月西方军事专员简报中。① 值得注意的是，50 万受害者这一数字少于一些印尼老一辈官员的记录。例如，恢复安全与秩序行动指挥部参谋长苏多莫（Sudomo）上将 1976 年在一次荷兰电视台的采访中表示："在那场所谓的政变之后，有超过 50 万人遭到杀害。"② 此外，苏哈托将军的密友扬·瓦伦杜（Jan Walendouw），在 1966 年 9 月与美国国务院的一次会面中提到这一数字在 60 万左右。③

受害者为何人？

有一种常见的错误观点认为，这次屠杀主要是种族和阶级之间的仇恨造成的，并且多数甚至绝大多数遇害者是华人群体。④ 一些材料和观点都表明，许多受害者死于个人恩怨——包括感情受挫、生意失败或者家庭不和。⑤ 毫无疑问，有些人的确由于这些原因被杀。在雅加达和其他的一些大城市，如棉兰、三宝垄和日惹等，大

---

① 这位官员是陆军上校斯坦博尔（Stamboel）。参见英国大使馆（Murray）致英国外交部（de la Mare）信件，1966 年 1 月 13 日。

② Amnesty International, *Indonesia: An Amnesty International Report* (London: Amnesty International Publications, 1977), p. 22. 一份 1966 年恢复安全与秩序行动指挥部关于杀人事件的报告总结道受害者总人数约 100 万。Robert Cribb, "On Victims Statistics," *in The Massacres: Coming to Terms with the Trauma of 1965*, Kurniawan, et al. (ed.) (Jakarta: Tempo, 2015), p. 133。

③ 在与国务院会面时，瓦伦杜提道："关于含有不可靠因素的执行的残酷数据由穆尔托波（Murtopo）上校亲自完成。用瓦伦杜的话说，'任何不遵守规则的人都会被射杀'。瓦伦杜提出被清理的共产党总人数数字在 120 万左右。" Deptel 49647, 美国国务院致雅加达美国大使馆，1996 年 9 月 19 日，Record Group [RG] 59, 国务院的中央档案（Central Files of the Department of State），1964-66 [Central Files]，POL 23-6 INDON，美国国家档案和记录管理局（US National Archives and Records Administration [NARA]）。

④ 针对这一误解的更深入的探讨，参见 Robert Cribb and Charles A. Coppel, "A Genocide that Never Was: Explaining the Myth of Anti-Chinese Massacres in Indonesia, 1965-1966," *Journal of Genocide Research* 11, no. 4 (December 2009): 447-465。

⑤ 例如，印尼历史学家赫玛万·苏里斯蒂约（Hermawan Sulistiyo）曾提出，在 1965 年前后意识形态是私人冲突和恩仇的幌子。参见 Hermawan Sulistiyo, "Mass Murder from 1965-1966: Vendetta and Jingoism," in Kurniawan, et al. (ed.), *The Massacres: Coming to Terms with the Trauma of 1965* (Jakarta: Tempo, 2015), pp. 83-87。

量印尼华人在"政变"后被殴打拘留，有一部分人被关进监狱，而一部分人则直接被杀害。① 10月1日之后，无序的氛围无疑为解决私人恩怨提供了土壤。在约书亚·奥本海默的纪录片《杀戮演绎》中，其主角就曾傲慢地描述他们是如何在"政变"之后游走在棉兰的街道上，杀死他们见到的每一个华人。这些被杀害的华人中包括一个年轻女性的父亲，他拒绝了其中一名主角对他女儿的追求。②

然而，在这场屠杀中最令人震惊的是，大部分受害者并不是因为他们的种族或者是个人恩怨被杀。而是与他们的政治信仰、政治活动和政治关系有关。③ 在这些受害者中，印尼共产党及其同盟组织的领导人和成员占据了绝大多数。其中，这些同盟组织主要有人民青年、印度尼西亚妇女运动、农民阵线、大学生联合运动、人民文化协会、大学毕业生协会、青年与高中生联盟。即便是那些在1965年10月之后被杀的印尼华人，也并不是因为他们的种族问题，或不仅是因为他们的种族问题被杀，而是因为他们参加了左翼或是亲苏加诺的政治团体或组织，例如印度尼西亚公民协商会议（Baperki）和印度尼西亚党（Partindo），这些政党均被控诉参与了

---

① See J. A. C. Mackie, "Anti-Chinese Outbreaks in Indonesia, 1959–1968," in J. A. C. Mackie (ed.), *The Chinese in Indonesia: Five Essays* (Honolulu: University of Hawaii Press, 1976), pp. 117–18; For North Sumatra, see Yen-ling Tsai and Douglas Kammen, "Anti-Communist Violence and the Ethnic Chinese in Medan, North Sumatra," Douglas Kammen& Katharine McGregor (eds.), *The Contours of Mass Violence in Indonesia, 1965–68* (Singapore: NUS Press, 2012), pp. 131–156; For Semarang, see Martijn Eickhof, Donny Danardono, Tjahjono Rahardjo, and HotmauliSidabalok, "The Memory Landscapes of '1965' in Semarang," Martijn Eickhoff, Gerry van Klinken, Geoffrey Robinson (ed.), *1965 Today: Living with the Indonesian Massacres*, special issue, *Journal of Genocide Research* 19, no. 3 (2017). See also Wardaya, *Truth Will Out*, pp. 121–124, 125–128.

② 奥本海默：《沉默之像》。

③ 科佩尔（Coppel）和麦基（Mackie）都曾总结道，华人群体并不是1965—1966年大规模屠杀的受害者。参见 Charles A. Coppel, *Indonesian Chinese in Crisis* (Kuala Lumpur: Oxford University Press, 1983); J. A. C. Mackie (ed.), "Anti-Chinese Outbreaks in Indonesia, 1959–1968," in *The Chinese in Indonesia: Five Essays* (Honolulu: University of Hawaii Press, 1976)。

第五章 大屠杀

那场所谓的政变。[1]

那些资历较深的共产党国家领袖也成为被杀害的目标,这也许并不意外。包括艾地、卢克曼、纽多、萨基尔曼等国家领袖,都在被军队逮捕后秘密枪杀。[2] 与其他人相比,艾地的死更为人所熟知。据称,他承认自己和印尼共产党企图"政变","认罪"后便立即被军队处决。一份军方的记录对处决有着如下描述:

> 之后,艾地遭到了审问,在目击者面前对自己的罪行供认不讳。他承认:"我独自承担'九三〇事件'的责任。运动失败了,但得到了其他印尼共产党成员以及印尼共产党庞大组织的支持。众所周知,我一直寻求在中爪哇地区组建一支共产党的武装力量……"在审问之后,艾地为自己的供词签字画押。陆军上校亚西尔·哈迪布罗托(Yasir Hadibroto)用吉普车将艾地带到郊外。他们封闭了博约拉利(Boyolali)的主要道路,然后来到了一片香蕉园中间的一口干井旁。在那里,艾地遭到了枪决,他的尸体被扔

---

[1] 例如,对于北苏门答腊的杀人活动,蔡晏霖(Yen-Ling Tsai)和卡门写道:"虽然某些信息提供者记录到一些对于特殊个人——如陈福强(音,Tan Fhu Kiong),印度尼西亚公民协商会议省分会秘书以及印尼共产党希望日报的编辑——的谋杀,但没有人提到有任何针对华人群体的系统性拘捕或处决。" Tsai and Kammen, "Anti-Communist Violence," p. 142. 若干在1965—1966年屠杀中成为目标的印尼华人的回忆录也反映了相似的模式。参见 Tan Swie Ling, G30S 1965, *Perang Dingindan Kehancuran Nasionalisme: Pemikiran Cina Jelata Korban Orba* (Jakarta: Komunitas Bambu, 2010); Djie Siang Lan (Lani Anggawati), *Di Dalam Derita Manusia Membaja*, 2nd ed. (Klaten: Wisma Sambodhi, 2004)。

[2] 艾地在1965年11月25日前后被杀害,纽多是12月6日前后,卢克曼是1966年4月30日前后。其他被杀害的党内高官还包括巴厘岛的一位共产党高级官员格德·普格(Gede Puger),他在1965年11月被就地处决。参见 John Roosa, "The State of Knowledge about an Open Secret: Indonesia's Mass Disappearances of 1965–66," *Journal of Asian Studies* 75, no. 2 (May 2016): 281–297。

到了井里，之后井口用香蕉树干覆盖完好。①

尽管艾地和其他印度尼西亚共产党领导人都遭到了处决，但大部分在1965—1966年被杀害的人都不是政治人物。他们绝大多数都是穷人，或是中下阶级的民众，如农民、种植园工人、工厂工人、教师、学生、艺术家、舞者和普通公务员等，他们住在农村、种植园，或是城镇郊区的破烂不堪的村庄里。无论如何，他们都不能算是10月1日相关事件的直接参与者，甚至都不知道任何消息。然而，他们遭到屠杀，只是因为他们自己，或是他们的家庭成员、挚友曾经或在当时加入了印尼共产党及其附属组织。这些组织在当时都是合法的，受到人民的欢迎。

提到东爪哇的谏义里时，肯尼斯·扬（Kenneth R. Young）就察觉到，这些普通人在暴力运动中被抓捕，时常只是因为与这些附属组织有关系，"眨眼之间，他们丢掉了工作，甚至是性命。有时是因为他们做了什么或是相信了什么，然而有时却只是因为被简单地贴上了'印尼共产党'的标签。有'不良'朋友、背着'印尼共'的标签，就意味着会被当作应该遭到处决的人"。② 简言之，大量被害者成为被屠杀的对象并不是因为他们做了什么，也不是因为任何犯罪行为，而因为他们与合法的政治、社会组织之间有着千丝万缕的联系。

他们是如何被杀死的？

在短短几个月之内，数量如此庞大的人群被杀死，不免会引人

---

① Dinas Sejarah TNI-AD, "Crushing the G30S/PKI in Central Java," in Robert Cribb (ed.), *The Indonesian Killings, 1965–1966: Studies from Java and Bali*, No. 21 (Clayton, Victoria: Monash Papers on Southeast Asia, 1990), p. 165.

② Kenneth R. Young, "Local and National Influences in the Violence of 1965," in Robert Cribb (ed.), *The Indonesian Killings, 1965–1966: Studies from Java and Bali*, No. 21 (Clayton, Victoria: Monash Papers on Southeast Asia, 1990), p. 82.

猜测，这样的屠杀应该是使用了毁灭性的现代科技，比如一些高能火器、飞机轰炸、毒气或化学武器等，但事实却并非如此。如20世纪下半叶大部分屠杀事件一般，印度尼西亚的屠杀采用了最为基础的工具，并未依赖无线电、枪支、机动车辆之外的其他复杂科技。相对于德国纳粹的屠杀，它更类似于卢旺达或是柬埔寨的大屠杀。的确有一些人死于自动化武器，但绝大多数的人是被小刀、镰刀、砍刀、利剑、锥子、竹枪、铁棒或者其他日常工具击毙。有少部分人死在军队或警察拘留所里，而大部分人死于一个个独立的屠杀场所（种植园、沟壑、稻田，或是海滩、河床等），这些地点遍布在群岛每一个角落的成千上万个村庄里。

同时，除了少数例外，屠杀活动并非随机进行，也不是在无意识状态下展开的。相反，所有屠杀行动都涉及鉴别嫌疑人和处置幸存者等过程，这些都是需要高度组织性的行为。他们十分明确，在大多数情况下，受害者就是被扣押的人。这表明，杀人就是在处决囚犯。正如鲁萨所指出的那样，"反共屠杀的方式五花八门，然而也有人发现，在解决被俘虏者的时候，各个地区之间仍存在一些显著的共性"。[①] 军队审问人、反共组织或为其提供帮助的外国大使馆整理逮捕名单，屠杀常常基于这些名单进行。嫌疑人常常在夜晚遭到围捕，之后被绑起来，蒙住双眼，用卡车带到屠杀地。在那里，嫌疑人被要求在大坑前、河床边或是沟壑的边缘排好队。紧接着，他们可能会遭到射击、用坚硬的工具敲打或猛砍直至死去，尸体则被扔进洞中、水里或沟壑里。

[①] Roosa, "State of Knowledge," p. 19. 杰斯·梅尔文指出在亚齐地区有类似的情况（Jess Melvin points to a similar pattern in the context of Aceh），参见 Jess Melvin, "Mechanics of Mass Murder: How the Indonesian Military Initiated and Implemented the Indonesian Genocide—The Case of Aceh" (PhD diss., University of Melbourne, 2014); Jess Melvin, "Documenting Genocide," *Inside Indonesia* 122 (October–December 2015)。

图 5.2　在东爪哇茉莉芬附近的马吉丹（Magetan），
被俘的印尼共产党员被一名士兵用刺刀处决，
1948 年
(Leiden University Library)

受害者就是被拘禁者，因此杀人实际上就是在处决囚犯。这一事实可以在全国各地的目击者和施暴者的证言中得到印证。1965年11月，英国军官查尼（K. L. Charney）提供了一份源于东爪哇的资料，这些信息是他从一位印尼军官处得到的：

第五章 大屠杀

　　大量印尼共产党人遭到杀害，男女都有。[文字缺失]说他认识一同参加屠杀的审问人头目（他告诉了我一些着实令人害怕的细节，此处不赘述）。有些受害者看起来永远不会悔过，施暴者会向他们提供小刀，以了结自己的生命。但大部分受害者都拒绝了这一方式，施暴者命令他们转过身去，从背后射杀他们。当[文字缺失]被问到为何参与屠杀行动时，他回答道，当他听到和看到他曾经听说的东西，他就会认为，去了结那些"畜生都不如的东西"是一种责任。①

瑞典大使哈拉尔德·埃德尔斯坦（Harald Edelstam）在1966年2月对东爪哇进行了考察，同样对东爪哇巴苏鲁安附近有组织的屠杀有所记录：

　　当时，有两位英国纺织工程师在印度尼西亚泗水以南40公里的巴苏鲁安帮忙建设纺织工厂。圣诞节期间，他们收到观看屠杀共产党人行动的邀请。有近三分之一的工厂建筑工人是共产党成员，他们在这一时期全部被杀害。根据当地共产党成员的花名册，军队提前挑出了这些受害者。②

---

① 队长查尼（K. L. Charney）的报告，隶属雅加达英国大使馆，"雅加达（Murray）致英国外交部（Peck）"，1965年11月25日，FO 371/180325，UKNA。
② H. Edelstam to Nilsson（Foreign Minister），"Utrotningen av kommunistpartieti Indonesien，"February 21, 1966, UA/HP 1/XI, Riksarkivet. 名单的使用被广泛报道。正如一个北苏门答腊杀人小队的指挥官在之后证明的那样，"我们在清洗共产党人的3个月时间里，夜以继日。我们会将他们带到2英里之外的地方，挖一个洞将他们活埋。我们将会得到一份名单，之后将上面的人带到蛇河边。每天晚上我都会签署一份名单"。奥本海默：《沉默之像》（0：49）。

杀戮季节：1965—1966年印度尼西亚大屠杀历史

图5.3 在东爪哇茉莉芬附近的马吉丹，
被俘的印尼共产党在被共和国士兵处决后尸体躺在壕沟里，
1948年

(Leiden University Library)

一位目击者描述了1965年12月初一场发生在中爪哇梭罗郊外的由军人主导的屠杀：

> 当时，我们在从卡朗安雅（Karanganyar）回梭罗的路

第五章 大屠杀

上。经过梭罗河时，我看到许多被绑住手脚的人……我当时就在想，这是发生了什么……我很疑惑。之后，囚犯与军人之间进行了一些交流……突然，这些囚犯就遭到了射击。在射杀之后，他们的尸体就被直接扔进了梭罗河中。这个地方正好是在铁路桥的底下。①

1966年中，在北苏门答腊棉兰附近的固特异橡胶种植园，园主把上百名种植工人遭到拘禁的遭遇告诉了瑞典大使："每周六晚，都有好几辆卡车开到种植园，将上百名工人带到种植园总部附近的桥边。他们在桥上用丛林刀杀害了这些工人，并将尸体直接扔进河中。"②

北苏门答腊蛇河（Sungai Ular）一个地区的前杀人小队头目也有过类似的描述："每天晚上，我们都会用卡车载着按照名录抓捕的人到蛇河边。卡车停在岸边，我们将囚犯拉下车，把他们带到下游100米处。有些人会尖叫，或者大哭，还有人会求饶。我们在卡车上就开始对他们拳打脚踢，使他们在到达时无法逃跑。"③

来自亚齐司马威（Lhokseumawe）地区的一位目击者也对这种针对囚犯的有组织的屠杀进行了相似的描述：

---

① Wardaya, *Truth Will Out*, p. 127. 关于士兵在中爪哇克拉登附近威迪河岸进行屠杀的记载（For a smiliar account, involving a mass killing by soldiers on the banks of the Wedi River near Klaten, Central Java），参见 Wardaya, *Truth Will Out*, p. 57。

② 埃德尔斯坦致伯格斯特伦（H. Bergström），"Likvideringavkommunisterpånorra Sumatra, Indonesien," 1966年6月16日，UA/HP 1/XI, Riksarkivet。将犯人运送到处决地常常会使用卡车，这在目击者和刽子手的描述里是很常见的。根据一位印尼记者索研，普沃达迪地区的一位官员告诉他，"当这些囚犯们被集合起来，他们就每天晚上带走75人，分成两组。在犯人变少之后，他们就每周六晚上带走75人"。Maskun Iskandar, 记录于 Robert Cribb, "The Indonesian Massacres," in Samuel Totten and William S. Parsons（eds.），*Century of Genocide: Critical Essays and Eyewitness Accounts*, 3rd ed.（New York: Routledge, 2009），p. 259。

③ 奥本海默：《沉默之像》（0:24）。

> 那些遭到逮捕扭送进监狱的共产党囚犯在半夜被带到了祷告者之屋（Meunasah Lhok）（距离司马威沿海 30 公里处一个地方）。之后，在那里会有一些本地军事指挥部（Koramil）提前挑选出当地平民作为屠杀执行人。杀害了这些囚犯之后，施暴者们会挖一个洞，将尸体全部都埋进去。①

一份来自一位农民的证词，同样强调了这些屠杀活动的组织性。他目睹了距离东边几百英里的西帝汶的一场持续了三天的屠杀活动：

> 囚犯们被直接扔到了地上，"像是一个个米袋子一样，有些人头着了地，有些是臀部着地"。他们命令好事的旁观者拽住囚犯，每四个人抓着一个囚犯。士兵会叫号，之后囚犯们被一个个带到（提前挖好的）洞口边站着，他们对着囚犯的后脑来上一枪，尸体随后滚落到洞中。②

这样的记载与一位参与西帝汶屠杀共产党囚犯的警察官的描述基本一致：

> 他们命令这些囚徒在白天挖好自己的坟墓。枪决常常在晚上进行。在带到处决地之前，囚徒们就已经被打得青一块紫一块了。之后他们的手被绑起来，扭送上卡车。带到处决地后，囚徒们被蒙住双眼背对着坟墓站着，面向枪决小队。在那之后，他们遭到射杀，尸体被推进洞中。这

---

① Cited in Melvin, "Mechanics of Mass Murder," p. 188.
② Gerry van Klinken, The Making of Middle Indonesia: Middle Classes in Kupang Town, 1930s–1980s (Leiden: Brill, 2014), pp. 246–247.

第五章　大屠杀

些负责开枪的施暴者都有自己的配额。而军队和警察也都有自己的配额。①

除了极具组织性，刽子手和目击者们的记录还强调了这些屠杀活动耸人听闻的残忍。一个来自北苏门答腊的前屠杀小队成员对多种屠杀方式做出了下述总结："我们将木棍捅进他们的肛门直到他们死去……用木头压碎他们的脖子、用车子向他们轧过去。我们这么做得到了允许。证据就是，我们用这些方法杀人，从来不会受到惩罚。"②

一个来自同一地区的屠杀小队头目对杀害一个囚徒的过程有如下描述："我的部下们害怕血，所以我像这样掐住囚犯的喉咙，他的舌头就伸出来了。（我就对部下说）'看，是他要求（我们）这么做的'。然后我就将他撕裂，他的肠子都露出来了。"③ 一个施暴者描述了他如何杀害玛琅图伦（Turen）地区的印尼共产党的领导人苏沃托（Suwoto），同样直接，也同样残忍："苏沃托在逃跑。我们都想抓住他。我们用一把宽刃刀（*machete*，砍刀）砍向他，从背后将他砍成两半，伤口一直延伸到胸部。他摔到了地上，身体剧烈抽搐，然后死去。苏沃托的尸体就这样留在了原地。"④

这些死者的尸体（如果有的话）几乎得不到适当的安葬，这也许是为了突出这些受害者低人一等，或是为了让人对这些囚徒的命运感到困惑不解。大部分尸体都被投到了干井中，抛到海里、河里，或是沟壑里，还有一些被扔到了灌溉沟渠中或者是埋在做坟墓

---

① "Beny: The Search for Healing," in Sukanta, *Breaking the Silence*, p. 27. 一份巴厘岛相似的记录，参见 "Permadi: A Life in Painting," in Sukanta, *Breaking the Silence*, p. 133.

② 奥本海默：《杀戮演绎》（2：05）。

③ 奥本海默：《沉默之像》（0：02）。

④ Agus Sunyoto, Miftahul Ulum, H. Abu Muslih, and Imam Kusnin Ahmad, *Banser Berjihad Menumpas PKI* (Tulungagung: Lembaga Kajian dan Pengembangan Pimpinan Wilayah Gerakan Pemuda Ansor Jawa Timur and Pesulukan Thoriqoh Agung Tulungagung, 1996), p. 129.

用的大坑内。一个西方记者描述道,听说在巴厘岛的克隆孔(Klungkung)地区有一个海滩,那里埋了约1500人。另一位记者报道,在巴厘岛的珍布拉娜(Jembrana)地区,成千上万的尸体被扔到了集体坟墓里或是直接丢进了海里。①

其中最为臭名昭著的例子是,过多的尸体曾堵住了东爪哇的布兰塔斯河(Brantas)。其中一些尸体就这样漂在水面上,有一些绑着竹子,还有一些则胡乱地堆在木筏上。② 一个居住在附近的居民在所谓政变后一直诚惶诚恐地躲在这边。后来他这么描述这一场景,"(1965年)11月,雨季来了。河水翻滚着,混合着大量泥沙、杂草、树叶、四肢,还有那些无头尸体"。③ 一位与印尼共产党毫无关系的目击者则提供了更多令人胆寒的细节:

> 通常情况下,这些尸体看起来已经很难说他是一个人。没有头,肚子被剖开。散发着令人难以置信的恶臭。为了确保尸体不会沉下去,他们会故意将这些尸体捆绑或是刺穿在竹子上。这些尸体随意地堆在木筏上,印尼共旗帜在木筏上"自豪"地飘扬。这些木筏从谏义里地区出发漂流到布兰塔斯河,这是他们的"黄金年代"。④

这些记载都很明确地表明,那些受害者通常都遭到斩首或是肢解。实际上,这些无头或者被肢解的囚犯都曾出现在全国各地目击

---

① Geoffrey Robinson, *The Dark Side of Paradise: Political Violence in Bali* (Ithaca, NY: Cornell University Press, 1995), p. 301.

② See Olle Törnquist, *Dilemmas of Third World Communism: The Destruction of the PKI in Indonesia* (London: Zed Books, 1985), pp. 233–234; Sunyoto, et al., *Banser Berjihad* 153. Also see Pipit Rochijat, "Am I PKI or Non-PKI?" trans. Benedict Anderson, *Indonesia* 40 (October 1985): 37–56.

③ Anonymous, "On the Banks of the Brantas," in Cribb, "Indonesian Massacres," p. 249.

④ Rochijat, "Am I PKI or Non-PKI?" p. 44.

第五章　大屠杀

者和施暴者的记录里。而这些无头尸体以及身体的各个部位则留在了各个公共场所。1965年12月中旬，一位英国大使馆官员报道了他与一名东爪哇地区纺织工厂雇员罗斯·泰勒（Ross Taylor）的对话，他写道：

> 大约两个星期之前，泰勒在工厂院子住处边的溪流岸边晨起散步时，惊恐地发现了三具无头尸漂浮在溪水中，其中有一位女性。往前走不远，有六七个头整齐地堆放在一座小桥的栏杆上。再往前一些，有一群小孩正在用竹竿的一端"帮助"其他几具无头尸体滚入溪水中。泰勒团队的另一位成员，在某个夜晚与朋友畅谈结束后，骑着自己的小轮摩托车往家中走，路途中，他震惊地发现车前灯径直地照射在一座用人头"装饰"的路边的里程碑上。那里距离他们的工厂仅有一小段路程。①

一份来自东爪哇外南梦（Banyuwangi）的记录描绘了相同的场景：

> 他们用绳索勒住了受害者的脖子，将身体坐放在主路边的树下。有时候，他们砍了受害者的头，将尸体随意遗弃在路中间，头颅则带到其他地方。这些杀戮活动常常发

---

① Geoffrey Windle Memo on Situation in East Java, Appended to British Embassy (Cambridge) to Foreign Office (Tonkin), December 16, 1965, FO 371/180325, UKNA. 一位当地居民也有类似的陈述："在某些时候，通往科托克（Kotok）山的道路上到处陈列着印尼共产党人的头，""Am I PKI or Non-PKI?," p. 44。

生在路边或是河床边上，而尸体填埋到集体坟墓中。①

无独有偶，一个地方治安维护小队的成员讲述了他们 1965 年 10 月中旬在谏义里对某些印尼共产党成员施行就地处决，他提到某位成员使用印尼剑（*Kelewang*）杀人的方式，"每一次他右手握着刀向下砍去，就有一个印尼共产党员的头被砍下"。② 有一位目击者在之后写下了伊联青年团对一个老教师穆克达尔（Mukdar）先生进行就地处决以及斩首行动的经过："他的手被捆住，头被来自泗水威勇地区（Wiyung）的伊联青年团年轻人雷约（Rejo）砍下。雷约了结了这个已经失去意识的虚弱老人的生命……他将头取下放到麻袋中。然后把他的尸体拖拽到河边，扔了下去。就在我面前的这个地方，他的尸体被缓缓冲走。"③

在关于巴厘岛屠杀活动的报道中，肢解和砍头也频繁地被人提及。记者唐·莫瑟（Don Moser）描述了克隆孔海滩上一位印尼农民阵线（印尼共附属组织）成员惨遭朋友杀害的场景："阿里拿着他的大砍刀（*parang*，短刃剑，像一把在田地里收割的刀子）割下了他朋友的左耳，接着是右耳，之后是鼻子。最后，他高高举起砍刀，将他朋友的头砍了下来。"④

---

① Anonymous, "Additional Data on Counter-Revolutionary Cruelty in Indonesia, Especially in East Java," in *The Indonesian Killings, 1965-1966: Studies from Java and Bali*, Robert Cribb (ed.), No. 21 (Clayton, Victoria: Monash Papers on Southeast Asia, 1990), p. 174. 根据一份东爪哇帕尔（Pare）地区的记录，"受害者被装上卡车，之后被扔进一些事先挖好的大坑里。他们的头被爪哇士兵用大砍刀砍下"，Rochijat, "Am I PKI or Non-PKI?" p. 45。

② Cited in Sunyoto, et al., *Banser Berjihad*, p. 136.

③ 这位作者还描述了处决一个自行车老修理工的场景："他哭喊着，但因为他不能保持安静，他们用一块泥土堵住了他的嘴，雷约开始行动，他的大砍刀砍下了受害者——一个独眼的、手无缚鸡之力的自行车修理工——的脖子，之后，受害者的头被装进了麻袋里。" Anonymous, "On the Banks of the Brantas," pp. 250-251。

④ Don Moser, cited in Robinson, *Dark Side of Paradise*, p. 299. Moser 也曾报道过一位巴厘岛的偏左的县长（Bupati）的命运，他被军队拘捕并在囚禁时被处决。在同一天稍晚时候，一个参与其中的士兵见到了一个包裹着这个县长耳朵、手指和头的纸包。

第五章 大屠杀

一个北苏门答腊的种植园经理人告诉棉兰的美国领事官员："在过去的几周里，至少有100具无头尸遭遗弃在了他的庄园里。"①一位来自亚齐的目击者回忆道，他看到一个叫劳夫（Rauf）的男性的头颅"卡在杆子的一端，悬挂在吉普车车头……（并且）在城镇里游行……有人站在车上，军人、所有人……这是一个规模巨大的游行……我的孩子也跟着去了，在城镇里游行。我亲眼看见的，一个头被放在车子的上面。喔，至上的主啊！"②

在公共场合摆放陈列着这些尸体、头，以及其他的身体部位就是为了散布恐慌情绪。③ 一个来自北苏门答腊的施暴者的故事就是很好的例子。他告诉电影制作人奥本海默："我把一个女人的头颅带进一个华人商店，那些华人就会尖叫。"当被问到为何要这么做时，他回答道："这样子他们就会害怕。"④ 出于同样的目的，几乎可以确定，想要散播恐慌情绪是当局时常举行公开处决的原因。在东努沙登加拉省的英德（Ende）城里发生过一个尤其令人胆寒的事件。有一个当地的印尼共产党官员在那里被公开肢解毁尸和焚烧致死。格里·范·克林肯（Gerry van Klinken）对这一场景有如下描述：

> 军队将他逮捕后，在中心纪念碑上张贴了告示，告知公众处决时间与处决地点。处决由伊联青年团的穆斯林激进分子在日间进行。前往丹绒海角的路上……施暴者用剃刀削他，并且将他扔在地上拖着走。奄奄一息的他沉默着面对着火焰，而这一切都有大量人群围观。⑤

---

① Cited in Tsai and Kammen, "Anti-Communist Violence," p. 146.
② Cited in Melvin, "Mechanics of Mass Murder," p. 153.
③ 罗伯特·克里布（Cribb）写道，这些对于尸体和其他身体部位的陈列"强调了屠杀的为了制造恐怖以及为了消灭敌人的目的"。Cribb, "Indonesian Massacres," p. 248.
④ 奥本海默：《沉默之像》（1：20）。
⑤ Gerry van Klinken, *Making of Middle Indonesia*, pp. 243-244.

女性也会遭受相同的对待，尤其是当她们真正加入了印尼妇女运动或其他印尼共产党的附属机构，甚至只是疑似这些组织的成员的时候。有些女性在被杀死之前还遭到强奸，之后被小刀、镰刀肢解。一个东爪哇谏义里地区的伊联全能青年旅①指挥官有过这样的记录，他描述了一个男性在他的队伍里杀害了一个印尼妇女运动成员。"在那些被监禁的印尼妇女运动成员中，有一位非常漂亮的女性，叫贾西亚（Jamsiah）。在这一切发生时，她坚持自己的信仰，她认为印尼共产党在所有的方面都是最好的。后来，他们将贾西亚挑出来，带到位于加东岸（Gadungan）的松博巴葛（Sumberbage）森林中。她强烈反抗，但是最终被伊联全能青年旅砍成两半"。②

一份来自东爪哇的勿里达（Blitar）地区的记录叙述了另一个印尼妇女运动成员被奸杀的故事。"贾皮克（Japik）是当地一个妇女运动分部的领导，同时也是印尼教师协会非工会联合会（PGRI Non Vaksentral）成员之一。③ 她与自己的丈夫朱马迪（Djumadi）一起被杀害……他们仅仅结婚了35天。她遭到了强奸，身体从胸部到阴道都撕裂了。这都是伊联青年团干的。"④

有一份来自东爪哇马朗地区政权的记录描述了降临在女印尼共产党员身上的相同的命运：

> 新柯沙里（Singosari）地区登戈尔（Dengkol）村村长欧瑞普·卡尔松（Oerip Kalsum）是一名印尼共产党员。在遭到杀害之前，他们要求她脱掉衣服。她的身体和灵魂

---

① 伊联全能青年旅是伊联青年团下属的民兵组织。——译者注
② Cited in *Sunyoto, et al.*, *Banser Berjihad*, p. 155.
③ 印尼教师协会非工会联合会（PGRI Non Vaksentral）为受印尼共领导的印尼教师协会（PGRI）分会。——译者注
④ Anonymous, "Additional Data," p. 172.

都遭到了火焰的摧残。之后，她被绑起来，带到拉万（Lawang）地区的森通村，在那里他们用绳索将她的脖子捆住，之后乱刀砍死。①

正如这些例子所展示的，性暴力成为许多屠杀活动的显著标志。女性遭遇了更为骇人听闻的暴力，而男性也同样遭受着虐待。举例来说，某些行为似乎在模仿那些与六个将军遭到虐待相关的错误言论，有些男性因此遭到了阉割。1970年的某个时候汇编的一份匿名记录描述了1965年末1966年初发生在东爪哇外南梦地区的暴力行为：

> 在多数时候，刀子从阴道捅入，直到刺穿肚子。她们的头和胸部被砍下，挂在警卫室边上……男性受害者则被砍下阴茎，挂在围护桩上。人民青年成员的头颅被砍下，放置在路边的竹桩上，或是吊在树上。②

皮皮特·罗契亚特（Pipit Rochijat）提供了一份关于东爪哇的记录，描绘了东爪哇谏义里附近红灯区同样令人胆寒的场景。"对共产党的清肃活动刚一开始，客人们便不再到这儿来寻欢。原因是大多数宾客和妓女们都很害怕，因为有大量的男共产党员的生殖器被悬挂在房子的前面，像是一根根待售的香蕉。"③

近期，一些在北苏门答腊积极参与屠杀活动的男性提供了类似的证据，描述了他们如何对待拘留所中的男女。例如，两位前杀人小队成员在回忆他们在蛇河边的处决场景时，描述了他们如何阉割

---

① Anonymous, "Additional Data," p. 171.

② Anonymous, "Additional Data," p. 175. 来自北苏门答腊的施暴者同样提到了刺穿女性的肚子以及割下她们的乳房。参见奥本海默：《沉默之像》（0∶18, 0∶37）。

③ Rochijat, "Am I PKI or Non-PKI?" p. 44.

一个名叫拉姆利（Ramli）的年轻男子。"我们不停地砍着拉姆利，并且像这样戳他直到他快要死去。然后我们把他推下河。他紧紧地抓住树根，不停哀求'救救我！'因此，我们将他拉了上来，割掉他的阴茎，让他真正死去"。①

再现这些令人发指的证据并非为了让人感到震惊和不适，而是因为它们提供了与1965—1966年屠杀的性质、方式相关的重要线索。这些证据清晰地告诉我们，这些杀人事件绝不是随机或自发的。相反，这些证据强调了这些屠杀行为具有高度的组织性和计划性。这些屠杀绝非仅受情绪或盛行的愤怒所驱动，而是精心计划下的即刻执行。同时，这些证据强调了广泛分布在不同地区施暴者们采取的相同的杀人方式，均包括蓄意的暴行、斩首、肢解、陈列尸体以及性暴力。实际上，这些证据还展示了那些全国各地负责屠杀的小团体所采用的独特却一致的暴力行为，这是一种为了向左翼分子以及更广泛人群制造恐怖而特意设计的手段。这些屠杀的例子也提供了一些有关施暴者身份以及他们的驱动力的重要线索。

谁杀了他们？

正如不能简单看待受害者一样，我们也不能简单地通过种族或宗教来界定这些施暴者，还需要考虑到他们的政治背景及他们的意识形态。诚然，在这些杀人活动中，最令人震惊且可以因此将印尼的这次屠杀与其他大屠杀加以区别的是：这些施暴者和受害者几乎总是来自相同种族和相同宗教。也就是说，爪哇的穆斯林杀害了爪哇的穆斯林，巴厘岛的印度徒杀害了巴厘岛的印度徒，巴达克的新教徒杀害了巴达克的新教徒，弗洛勒斯岛的天主教徒害了弗洛勒斯

---

① 奥本海默：《沉默之像》（0：59）。

第五章 大屠杀

岛的天主教徒等。事实上,这些杀人者与受害人还不只是来自广义上的同一个种族或者宗教团体;他们常常来自同一个村庄,同一个社区,有时候甚至是同一个家庭。除了一些例外(比如对于印尼华人的攻击),我们并不能通过种族、人种或是宗教信仰将施暴者与受害群体区分开来。

施暴者政治与意识形态的中心地位(相较于宗教或是种族因素)更需要纳入考虑,因为这是将印尼的这次屠杀与其他屠杀区分开来的关键。同时,这也是因为针对这次屠杀的既有研究中,多数的关注点常常集中于伊斯兰教在这次屠杀行动中所扮演的角色上。伊斯兰教的领袖、符号、话语常有助于挑起并推动杀人活动的进行。诚然,大部分杀人活动是由穆斯林进行的,某些人也常常利用伊斯兰教的符号和观念煽动暴力且为之辩护,然而,这些情况出现在一个有着近85%穆斯林人口的国家中,其实并不令人惊讶。更重要的一点是,印尼所有主要的宗教信徒,尤其是天主教、新教和印度教的信徒,也都参与了杀人活动,并且利用宗教符号和权威来煽动暴力以及为暴力行为辩护。值得一提的是,在伊斯兰化程度极深的西爪哇省,相对来说杀人事件还稍少一些。这个情况与之前最流行的解释恰恰相反,从广义上讲,虽然宗教象征和身份认同的因素无疑在其中起到了一定的作用,但伊斯兰教并不是大屠杀背后的主要驱动力。

抛开他们的种族和宗教归属,甚至跳脱出他们共有的政治和意识形态倾向,我们会发现,这些施暴者几乎都从属于军队、准军事部队或是义务警员组织。[1] 这些杀了人的施暴者要么是军人、民防组织成员,要么从属于众多受到"粉碎九三〇政变"和印尼共产党运动鼓动的反共产党军事集团或学生组织。这些制度化的联系及其

---

[1] 目击者、幸存者和刽子手们的证言都一致指向这重要的一点。参见库尔尼亚万等编著《大屠杀》(Kurniawan, et al., *Massacres*)中的刽子手的证言。另见 Wardaya, *Truth Will Out*; Sukanta, *Breaking the Silence* 中目击者、幸存者和刽子手的证言。

杀戮季节：1965—1966年印度尼西亚大屠杀历史

造成的社会心理影响可以解释杀人者的态度和行为。的确，我认为很有可能这些组织的成员接受并吸收了各式各样的鼓吹极端暴力的机构文化，并且从这些组织教授的技能中学习并使用了特定的暴力手段。这么说来，印度尼西亚的施暴者与克里斯托弗·布朗宁（Christopher Browning）在《平民如何变成屠夫》（*Ordinary Men*）一书中描述的德国预备警察营成员并无不同。① 在这两个事件中，组织煽动、政权压力，以及恐惧情绪交织在一起，使那些原本不会这么做的平民最终还是动了手。

然而，军队和准军事组织在1965—1966年屠杀中的重要性绝不仅仅体现在社会心理影响和组织推动力上。上述材料可以表明，更为重要的是，绝大多数的杀人事件是由军队发起和组织的。官方声称，1965—1966年的暴力事件是一场由群众对印尼共的愤怒激起的自发性事件。然而事实并非如此，实情也与之前学界广泛接受的解释相悖。这些杀人事件主要是由当地局势推动、由地方暴力人群所领导的（上文的证据以及第六章的更多细节可以说明），军队在暴力行动中扮演着主要的煽动者和组织者的角色。

在军队里，个别部队单位明显更积极地参与了杀人行动。其中最为臭名昭著的部队当属陆军突击队军团（RPKAD）。这支训练有素的特种部队在屠杀行动中扮演着最直接的角色，他们在中爪哇地区和巴厘岛犯下了累累罪行。② 当然，其他的武装部队也参与其中，负责抓捕、审讯和杀害所谓的共产党员。相比之下，警察部队、海军陆战队和海军则较少地参与其中。空军部队被认定是对左派怀有同情的势力（实际上可能的确如此），并且被怀疑参与了九三〇运

---

① Christopher R. Browning, *Ordinary Men: Reserve Police Battalion 101 and the Final Solution in Poland* (New York: Harper Collins, 1993).

② 更多关于陆军突击队军团在屠杀中扮演的角色的细节和具有揭露性的证据，参见 David Jenkins and Douglas Kammen, "The Army Para-Commando Regiment and the Reign of Terror in Central Java and Bali," in Douglas Kammen and Katharine McGregor (eds.), *The Contours of Mass Violence in Indonesia, 1965-1968* (Singapore: NUS Press, 2012), pp. 75-103。

动，因此他们被排除在这些行动之外，在这次屠杀运动中基本没有发挥作用。

在义务警员团体中，参与最积极的是那些与其中一个或是多个反共政党或宗教机构有联系的武装青年团体。这些组织包括伊联的青年团及其全能青年旅，印尼民族党的民主青年团（Pemuda Demokrat）和平民主义青年团——在巴厘岛被称为"平民主义之盾"（Tameng Marhaenis），印尼自由维护者联盟（Ikatan Pendukung Kemerdekaan Indonesia）的建国五基青年团①和天主教党的天主教青年团（Pemuda Katolik）。同时，在某些地区，有着各式各样宗教信仰的学生运动表现十分活跃，例如，马斯由美党的附属组织伊斯兰大学生联盟，天主教大学学生会和印度尼西亚基督教学生运动。这些组织机构时常开展活动，例如组织大型集会、签署请愿书、破坏房屋和办公场所，或是殴打所谓的左翼分子。然而，当涉及杀人时，他们很少单独行动。除了少数例外，他们几乎只在军方的命令下杀人。

他们在哪儿被杀害？何时被杀害？

虽说这些杀人运动发生在全国各地几乎每一个角落，但还是相对集中于人口密集的几个省份，如中爪哇、东爪哇、巴厘、北苏门

---

① 建国五基青年团（Pemuda Pancasila）是一个反共准军事组织，经常在军方的纵容和支持下从事不法暴力活动。——译者注

杀戮季节:1965—1966 年印度尼西亚大屠杀历史

答腊、亚齐以及东努沙登加拉省的一些区域。① 大屠杀在某些地方明显较少出现,例如首都雅加达以及西爪哇省。② 在时机选择上,各个地区也有所不同。在某些地区,所谓的政变发生后短短几天时间,就开始了最早的屠杀运动。而一些其他地区则延后了几周甚至是几个月。然而,值得注意的是,无论何时开始,这些屠杀都像是上了发条一样几周内就会结束。即使最惨绝人寰的屠杀在 1966 年

---

① 关于这些模式,仍有许多的方面我们并不了解,尤其是在爪哇和巴厘岛之外的地方,但通过对一些具有代表性的地区进行研究,我们仍可以极大地提升我们对这些问题的理解。中爪哇的例子,参见 Margot Lyon, *Bases of Conflict in Rural Java* (Berkeley, CA: Center for South and Southeast Asia Studies, Research Monograph No. 3, 1970); Young, "Local and National Influences in the Violence of 1965"; Jenkins and Kammen, "Army Para-Commando Regiment"; 东爪哇的例子,参见 Robert W. Hefner, *The Political Economy of Mountain Java: An Interpretive History* (Berkeley: University of California Press, 1990); Greg Fealy and Katharine McGregor, "East Java and the Role of Nahdlatul Ulama in the 1965–66 Anti-Communist Violence," in Douglas Kammen and Katharine McGregor (eds.), *The Contours of Mass Violence in Indonesia, 1965–68* (Singapore: NUS Press, 2012), 104–130; Hermawan Sulistyo, "The Forgotten Years: The Missing History of Indonesia's Mass Slaughter" (PhD diss. , Arizona State University, 1997); Siddharth Chandra, "New Findings on the Indonesian Killings of 1965–66," *Journal of Asian Studies* 76, no. 4 (November 2017)。泗水的情况,参见 Dahlia G. Setiyawan, "The Cold War in the City of Heroes: U. S. -Indonesian Relations and Anti-Communist Operations in Surabaya, 1963–1965" (PhD diss. , University of California at Los Angeles, 2014); Robbie Peters, *Surabaya, 1945 – 2010: Neighbourhood, State, and Economy in Indonesia's City of Struggle* (Singapore: NUS Press, 2013)。巴厘岛的情况,参见 Geoffrey Robinson, *The Dark Side of Paradise: Political Violence in Bali* (Ithaca, NY: Cornell University Press, 1995); I Ngurah Suryawan, *Ladang Hitam di Pulau Dewata: Pembantaian Massal di Bali 1965* (Yogyakarta: Galang Press, 2007); Leslie Dwyer, "The Intimacy of Terror: Gender and the Violence of 1965–66 in Bali," *Intersections: Gender, History, and Culture in the Asian Context 10* (August 2004)。亚齐部分,参见 Melvin, "Mechanics of Mass Murder," 北苏门答腊的情况,参见 On North Sumatra, see Tsai and Kammen, "Anti Communist Violence"。印尼东部的情况,参见 Gerry van Klinken, *The Making of Middle Indonesia: Middle Classes in Kupang Town, 1930s–1980s* (Leiden: Brill, 2014); John M. Prior, "The Silent Scream of a Silenced History: Part One. The Maumere Massacre of 1966," *Exchange: Journal of Missiological and Ecumenical Research* 40, no. 2 (2011): 117 – 143; Steven Farram, "The PKI in West Timor and Nusa Tenggara Timur, 1965 and Beyond," *Bijdragen tot de Taal-, Land-en Volkenkunde* 166, no. 4 (2010): 381–403。

② 西爪哇的情况,参见 Nina Herlina, "'Tata Sunda' Digonceng Konflik Sosial Politik," *Malam Bencana 1965 Dalam Belitan Krisis Nasional: Bagian II, Konflik Lokal*, Taufik Abdullah, Sukri Abdurrachman & Restu Gunawan (ed.) (Jakarta: Yayasan Pustaka Obor Indonesia, 2012), pp. 51–78。

中就已经结束,但在某些地区,这种暴力事件却一直持续发酵,直到1968年才完全停止。①

所有已知证据显示,大屠杀最早开始于亚齐。这场屠杀在"政变"之后的几天内就开始了。屠杀在1965年11月前后突然结束,约1万人遇害。② 在临近亚齐的北苏门答腊地区,尽管局势一直较为紧张并且存在一些暴力事件,但直到1965年11月初才开始出现大规模屠杀运动。此后,暴力行动在棉兰市迅速蔓延,在众多农业庄园和种植园中出现。到1966年3月,至少有4万人在那里死去,而真实数字可能是这一数字的两倍之多。③ 在人口较为密集的中爪哇省,大屠杀约从10月的第三个星期开始,持续到了1966年中。死亡人数尚无确切数值,但估计有14万人死于屠杀,这一数字也得到了广泛认可。④ 在临近的东爪哇省,有组织的暴力事件在11月接二连三地出现,尤其高度集中在谏义里、勿里达和岩望

---

① 1967—1968年,在中爪哇普沃达迪(Purwodadi)和东爪哇勿里达地区的反共军队的操纵下,这些地区又重现屠杀苗头,但这些可能是由另外的动力推动。普沃达迪的军队行为,参见 Maskun Iskandar, "Purwodadi: Area of Death," in Robert Cribb (ed.), *The Indonesian Killings, 1965 - 1966: Studies from Java and Bali*, No. 21 (Clayton, Victoria: Monash Papers on Southeast Asia, 1990), pp. 203 – 213. 勿里达的情况,参见 Vannessa Hearman, "Dismantling the Fortress: East Java and the Transition to Suharto's New Order Regime" (PhD diss. , University of Melbourne, 2012)。

② Melvin, "Documenting Genocide," Also see Jess Melvin, "Mechanics of Mass Murder: How the Indonesian Military Initiated and Implemented the Indonesian Genocide—The Case of Aceh" (PhD diss. , University of Melbourne, 2014).

③ 1966年5月,一位棉兰的英国领事提到有大约4万人死亡。Tsai and Kammen, "Anti-Communist Violence," p. 146. 几个月后,棉兰的瑞典名誉领事尼伯格(Nyberg)估计在亚齐和北苏门答腊有9万人被杀死。然而,一位瑞典的传教士认为仅仅是在北苏门答腊就有20万人被杀害。Edelstam to Bergström, "Likvidering av kommunisterpånorra Sumatra, Indonesien," 1966年6月16日, UA/HP 1/XI, Riksarkivet. 安·斯托勒(Ann Stoler)则表示在那儿有多达10万人被杀害。参见 Ann Laura Stoler, *Capitalism and Confrontation in Sumatra's Plantation Belt, 1870-1979* (New Haven, CT: Yale University Press, 1985)。

④ Douglas Kammen and Faizah Zakaria, "Detention in Mass Violence: Policy and Practice in Indonesia, 1965-1968," *Critical Asian Studies* 44, no. 3 (2012): 452.

(Pasuruan)城中，或是该省东北沿海地区的村落。① 自12月起，东爪哇的杀人运动逐渐平息，绝大部分在1966年中结束。屠杀运动结束时，大约有18万人死亡。② 1965年12月初，所谓企图政变后整整两个月，在巴厘岛开始了屠杀行动。在这个人数刚过百万的地方，近3个月时间内有8万人遭杀害。③ 一些其他地方的杀人事件要开始得更晚一些。例如，在印尼群岛东端遥远的东努沙登加拉省，直到1966年2月中旬才有屠杀运动出现。到了1966年5月中旬，屠杀就已经结束，有多达6000名疑似共产党员被杀害。④

这些暴力事件在地理上分布广泛，这表明屠杀运动并非单纯的地方冲突或是私人仇恨，而是有着一个更广阔和宏观的背景。与此同时，杀人活动的地理位置分布也有所不同（例如杀人活动尤其集中于亚齐、巴厘、中爪哇、东爪哇、北苏门答腊和东努沙登加拉，在雅加达和西爪哇却非常罕见），对其进行合理的解释是必要的。如果促成屠杀的力量是一种国家层面的指导、命令或推动，那么为

---

① 在对人口统计进行详细分析之后，钱德拉（Chandra）认为，在谏义里、勿里达和岩望的偏僻乡镇是受影响最严重的地方，以及有六个东北沿海地区（Sidoardjo, Pamekasan, Panarukan, Sampang, Sumenep, and Surabaya）受到了高于平均水平的人口锐减。参见 Chandra, "New Findings on the Indonesian Killings of 1965-66"。刽子手提供的证据表明，在外南梦、图隆阿贡和玛琅也有许多屠杀事件。参见 Sunyoto, et al., *Banser Berjihad*, p. 127。
② 根据一份1965年12月23日的澳大利亚大使馆的电报，德国官方估计截至当天，在东爪哇已经有7万人被杀害。参见 Jenkins 和 Kammen, "Army Para-Commando Regiment," 95。詹金斯和卡门提到在东爪哇所有的被杀害的人数是18万到20万。参见 Kammen and Zakaria, "Detention in Mass Violence," p. 452. Chandra 基于一个估计的175或169的总死亡人数，断定在东爪哇的被害者人数"很可能超过了15万"。参见 Chandra, "New Findings on the Indonesian Killings of 1965-66," *Journal of Asian Studies* 76, no. 4 (November 2017)。
③ 关于巴厘岛死亡总人数的探讨，参见 Robinson, *Dark Side of Paradise*, p. 273。
④ 格里·范·克林肯（Gerry van Klinken）提出这个6000人的数据是基于最新的证据和人口统计资料。参见 Gerry van Klinken, *Making of Middle Indonesia*, pp. 249-250。另可参见 John M. Prior, "The Silent Scream of a Silenced History: Part One. The Maumere Massacre of 1966," *Exchange: Journal of Missiological and Ecumenical Research* 40, no. 2 (2011): 117-143; Mery Kolimon, Liliya Wetangterah, & Karen Campbell-Nelson (ed.), *Forbidden Memories: Women's Experiences of 1965 in Eastern Indonesia*, trans. Jennifer Lindsay (Clayton, Victoria: Monash University Publishing, 2015); Farram, "The PKI in West Timor and Nusa Tenggara Timur, 1965"。

第五章　大屠杀

什么屠杀会多发于某些区域而非全部区域？换句话说，我们如何解释不同空间内的不同情况？

同样地，屠杀发生的时间差异也让人对事件的起因提出了疑问。在某些地区几乎是（在所谓政变之后）立即开始屠杀，而有些地区却延后了几个星期或是几个月。应该怎么解释这种不同？这种长时间的滞后至少可以表明，这些暴力事件不是完全自发的状态，而应该是由某种外部刺激所驱动。这种不同也迫使我们去思考其背后的真正原因。尤其是需要反思导致地区紧张局势升级为大规模屠杀的原因。

屠杀背后的思考

在过去50多年里，政府、记者以及学者们都在用不同方法，尝试对其中的几个问题进行解释。许多人都尝试结合印度尼西亚社会中的某种深层次文化、宗教或社会经济的特征与冲突来解释这次屠杀。① 那些尝试通过上述路径来寻找答案的人，通常认为潜在根源和长期冲突"激发"了大屠杀。虽然这样的解释有一定说服力，然而并没有足够证据（如种族灭绝或其他形式的大规模暴力活动）作为支撑。考虑到这一点，我想简要阐述一下自己对印尼屠杀事件的一些看法。

个体和群体心理

在研究1965—1966大屠杀的领域，大部分为人所知的书面证

---

① 有一位学者曾提出1965—1966年的暴力事件源于印度尼西亚是一个"极端暴力的社会"。参见 Christian Gerlach, *Extremely Violent Societies: Mass Violence in the Twentieth-century World* (Cambridge: Cambridge University Press, 2010) 。

据都集中关注施暴者（那些拘禁、折磨和杀害他人的士兵、民兵、义务警员和匪徒），以及那些因漠视和不作为助长暴力行为的旁观者。探究他们的个人的和心理学上的动机。这些证据都强调了一些诸如同侪压力、恐惧、对权威的服从、文化标准、复仇的因素。同时强调他们会积极参与或默许这些行为的发生，将其作为一次了结人与人之间罅隙的机会。

对于服从的压力，甚至到了杀人的地步，成为施暴者记述的有关1965—1966年屠杀自传或名义上虚构记录的中心主题。在一份记录中，一篇题为"死亡"（Death）的小故事在屠杀之后不久而作。故事主角描述了他面对着服从权威的社会压力和来自军方官员的煽动，想要抵抗，但这令人备受折磨，十分艰难。事实上，他最终并没有抵抗，而是参与了杀害他邻居的冷血活动，其中还包括了他的朋友拜迪（Baidi）。[①] 故事主角被绑着，蒙上双眼，被迫登上军用卡车，卡车将他带到了处决地，等待那些被拘禁的人，这时他反思了自己为何被牵扯其中：

> 我后悔到这儿来了。这座城市的军方司令官就住在我们的小区里。我们关系很好，他坚持让我来："这将是一次美好的体验，我的朋友。"我本可以拒绝，但我的朋友们在前几个晚上都去了，我觉得我落单了。阿里很坚持，让我很害怕但又很想去。我现在非常地苦恼，与我同行的图里告诉我，拜迪在另外一辆卡车上，这让我更加难受。

在回忆录和记述里，许多施暴者同样记述了他们怎样被强迫服从命令，以及如果不这么做会带来的后果。他们将对这种后果的惧怕称为他们加入杀人行列的最主要原因。例如，有一位来自西帝汶

---

① Sjoekoer, "Death," p. 24.

第五章 大屠杀

的警官解释了他为何参与杀人："苏哈托让我们杀了那些共产党员。我们当地的警察局长将这个指令传达到我们这里。在那个时候,没有人胆敢挑战这个指令的权威性。即使表达出对受害者们的一点怜悯之心,也会被看作同情共产党员,你就可能会被杀死。"①

对一些施暴者来说,除了被强迫服从命令,他们还会受其他一些观念的影响:例如,他们认为自己是在为"保卫国家"做贡献。奥本海默的电影《沉默之像》中有一名中年男子,他的侄子在1965年遇害,他向亲戚解释道,自己虽然看守着关押着侄子的监狱,并且很清楚侄子将遭遇什么,但是他无法干涉,因为他从属的民兵组织正在执行军队的指示。"粉碎九三〇运动指挥部(Komando Aksi)② 在军队的领导下,我也是。他们命我看守监狱,我也这么做了……我这么做是为了保护我的国家"。紧接着他被问道:为什么不劝说一下长官不要杀自己的侄子时,他回答道:"如果我这么做了,我也会被逮捕的。最好的行动就是服从命令。"③

一定会有许多人因为相同的原因被迫参与杀人行动,他们一样受到了来自当权者的压力,他们害怕,他们相信他们在为国家服务,他们不愿意为自己的同侪们站出来。④ 如果他们已是军队或者民兵组织的一员,并且十分清楚极端暴行意味着什么,那么就很容易意识到要想独善其身是多么艰难。这显然是布朗宁和希尔顿的研究结论中最清晰的部分,布朗宁对德国纳粹101后备警察营的研究

---

① Sukanta, *Breaking the Silence*, p. 26.
② 粉碎九三〇运动指挥部(Komando Aksi Pengganyangan Gerakan September Tiga Puluh, Komando Aksi, or KAP-Gestapu)是一个受军方支持的群众反共组织联合体,成员来自伊联、印尼自由维护者联盟和天主教党等组织。——译者注
③ 奥本海默:《沉默之像》(1:08)。
④ 有数不尽的实例表明来自全国各地的许多人都被迫加入了民兵队伍和杀人小队。一名来自亚齐的参与了大屠杀的学校教师做证,"我不同意,我只是一个老师……天哪,有许多人在尖叫,那些共产党人……我帮了忙(在某个行刑处),我不想这么做。我看到有一些人朝共产党人的头部重击。我的老天……他们被斩首了……在流血。"转引自 Melvin, "Mechanics of Mass Murder," p. 195。

187

以及希尔顿在《你为什么杀人?》(*Why Did You Kill?*) 一书中对红色高棉底层施暴者的研究都提出了这样的观点。

同时,也有许多人是为了寻求刺激而加入施暴行列,这与世界各地的年轻人加入帮派和军队的原因一致。他们想要寻求证明自己强大的机会,寻求逃离平凡日子的机会,否则就不可能获得权力。这是奥本海默的两部纪录片《杀戮演绎》和《沉默之像》留给大家的深刻印象。在这两部纪录片中,我们可以通过棉兰地区的几个底层黑帮匪徒令人胆寒的回忆,了解到这次屠杀的真实情况。从他们的叙述中可以了解到,遭到他人轻视后的复仇感给了他们杀人的动力。同时,不受约束的力量和性暴力就像是鸡尾酒一般,能够给人带来沉醉感,让他们迷失在杀人暴行之中。正如一位前义务警员组织建国五基青年团成员在施暴之后夸口的那样:"如果她们长得很漂亮,那我就把她们都强奸了。在那个时候,在那个地方,没有法律……我们就是法律……特别是当我得到了一个只有14岁的女孩时,我会说:'这是你的地狱,也是我的人间天堂。'"①

同样的动机无疑出现在印度尼西亚一场又一场的屠杀之中。没有它们,我们就很难去想象这里发生的事情究竟有多暴力。然而,正如我们从更丰富的材料中了解到的(上文呈现的有关屠杀暴行的记述也说得十分清楚),这种个人动机从未真正导致暴力事件的发生,或影响暴力的总体轨迹。在任何情况下,它们都取决于并受制于国家和国际层面的其他力量以及社会、经济、政治等因素。

屠杀"文化"

一些其他的解释认为,最好从印度尼西亚的自身特性、文化和宗教中的某些基本特点等方面来理解这些暴行。其中,一种极具灵活性的阐释指出,这些杀人事件本质上是印度尼西亚的"阿莫克狂

---

① 奥本海默:《杀戮演绎》(1:56)。

暴文化"（Amok）的体现。这种观点认为，印度尼西亚素来有爆发突然的、无法解释的、不合理的暴力行为（如屠杀）的倾向。在这一过程中，他们无差别地大肆杀人，攻击身边的每一个人。根据这一解释，1965—1966年的屠杀可以简单归结为一次规模极大的暴力杀人事件。正如之前所提到的，这类解释在很长一段时间内都得到了印度尼西亚官方以及其同盟的支持，并且出现在许多广泛流传的记录当中。① 1966年4月《纽约时报》中的一则故事就提供了如下叙述："印度尼西亚人非常温柔并且有一种源于本能的礼貌，但是藏在他们笑容背后的是一种诡异的马来品性，一种狂暴的杀戮欲。这可以从其语言中为数不多的马来语借词窥知一二，其中最有代表性一个词是'Amok'。这一次，他们整个国家都陷入了狂暴的发作中。"②

意大利《费加罗报》（*Le Figaro*）将这种东方学学者的想象和对不守规矩的农民暴徒的活动结合起来，提醒其读者：在1966年中，印度尼西亚人陷入了疯狂杀人的状态之中，"这是一种偶尔会降临在马来人和爪哇人身上的诡异的、残暴的狂热。在农民们的哭喊声中，有50万人丧生"。③ 1966年12月，一位美国大使的报道总结道，这种大规模的杀人活动"源于恐惧，源于一种想要解决旧仇的愿望，源于一种大规模疯狂暴乱（原文'amok'），以及源于对共产主义本身产生的一切仇恨"。④

---

① 例如，一位印尼作家写道，1965年，"在那些青年们变得狂暴时"，亚齐有成千上万的人被杀害，他们这么做是因为"共产党的教育真的与作为忠贞的伊斯兰教信仰者的亚齐人有巨大冲突"。Rusdi Sufi, *Pernak Pernik Sejarah Aceh*（Banda Aceh: Badan Arsipdan Perpustakaan Aceh, 2009）, pp. 183, 193, 194。

② C. L. Sulzberger, "Mass Murders go on in Indonesia," *The New York Times*, April 19, 1966.

③ *Le Figaro*, August 1966, cited in Heinz Schutte, "September 30, 1965, and Its Aftermath in the French Press," Bernd Schaefer and Baskara T. Wardaya（ed.）, *1965: Indonesia and the World*, Bilingual ed.（Jakarta: Gramedia Pustaka Utama, 2013）, p. 124.

④ Airgram #A-263，雅加达美国大使馆致美国国务院，1966年12月26日，美国解密文件目录，*US Declassified Documents Catalog*（DDC）, 1980, #85B。

这种论调有着某种吸引力，它似乎可以解释为什么那些"温和"和"温顺"的人会参与这种可怕的暴行。这些简单的文化还原主义倾向于认为所有印尼人都是一样的，他们的行为只能用异域的和不可改变的文化来解释。但这同样让人有理由怀疑，这种文化还原主义会有明显的问题，这种关于狂暴的断言并不能解释关于这次暴力行动的事实，即便是最为基本的情况也很难解释。例如，这没有解释为什么此次屠杀暴行会发生，以及是在什么时间和地点发生的；也没有解释为什么成为目标的几乎都是左翼分子。更重要的是，它忽视了最为基本的历史事实，即狂暴杀人一直以来都是一种仪式性自杀行为，因为其他团体成员或政府当局一般都会杀死"狂暴杀人者"。① 然而这种情况在1965—1966年的屠杀中几乎从未发生。正相反，如上文所述，那些杀人者都是当权者身边的爪牙，他们也从未因自己的所作所为而受到惩罚。更重要的是，文化还原主义的说法更无法解释这次暴力行动的一些特征，比如它是有严密组织的，它的地域分布较为广泛，以及它所持续的时间超长。

另一种与之相关的观点认为，屠杀活动是一种对印尼共产党及其同盟组织的破坏性、威胁性行为的自发反应。这种主张为印尼当局和他们的辩护者所支持。1967年，在解释为什么巴厘岛"这些温顺又有魅力的人"会进行"如此血腥的屠杀"时，记者约翰·休斯（John Hughes）写道："显然，这种'催化剂'突然激起了（他们）对共产党人的愤怒。他们（共产党人）隐匿于巴厘岛平静的外表之下，忙碌着，错误地去嘲笑和试图破坏巴厘岛的宗教价值及其根深蒂固的文化传统。"② 同样地，在1972年的一份报道中，东努沙登加拉军政府的首长声称，发生在古邦（Kupang）城内的

---

① Robert Cribb, "Genocide in Indonesia, 1965 - 1966," *Journal of Genocide Research 3*, no. 2 (2001): 219-239; John C. Spores, *Running Amok: An Historical Inquiry*, Southeast Asia Series, no. 82 (Athens, OH: Monographs in International Studies, 1988).

② John Hughes, *Indonesian Upheaval* (New York: David McKay Co., Inc., 1967), p. 175.

第五章　大屠杀

杀人活动开始于"人们的情绪……和他们对粉碎'九三〇运动'和共产党的热情达到了顶峰"。① 无独有偶，一个北苏门答腊前杀人小队的指挥官在事件之后担任了多年的宗教立法发言人，他声称"这种大规模的杀人事件是人们的自发行为。这些人憎恨共产主义"。②

相同主题的文章在1966年之后的美国学者的研究和官方的刊物上反复出现。1968年，包克（Pauker）（他是印尼陆军参谋与指挥学院指挥官苏瓦托的密友）撰写了一篇文章，文章借鉴了克利福德·格尔兹的著作。他提到爪哇的"当地风俗"是去"快速地、巧妙地、礼貌地和共同地完成所有的事情，即使是挨饿"，并且他隐晦地表达道，这在巴厘岛也是一样的。但他认为，爪哇岛和巴厘岛的印尼共产党和农民阵线所做的"是与当地传统完全相反"的事情，并且：

> （印尼共产党和农民阵线）与乡村中接受度更高的文化因素对抗，也成为整个社群的敌人，他们破坏了这里的古老传统。这方面的考量超过了真正意义上的意识形态分歧，或许这才是在东爪哇、中爪哇和巴厘岛地区广泛进行的屠杀背后的决定性因素。③

在一本1990年出版的回忆录里，"政变"发生时的美国大使格林提出了几乎一样的观点。他总结了大部分爪哇和巴厘社会相似的关于"和谐、和睦"的特性，在这之后，格林断然地将大屠杀的责

---

① 转引自 Gerry van Klinken, *Making of Middle Indonesia*, p. 233.
② 奥本海默：《沉默之像》（1：02），其他例子参见一位退役军官的证言，"It Was Just Unavoidable Fallout," Wardaya, *Truth Will Out*, pp. 5-26；也可参见一个前伊联青年团成员的证言，"AM:'We Never Buried the Bodies,'" in Kurniawan, et al., *Massacres*, pp. 26-29.
③ Guy Pauker, "Political Consequences of Rural Development Programs in Indonesia," *Pacific Affairs* 41, no. 3 (Fall 1968): 390.

任推到了屠杀的受害者身上。他写道：

> 大屠杀降临在印度尼西亚，很大程度上归咎于共产主义和它提倡的无神论，及其关于阶级斗争的论调。这些与印尼的乡村生活方式是格格不入的，尤其是在爪哇和巴厘。那里的文化强调忍耐、社会和谐与相互帮助……并且通过把事情说开来解决争端，以求找到一个可以为所有人接受的解决方案。①

另一种相关的观点最常在对巴厘岛屠杀事件的解释中出现。根据这种观点，暴力的动力来源是一种神秘的宗教文化狂热。这是一种"驱魔"或是"净化"仪式。一篇1966年发表的文章是反映这种论调的典型例子。莫瑟在文章中写道："从一开始，政治动荡就带着一种非理性的气氛，甚至有一丝疯狂。只有在这个奇怪而美丽的岛屿上……事情才会如此难以捉摸地爆发，十分暴力，不仅充满了狂热，还充满了血腥和巫术之类的东西。"② 这一观点指出，巴厘人和爪哇人利用他们的宗教热情，自主地爆发了对共产党人疯狂且"狂热"的清洗。相似地，去强调暴力是所谓的自发的且不可预测的，休斯写道，在1965年12月之前，巴厘岛都坚持了它的生活方式，但是它突然"陷入了一种野性的狂暴状态，比爪哇还要糟糕"。③

这些解释提供了足够多所谓的证据，使其看起来令人信服。可能有许多爪哇人和巴厘人的确会这么理解，认为这种反对印尼共产党的运动是为了消除罪孽以及清洗无神论者。然而，这种观点中仍

---

① Marshall Green, *Indonesia: Crisis and Transformation, 1965 - 1968* (Washington, DC: Compass Press, 1990), pp. 59-60.

② Don Moser, "Where the Rivers Ran Crimson from Butchery," *Life*, July 1, 1966, pp. 26-27.

③ John Hughes, *Indonesian Upheaval*, p. 175.

存在大量的谬误。印度尼西亚人的文化、宗教狂热即便有助于我们理解这种暴力开始时的激烈程度,也不能够很好地解释这种意欲湮灭共产党员肉体的想法是如何发展的:屠杀因何开始?何时开始?为什么他们要采取这种特殊的方式?再者,正如上文所描绘的关于屠杀的大致景象所能给我们的丰富观感,这些杀人事件并不是自发的,而是有组织的。这并非不受控制的情绪产物,它极具计划性。正如梅尔文在书写亚齐的情况时所提到的:"来自这个省份的书面证据以及口头回忆中,没有证据能够支持这些屠杀活动是自发的、群众性的或是宗教推动下的暴力事件。"①

简言之,这种大规模暴力活动在一定程度上可以用宗教信仰或是文化等因素来证明或描述,这也许会有助于理解杀戮的动力。但从肉体上消灭印尼共产党人并非简单的、自发的、宗教的和文化冲动下的不可避免的产物,也并非这种冲动导致的主要后果。我在后文中将会提到,这是由权力(尤其是陆军高官冷漠自私的政治算计)主导的政治过程的产物。

宗教和种族张力

显然,这种将屠杀行动的动力简化为印尼特性和文化的观点是值得怀疑和商榷的。但这并不意味着完全无须考虑文化和宗教的冲突。每一个地方的杀人行动似乎都在某种程度上以其语言和象征作为框架,遵循了广泛意义上的宗教信仰与风俗的冲突。为了理解屠杀的模式,我们需要去了解这些冲突是什么。

一种在文献中广泛探讨的模式,将暴力和屠杀的动力(至少是在中爪哇和东爪哇)归结为穆斯林社会中的差异性。最主要的矛盾发生在那些认为自己更虔诚的"实际穆斯林"(桑特里,Santri)和那些被视为不够虔诚的"名义穆斯林"(阿邦甘,Abangan)之间,

---

① Melvin, "Mechanics of Mass Murder," p. 13.

后者所尊崇的宗教信仰混合了伊斯兰教以及各式各样的前伊斯兰教时期的爪哇信仰和当地风俗，因此他们被视作不够虔诚的穆斯林。① 在虔诚穆斯林群体中，一个最重要的标志就是备受尊敬的伊斯兰教师（Kiai）。他们在很多领域、很多问题上为整个当地社会指明方向。较为典型的例子是，小男孩学习和诵读《古兰经》以及接受人生指导的伊斯兰学校和小礼拜寺都是由伊斯兰教师主持的。然而，与之相反的，在名义穆斯林社群中，伊斯兰教就可以和更老的印度教以及类似于祖先崇拜和诸如黑魔法的万物有灵论和睦相处。擅长这类宗教风俗的人被称作有神力的人（Sakti）。名义穆斯林社会的领导者不一定是伊斯兰教学者，他们的孩子也很少到伊斯兰教学校学习。在这些情况下，这两个社群在大多数时间都是有区别的。在相当长的一段历史中，他们之中的确存在一定程度的相互不信任，甚至是恐惧。

　　文化和宗教的差别的确存在，但是这本身并不足以挑起大屠杀。② 然而，当他们在"指导式民主"晚期暴躁的、极端的政治形态下开始为政治和阶级认同站队或与之纠缠在一起时，这些宗教和文化的差异可能会被引爆。在 20 世纪 60 年代初，这种实际穆斯林与名义穆斯林的分裂开始显著地与社会阶级和政治联系的差异交叠在一起，虽然当时进行得并不完全。实际穆斯林社群更多地由富裕

---

　　① 扬写道："在那些尽力在生活中遵从他们所认为的正统伊斯兰教戒律的人（通常是指实际穆斯林）和那些将伊斯兰教信仰和前伊斯兰教的信仰与习俗融合在一起的人（实际穆斯林将其称为阿邦甘）之中，存在着相互的异化。"参见 Young, "Local and National Influences," p. 65. 关于名义穆斯林的历史与习俗，参见 Niels Mulder, "Abangan Javanese Religious Thought and Practice," *Bijdragen tot de Taal-, Land-en Volkenkunde* 139（1983）: 260-267; Merle C. Ricklefs, "The Birth of the Abangan," *Bijdragen tot de Taal-, Land-en Volkenkunde* 162, no. 1（2006）: 35-55; Clifford Geertz, *The Religion of Java*（Glencoe, IL: Free Press, 1960）。

　　② 正如罗伯特·赫夫纳（Robert Hefner）提到岩望的例子时辩称的那样，实际穆斯林与名义穆斯林之间的分裂不只是由于宗教的差异性："无论真正的、在宗教维度上是怎样的，这些冲突在任何组织意义上都不完全是甚至不主要是与宗教有关。"转引自 Young, "Local and National Influences," p. 88. 另见 Robert W. Hefner, *The Political Economy of Mountain Java*。

第五章 大屠杀

的土地主领导,并且得到诸如伊联等保守性宗教政党的支持。相反,名义穆斯林社群可能是比较贫穷的一方,大量人群是没有土地的佃户和农民。他们更有可能与印尼共产党或者是诸如印尼民族党的左翼产生联系。考虑到这些重叠关系,可以发现,宗教和文化上的紧张关系越来越多地在政治领域得到表达,为宗教认同和风俗而斗争也开始为政治上的竞争买单。① 例如,伊联和一些较小的伊斯兰教政党常常指责印尼共产党成员是无神论者或是黑魔法的实践者,而印尼共产党人则谴责伊联和其他保守党人是腐败分子、剥削者和宗教狂热分子。

这种紧张态势的存在某种程度上可以解释一个问题,即 1965 年"十一事件"发生后,伊联和某些宗教政党在爪哇大肆传播针对印尼共产党且带有强烈敌意的信息。② 宗教和政治身份认同的重叠,加之先前两个社群的政治动员,很可能助长了敌意和暴力。他们某种程度上通过语言、符号和个人领导力,煽动了民众。这有助于解释为什么东爪哇伊联及其青年团的成员在开始攻击印尼共产党成员的时候会喊出"真主安拉至上!"(Allahu Akbar!)的口号,以及为什么实际穆斯林年轻人"要求解散印尼共产党,为什么每位将军的死亡都要 10 万共产党人偿命"。罗契亚特在其 1965 年末情况的记录中提到,"在这种对印尼共产党充满憎恨的危机氛围下,所有的事情都是得到允许的。说到底,难道清洗异教徒(Kafir)不是每个

---

① 认为实际和名义穆斯林构成了爪哇社会独特的、时常极具冲突性的文化源流的观点一直作为印度尼西亚政治理论的基础,尤其是关于中爪哇和东爪哇的屠杀。例如,可参见 Robert R. Jay, *Religion and Politics in Rural Central Java* (New Haven, CT: Yale University Southeast Asia Studies Program, 1963); Lyon, *Bases of Conflict in Rural Java*; Hefner, *The Political Economy of Mountain Java*; Merle Ricklefs, *Islamisation and Its Opponents in Java: A Political, Social, Cultural, and Religious History, c. 1930 to the Present* (Honolulu: University of Hawaii Press, 2012)。

② 这可能有助于解释特定省份内的屠杀的地理分布。在对东爪哇屠杀的人口统计分析中,钱德拉发现,被杀害的人有绝大部分是在伊联的控制范围之内,而在印尼共产党和印尼民族党掌控的区域中,屠杀则不是最严重的。参见 Chandra, "New Findings on the Indonesian Killings of 1965–66," *Journal of Asian Studies* 76, no. 4 (November 2017)。

人的责任吗？"① 尽管如此，仍然无法就此推断是这样的紧张关系导致了暴力行动。② 从潜在的冲突到大屠杀的转变绝不是如此简单和必然。

其他地区也存在着宗教和文化差异导致的紧张关系。例如，在巴厘岛，大部分的人信奉着一种独特的变体印度教。在那里，那些自视虔诚的人与被看作异教的、无神论的或者是不信教的人关系变得越发紧张。这种紧张关系源于长期存在的种姓间的冲突，同时也源于不同的社群对于更正规的、等级制度更森严的印度教的接受程度不同的冲突。这种更正规、等级更森严的印度教为那些自封为宗教仲裁者的人所提倡和拥护。③

然而，有必要强调的是，这不是单纯的宗教差异的问题。和爪哇一样，巴厘岛的宗教冲突也在很大程度上与社会地位、政治归属有所关联。那些自视公正的宗教仲裁者相对于他人来说一般拥有更高的种姓，要么来自岛上的贵族家庭，要么是拥有大量土地的富人。他们更倾向于站队偏右的政党，尤其是像印尼民族党的右翼和社会主义党。许多穷人也将他们视作自己不可或缺的物质支持者，倾向于为其站队。他们也倾向于抵制印尼共产党努力推动的国家土地改革法。那些倾向于不追随宗教保守派和封建家庭、支持土地改革或是仍然忠贞追随苏加诺及其门生（例如巴厘岛省长阿纳克·阿贡·巴格斯·苏德贾）的人，常常会倒向左派，主要是印尼共产党和印度尼西亚党。

正如在爪哇一般，这种错综复杂的身份认同意味着政治和社会

---

① Rochijat, "Am I PKI or Non-PKI?" p. 43.
② 钱德拉承认，"虽然有很清晰的统计学数据表明那些支持 NU 的势力和屠杀有关联，但是在这个研究中使用的理论却难以构建出这两者之间的因果关系。"参见 Chandra, "New Findings on the Indonesian Killings of 1965–66," *Journal of Asian Studies* 76, no. 4 (November 2017)。
③ 巴厘岛的与种姓相关的紧张形势的历史和政治，参见 Robinson, *Dark Side of Paradise*。

第五章 大屠杀

的差异通常会通过宗教和文化的话语以及对于"传统"的争论表现出来。随着国家政治生活在 20 世纪 60 年代初变得更为极端,这种情况变得更为严峻。因此,那些印尼民族党中保守派的支持者控诉印尼共产党的追随者是无神论者,威胁了巴厘岛的宗教传统。相反,左翼人士则站在经济和社会进步的一边,谴责他们的反对者死守巴厘岛封建的过去。这种宗教和政治认同的交织汇入了宗教诉求与反诉的争论,无疑使政治上的争执变得更为尖锐。这当然为保守主义者在所谓政变之后开始攻击印尼共产党人奠定了强有力的话语基础。然而,与爪哇岛的情况类似,这样的紧张局势自身并不能导致如此大规模的屠杀。

在其他一些地方的案例中,这些冲突还涵盖了种族因素。最明显的例子是,由于长期存在的(虽然偶有平息)对华人的仇视,一部分华人在所谓的十一政变中遭到袭击和杀害。这种敌意可以追溯到几百年前,时常表现为无法接纳华人文化,例如说中文、使用筷子进食、读华文报刊以及居住在彼此区隔的社区中。这种敌意也受经济因素影响。在大多数情况下,印尼华人都被认为是富有的。然而,如上所述,这种紧张关系同样有着重要的政治原因,尤其是在 20 世纪 60 年代初的极端环境下。保守派政治领袖和军队时常刻意地强调所谓的印尼华人在文化、社会和经济上的特殊性,引发愤恨、敌意和偶尔的暴力。[①] 同时,由于印尼共产党和其他左翼政党曾保卫过他们的利益,许多印尼华人选择加入和支持这些政党。

这种紧张的矛盾在 10 月 1 日事件前后爆发。由于担心苏加诺与中国日益亲近,以及出于对印尼共产党和其他共产党大家庭之间亲密关系的担忧,各地的反共人士开始质疑印尼华人是否仍忠诚于

---

① 在 1963 年 5 月,西爪哇曾出现过反华暴动。参见 Tsai and Kammen, "Anti-Communist Violence," p. 137. 在写到 1965 年 10 月之后北苏门答腊的反华暴力行动时,卡门发现:"在当时,军队首先要鼓动反共暴力,或者说需要重新动员,华人很自然地首当其冲:很好辨认而且就在附近。"参见 Douglas Kammen, Personal Communication, January 24, 2017。

印度尼西亚。流言开始传播开来，传言印尼华人是中国和中共的间谍，为印尼共产党提供资金支持。因此，当所谓政变发生之后，印尼人对华人群体的憎恨达到了狂热的程度。甚至许多在军队里的人也传播这种恨意和怀疑，并煽风点火，或者至少不干涉群众对华人的攻击。正是在这种背景下，一些华人在所谓政变后惨遭杀害。值得一提的是，1965年12月的某一天，棉兰有上百华人在一天之内遭到杀害。在1966年5月的亚齐，许多华人遇害，并且有近一万人遭到驱逐。[①] 然而，正如上文提到的，这些杀人事件只是一些例外。整体来看，华人群体并不是主要目标。那些被杀害的人常常是某一左翼政党或组织（如印度尼西亚公民协商会议）的成员或者领袖。[②]

简言之，在某些地方，潜在的宗教和种族的紧张关系会产生一些怨愤，进而演化成敌意和冲突，这可能可以解释为什么暴力语言和象征会根据地点的不同而变化。同时，许多证据会将种族屠杀的根源指向长期的冲突和矛盾，这些强调潜在宗教和种族紧张关系的观点类似，并没有真正地解释为什么这样的紧张局势会升级为大屠杀、起因为何，以及是在哪里、什么时候进行的屠杀。如果两个群体之间的矛盾是如此尖锐且棘手，为什么在"十一事件"之前，他们之间仅存在一些较为孤立的暴力事件？为什么那些受影响最严重的区域在暴力行动真正开始之前有如此长的滞后？为什么在这个国家中类似的紧张态势没有最终导致大屠杀？

社会经济冲突

一些学者强调社会经济冲突（尤其是土地和工作条件方面的冲

[①] 也许在龙目岛（Lombok）和松巴哇岛（Sumbawa）上也有许多反华暴力的例子，但这些案例还没有彻底研究清楚。

[②] 参见 Tsai and Kammen, "Anti-Communist Violence," pp. 142–146。梅尔文认为，虽然在10月1日之后绝大多数亚齐的反华暴力是政治鼓动的，但仍有一些例外。参见 Melvin, "Mechanics of Mass Murder," Chapter 6。

第五章　大屠杀

突）在推动所谓政变之后的暴力和屠杀中扮演了重要角色。① 这样的冲突似乎在建构暴力模式（尤其是它的地域分布）、界定受害者和施暴者等方面十分重要。

关于土地所有权的冲突主要发生在人口密集的省份，如巴厘、中爪哇，以及情况尤其严重的东爪哇，这些恰恰是1965—1966年屠杀最为集中的省份。局势的紧张程度在20世纪60年代初引入国家土地改革法之后显著增强了。当时印尼共产党，更准确地说是他们的农民联盟印尼农民阵线，积极地寻找施行改革的机会。然而印尼民族党、伊联、天主教党以及他们的附属农民组织也在想尽办法拖住他们，反对这项改革。印尼农民阵线推行的单方面行动（aksisepihak）加剧了紧张局势，在1965年10月之前导致了一些较为独立的双方肢体冲突事件。在所谓政变之后发生的一些最严重的暴力事件发生在土地改革实施得最为成功的地方，或者至少是发生在争议最为激烈的地方，例如中爪哇的博约拉利、东爪哇的谏义里，以及巴厘岛。② 然而，如果就此认为这些地区的大屠杀自然地或必然地来源于土地冲突，也是失之偏颇的。因为这些冲突并非新鲜事，但这些暴力杀人则是新出现的。值得思考的是，这些先前就存在的土地冲突是如何成为大规模杀人事件的基础的？激化到什么程度时会导致屠杀？

雇主和劳工之间的冲突也可能导致这样的问题。这种冲突更多地出现在更大的中心城镇以及港口城市，如雅加达、日惹和棉兰。在当地印尼共产党的庇护下，其附属的左翼印尼总工会（SOBSI）

---

① 例如，关于土地冲突的重要性，可参见 Rex Mortimer, *Indonesian Communism under Sukarno: Ideology and Politics, 1959-1965* (Ithaca, NY: Cornell University Press, 1974)。巴厘岛在社会经济方面的冲突，参见 Robinson, *Dark Side of Paradise*, Chapter 10。

② 扬指出，在谏义里是屠杀发生较为集中的地区，一直以来都有着严重的涉及土地的冲突，其中的一些冲突已经造成了肢体冲突和人员伤亡。参见 Young, "Local and National Influences," p. 75。关于巴厘岛的情况，参见 Robinson, *Dark Side of Paradise*, Chapters 10-11。

积极地为他们的会员寻求更好的工作条件。它们在商业发达和国营种植园（主要是橡胶、棕榈油、糖和烟草）高度集中的地区也很常见。在这些地方，诸如种植园工人联合会这样的印尼共产党附属工会在动员农业劳动力、要求更好的待遇和争取土地权利方面取得了相当大的成功。[1]

这些努力使工人、组织者与工厂、种植园主和管理人员发生了冲突。后者中的大部分都加入或活跃于偏右的政党，诸如印尼民族党、伊联以及再后来遭到取缔的马斯友美党，这种情况并非巧合。再者，1957年的戒严法强制实施之后，这些工厂与种植园的所有者和管理人员大多是军官，国营种植园和工厂也处于军队的控制之下。这种转变使军队在这些企业中掌握直接利益，必然使军队对左翼工会的态度和立场变得更加强硬。[2] 这也推动了军队建立自己的工会组织——社会主义雇员组织中心（Central Organization of Indonesian Socialist Employees），以对抗印尼总工会和种植园工人联合会的影响。在某些地方，军方还训练、武装了年轻的好战分子和反共工会，导致了针对左翼工会的一系列肢体冲突。简言之，到1965年10月，这些工会之间已经鏖战了若干年，或许为之后的暴

---

[1] Tsai and Kammen, "Anti-Communist Violence," p.133; Stoler, *Capitalism and Confrontation*.
[2] Daniel Lev, *Transition to Guided Democracy: Indonesian Politics, 1957–1959* (Ithaca, NY: Cornell Modern Indonesia Project, 1966).

第五章 大屠杀

力事件埋下了伏笔。①

总的说来，社会经济冲突确实与观察到的1965—1966年的大规模暴力的模式存在相关性。最严重的暴力发生在中爪哇、东爪哇和巴厘岛，而那里的土地冲突通常最为激烈。北苏门答腊的种植园也是如此。在那里，劳动力和资本之间的紧张关系在1965年达到了峰值。然而，需要再次强调的是，除了仅有的一两个例外，这些关于工作待遇的冲突以及左右翼工会之间的紧张关系，在1965年10月之前都没有造成大范围的暴力行为。因此，正如使用宗教和种族的紧张矛盾来分析大规模暴力发生原因，那些基于社会经济冲突的分析同样也不能完全解释为什么这样的冲突会如此突然地升级为大屠杀。他们也难以对杀戮独特的时间分布给出一个令人信服的解释。关键的问题在于，即使这些冲突非常尖锐，但为什么它们会升级为大范围的暴力事件，它们的进程如何，以及又是在何时、何地完成的。

简言之，现有的关于大屠杀的一些解释相较于其他解释更能令人信服。基于表面上不可改变的印尼自身特性和文化的解释是最没有说服力的。一些受印度尼西亚当局欢迎的报道声称，杀人事件代表着对印尼共的民愤全面而自发的爆发，这同样不合理。关注长期

---

① 蔡和卡门描述了在北苏门答腊甚嚣尘上的紧张局势，并且总结认为北苏门答腊是"印尼共产党有着强力支持但日益强大的军队——穆斯林同盟则希望卷土重来的地方"。参见 Tsai and Kammen, "Anti-Communist Violence," p. 134. 同样地，苏纽托也强调，有一定数量的由伊联全能青年旅造成的杀人事件发生在印尼共产党和种植园工人联合会据点的种植园里，尤其是在勿里达和谏义里。参见 Sunyoto, et al., *Banser Berjihad*, pp. 116-117. 根据曾与陆军军官凯末尔·伊德里斯（Kemal Idris）有过交谈的美国大使馆官员的说法，当听到所谓的政变的消息时，他与陆军战备司令部（Kostrad）有过联系，被命令"立即将他的部队转移出棉兰，直接进入附近的橡胶或其他种植园里，开始围捕和消灭共产党人。据伊德里斯估计，仅在10月的第一周，就有20%—30%的种植园工人被"解决"——被杀或被捕。Airgram #A-82, 雅加达美国大使馆致美国国务院，1966年8月12日，RG 59, 中央文件 (Centre Files), POL 23-6 INDON, NARA. 虽然值得怀疑这些广泛分布的屠杀都像这个报告中提到的一样开始得如此之早，但这个报告的确强调了军队对于种植园普遍的看法，他们认为绝大部分种植园工人都是共产党员，需要被"消声"。

紧张关系（诸如宗教、政治和社会经济矛盾）的观点则为更好地洞察屠杀的逻辑提供了有意义的视角。它们至少部分解释了暴力的独特空间分布，发现了大屠杀最严重的地区和冲突最深的地区之间似乎存在某种相关性。这也可能有助于解释那些看起来激发了许多地区杀戮的相互猜疑和尖锐矛盾。重要的是，即便暴力语言和象征会根据地区的不同而有所变化，但至少这些解释在特定方面加深了人们的理解。

然而，关键问题和疑点仍未得到解决。文化、宗教、政治和社会经济紧张局势，如何以及为何在某些地区升级为大规模杀戮，而在其他地区却没有发生？为什么杀戮在全国不同地区的开始和结束时间明显不同？尽管存在各式各样的地理和时间差异，为什么大规模杀戮仍然在全国范围内遵循大致相似的形式进行？为什么各地的义务警员或杀人小队都扮演着如此重要的角色，为什么诸如就地处决、分尸、尸体陈列和性暴力等暴力方式如此普遍？最重要的是，那些将暴力根源归为深层因素的观点，倾向于转移大众对更直接的政治进程和权力的注意。这样的观点只会模糊事实，对深入理解相关暴力模式毫无益处，也无法回答关键的责任问题。

第六章　军队的作用

> 亲爱的听众，政变参与者的一系列行动毋庸置疑是反革命的，必须彻底摧毁。我们相信，在抱有革命信念的进步群众的全力支持下，反革命的"九三〇运动"将会被粉碎。
>
> ——苏哈托少将（Major General Suharto），
> 广播讲话，1965年10月1日

谁应该对1965—1966年的大屠杀负责呢？简单来说，首先是军队。这一说法并不是指军队独立进行了屠杀。事实上，军队与许多地方团体和行动者密切合作，他们各自都有一定的动机对印尼共产党及其盟友采取行动。其次，我并不是说文化、宗教和社会经济等因素无关紧要，显然这些因素都是重要的。上述因素是对印尼共产党及其附属组织的不满与敌意的真实或想象的来源，也是这种不满与敌意的重要表现形式。最后，我也不认为像美国和英国这些强大的国际行为体在煽动暴力方面没有发挥任何作用，毫无疑问，他们也牵扯其中。我的观点是，无论1965年10月的印尼存在何种宗教、文化、社会、经济冲突，无论平民多么积极地加入这场冲突，

杀戮季节：1965—1966年印度尼西亚大屠杀历史

无论国际舆论环境多么宽容，1965—1966年的大规模屠杀既不是不可避免的，也不是自发的。相反，现在的证据清楚地表明，屠杀是军方领导人蓄意鼓励、协助、指挥和塑造的。[1] 换句话说，如果没有军队的领导，1965年10月1日的一系列事件就不会导致被一些研究者称为"种族灭绝"（genocide）的悲剧。

本章将从几个部分展开论述。第一，本章展现了大规模屠杀发生的时间和地理变化与特定地区军队指挥官的不同政治立场和能力密切相关，而军队的后勤资源也在其中起到了推波助澜的作用。这一相关性清晰地表明，抛开所有其他考量，军队领导人在某一地区的态度和能力是触发并维持大规模屠杀的一个关键因素。第二，本章概述了军队如何通过动员平民青年组织和行刑队，鼓励他们甄别、拘留和杀害印尼共产党成员及其盟友，鼓励并实施大规模杀戮。军队和这些团体之间的密切关系证伪了常见的说法，即杀人者是基于宗教或内心深处的冲动而采取的自发行动。第三，本章描述了军队是如何通过发动一场复杂的媒体和宣传攻势来煽动及为大规模杀戮提供合理化解释的，这场宣传运动指责印尼共产党绑架并谋杀了将军们，并呼吁消灭印尼共产党及其附属组织。第四，本章还讨论了不同的宗教和政治领导人如何接受并重复了军队所使用的两

---

[1] 最近，Jess Melvin 在新发现的印尼军队文件的基础上以亚齐为案例揭示了上述观点。参见 Jess Melvin, "Mechanics of Mass Murder: How the Indonesian Military Initiated and Implemented the Indonesian Genocide—The Case of Aceh" (PhD diss., University of Melbourne, 2014)。我也在别处讨论过巴厘岛的案例，参见 Geoffrey Robinson, *The Dark Side of Paradise: Political Violence in Bali* (Ithaca, NY: Cornell University Press, 1995)。其他学者，包括著名的道格拉斯·卡门、凯瑟琳·麦格雷戈（Katharine McGregor）、约翰·鲁萨以及罗伯特·克里布（Robert Cribb）都强调过，早期的研究夸大了当地社会和文化条件的重要性，而低估了军队在煽动和组织暴力方面的作用。参见 Douglas Kammen and Katharine McGregor (eds.), *The Contours of Mass Violence in Indonesia, 1965-68* (Singapore: NUS Press, 2012), pp. 1-24; John Roosa, "The State of Knowledge about an Open Secret: Indonesia's Mass Disappearances of 1965-66," *Journal of Asian Studies* 75, no. 2 (2016): 281-297; Robert Cribb, "Political Genocides in Postcolonial Asia," in Donald Bloxham and A. Dirk Moses (eds.), *The Oxford Handbook of Genocide Studies* (Oxford: Oxford University Press, 2010), pp. 445-465。

第六章 军队的作用

极对立的报复性话语和宣传,这很大程度上提升了他们在暴力运动中的权威。第五,本章将利用上述证据来讨论责任归属这一关键问题。

时空差异及变化

在10月1日将军们被绑架并谋杀后的几天内,苏哈托少将掌控下的新任军队领导层开始镇压"九三〇运动"和印尼共产党及其附属组织。它以若干种不同的方式达到了上述目的,其中最重要的是使用大规模军事力量对所谓肇事者和数十万手无寸铁的平民进行镇压。如果没有军队诉诸武力的行动,没有其提供的大量后勤资源,大规模屠杀不可能、也不会发生。

军队的态度和能力

军队在屠杀中发挥了核心作用的最明确证据,或许是某一特定地区军队指挥官的政治倾向和能力与该地区暴力活动的时间和强度之间不可思议的关联。这种模式清楚地表明,屠杀远非像苏哈托政权及其继任者一直坚称的那样,是民众对印尼共产党"叛变"的自发反应,而是由军方领导层所发起的。这也有力地表明,屠杀模式中明显的地理和时间差异并非直接或不可避免地源于特定地区中长期存在的宗教、文化和社会经济的紧张局势,而是源于每个地区意图摧毁左翼军队指挥官在煽动和动员紧张局势方面的能力。[①] 他们在这方面的能力取决于许多因素,包括世俗政治领导人和宗教领袖

[①] 相关论述参见 Douglas Kammen, Faizah Zakaria, "Detention in Mass Violence: Policy and Practice in Indonesia, 1965-1968," *Critical Asian Studies* 44, no. 3 (2012): 441-466。在解释暴力的时空变化方面,卡门和查卡利亚(Zakaria)认为政党间的竞争性质也是一个影响因素,但是需要进一步的研究,这里不做深入探究。

与他们合作的意愿,他们在军队内部遇到的合作或抵抗的程度,以及能否获得反共民间武装的支持。

军队指挥官的态度和能力与某一地区的屠杀之间的密切联系可以从三种不同的模式中看出。

第一,在区域军事指挥部团结一致并拥有足够兵力的地方,屠杀要么像在亚齐那样迅速而广泛地展开,要么像在西爪哇那样有限地进行。例如,在亚齐发生的第一次大规模屠杀中,军事指挥官伊沙克·朱阿尔萨(Ishak Djuarsa)准将和他的顶头上司艾哈迈德·莫科金塔(Ahmad Mokoginta)中将联合起来反对苏加诺和印尼共产党,并有足够的部队忠于他们。他们立即展开了一场"歼灭九三〇运动"和消灭印尼共产党的行动,并以惊人的速度和效率完成了这项任务。因此,与认为亚齐省的暴力行为是由虔诚的穆斯林的愤怒所驱动的一次"圣战"的传统观点相反,现有的证据表明,屠杀是军队蓄意摧毁印尼共产党行动的一部分。[1]

与此同时,在西爪哇省,易卜拉欣·阿杰(Ibrahim Adjie)准将领导的地区军事指挥部也实现了内部统一并拥有足够的部队。然而,西爪哇的屠杀事件数量相对较少。关键性的不同之处在于,阿杰反对大屠杀策略,倾向于采取大规模的逮捕计划。[2] 虽然阿杰是一名狂热的反共主义者,但是他个人对苏加诺极为忠诚,与许多军

---

[1] 有关该案的陈述和支持证据,请参见梅尔文(Melvin)的《大屠杀的机制》(Mechanics of Mass Murder)。梅尔文写道,亚齐的军队领导层"从第一天起就对印尼共产党发起了迅速的协同攻击"。她引用了莫科金塔(Mokoginta)在1965年10月1日午夜发表的一篇演讲作为证据。在演讲中,莫科金塔下令,"所有武装部队成员坚决彻底消灭这场反革命和一切背叛民众的行为"。她还引用了1965年10月4日亚齐行政委员会发布的两项命令,第一项命令支持关于"彻底消灭""九三〇运动"的计划,而第二项命令则宣布"人民必须协助"这一行动。参见《大屠杀的机制》第87页、第97—98页。

[2] Kenneth R. Young, "Local and National Influences in the Violence of 1965," in *The Indonesian Killings, 1965-1966: Studies from Java and Bali*, ed. Robert Cribb, No. 21 (Clayton, Victoria: Monash Papers on Southeast Asia, 1990), p. 67.

第六章 军队的作用

官同僚不同的是，阿杰遵循了苏加诺不对印尼共产党诉诸暴力的告诫。① 毫无疑问的是，在击败该省令人头疼的"伊斯兰教国运动"的叛乱之后不久，他也不愿意进一步武装穆斯林村民和民兵。在1966年2月初与英国军事专员和另一位英国大使馆官员的谈话过程中，阿杰阐释了他解决问题的方法。根据英国人的说法：

> 阿杰认为，并不一定非要见血才行。他的策略是把印尼共产党的领导人关进集中营，向当地的民众证明这些领导人是如何欺骗他们的，然后再把这些领导人放出来……阿杰批评了东爪哇采用的不同策略。这种自相残杀的战争是错误的，留下了太多的创伤。②

第二，军队指挥官内部存在政治分歧，或遭到抵抗，或没有足够的部队可供调遣的情况在当时印尼的许多地区都存在，大规模屠杀也因此被推迟了一段时间，但是当力量对比的天平向反共的方向倾斜时，大屠杀的发生便急剧加速了。例如，在北苏门答腊，地区军事指挥官达尔雅莫（Darjatmo）准将和省长乌伦·思特卜（Ulung Sitepu）都同情左派，还有约30%的军队被认为同情左派。③ 结果

---

① 1967年，穆斯林学生协会（HMI）的领导人告诉卡欣，阿杰"完全忠于苏加诺，不会反对他"。"乔治·卡欣与穆斯林学生协会的五名领导人的访谈"，1967年6月18日，雅加达，乔治·卡欣的个人档案。

② 阿杰还回忆了他曾受到"来自伊斯兰教士联合会的政客团体的访问，他们在政变后鼓励他继续杀害共产党人。他斥责了他们……他说，反政变不是他们的胜利，如果他发现他们违反了建国五基的原则，他会像对待印尼共产党一样严厉地对待他们"。1966年2月10日，British Embassy Jakarta (Murray) to South East Asia Department, Foreign Office (Cable) February 10, 1966, DH 1015, FO 371/186028, National Archives of the United Kingdom [UKNA]. 第二章：苏加诺于1945年6月撰写的国民思想或意识形态建国五基（Pancasila 或 Pantjasila），两种英文表述都是对的，现代的拼写方法是 Pancasila，以前 c 作 tj。——译者注

③ 这一估计数值是由美国官员报告，参见 Embtel 1098, US Embassy Jakarta to Department of State, October 20, 1965, Record Group [RG] 59, 1964–66 [Central Files] POL 18 INDON, National Archives and Records Administration [NARA]。

是左派同情者与反共势力的紧张对峙,导致大规模屠杀的发生至少推迟了一个月。因此,尽管该省存在根深蒂固的社会经济和政治冲突,但直到10月29日,当被美国官员形容为"暴戾的反共主义者"(violently anticommunist)的索比兰(Sobiran)准将取代了达尔雅莫后,杀戮才真正开始。①

同样,在巴厘岛,地区军事指挥官、准将沙菲乌丁(Sjafiuddin)是苏加诺的支持者,并得到左翼省长苏特雅(Suteja)的支持,大规模屠杀晚了整整两个月,直到沙菲乌丁和苏特雅被边缘化后才开始。此后,屠杀迅速蔓延,在短短3个多月的时间里有大约8万人死亡。② 东爪哇地区的军事指挥官巴苏基·拉赫马特(Basoeki Rachmat)准将的兵力有限,军队的忠诚度也不高,大规模屠杀直到11月初才真正开始。③ 此外,当军方领导人开始担心那些被动员起来帮助屠杀的保守派穆斯林逐渐对军方的统治地位构成威胁时,暴力活动很快就结束了。④ 与此同时,弗洛勒斯(Flores)的分区军事指挥官苏塔尔马吉(Soetarmadji)中校不愿意支持反共运动,直到1966年2月他被一名更加服从上级的反共军官取代之后,大规

---

① 转引自 Yen-ling Tsai and Douglas Kammen, "Anti-Communist Violence and the Ethnic Chinese in Medan, North Sumatra," in Douglas Kammen and Katharine McGregor (eds.), *Contours of Mass Violence in Indonesia, 1965-68* (Singapore: NUS Press, 2012), p.141. 蔡晏霖(Yen-Ling Tsai)和道格拉斯·卡门将北苏门答腊大屠杀的发生日期确定为1965年11月2日。

② 在10月和11月,巴厘岛发生了一些冲突,包括导致一些人员伤亡的肢体冲突,但是与12月发生的事件完全不同。参见 Robinson, *The Dark Side of Paradise*, pp. 286, 290-292。

③ 东爪哇的部队力量有限,因为当时该省16个营中有8个营在其他地方服役。David Jenkins and Douglas Kammen, "The Army Para-Commando Regiment and the Reign of Terror in Central Java and Bali," in Douglas Kammen and Katharine McGregor (eds.), *Contours of Mass Violence in Indonesia, 1965-68* (Singapore: NUS Press, 2012)。

④ 1966年9月,一名高级军官告诉美国驻泗水领事:"军队认为右翼分子与左翼分子一样,对国家的短期与长期的安全和福利构成威胁。建立伊斯兰教国的想法和印尼共产党以及印尼民族党的极端主义分子一样令人担忧。" Contel 45, US Consulate Surabaya to US Embassy Jakarta, September 13, 1966, RG 1964-66, p. 59, POL 15 INDON, NARA。

第六章　军队的作用

模屠杀才开始。① 因此，在以上几种情况下，大规模屠杀都被推迟，直到有关的军队指挥官（和文职官员）被撤职或替换。

第三，在军事领导层内部无法达成共识或部队中效忠力量不足的地区，大规模屠杀的发生与来自该地区之外忠于苏哈托的部队的部署时间一致，或紧随其后。其中最臭名昭著的部队来自陆军突击队军团。我在其他地方对巴厘岛以及中爪哇岛进行过论证，这些存在争议地区的暴力事件与这些精英机动部队的到来是同时发生的。② 陆军突击队军团首先从雅加达被派遣到中爪哇，当地军队中的一些人公开表示支持"九三〇运动"。10月18日，机动部队抵达省会城市三宝垄，迅速粉碎了所有"九三〇运动"和印尼共产党的支持力量，并在这个过程中积累了残暴至极的名声。在总结这些行动时，詹金斯和卡门写道，"在未来几个月，在苏哈托的要求下，（陆军突击队军团指挥官）萨尔沃·艾迪（Sarwo Edhie）在中爪哇煽动恐怖统治和大屠杀，粉碎'九三〇运动'和印尼共产党，使原本不确定的政治天平彻底向军方倾斜"。③ 陆军突击队军团在中爪哇的

---

① 苏塔尔马吉是沙菲乌丁的门生，和他的老师一样，他对印尼共产党采取行动时都比较迟缓。最后，他遭到了逮捕，并由阿卜杜勒·贾拉尔（Abdul Djalal）中校接替，后者立即执行了苏哈托的命令。Gerry van Klinken, *The Making of Middle Indonesia: Middle Classes in Kupang Town, 1930s–1980s* (Leiden: Brill, 2014), pp. 235–236. 参见 also John M. Prior, "The Silent Scream of a Silenced History: Part One. The Maumere Massacre of 1966," *Exchange: Journal of Missiological and Ecumenical Research* 40, no. 2 (2011): 117–143; Steven Farram, "The PKI in West Timor and Nusa Tenggara Timur, 1965 and Beyond," *Bijdragen tot de Taal-, Land-en Volkenkunde* 166, no. 4 (2010): 381–403。

② 关于陆军突击队军团在爪哇中部和巴厘岛煽动暴力的关键作用，参见 David Jenkins and Douglas Kammen, "The Army Para-Commando Regiment and the Reign of Terror in Central Java and Bali," in Douglas Kammen and Katharine McGregor (eds.), *Contours of Mass Violence in Indonesia, 1965–68* (Singapore: NUS Press, 2012)。

③ Jenkins and Kammen, "Army Para-Commando Regiment and the Reign of Terror in Central Java and Bali," p. 80.

任务完成后，于 11 月下旬返回了雅加达。①

第四，在 12 月初，陆军突击队军团抵达巴厘岛，在所谓的政变发生后的两个月里，巴厘岛几乎没有发生过屠杀事件。在陆军突击队军团到达后的几天内，屠杀事件数量急剧增加，并迅速加剧到与其他地区相当或更糟的地步。传统观点认为，巴厘岛的暴力活动是自发蔓延的，逐渐发展到了"疯狂"的地步，当精锐部队于 12 月从爪哇抵达巴厘岛时，他们的主要任务就是阻止暴力。事实上，几乎所有的证据都表明，陆军突击队军团与政党高层一起策划和煽动了巴厘岛的暴力，如他们在爪哇和亚齐所做的一样。②

枪炮、卡车和黑名单

虽然屠杀主要是用简单的武器进行的，并且不依赖于精密的现代技术，却需要计划和后勤支持。军队在二者的供应方面发挥了至关重要的作用，军方通常通过动员当地居民和没收私人财产来补充自己的资产和能力。可以肯定地说，如果没有军队的后勤和组织领导，大规模屠杀不可能发生，或者至少不会那般迅速而广泛地发生。

---

① 在以雅加达为基地的陆军突击队军团离开后，以中爪哇为基地的陆军突击队军团的两个营显然仍留在了该省。一些报告指出，11 月时，陆军突击队军团转移到了邻近的东爪哇，加入了忠于苏哈托的部队以及各种青年武装团体和准军事部队，参与粉碎印尼共产党及其附属组织。然而，詹金斯和卡门对这一说法提出了疑问，他们认为，陆军突击队军团直到 1966 年 6 月才进驻东爪哇。参见 Jenkins and Kammen, "Army Para-Commando Regiment and the Reign of Terror in Central Java and Bali," pp. 96, 98–99。

② 在早期的著作中，我认为，直到 1965 年 12 月初陆军突击队军团抵达巴厘岛后，巴厘岛的大规模屠杀才开始。詹金斯和卡门提供的证据表明，就在这些部队登陆之前的几天里，巴厘岛发生了一些屠杀事件。然而，毫无疑问的是，在部署了这些外来部队之后，屠杀速度大大加快。参见 Robinson, *Dark Side of Paradise*, pp. 295–297; Jenkins and Kammen, "Army Para-Commando Regiment and the Reign of Terror in Central Java and Bali," in *Contours of Mass Violence in Indonesia, 1965–68*, Douglas Kammen (ed.) and Katharine McGregor (Singapore: NUS Press, 2012)。

第六章　军队的作用

图6.1　被拘留的印尼共产党下属的人民青年组织成员在一辆
由武装警卫护送的军车上，雅加达，1965年10月10日
(Bettman/Getty Images)

军队的后勤支持有多种形式。第一种也是最明显的，是向己方的士兵和民兵盟友提供枪支。枪械并不是进行屠杀的唯一手段，正如我们所看到的，大砍刀、小刀、竹矛和剑也很常见，但它们是军队力量参与的重要体现。例如，展示和使用火力强大的枪炮是陆军突击队军团和其他陆军部队采用的"武力展示"战略的重要方面。装甲运兵车和坦克也是如此。从1965年11月美国大使馆的一份电报可以窥见这一战略，这份电报是从军方一份关于在中爪哇杀害9名印尼妇女运动成员的官方报告中获取的：

> 陆军情报局的报告指出，陆军突击队军团的装甲车在进入梭罗（Surakarta）市时，在郊区被印尼共产党的附属组织印尼妇女运动的九名"女巫"阻挠，她们使用语言进行攻击并拒绝让装甲车通过。部队向空中开枪要求她们让路，但是她们依旧毫不退让，[陆军突击队军团]被迫结

束了她们的生命。①

提供枪支武器也是军队将围捕、杀害印尼共产党成员的权力赋予地方盟友的重要表现。其中包括民防部队，比如民间防务（Hansip，以下简称"民防"）和人民防务（Hanra，以下简称"人防"），这两个组织甚至在全国各地的村级单位进行了广泛的动员。根据最近发现的一份文件，军队将大量的步枪和自动武器供给了北亚齐省的民防和人防部队，具体目的是协助消灭"九三〇运动"。②鉴于民防和人防是国家民间防卫机构的组成部分，我们有理由认为，印尼其他地区的部队也得到了武器供应。军队还向它所动员的反共民间武装中的特定成员提供武器和训练。例如，根据来自东爪哇的一份报告，第十六步兵旅的指挥官萨姆（Sam）上校"给了谏义里伊联青年团主席一把手枪，并在谏义里西部的克洛多（Kolotok）山上训练他如何开枪"。③同样，中爪哇的一名前学生领袖讲述了军队如何向他和其他人提供武器和训练，以及杀害共产党人的"许可证"：

> 我可以杀死那些被证明与印尼共产党有关系的人。共有10个人得到了比利时埃斯塔勒国营工厂生产的手枪，并在加里勿朗（Kaliurang）接受训练。手枪是在1965年11月前后提供给我们的……我经常回到日惹的印尼陆军战略后备司令部（Kostrad）来获取子弹。有了这把枪，从

---

① Embtel 1360, US Embassy Jakarta to Department of State, November 6, 1965, RG 59, POL 23-29 INDON, NARA.

② 该文件的内容是："在清洗或消灭'九三〇运动'的框架内，科西干向北亚齐第四区的民间防卫和人民防卫的成员提供武器，以达到消灭'九三〇运动'的目的。"转引自 Melvin, "Mechanics of Mass Murder," p. 187.

③ Kurniawan, et al. (eds.), *The Massacres: Coming to Terms with the Trauma of 1965* (Jakarta: Tempo, 2015), p. 12.

第六章 军队的作用

1965 年末到 1966 年中,我几乎每天都在日惹搜捕印尼共产党的领导人及其同情者。①

同样重要的是,军队为运送士兵、执行杀戮的民兵武装和杀戮的受害者提供了卡车和其他交通工具。来自全国各地的报告都描述了用敞篷军用车辆运送捆绑起来的嫌疑人的情景。② 许多卡车属于军队,而另外一些则是以军队行动之名从平民那里征用的。其中最生动的叙述出自尼科(Niko),一名曾经被扣押在西帝汶的政治犯:

> 卡车停下的声音令人不禁瑟瑟发抖。当你听到鸣笛声,死亡就降临了。那种声音就像你在收音机里听到的死亡时会有的乐器伴奏。连壁虎也安静了下来,鸟儿们一动不动,公鸡停止了啼叫……每当听到这个声音,我们的头发都会竖起来,那种恐惧永生难忘。一些囚犯将被装上卡车。我们等待着他们,但他们没有一个人活着回来……任何被叫到名字的人都会迅速爬上卡车。如果他们磨磨蹭蹭,就会被强推上车。③

在巴厘岛的尼加拉(Negara)镇,目击者报告称,连续几天,

---

① Kurniawan, et al. (eds.), *The Massacres: Coming to Terms with the Trauma of 1965* (Jakarta: Tempo, 2015), p. 53.

② 东爪哇的情况参见 Vannessa Hearman, "Dismantling the Fortress: East Java and the Transition to Suharto's New Order Regime" (PhD diss., University of Melbourne, 2012), pp. 105, 108, 116; Kurniawan, et al., *Massacres*, pp. 13–14, 17, 21, 25, 28, 31–32, 40。中爪哇的情况参见 Putu Oka Sukanta (ed.), *Breaking the Silence: Survivors Speak about the 1965–66 Violence in Indonesia*, trans. Jennifer Lindsay (Clayton, Victoria: Monash University Publishing, 2014), pp. 42, 133。亚齐的情况参见 Melvin, "Mechanics of Mass Murder," pp. 17, 155, 203。弗洛勒斯的情况参见 Kurniawan, et al., *Massacres*, pp. 71–72, 78–79。北苏门答腊的情况参见 Joshua Oppenheimer and Michael Uwemedimo, "Show of Force: A Cinema-Séance of Power and Violence in Sumatra's Plantation Belt," *Critical Quarterly* 54, no. 1 (April 2009): 84–110。

③ Sukanta, *Breaking the Silence*, p. 118.

都看到数十辆满载着来自周边村镇的共产党人的军用卡车在主干道上缓慢有序地行进着。在一个大仓库里，囚犯们被一个接一个地赶下车，双手被捆绑着，然后被带进执行射杀的仓库。在 12 月的三天时间里，约有 6000 人死亡。① 1965 年 12 月的第二周，巴厘岛当地报纸的一篇文章报道称："他们甚至不需要亲眼看到（陆军突击队军团）的红色贝雷帽，只要听到卡车的轰鸣声，'九三〇运动'疑似参与者的心跳就会变得急促起来，接下来就是无尽的恐惧。"② 一名曾在由军队组织起来的亚齐夜间巡逻部队服役的男子也记得这些卡车："（当时）我们正在执行夜间巡逻……我看到他们（那些被拘留的人）被带到卡车上。我没有看到他们被杀时候的场景……（但）我知道他们是被卡车运过来的，一辆接着一辆。我还看见了坟墓。"③ 这段时期的照片和影像图片同样突出了军用车辆在执行印尼共产党粉碎计划方面的核心地位。

许多报告还提及了名单的存在，这些名单上的人物成了逮捕或处决的目标。④ 1965 年 12 月，一位英国大使馆官员的记录报告了住在东爪哇岩望的某位英国工程师与罗斯·泰勒（Ross Taylor）之间进行的谈话，工程师将"发生在岩望的内布里泰克斯特（Nebritext）工厂中的大清洗的恐怖细节"告诉了泰勒。

---

① Robinson, *Dark Side of Paradise*, pp. 297-298. 关于巴厘岛卡车的更深入的报告，参见 Sukanta, *Breaking the Silence*, p. 134; Kurniawan, et al., *Massacres*, pp. 63, 66-67, 69。

② Cited in Robinson, *Dark Side of Paradise*, p. 298.

③ Cited in Melvin, "Mechanics of Mass Murder, " p. 203.

④ 关于东爪哇的这种名单，参见 Kurniawan, et al., *Massacres*, pp. 28, 37, 57。中爪哇参见 Baskara T. Wardaya (ed.), *Truth Will Out: Indonesian Accounts of the 1965 Mass Violence*, trans. Jennifer Lindsay (Clayton, Victoria: Monash University Publishing, 2013), p. 30。巴厘岛参见 Kurniawan, et al., *Massacres*, pp. 65, 67, 69。北苏门答腊参见 Joshua Oppenheimer, *The Look of Silence* (Drafthouse Films, 2016), DVD (0: 49)。弗洛勒斯参见 Gerry van Klinken, *Making of Middle Indonesia*, pp. 239-241; Kurniawan, et al., *Massacres*, p. 73。西帝汶参见 Sukanta, *Breaking the Silence*, p. 25。

第六章 军队的作用

泰勒告诉我，当地的军队指挥官有一份印尼共产党重要人物的名单，并将他们分成了五类。上级命令他杀死前三类人。到目前为止，周边的地区大约有2000人被杀，那些住在主干道附近、外出工作的人首当其冲……在这家工厂里大约已有200人被清算。①

在某些情况下，这样的名单是由军队编制的，然后交给民兵组织成员，命令他们杀死那些在名单上出现的人或选出那些应该被杀死的人。例如，据来自谏义里的一位伊联全能青年旅领导人的说法，"通常情况下，伊联全能青年旅从地区军事司令部（Kodim）收到一份被拘留的印尼共名单，并指示他们在被拘留者中选择应该被处死的人。因此，屠杀是依法进行的"。② 同样，来自亚齐省的一名前民团成员做证说："我们只接走了一些确定是印尼共的人……我们在一份由民团领导层列出的名单上找到了他们的名字。"③ 而根据北苏门答腊一名前行刑队指挥官的说法，"连续三个月我们都不分昼夜地处死共产党人……我们拿到了需要被带到蛇河（Snake River）的囚犯名单。每天晚上我都会在名单上签字"。④

在其他情况下，军队当局在编制和审查死亡名单时，会寻求并确保得到当地宗教和政党领导人的默许。例如，弗洛勒斯毛梅雷（Maumere）镇的一份匿名报告描述了1966年2月下旬在陆军总部举行的一次会议，会上，各政党和社会组织的领导人被迫参与决定拘押者中哪些人需要被"处置"。

---

① Windle Memorandum, Appended to British Embassy Jakarta (Cambridge) to South East Asia Department, Foreign Office (Tonkin), December 16, 1965, DH 1015/335a, FO 371/180325, UKNA.

② Rohim, cited in Agus Sunyoto, Miftahul Ulum, H. Abu Muslih, and Imam Kusnin Ahmad, *Banser Berjihad Menumpas PKI* (Tulungagung: Lembaga Kajiandan Pengembangan Pimpinan Wilayah Gerakan Pemuda Ansor Jawa Timur and Pesulukan Thoriqoh Agung Tulungagung, 1996), p. 156.

③ Cited in Melvin, "Mechanics of Mass Murder," p. 142.

④ Oppenheimer, *Look of Silence* (0:49).

被拘留者的姓名、被拘留原因以及他们所谓罪行的性质被一个接一个地宣读出来。会议的气氛很紧张；参会者脖子上的汗毛都竖了起来，因为房间里的军事人员手里都拿着武器。在这种情况下，当事各方和各组织必须逐一明确表示他们对已被宣读姓名的被拘留者的态度……1966年2月27日的当晚，天主教的领袖们开始变得无能为力，或者更直接点说，他们已经放弃了天主教的原则。①

据说西帝汶古邦的陆军情报官员也编制了类似的名单，当地政党代表同样对其进行了审查。②

这样的程序以及名单本身，证明了杀人是有计划、有预谋的，而不是突然狂怒而失控的结果。事实上，可以肯定的是，这些程序和名单是军方在10月1日之后不久设立的对政治嫌疑犯进行的系统性"清洗"。在这一制度下，根据涉嫌参与9月30日运动的程度，军方官员将嫌疑人分为几个类别。苏哈托将军在苏加诺总统的授权下，于11月15日颁布了关于建立具有法律效力的分级系统的法令。③

最后，军队提供了拘押犯罪嫌疑人的地方，其中一些人或死于酷刑，或被送往屠杀场地。④ 除了小型的地方拘留所和较大的监狱，拘留地点还包括军队营地和军事建筑，以及体育场、仓库和军队没收的私人住宅。印尼某些地区，军方还建立了集中营和劳改营，以收容不断增加的在押人员。这些后勤资产成为执行大规模屠杀的基

---

① Cited in Gerry van Klinken, *Making of Middle Indonesia*, p. 240-241.
② Ibid., pp. 239-240.
③ Presiden Republik Indonesia, Instruksi President/Pangti ABRI/KOTI No. 22/KOTI/1965, 15 November 1965.
④ 第八章详细讨论了拘禁地点和被拘留者的待遇。

第六章　军队的作用

础设施中的重要组成部分。

群众动员

当然，军队并不是单独行动的。相反，由于某些军事单位和军官的忠诚度与能力一直存在不确定性，同时也为了掩盖军队参与的痕迹，军方领导人四处寻找盟友。这些盟友中最主要的是狂热的反共政党的领导人，如伊斯兰教士联合会、印尼民族党、印度尼西亚自由维护者联盟（IPKI）和天主教党（Partai Katolik），以及他们各自的群众组织。至关重要的是，军方还与各种武装治安团体和民兵组织结成联盟，进行充分的动员，将他们部署在针对左派的联合暴力行动中。

群众组织

在1965年10月的一系列事件发生之前，群众组织在政治中的积极参与已持续多年，为之后的迅速动员打下了基础。[①] 宗教和政党的青年组织尤其如此，至少自1963年以来，这些组织与印尼共产党及其附属团体之间的冲突日益激烈，有时甚至会发生暴力冲突。军队在对抗印尼共产党及其盟友的运动中，正是向这些组织寻求帮助。1965年10月1日之后发生的变化是，群众组织开始比以往任何时候都更密切且公开地与军队合作——协同策划示威、公开声明和"清洗"行动。在军队明里暗里的支持下，这些群众组织被

[①] 例如，在北苏门答腊，早在所谓的政变发生前，军队指挥官就已经开始动员反共组织了："作为一名虔诚的穆斯林，莫科金塔调派军队人员前往大种植园，建立亲穆斯林、亲军队的新闻报纸，在当地恶棍支持下，培养激进青年团体，在印尼实行与马来西亚对抗的政策背景下，军队甚至开始武装自己的工会成员。" Tsai and Kammen, "Anti-Communist Violence," p. 134。

动员起来，要求对杀害将军的"叛徒"采取行动，"人民需求"（the people demand it）成为军队对印尼共产党采取"坚决行动"一个有用的理由。在这些行动中，他们犯下了累累暴行，包括毁坏房屋和办公室、抢劫、殴打，最后是大规模的拘禁和屠杀。

图 6.2　1965 年，印尼共成员被军队和反共民兵拘押于中爪哇的默拉皮山基地附近
（National Library of Indonesia）

这种新的合作方式最早表现为一个由激进的反共群众组织组成的保护伞组织，被称为"粉碎九三〇运动指挥部"（KAP-Gestapu）。参与其中的群众组织包括那些隶属于伊斯兰教士联合会、印度尼西亚自由维护者联盟和天主教党等的团体。尽管从表面上看，该指挥部是一个独立的民事机构，但它是在政变发生几天后，在军方领导层的倡议下成立的，该组织后来得到了美国政府的秘密财政援助，

第六章　军队的作用

且有效地充当了军方反共政治行动的指挥部。① 在"粉碎九三〇运动指挥部"成立后，越来越多的协调机构和"行动阵线"建立起来，基本上都得到了军方的支持。

在这些新组织中，最活跃的是印尼大学生行动阵线（KAMI）、印尼青年与学生行动阵线（KAPPI）以及"印尼大学毕业生行动阵线"（KASI）。除了这些国家层面的组织，军队当局还在省和地方各级设立了相应的组织。② 尽管有着温和中产阶级式的名字和外表，这些学生行动阵线在1965—1966年针对左派的暴力运动中发挥了至关重要的作用。正如一位政界的内幕人士在1966年末向一位研究者透露的那样："这些学生都是狂热的右翼分子，被军队和（伊斯兰教士联合会副主席）苏布汉利用。人们永远无法确定他们会'逮捕'谁，以及之后会发生什么。他们不是民主主义者，而是法西斯。"③

这些组织和军队之间的密切合作已不是秘密。美国大使馆官员以最自然的方式谈论了学生和军队之间的关系。一份关于与这些团体的领导人之一A. B. 纳苏蒂安（与纳苏蒂安将军没有关系）会面的报告指出，该官员"对A. B. 纳苏蒂安与军队以及印尼政府其

---

① "粉碎九三〇运动指挥部"据说是在最高行动指挥部政治部门负责人苏吉普托（Sutjipto）准将的建议下成立的，印尼陆军战略司令部的官员鼓励其组织大规模集会。Harold Crouch, Army and Politics in Indonesia (Ithaca, NY: Cornell University Press, 1978), p. 141. 在1965年12月初的一份秘密电报中，美国大使格林详细说明了向该组织输送秘密资金的计划："这是兑现我早先的承诺，即向马利克提供5000万印尼盾，这是为粉碎九三〇运动指挥部提供的资金。" Embtel 1628, US Embassy Jakarta to Department of State, December 2, 1965, US Department of State, *Foreign Relations of the United States* (*FRUS*), Vol. 26, Indonesia; Malaysia-Singapore, Philippines (1964–66), pp. 379–380。

② 例如，抵达巴厘岛后不久，陆军突击队军团成立了打击反革命九三〇行动协调机构。参见"Badan Koordinasi Kesatuan Aksi Pengganjangan Kontrev Gestapu," Suara Indonesia (Denpasar), December 10, 1965。不久之后，类似的一些机构也在西帝汶古邦建立了起来，参见 Gerry van Klinken, *Making of Middle Indonesia*, pp. 231–235。

③ 时任外交部长马利克的助手曼苏鲁丁·博格克（Mansuruddin Bogok）发表了上述评论。Adam Malik and Company Interview with Ruth McVey, October 2, 1966, New York, personal archive of Ruth T. McVey [McVey Papers], box 2, file 31c。

他组织中的年轻人之间的联系印象深刻"。报告还写道，A. B. 纳苏蒂安"是一份新反共周报《宣言精神》（*Djiwa Proklamasi*）的创始人和编辑之一"，随着印尼大学生行动阵线行动力度的加大，纳苏蒂安"成为大学毕业生平行合作组织的创始人……该组织后来成为一个与军队和学生团体有着密切合作的重要的压力集团"。① 简言之，正如印尼外交部长马利克在1966年10月对鲁思·麦克维所说："学生可以有所行动，因为他们与军队有关系。军队会告诉他们何时以及采取多大程度的行动。"②

民兵和行刑队

然而，10月1日后被动员起来的反共民兵组织，在助长暴力和杀戮方面发挥了更为重要的作用。其中大多数民兵组织都与政党有直接的联系，如伊斯兰教士联合会的伊联青年团和伊联全能青年旅，印尼民族党的平民主义青年团和印度尼西亚自由维护者联盟的建国五基青年团。还有其他组织，如民间防卫和人民防卫，它们是当时民防部队的一部分。10月1日之后，上述组织实际上都变成了反共民兵组织。军队会向这些组织及其领导人寻求帮助，以确定并定位当地的印尼共领导人及其成员；这些组织会在夜间包围所谓左派分子的房屋，愤怒地要求逮捕他们，毁坏他们的财产，烧毁他们的房屋。正是这些人组成了追捕和拘禁所谓左翼分子的团体，接着把左翼分子带到拘禁地点，并参与杀害他们。目前还没有确切的证据表明有多少人加入了这些组织，但可以肯定至少有数十万人。根据美国大使馆1965年11月中旬的一份电报，仅在梭罗地区，"为

---

① Airgram A‑583, US Embassy Jakarta to Department of State, March 25, 1966, POL 2 INDON, NARA.

② Adam Malik and Company Interview with Ruth McVey, October 2, 1966, New York, McVey Papers, box 2, file 31c.

第六章　军队的作用

了对共产党采取行动,军队训练并装备了大约2.4万名穆斯林青年"。① 同样的情况也发生在东亚齐和北亚齐地区,据称这两个地区都有约1.5万名民兵。②

多年以来,这些组织和军队之间的关系一直是人们猜测和讨论的对象。一些观察人士接受了,或者说是无意中相信了官方的立场,即这些团体是由于长期存在的地方仇恨和冲突而选择主动采取行动的,这一行为独立于军队。③ 一种更为普遍的观点是,虽然部分地区的民团组织是在军方的要求下开展行动的,但在其他的一些地区,民团组织是出于当地利益和冲突而独立行动的。④

现在看来,这种观点无疑是错误的,这些民兵组织和行刑队在军队的指挥和控制下展开活动,鲜有例外。虽然不同的区域之间存在一些差异,但无论在什么地方发生大规模屠杀,其基本的模式都是一致的。民兵组织由军队动员、武装、训练并提供支持保障,而逮捕和杀戮行为通常由民兵组织进行。但这并不意味着民兵组织的成员总是简单地服从命令。大多数人都有与军队合作的真实动机,

---

① Embtel 1435, US Embassy Jakarta to State Department, November 13, 1965, POL 23-9 INDON, NARA, cited in Jenkins and Kammen, "Army Para-Commando Regiment, " pp. 91–92n61.

② 东亚齐的建国五基捍卫者阵线声称其有1.5万名成员,1965年末的一份官方文件显示,北亚齐有14182名民间防卫和人民防卫成员。参见 Melvin, "Mechanics of Mass Murder, " pp. 161, 186。

③ 例如,对于那些不熟悉历史的人来说,奥本海默有关印尼1965—1966年大屠杀的第一部电影《杀戮演绎》(*The Act of Killing*) 可能会给人留下这样的印象:行凶者不过是当地的黑帮分子,他们的行为与军事行动无关。奥本海默关于这一主题的第二部电影《沉默之像》纠正了这种印象,这部电影清楚地表明,那些被装载在卡车上的被拘押者,军方蒙住他们的眼睛,将双手捆绑起来交给当地的恶棍,后者则将他们杀害,并将尸体扔进棉兰附近的蛇河。

④ Hermawan Sulistyo, "The Forgotten Years: The Missing History of Indonesia's Mass Slaughter" (PhD diss., Arizona State University, 1997); Christian Gerlach, *Extremely Violent Societies: Mass Violence in the Twentieth-century World* (Cambridge: Cambridge University Press, 2010). 虽然承认军队在一些地区可能发挥了重要作用,但上述学者指出,这些差异证明在其他地区,横向的社会和文化冲突是暴力的主要驱动因素。近期对于对这一观点的批评,参见 Roosa, "State of Knowledge, " in John Roosa, "The State of Knowledge about an Open Secret: Indonesia's Mass Disappearances of 1965–66, " *Journal of Asian Studies* 75, no. 2 (2016): 281–297.

包括恐惧、同侪压力、愤怒以及虔诚的宗教或意识形态信仰。然而，没有理由认为他们参与大规模屠杀是自发的或不可避免的。事实上，在几乎所有的案例中，民兵组织都是在得到军队的许可或督促下才开始杀人的。印尼各地的一些例子说明了这一点。

在1965年11月初的一份报告中，美国大使馆的一位高级官员在听取了印尼军方联络官的解释之后，如此描述印尼军方的策略："中爪哇军队（陆军突击队军团）正在训练穆斯林青年并为他们提供武器，让他们站在反共的最前线。军队会尽量避免与印尼共发生直接的冲突。"① 正如陆军突击队军团的指挥官萨尔沃·埃迪（Sarwo Edhie）对记者所说："我们决定鼓励反共平民参与到这项工作中来。我们将梭罗的青年团体、民族主义团体和宗教组织聚集到了一起。我们为他们提供了两三天的训练，然后将他们派去杀死共产党人。"② 军方内部文件间接证实了动员民众攻击印尼共是深思熟虑后得出的战略。例如，中爪哇地区的军队反共运动的历史记载如下：

> 为了挫败印尼共产党发动群众开展破坏和恐怖活动，政府自己对群众进行了动员。作为军民合作"粉碎九三〇运动"和印尼共产党残余力量总方案的一部分，陆军突击队军团为民兵组织提供了军事训练，包括指导他们如何使用武器以及保卫村庄的战术技巧。③

---

① Embtel 1326, US Embassy Jakarta to Department of State, November 4, 1965, Indonesia, Vol. 5, Country file, NSF, box 247, Lyndon Baines Johnson Library [LBJ Library]. 在1965年11月13日的一份电报中，格林大使报告说，"在军队的支持下，在东爪哇和中爪哇，每天晚上都有50—100名印尼共产党成员被反共产主义的平民组织杀害"。转引自 Jenkins and Kammen, "Army Para-Commando Regiment," p. 90。
② 转引自 Jenkins and Kammen, "Army Para-Commando Regiment," p. 88。
③ Dinas Sejarah TNI-AD, "Crushing the G30S/PKI in Central Java," in Robert Cribb (ed.), *The Indonesian Killings, 1965–1966: Studies from Java and Bali*, No. 21 (Clayton, Victoria: Monash Papers on Southeast Asia, 1990), p. 166.

第六章 军队的作用

美国驻泗水领事馆1965年11月的一份关于东爪哇谏义里和巴里（Pare）屠杀事件的报告，讲述了类似的故事：

> 来自谏义里浸礼会医院的美国传教士告诉我们，在11月4—9日，3400名印尼共产党的积极分子被伊联青年团杀害，并且有可能得到了平民主义青年团的帮助。有消息称，类似的屠杀发生在谏义里东北30公里处的巴里；据说有300名印尼共产党成员在那里遭到杀害……武装部队没有采取任何行动制止屠杀，事实上很显然的是，军方与反共青年勾结在了一起，并有可能还煽动他们施暴。有消息称，茉莉芬谏义里（Madiun-Kediri）地区的指挥官维利·苏约诺（Welly Soedjono）上校当时在谏义里，他告诉青年领袖，如果他们真的认真去找的话，他确信他们能在谏义里找到3500多名印尼共产党员。①

来自民兵成员和指挥官自己的叙述进一步证明了东爪哇军队和民兵之间的合作。在东爪哇，伊联全能青年旅粉碎印尼共运动的历史档案让我们得以一探究竟。② 其中有三种突出的模式。第一，当地伊联全能青年旅的指挥官反复提到，他们的成员接受了如突击队（Raiders）、机动旅（Brimob）和陆军突击队军团等精锐部队的军事训练，这种训练使他们在粉碎印尼共的过程中更具优势。例如，外南梦的一名指挥官指出，伊联全能青年旅"通过接受陆军突击队军团教官的军事训练，悄然间强化了自身的战斗力"。③ 第二，伊联

---

① Contel 32, US Consulate Surabaya to US Embassy Jakarta, November 14, 1965, Indonesia, Vol. 5, Country file, NSF, box 247, LBJ Library.
② Sunyoto, et al., *Banser Berjihad*, pp. 89–136, 153–160.
③ 参见 Sunyoto, et al., *Banser Berjihad*, p. 124; pp. 101, 153, 157。

全能青年旅的领导人描述了当地军队如何协助伊联青年团和伊联全能青年旅攻击印尼共所在的村庄，这种行动常常会带来致命的后果。一份报告指出，"伊联全能青年旅追捕印尼共的行动得到了当地军队的暗中支持"，而另一份报告则直截了当地说，"军队为消灭印尼共提供了便利和支持"。① 第三，1965 年 10 月底时军方发布消息，称对印尼共的逮捕和杀害必须得到军方的许可。② 因此，伊联青年团和伊联全能青年旅的队伍收到了逮捕和杀害印尼共产党成员的正式书面指令。正如一位来自玛琅（Malang）图伦（Turen）的伊联青年团成员所说，"杀死印尼共成员的命令是由印尼军队发布的。将被拘禁的印尼共转移到伊联全能青年旅部队时总会有一份官方文件（surat perintah）。③ 一位来自东爪哇省图班（Tuban）伦格尔地区（Rengel District）的伊联全能青年旅领导人后来告诉研究人员："只要有行刑计划，我们就会接到电话。电话通常在晚间祈祷之后打过来。一份写着受害者姓名的时间表会从地区办事处转交到地区军事司令部。"④

北苏门答腊也出现了基本相同的模式。肯·杨（Ken Young）指出："军队鼓励省会城市（棉兰）的青年团体杀害他们信仰共产主义的敌人。这里的青年小队包括穆斯林、天主教徒和建国五基青年团。"⑤ 根据 1965 年 12 月仍在棉兰的美国官员的说法，"苏门答腊军官报告说，军方在劝说公众保持克制的时候，实际上仍在鼓励穆斯林杀死所有印尼共干部，北苏门答腊每天都有数百人被杀"。⑥ 一名负责在蛇河附近多次执行死刑的行刑队指挥官同样描述了军队

---

① Sunyoto, et al., *Banser Berjihad*, pp. 113, 153. 亦可参见 Sunyoto, et al., *Banser Berjihad*, pp. 115, 121。
② Sunyoto, et al., *Banser Berjihad*, p. 124.
③ Sunyoto, et al., *Banser Berjihad*, p. 159.
④ 转引自 Kurniawan, et al., *Massacres*, p. 37。
⑤ Young, "Local and National Influences," p. 93.
⑥ 转引自 Tsai and Kammen, "Anti-Communist Violence," p. 141n40。

的幕后角色:"他们开着卡车在路边等待。他们没有下(到河岸)这里……他们说这是'人民的斗争',因此他们保持距离。如果有人看到军队杀人,世界各国都会对此感到愤怒。"①

在巴厘岛,军方也与平民和民团组织在实施杀戮方面建立了密切的合作。主要的民团组织是隶属于印尼民族党的平民主义青年团,但是隶属于伊斯兰教士联合会的伊联青年团在巴厘岛上的某些地方也很活跃。有时军队起了带头作用。休斯(Hughes)说,部队从爪哇抵达巴厘岛后,"军方和警方与文职官员联合起来,确保处决了应该处决的人。人们接连被捕,经常被士兵射杀。"② 在其他情况下,杀人的任务被委派给村民。休斯写道:"有些时候,某些村庄会被特别指定为需要清除共产主义者。然后,这些村子会将村里的共产党员聚集在一起,进行集体处决,用乱棍或砍刀将他们活活弄死。"③

亚齐省的证据也指向了类似的模式,并提供了明确的证据,表明主要的民团组织都得到了官方的批准。④ 这些团体包括前面建国五基捍卫者阵线,该团体于 1965 年 10 月 6 日在班达亚齐(Banda Aceh)正式成立,几天后又在西亚齐建立了分支,人民捍卫者(Pembela Rakyat)于 10 月上旬在南亚齐建立。⑤ 正如在巴厘岛一样,亚齐的屠杀事件有时由军队亲自执行,有时也会由行刑队在军队监督下展开。在近乎所有的案件中,屠杀都发生在地区军事指挥官朱阿尔萨(Djuarsa)准将和其他高级官员抵达一个区域并敦促民

---

① Oppenheimer, *Look of Silence* (0: 59).
② John Hughes, *Indonesian Upheaval* (New York: David McKay Co., Inc., 1967), p. 181.
③ John Hughes, *Indonesian Upheaval* (New York: David McKay Co., Inc., 1967), p. 180. 有关军队在巴厘岛屠杀中的协调作用,参见 Kurniawan, et al., *Massacres*, pp. 67, 69; Robinson, *Dark Side of Paradise*, Chapter 11。
④ 参见 Melvin, "Mechanics of Mass Murder," Chapters 3-5。
⑤ Melvin, "Mechanics of Mass Murder,", pp. 104, 133.

众对印尼共产党采取行动后不久。① 约翰·鲍文（John Bowen）讲述了10月初他访问亚齐打京岸（Takengon）的经历：

> 在接下来的几个星期里，每天晚上都有不少男人和女人被从家里抓出来，带到（打京岸）监狱之后，会被赶到通往北海岸的公路，在一个僻静的地方被处决掉……军队实施了杀戮，但也命令一些男性青年加入逮捕行动。某分区的一名民防指挥官说："政府想让我们走在前面，为他们开辟一条道路。"②

西帝汶古邦的宗教（新教、天主教和穆斯林）青年团体与地区军事指挥部参谋长努尔（M. Noor）少校密切协调展开反共的扫荡活动。正如格里·范·克林肯（Gerry van Klinken）所写的那样，大规模行动无情地拘禁了大量的共产主义者，在不少情况下甚至会就地枪决他们："年轻人移交给军方的人数多到前殖民监狱都关押不下，许多人被关押在独立足球场（Merdeka Football Stadium）。从1966年1月初起，军方开始在夜间将他们带出去处决，在2—4月处决数量达到了顶峰。"③

简言之，目前在多数地区得到的证据表明，民兵部队和民团组织是在军队的明确控制下开展行动的，尤其是涉及屠杀事件的时候，仅有少数例外。长期以来，对于中爪哇而言这种情况是得到普遍承认的，但现在，包括亚齐和巴厘岛在内的印尼其他地区也发现

---

① 目击者证词显示，朱阿尔萨利用这些会议，明确呼吁当地平民通过追捕和杀害印尼共成员以"协助"军方，同时警告那些没有参加会议的人……他们自己有可能将会成为此类暴力的目标。Melvin, "Mechanics of Mass Murder," p. 133。

② John Bowen, *Sumatran Politics and Poetics: Gayo History, 1900-1989* (New Haven, CT: Yale University Press, 1991), pp. 119-120.

③ Gerry van Klinken, *Making of Middle Indonesia*, p. 235.

第六章　军队的作用

了类似的情况。这一发现颇有意义，因为传统观点认为，这些地区（亚齐和巴厘岛）的居民是主动采取了暴力行动，而军队发挥的作用则是制止暴力。现在的发现让真相浮出水面，这种说法是错误的，民众自发暴力的说法实际上是那些精心策划了杀戮事件的军官们故意编造和散布的谎言。

话语和宣传

迫害印尼共产党和左翼的想法并不是自发产生的。恰恰相反，军方领导人有意利用能够制造敌意和恐怖氛围的话语来鼓励并煽动对共产党的迫害行动。这种氛围使杀害与印尼共产党有关的人不仅在道义上看似是正当的，而且将其看作一种爱国和宗教义务。① 这种话语在岛屿之间迅速传播，传播的途径包括军队控制的报纸和电视，还有电台，以及不计其数的群众集会、示威、仪式、宣言、布道和面对面的会议。由此营造的反共氛围，极易触发政治、宗教、文化和土地方面的既有冲突。②

"斩草除根"

这种官方话语和宣传在煽动针对印尼共的暴力行为方面的重要

---

① Michael van Langenberg, "Gestapu and State Power in Indonesia," in Robert Cribb (ed.), *The Indonesian Killings, 1965–1966: Studies from Java and Bali,* No. 21 (Clayton, Victoria: Monash Papers on Southeast Asia, 1990), 47; John Roosa, "The September 30th Movement: The Aporias of the Official Narratives," in Douglas Kammen and Katharine McGregor (eds.), *The Contours of Mass Violence in Indonesia, 1965–68* (Singapore: NUS Press, 2012), p. 29.

② 詹金斯和卡门写道，苏哈托及其下属军官们开创了自己的方法，以"加剧原本已有危险的两极分化社会的紧张程度，引发了虔诚的穆斯林（在某些地方，是印度教徒和基督徒）无情地对待那些支持印尼共产党的名义穆斯林（abangan）邻居"。Jenkins and Kammen, "Army Para-Commando Regiment," p. 91. 亦可参见 Gerry van Klinken, *Making of Middle Indonesia*, pp. 237–238。

作用，主要体现在以下几个方面。首先，这种话语显得极具斗争性。这在某种程度上延续了苏加诺指导式民主期间，政治生活中存在的好战之风。毕竟在这种体制下，各方政党都习惯于用高度侵略性的语言谴责他们的敌人——呼吁"粉碎"马来西亚，"改造"资本主义官僚，"绞死"美国大使。尽管上述话语听起来已无比尖锐，但1965年10月1日之后军队的语言则更加令人震惊。包括苏哈托少将在内的高级军官早些时候的公开宣言称，必须"击溃""粉碎""埋葬""歼灭""摧毁""消灭"和"斩草除根"。这些话语带来的后果是许多运动演变成了屠杀，针对罪犯的行为被反复描述为"清洗"和"扫荡"行动。

1965年10月1日晚10点10分，苏哈托在印度尼西亚国家广播电台的全国广播中首次提到了下面这句话，在接下来的数月乃至数年时间里，这句话将被重复成千上万次，并且成为暴力镇压印尼共产党的有力辩护。"亲爱的听众们，"苏哈托说道，"毫无疑问，（'九三〇运动'的）一系列行动毋庸置疑是反革命的，必须彻底摧毁。我们相信，在抱有革命信念的进步群众的全力支持下，反革命的'九三〇运动'将会被粉碎。"①

全国各地的军官和宗教人士随即开始模仿军方领导人的暴力和排外言论。10月1日，棉兰中将莫科金塔在午夜广播讲话中宣称，"为了维护国家和革命，武装部队所有成员都须坚决消灭反革命，彻底铲除所有的叛国行为。"② 10月4日，亚齐行政会议发表的一份官方声明更为直接，该声明称："人民有义务协助军队彻底消灭九三〇反革命运动及其走卒。"③ 同日，在雅加达的一次群众集会

---

① 关于苏哈托在10月1日的广播讲话，参见 Boerhan and Soebekti, "Gerakan 30 September," 2nd ed. (Jakarta: Lembaga Pendidikan Ilmu Pengetahuan dan Kebudajaan Kosgoro, 1966), pp. 77-79。

② 转引自 Melvin, "Mechanics of Mass Murder," p. 87。

③ 转引自 Melvin, "Mechanics of Mass Murder," p. 98。

上，伊斯兰教士联合会副主席苏布汉代表反共联合团体宣读了一份声明，其中一部分提道："我们呼吁所有政党和群众组织……协助军队彻底消灭'反革命的九三〇运动'，我们愿同武装力量一道……守护和保卫建国五基……直到流尽我们的最后一滴血。"①

同日，苏哈托利用挖掘将军们尸体的机会，将他们的死直接归罪于印尼共及其附属组织。② 一天后，伊斯兰教士联合会管理委员会追随军队，将印尼共产党及其附属组织列为罪魁祸首，并警告说"任何反革命运动都必须立即、彻底铲除"。③ 印尼民族党在巴厘岛的下属青年组织呼吁所有成员"为军队消灭'九三〇运动'提供切实援助"。④ 在1965年11月的一次群众集会上，吉安雅（Gianyar）新上任的反共县长对约10万名群众说，"那些不思悔改、冥顽不化的人，必将被斩草除根"。⑤ 1965年11月12日，纳苏蒂安将军在雅加达对某学生行动阵线的成员说："印尼共显然背叛了国家和民族……因此，我们有义务将他们从印度尼西亚的土地上铲除掉。"⑥ 后来，莫科金塔中将告诫北苏门答腊的印尼共不要试图卷土重来，他对听众们说道："如果反革命的'九三〇运动'再次发生，我们的子孙后代将会谴责我们。防患于未然，把印尼共埋葬得越深越好，这样它就不能再死灰复燃、侵扰人民了。"⑦

---

① 原文参见 Berita Yudha, October 5, 1965，复印版参见 *Indonesia* 1 (April 1966): 203-204。

② 有关1965年10月4日苏哈托在鳄鱼洞的讲话，参见 Boerhan and Soebekti, *Gerakan 30 September*, pp. 87-88。

③ Pengurus Besar Partai NU, Jakarta, October 5, 1965, 转引自 Sunyoto, et al., *Banser Berjihad*, pp. 104-106。

④ 转引自 Robinson, *Dark Side of Paradise*, p. 287n41。在10月8日的一次大规模集会上，印尼民族党的领导人呼吁苏加诺总统命令巴厘岛首长苏特雅（Suteja）"清洗"地方政府中所有的"九三〇运动"分子。Suara Indonesia (Denpasar), November 2, 1965。

⑤ Suara Indonesia (Denpasar), November 11, 1965. 在西帝汶古邦也经常能听到要求将印尼共产党"斩草除根"的呼声。Gerry van Klinken, *Making of Middle Indonesia*, p. 234。

⑥ 原文出现在1965年11月12日的《尤达》(*Berita Yudha*) 上，翻译和原文复制参见 *Indonesia* 1 (April 1966): 182-183。

⑦ British Embassy Jakarta (Cambridge) to South East Asia Department Foreign Office (Tonkin), December 23, 1965, DH 1015/349, FO 371/180325, UKNA.

杀戮季节：1965—1966年印度尼西亚大屠杀历史

叛徒和荡妇

军方的宣传攻势还试图将"九三〇运动"和印尼共描述为野蛮的、反人道的、毫无道德的和邪恶的化身。10月4日，国家电台和电视台在全国播出了苏哈托在挖掘将军尸体时的讲话，他在讲话中特别指出，印尼妇女运动和人民青年参与了针对将军们的"野蛮行动"。第二天，他的演讲稿出现在了军方控制的报纸上，旁边还放上了被害将军尸体的瘆人照片。10月5日为遇害将军举行的送葬仪式，以及次日纳苏蒂安将军小女儿的死亡①为进一步污蔑所谓的犯罪者提供了机会。

在这种狂热的气氛中，军队创造了"盖世太保"（Gestapu）一词来形容"九三〇运动"。"盖世太保"一词显然意在将这场运动等同于"盖世太保"（Gestapo，纳粹秘密国家警察），并为"九三〇运动"增添独裁和邪恶的含义。② 事实上，1965年10月7日，陆军信息中心主任、陆军准将苏布罗托（Subroto）在给报纸编辑的简报中明确地提到了这一历史层面的比较，他将"九三〇运动"描述为"盖世太保式的恐怖"。③ 苏加诺总统认识到了这一词语在政治上的危险后果以及始作俑者的阴险目的，坚持使用"Gestok"④一词。但是，"盖世太保"这个词仍旧占了上风。

在其他方面，军方的话语也经常将印尼共产党及其附属组织的成员描述成处在文明、道德社会界限之外的人——将他们描绘为

---

① 纳苏蒂安将军勉强逃过暗杀，但其小女儿却身受重伤，不治身亡。参见第三章《托词》。——译者注

② 这个词最早出现在军方控制的一家报纸上。"Inilahtjeritakebinatangan 'Gestapu'，"（"这是'盖世太保'畜生一般的故事"），Angkatan Bersendjata, October 8, 1965。大多数人认为，这是《武装部队》的主管、陆军准将苏甘地（Sugandhi）想出来的主意。Van Langenberg, "Gestapu and State Power," p. 46。

③ CIA to White House Situation Room, "The Indonesian Situation." Report No. 21, October 7, 1965, Indonesia, vol. 5, Country file, NSF, box 247, LBJ Library.

④ 有关"Gestok"的来源和政治含义，参见 Kammen and McGregor, *The Contours*, pp. 3-4。

第六章 军队的作用

"叛徒""恶魔""谋杀儿童者""无神论者""妓女""恐怖分子"和"禽兽"。10月14日,军报《武装部队》的编辑写道:"我们根本无法形容盖世太保残忍杀害军官的恐怖主义行为是何其卑劣。"① 在如此众多的屠杀事件中都可以看到这种模式,海伦·费恩提出了一个较为恰当说法,军队将"九三〇运动"和印尼共产党描述为"绝世罪恶"(outside the universe of obligation of the perpetrator)。② 如此一来,军队得以支持、鼓励针对印尼共的暴力行为。

此外,频繁提及"恶魔"和"无神论者"等词语也表明,军队在宣传中援引了宗教规范和符号。10月5日,纳苏蒂安将军在将军们的坟墓旁发表讲话,谈及了军队遭受了何种侮辱和诽谤,向真主请求指示。③ 在接下来的几天里,军方控制的媒体频繁将军方及其盟友粉碎印尼共的行动描绘为"神圣的"任务。例如,10月8日,军报《武装部队》呼吁发动"圣战":"《古兰经》无法抵挡刀剑……但必须用刀剑来对付刀剑。《古兰经》说过要以其人之道还治其人之身。"④ 10月14日,该报发表社论说:"真主与我们同在,因为我们走的道路是真主为我们指明的正确道路。"⑤雅加达之外地区的军队领导人也传达了同样的信息。北苏门答腊莫科金塔将军在其对新成立的北苏门答腊穆斯林联合委员会发表的讲话中说道:"真主敦促他的信众将他们的组织扩展到乡镇乃至村庄,以便对印

---

① Angkatan Bersendjata, October 14, 1965.

② 参见 Helen Fein, "Revolutionary and Anti-Revolutionary Genocides: A Comparison of State Murders in Democratic Kampuchea, 1975–1979, and in Indonesia, 1965–1966," *Comparative Studies in Society and History* 35, no. 4 (October 1993): 799。

③ 纳苏蒂安将军的演讲于1965年10月5日在印度尼西亚国家广播电台播出,《尤达》于10月6日进行了报道。演讲的文本,参见 Boerhan and Soebekti, "Gerakan 30 September," pp. 87–88。纳苏蒂安重复诽谤和背信弃义这一话题。据报道,在1966年3月12日的穆斯林学生协会的会议上,纳苏蒂安宣称:"诽谤比谋杀更野蛮!"据他所说,当晚有21名政治犯被从维罗古南(Wirogunan)监狱的牢房中带走并遭到了杀害。Hersri Setiawan, *Aku Eks Tapol* (Yogyakarta: Galang Press, 2003), p. 182。

④ Angkatan Bersendjata, October 8, 1965.

⑤ Angkatan Bersendjata, October 14, 1965.

尼共'发动伊斯兰攻势'。"①

这种官方进行诋毁的意图在妖魔化印尼妇女运动方面尤为明显，而妖魔化印尼妇女运动所带来的后果也最为严重。印尼妇女运动是一个隶属于印尼共产党的松散妇女组织。"九三〇运动"失败后的几周内，军方及其盟友开始散播一个故事，在10月1号上午被害之前，六位将军遭受了性暴力和肢解。② 军队控制的新闻媒体不断地重复报道这一故事，详细地描述了印尼妇女运动成员如何在将军尸体边裸舞，然后用刀片阉割他们，又用锥子挖出他们的眼珠。③ 除了把印尼妇女运动成员塑造成可怖的女巫之外，这个故事还强烈引发了男性的阉割焦虑。此外，正如萨斯基亚·维林加（Saskia Wieringa）指出的那样，这个故事利用了印度尼西亚保守派男性特殊的焦虑情绪，对他们来说，印尼妇女运动成员展现出的性解放乃至自主意识和积极的政治参与，都对其父权地位和世界观构成了莫大的威胁。④

不久，类似的故事开始出现在雅加达以外的地区。巴厘岛的官员们声称，他们在审讯印尼妇女运动的一名高级领导人时发现，该组织成员被指示用自己的肉体从军队士兵那里换取印尼共所需的武器，之后杀害并阉割了她们所诱奸的男子。当地报纸有板有眼地报道了上述事件，"我们可以清楚地看到，印尼共产党的计划是多么的卑劣。在从利用无耻的性行为攫取尽可能多的利益之后，印尼妇

---

① Tsai and Kammen, "Anti-Communist Violence," p. 143.
② 印尼妇女运动相关故事的第一个骇人听闻的版本出现于1965年10月11日的《尤达》上。这个故事也出现在军方的官方新闻机构的出版物上。参见 Pusat Penerangan Angkatan Darat Republik Indonesia, Fakta 2 Persoalan Sekitar Gerakan 30 September (Jakarta: Penerbitan Chusus nos. 1, 2, and 3, October–December 1965)。
③ 在早期的重述中，鳄鱼洞事件被称为 "死亡派对"（Death Party），参见 Boerhan and Soebekti, "Gerakan 30 September," pp. 95–97。许多年后，这个故事仍在被不断重复。参见 Sunyoto, et al., *Banser Berjihad*, p. 99。1967年美国全国广播公司（NBC）的一部纪录片也忠实地再现了这一场景，*Indonesia: The Troubled Victory*。
④ Saskia Wieringa, *Sexual Politics in Indonesia* (New York: Palgrave, 2002).

女运动成员不仅杀死了受害者,还割掉了他们的生殖器"。① 这种故事显然是为了将印尼妇女运动成员乃至整个印尼共刻画成政治上的背叛者、道德堕落者和不人道的存在。②

总而言之,这个故事似乎有意激起人们对印尼妇女运动的仇恨和恐惧,从而为针对印尼妇女运动成员的暴力行为提供强有力的动机和理由。但问题是,这个故事是捏造的。官方对将军们进行的尸检证实,他们死前没有受到酷刑或肢解——这正是苏加诺总统试图使民众记住的一个关键事实。③ 更加令人不安的是,鉴于官方进行了解剖验尸,可以肯定的是,包括苏哈托在内的军队高级官员当时都知道这个故事是假的。依据这些事实,唯一能够得出的可能结论是,军方领导人蓄意捏造并散布了这一消息,以诬蔑印尼妇女运动,并煽动针对其成员的暴力行为。

文件、坟墓和武器

与此同时,军队开始了"扫荡行动",激发了更多的挑衅和暴力行为。实际上,"扫荡"就是突袭印尼共成员的办公室和住宅,殴打或拘禁他们。在突袭中,军方及其平民盟友声称发现了印尼共消灭反共分子的详细计划。这些发现被当作重要证据,在军方控制的媒体和电台上进行肆无忌惮地报道。这些证据表明,印尼共确实

---

① Pengakuan Seorang Ketua Gerwani, "Diperintahkan Mendjual Diri Kepada Anggota ABRI," *Suara Indonesia* (Denpasar), November 5, 1965.

② 另一则耸人听闻的消息于 10 月开始在军方控制的媒体上流传,这则消息称中爪哇军官卡达姆索(Katamso)上校的妻子和七个孩子被印尼共产党杀害,并被切成了碎片。与印尼妇女运动的故事一样,这个故事也是蓄意捏造的,显然是军方为了煽动民众的恐惧和忧虑而设计出来的。参见 Benedict Anderson and Ruth McVey, *Preliminary Analysis of the October 1, 1965 "Coup" in Indonesia* (Ithaca, NY: Cornell Modern Indonesia Project, 1971), p. 114n6。

③ 1965 年 12 月,苏加诺曾引用官方尸检报告来证明他的说法,但并没有人在意,参见 Anderson and McVey, *Preliminary Analysis*, 49n8。根据对官方尸检报告的分析,有学者尝试揭穿上述指控,参见 Benedict R. O'G. Anderson, "How Did the Generals Die?" *Indonesia* 43 (April 1987): 109–134。

是"九三〇运动"的罪魁祸首,他们计划消灭反共主义者并夺取政权。①

很快,全国各地的军队和政府开始报告类似的发现,并在大规模集会、宗教布道和官方声明中强调这些发现。11月,在巴厘岛,政府声称已经找到了涉及当地印尼共的文件,部分军队人员涉嫌参与了印尼共产党的地下组织。② 同样,陆军突击队军团指挥官萨尔沃·埃迪(Sarwo Edhie)在中爪哇多个城市的几十场演讲中,"声称他们发现了能够揭示共产党计划屠杀'民族主义'和'宗教'团体成员的文件"。③ 亚齐国民阵线领导人则声称他收到了印尼共的一封匿名信,印尼共在这封信中发出了威胁:"我们将对伊斯兰青年进行报复。"④ 奇怪的是,据我们所知,这些文件从来没有作为证据出现在针对印尼共领导人或成员的政治审判中。

军方及其盟友还报告说,他们发现了一些大洞,他们声称这些大洞是印尼共和人民青年为受害者挖的坟墓。类似于之前的文件,关于大洞的报道很快在全国范围内出现,并迅速传播开来,强调印尼共产党挖这些洞是为了埋葬他们计划杀害的人。⑤ 军队当局也声称发现了印尼共准备的武器。⑥ 据称,这些武器包括来自中国的火

---

① 关于媒体报道其发现的所谓指证文件的早期例子,参见 Duta Masyarakat, October 12, 13, 15, 1965; Sukanta, *Breaking the Silence*, p. 52。

② Robinson, *Dark Side of Paradise*, p. 293.

③ Jenkins and Kammen, "Army Para-Commando Regiment," p. 88.

④ Melvin, "Mechanics of Mass Murder," p. 139.

⑤ 苏纽托(Sunyoto)及其合作者在文章中提到了东爪哇的这样的两个案例,据报道,在这两起事件中,伊联青年团或伊联全能青年旅的成员都使用这些大洞作为他们埋葬印尼共产党成员的集体坟墓。Sunyoto, et al., *Banser Berjihad*, pp. 119, 157. 其他关于大洞的资料,参见 Angkatan Bersendjata, October 8, 1965; Sukanta, *Breaking the Silence*, pp. 26, 52; Kurniawan, et al., *Massacres*, pp. 13, 25, 31, 37, 52。1967年,印尼社会主义党(PSI)的一名高级官员告诉卡欣,在他看来这些洞"纯粹是为了证明后来对共产主义者的杀戮是正当的"。George Kahin interview with senior PSI figure, June 14, 1967, Jakarta, Kahin Papers。

⑥ 关于所谓发现武器的早期例子,参见 Duta Masjarakat, October 12, 1965; Angkatan Bersendjata, October 14, 1965。

器，以及小刀、镰刀、弯刀和锥子。尽管除了枪支，这些日常工具可以在任何家庭中找到，但军方及其盟友却用最邪恶的方式描述了这些武器。他们说，印尼共会用锥子挖出受害者的眼睛，就像印尼妇女运动挖出将军尸体的眼睛一样。

无论文档、屠杀、类似坟墓的大洞和武器的真相是怎样的，有充分的理由怀疑军队领导人、政客和宗教机构利用它们大做文章，传播关于印尼共邪恶计划的消息，因此，对于印尼共问题，除了"杀死他们或被他们杀害"，不再有别的选项。① 这一信息在全国各地的数百次演讲、会议和群众集会上以及无数次面对面的对话中被反复强调。相信这样的话语，特别是当它们出自某些权威人士之口的时候，会煽动或者至少在包庇屠杀等暴力行为方面起到一定作用。事实上，大多数杀人者都强调，这些证据的发现是他们迫不得已粉碎印尼共的原因。

舆论战和心理战

这些例子都表明，军队煽动性话语传播和宣传的一个关键途径是大众媒体，即印刷报纸、广播和为数不多的电视。早在 1965 年 10 月以前，媒体就已经是一个重要的政治战场，大多数报纸都与某个政党或组织有密切联系。印尼国家通讯社安塔拉（Antara），以及国营的广播电视——印度尼西亚国家广播电台和印尼共和国电视台（TVRI）理论上都是无党派的机构，但也成了政治斗争的焦点。② 因此，毫不奇怪的是，"九三〇运动"的领导人首先占领了

---

① Van Langenberg, "Gestapu and State Power," pp. 48-49. 例如，在犯罪者的叙述中有这样的表述，参见 Kurniawan, et al., *Massacres*, pp. 25, 31, 37.
② 美国大使馆 10 月中旬从雅加达发回报告，称"印尼媒体和其他信息媒体在这里的活动，肯定依旧是苏加诺及其支持者、军方领导层和其他反共人士之间的争论焦点……军方似乎仍然对印度尼西亚唯一的国家通讯社安塔拉的活动感到不满，并频繁审问和干扰其接近共产主义运动的工作人员"。Embtel 1047, US Embassy Jakarta to Department of State, October 17, 1965, RG 59, POL 23-9 INDON, NARA.

国家广播电台,而苏哈托采取的第一个行动就是夺回它。同样,在"九三〇运动"第一波行动的24小时内,军队关闭了除自己拥有或控制之外的全国所有报社。

被允许继续运行的报纸,如《武装部队》和《尤达》,都是由军队控制的。不久之后,军队开始允许其他报纸出版发行,但都处在军队新闻办公室最严格的控制和"指导"下。据一位著名的报纸编辑说,他和其他人"在10月初被告知,军方正在发动一场反对印尼共的运动,任何批评该运动的人都将被视为印尼共的盟友。不能有任何中立的立场"。① 在实际操作中,得以发行的报纸要么是由军队管理的,要么像臭名昭著的反共日报《建国五基之火》(*Api Pancasila*)和伊斯兰教士联合会的《社会使者》那样,完全照搬军方的官方声明。报道的主要信息是印尼共犯了叛国罪。正如英国驻雅加达大使1965年10月19日所报告的那样:"自10月2日以来一直掌握在军队手中的媒体和电台,一直在源源不断地提供关于印尼共罪行的新闻报道和文章。"② 奇怪的是,在这样的背景下,印尼共的全国性日报《人民日报》的最后一期仍被允许发行,其中一篇社论表达了对"九三〇运动"的支持。如前所述,10月2日的社论被军方用作其所能获得的唯一一份证明印尼共产党参与政变的书面材料。

在摧毁印尼共和左派的过程中,军队还制定了心理战策略,这无疑加剧了紧张局势,增加暴力行为的可能性,甚至助长杀戮。在那些同情印尼共及其附属组织的地区,军队部署了心理战团队,在某些地区称为心理信息行动小组(Operation Mental Information Teams),在其他地区叫作心理控制行动小组(Operation Mental

---

① Cited in Roosa, "September 30th Movement," p. 29.
② British Embassy Jakarta (Gilchrist) to Foreign Office (Stewart), "Attempted Coup in Indonesia," October 19, 1965, DH 1015/215, FO 371/180320, UKNA.

第六章　军队的作用

Command Teams）或思想灌输小组（Indoctrination Teams）。① 这些小组在巴厘岛挨家挨户地传播军方关于不许中立的信息：人们要么反对印尼共，要么支持它，没有中间地带。正如一家报纸所描述的那样，"只有两种可能的选择：站在'九三〇运动'的一边，或者站在政府一边粉碎'九三〇运动'，没有所谓的中立立场"。②

军官们强调，仅仅宣布效忠是不够的。在巴厘岛大屠杀开始前几天举行的一场官方仪式上，格朗碧坦（Kerambitan）地区军事指挥官告诉在场听众，军队需要"能够证明印尼共前成员对印度尼西亚共和国和建国五基忠诚的具体证据，因为发表书面声明是非常容易的；所以，最重要的是真实的证据"。③ 同样，10月，在亚齐省各地举行的一系列大规模集会上，该地区的军事指挥官伊沙克·朱阿尔萨（Ishak Djuarsa）准将敦促民众杀死印尼共成员，否则将面临惩罚。据打京岸的一位目击者回忆，朱阿尔萨对人们说："我要把他们彻底消灭！如果你在村子里找到了印尼共成员，但没有杀了他们，我们将会惩罚你！"④ 这种话语加上自我保护的本能，迫使政治中立的人士乃至共产党前成员加入了对印尼共的攻击。

这些心理战行动很可能是在苏哈托于1965年10月10日建立的"恢复安全与秩序行动指挥部"（Kopkamtib）的支持下进行的，这一机构由苏哈托直接指挥。在该机构建立之初，苏哈托就把恢复安全与秩序行动指挥部的职责扩展到了军事和政治领域，12月的一

---

① 关于这些小组在巴厘岛的行动，参见 Robinson, *Dark Side of Paradise*, pp. 293–294. For Aceh, see Melvin, "Mechanics of Mass Murder," pp. 155, 180。
② "Orpol/Ormas PKI Bujar, Kekridan, Patjung dan Senganan Lempar Badju," *Suara Indonesia* (Denpasar), November 18, 1965.
③ "Kerambitan Bersihdari PKI," *Suara Indonesia* (Denpasar), December 1, 1965.
④ 转引自 Melvin, "Mechanics of Mass Murder," p. 116. 与此同时，据说朱阿尔萨在米拉务（Meulaboh）告诉民众："如果你们不杀死共产党，他们将会杀死你们"，Cited in Melvin, "Mechanics of Mass Murder," p. 118.

项总统法令明确规定,它有权"通过军事和心理行动恢复政府的权威"。① 在一项概述军队"印尼共粉碎战略"的命令中明确提到了对心理战的使用:"不能给'九三〇运动'和印尼共喘息的机会。应该采取一切手段系统地将它压下去,包括心理战。"②

除了不加掩饰的暴力威胁和煽动,这种话语最引人注目的地方在于,它听起来像是一个处于战争状态的国家的言辞。整个政治沦为一场正义与邪恶、忠诚者与叛徒、国家与敌人之间的战争。在这里,人们或许可以再次看到指导式民主时期以及冷战期间的言辞烙印,但与之性质和程度不同的是,这一次,军队,这个近乎完全垄断武力并不断练习如何使用暴力的组织,利用这种战争话术对付成千上万手无寸铁的平民。这与一群衣衫褴褛的学生一边挥舞着手绘标语牌,一边愤怒地谴责他们的政敌相比,完全不具有任何可比性。当军队向平民百姓宣战时,"战争"的代价要高得多,其结果必然是更加灾难性的。

宗教盟友

在使用妖魔化的、恐怖的、战争的话语或煽动暴力方面,军队并非单打独斗。这种话语被宗教领袖、政党官员以及其他反共组织热情地接受并使用。当这种话语为宗教领袖所使用时,会变得更加具有煽动性,对许多人而言更具说服力。

领头的是伊斯兰教士联合会,它从一开始就不遗余力地主张对印尼共采取强有力的行动。10月5日,它曾呼吁取缔印尼共及其附

---

① Presiden Republik Indonesia, Keputusan Presiden/Panglima Tertinggi Angkatan Bersendjata Republik Indonesia/Panglima Besar Komando Operasi Tertinggi (KOTI), No. 179/KOTI/1965, December 6, 1965, cited in van Langenberg, "Gestapu and State Power," p. 51 (emphasis added).

② Dinas Sejarah TNI-AD, "Crushing the G30S/PKI in Central Java," p. 164.

属组织,并指示其各支部委员会为实现这一目标积极开展行动。10月7日,该党的报纸《社会使者》发表了一篇极具攻击性和挑衅意味的反共社论,祈求真主的保佑,同时也呼应军方的宣传:"让我们保卫革命,帮助军队完成摧毁'九三〇运动'的神圣任务……永远向真主祈祷,我们的正确斗争将会得到真主的帮助和祝福。"①

10月8日,以穆斯林青年组织为主的人群举行了集会,随后袭击、洗劫并纵火焚烧了印尼共的全国总部。几天之内,全国的穆斯林政治和宗教领袖开始用宗教意象和语言来描述"九三〇运动"和印尼共产党,这无疑会煽动他们的追随者采取暴力行动。宗教人士宣称:杀害将军的人不仅是叛徒,而且是"无神论者"和"异教徒",他们的卑劣行径使穆斯林不得不做出坚定的回应。他们还说,伊斯兰教是一个和平的宗教,但是,当人们反对伊斯兰教和真主时,伊斯兰教就不会有任何的怜悯之心,要对异教徒发起"圣战"。

这种论调在伊斯兰教士联合会的力量中心东爪哇以及中爪哇的部分地区产生了强烈的共鸣。受人尊敬的穆斯林,如伊斯兰教士(kiai),鼓励年轻人加入反对印尼共的运动,并为行动者提供"精神指导"。② 当年轻人前往突袭一个印尼共聚集的村庄时,他们会高喊:"真主万岁!"③ 所谓印尼共是无神论者的言论经常成为穆斯林青年以最野蛮的方式杀害其成员的理由。位于东爪哇图隆阿贡(Tulungagung)的珮塔伊斯兰寄宿学校(Pesantren PETA)教士阿卜杜勒·格弗尔·马斯塔钦(Abdul Ghofur Mustaqim)说:

> 我曾经看到一名 14 岁的伊斯兰寄宿学校的学生抓到了一名假扮成烟贩的印尼共成员。该学生知道印尼共成员

---

① Duta Masjarakat, October 7, 1965.
② See Sunyoto, et al., *Banser Berjihad*, pp. 124, 136, 157.
③ 苏纽托援引了很多例子,参见 Sunyoto, et al., *Banser Berjihad*, pp. 128, 131, 133-135, 154. 以及 Sukanta, *Breaking the Silence*, p. 64。

> 过去经常侮辱宗教/伊斯兰教。因此，他一抓住那家伙，就用刀子割断了他的喉咙，那人的头都快要掉下来了。那个学生浑身是血。①

精神指导和祈祷也被用来解释杀戮，并使这种杀戮合法化。在回顾谏义里发生的针对印尼共成员的大规模屠杀事件时，一位伊联全能青年旅的领导人评论道："也许由于伊斯兰教师的精神训练，没有一个伊联全能青年旅成员受伤或死亡。"② 在另一个故事中，一位伊斯兰教师解释了他如何使用伊斯兰教的力量来帮助他的学生打败并杀死精神力强大（使用"黑魔法"让自己刀枪不入）的印尼共成员，"为了击败这样的人，我将得到祝福的藤条交给了我的学生。真主是应当被称颂的，正是凭着这些藤条，才能击杀拥有魔力的印尼共成员。"③

许多杀人犯的叙述清楚地表明了宗教层面的准许对于他们杀人行动而言的重要性，并在事后为他们提供辩护。一名曾在东爪哇的谏义里和庞越（Probolinggo）参与杀戮的伊斯兰寄宿学校的前成员解释说，他认为，杀戮"是个人的宗教义务……因为如果印尼共赢了，伊斯兰教就会被摧毁。此外，我的父母和伊斯兰教师也认可我的行为"。④ 一名来自东爪哇省丹贝（Tempeh）地区的伊联青年团成员回忆，在伊联青年团和伊联全能青年旅成员出去杀人之前，他参加了由伊联领导人组织的会议。他指出，在这些会议上，"宗教人士说，杀死印尼共成员是圣战的一种形式，'如果不杀了他们，我们就会被杀'"。⑤ 东爪哇桑贝苏克（Sumbersuko）地区的一位

---

① 转引自 Sunyoto, et al., *Banser Berjihad*, pp. 131-132。
② 转引自 Sunyoto, et al., *Banser Berjihad*, p. 136。
③ Kiai Djalil，转引自 Sunyoto, et al., *Banser Berjihad*, p. 160。
④ Kurniawan, et al., *Massacres* 19.
⑤ Kurniawan, et al., *Massacres*, p. 31.

第六章 军队的作用

伊联全能青年旅成员承认他杀害了许多印尼共囚犯,他后来回忆道,他在杀人时脑海里想到的是伊联宗教学者说过的话:"如果不想消灭印尼共成员,那就不是一个真正的穆斯林。"① 东爪哇伦格尔(Rengel)地区一名前伊联全能青年旅领袖解释说:"我觉得与印尼共的冲突不仅是意识形态上的分歧,而且是一场圣战……他们攻击了我们的信仰。"②

但是,使用宗教话语和符号来鼓励杀戮并使其合法化的不仅是穆斯林神职人员和政党领导人,印度教、基督教和天主教的领袖人物也传达了类似的信息。巴厘岛的宗教权威,包括婆罗门教士(pedanda)、在俗司祭(pemangku)和占卜师(balian),都在煽动人们对印尼共的愤怒,助长了暴力。这也许有时是出于宗教信仰的原因,但多数情况下则是出于狭隘的政治原因,宗教领袖以印尼共是"反宗教的"为由,为杀害共产党人开脱。唐纳德·柯克(Donald Kirk)引用一位牧师的话说:"我们的宗教教导我们不要杀戮或伤害他人……但我们觉得必须粉碎任何试图侮辱神的人。"③ 宗教符号和制裁也被用于其他方面。一位来自巴厘岛的政治犯回忆说,他所在村子里的印尼共及其群众组织的成员被传唤到寺庙前,被迫宣誓称:"我诅咒共产党的行为,我不再想成为一名党员。"然而,这一誓言非但没有帮助他们得到赦免,反而被当作他们犯罪的"证据",并成为把他们作为拘禁和处决对象的依据。④

巴厘岛的政党,尤其是印尼民族党,也强化了反对印尼共产党

---

① Kurniawan, et al., *Massacres*, p. 36.
② Kurniawan, et al., *Massacres*, p. 37.
③ Donald Kirk, "Bali Exorcises an Evil Spirit," *Reporter*, December 15, 1966, p. 42.
④ Sukanta, *Breaking the Silence*, p. 39.

的运动是一场"圣战"的观念。① 1967 年一名巴厘岛印尼民族党成员写道:"杀害印尼共产党成员及其同情者本身并不被凶手视为犯罪行为或政治行为。如果有人问巴厘岛人,是什么让他参与杀戮,答案总是一样的:履行净化土地的宗教义务。"② 但这一观念并非自然源于巴厘印度教神学,而是由宗教和政治领导人捏造和传播的阐释。因此,例如,艾达·巴古斯·奥卡博士(Dr. Ida Bagus Oka)受过良好的教育,有着较高的种姓,后来成为巴厘岛的领导人,他在巴厘岛的一次集会上说:"毫无疑问的是,我们革命中的敌人同时也是宗教上的敌人,必须将他们斩草除根。"③

基督教领袖也助长了恐惧和仇恨的火焰。在报告 1966 年 4 月对望加锡的访问时,瑞典大使埃德尔斯塔姆(Edelstam)讲述了他与印尼基督教主教之间的故事,他称这位主教为"一位 35 岁左右、富有同情心的印尼人"。

> 他在望加锡拥有约 1 万名会众,我被邀请参加了一次活动……他们满怀热情地唱赞美诗,但仪式的重点是约一小时的布道。我多次听到牧师提及"共产主义"和"杀戮"这两个词,我在仪式结束后问主教,和解、宽恕与和平几个词是否更符合基督教的信仰。他有点不好意思地回答说,现在,在所有的布道和公开演讲中,谴责共产主

---

① 据史福义(Soe Hok Gie)所说,巴厘岛的印尼民族党领导人"煽动人们使用暴力,他们说上帝允许杀害印尼共产党员,而法律也不会谴责这样做的人"。Soe Hok Gie, "The Mass Killings in Bali," in Robert Cribb (ed.), *The Indonesian Killings, 1965-1966: Studies from Java and Bali*, No. 21 (Clayton, Victoria: Monash Papers on Southeast Asia, 1990), pp. 255-256。

② Ernst Utrecht, "Het Bloedbad op Bali," *De Groene Amsterdammer*, January 14, 1967. 美国全国广播公司(NBC)1967 年的纪录片 *Indonesia: The Troubled Victory* 中,一名巴厘岛线人提供了类似的解释。

③ *Suara Indonesia* (Denpasar), October 7, 1965。

义都是标准做法,而且他补充说:"望加锡已经没有共产党了。"①

在以天主教为主的弗洛勒斯岛上,教会领袖不仅没能保护教区居民免遭逮捕和杀戮,而且利用他们强大的宗教权威大肆赞扬军队打压印尼共产党的运动,并鼓励天主教徒参与其中。1965 年 12 月初,英德(Ende)的大主教加布里埃尔·马内克(Gabriel Manek)在罗马写的一封田园诗信中,对军队击败共产主义大加赞赏,并呼吁天主教徒帮助政府"净化"这片土地。

> 永远赞美和感谢无所不在的、全能的上帝吧,他挫败了共产主义者的恶毒企图。多多赞扬和感谢武装部队的警觉吧,他们将我们的祖国从如此可怕的灾难中拯救出来……感谢上帝让我国的天主教区免受国家与宗教敌人的统治……无论你属于哪个天主教组织,我们恳求你向政府提供尽可能多的帮助,尽你最大的能力将革命的敌人、叛国者还有他们的"九三〇运动"从我们的大地上清除出去。在提出这一要求时,我敦促你以我们天主教的方式,以最大的慷慨之心向全国各地提供援助。在支持净化行动时,让我们继续坚持慈悲和天主教的爱的原则。②

两个月后,该地区的天主教党和天主教青年组织迫不及待地加入军队开展的清洗运动,在大约 6 个星期内,大约有 2000 名所谓的共产主义者被杀害。在杀戮"狂欢"中,大主教给宗教和教区的神

---

① Edelstam to Bergström (Utrikesdepartementet), "Likvidering av kommunisterpånorra Sumatra, Indonesien," June 16, 1966, National Archives of Sweden, U/HP 1/XI, Riksarkivet.
② Prior, "Silent Scream," p. 133.

职人员写了第二封信,信中他再次赞扬上帝和军队,根除并摧毁了"蛇之流毒",他对天主教徒说,支持清洗和"灭绝"是他们的义务:

> 从去年的事件中,我们可以心怀感激地得出结论,上帝对我们的民族和国家的爱是势不可当的……除此之外,不管我们喜不喜欢,我们都必须将注意力集中在目前正在进行、将达到高潮的净化行动上。我们感谢上帝,曾在社会中广泛传播蛇之流毒,现在正被根除和消灭。一个受到危险分子威胁的国家所进行的这种灭绝,只不过是保证我们自身安全的责任。①

简言之,政治和宗教领袖对文化和宗教符号的操纵是杀戮行为至关重要的驱动力。原因在于,虽然印尼共在某些方面是反传统的,但它既不是明显的无神论,也不是官方的无神论,其成员也没有犯下任何罪行。在这种情况下,上述关于印尼共的"邪恶本质"和负有罪责的观点被大肆宣扬,成为针对印尼共开展的集体行动的基础。此外,印尼共所谓罪行需通过大屠杀来消除的观点,并非来自伊斯兰教、印度教、基督教或天主教的教律,而是起源于印度尼西亚军方领导层。上述所有观点都是在政党和宗教领袖的协助下有意识地传播开来的,他们不惜一切代价,迫切看到印尼共的消亡。

事实并非新秩序政权及其继任者一直坚持的那样,即民众对印尼共所谓背叛行为的反应是自发的,1965—1966年的大规模屠杀是由军队本身发动的。正是苏哈托少将领导下的军队领导层提出了这样一种观点,即10月发生的政治危机应该并且可以通过诉诸暴力来解决,他们还提出了实现这一目标的手段。正是军队下辖的地方部队以及精锐武装力量在拘禁、殴打和杀害印尼共及其附属组织成

---

① Prior, "Silent Scream," p. 134.

员的清洗行动中发挥了领导作用。正是军队为这些行动提供了必要的后勤物资和组织基础。正是军队动员、训练和武装了成千上万的年轻人（也许是数十万），让他们加入民兵组织和行刑队，在全国各地逮捕和杀害共产党人。正是军队领导了这场针对共产党的污名化运动，将印尼共产党及其成员描绘成无神论者、叛徒、恶魔、野蛮人、荡妇和恐怖分子，从而为杀害成千上万没有犯下任何罪行的平民提供了动机和理由。正是军队利用大众传媒来达到上述目的，并极有可能为证明印尼共的罪行制造虚假的文件证据。正是军队使用了战争式的话语，故意制造了一种只有朋友和敌人之分的氛围，在这种氛围中，只存在一种情况，即拥有武器的人对手无寸铁的人施加暴力。

　　军队在这方面自然有盟友，没有人比反共的宗教与政治领导人更加热心，他们利用长期存在的宗教和文化差异来点燃仇恨和暴力的火焰。正如下一章（第七章）中论述的，冷战这一更大的国际背景以及主要大国的行为选择和刻意疏忽也助长了暴力。但是，如果没有军队策划的将印尼共产党妖魔化的运动，如果没有有意决定实施对共产党的肉体毁灭，如果没有军队大规模的组织动员和强大的后勤能力来执行杀戮的决定，那么这些长期以来存在的紧张局势或外部影响不太可能会导致如此广泛和残忍的暴行。

杀戮季节：1965—1966 年印度尼西亚大屠杀历史

第七章 "亚洲的一缕微光"

> 印度尼西亚的局势看起来正朝着鼓舞人心的方向发展。昨晚，穆斯林教徒们已经焚烧了印尼共产党位于雅加达的总部，他们针对共产主义的对抗似乎也在全国范围内蔓延……军队第一次违背了苏加诺的命令。如果事态继续发展，印尼共产党将遭到清洗……我们会在印度尼西亚迎来崭新的一天。
>
> ——乔治·波尔（George Ball），美国副国务卿
> 1965 年 10 月 8 日

对于继 1965 年 10 月 1 日所谓政变后发生的可怕暴力事件，美国和其他西方国家坚决否认其负有任何责任。它们坚称，这一暴力事件是印尼国内政治力量博弈的产物，外部势力对其施加的影响微乎其微。① 这一说法是站不住脚的。现在，已经有确凿的证据表明，在所谓政变后至关重要的 6 个月里，这些西方国家鼓励印尼军方对

---

① 中央情报局前局长科尔比在他的回忆录中写道："中情局有关于印度尼西亚事态进展的持续跟踪报告，尽管我们在这一系列事件当中没有发挥任何作用。" William Colby, *Honorable Men: My Life in the CIA* (New York: Simon and Schuster, 1978), p. 227。另请参阅第四章中情局军官托瓦尔和科林斯以及前驻印尼大使格林的否认。

第七章 "亚洲的一缕微光"

左派采取强硬行动,助长了包括大规模杀戮在内的广泛暴力行径,帮助军方巩固了其攫取的政治权力。在美国等西方国家的帮助下,印尼共产党及其附属机构遭到了政治上和实体上的双重毁灭打击,苏加诺和他最亲密的伙伴退出了政治权力的中心,苏哈托将军领导的军队精英取而代之,印尼对西方的外交政策及其对西方所倡导的资本主义模式的态度发生了天翻地覆的转变。① 正如澳大利亚总理哈罗德·霍尔特(Harold Holt)于1966年7月在美国纽约一次面向澳美协会(The Australian-American Association)的演讲中开玩笑时所说:"随着50万至100万共产主义的支持者被打倒,我可以自信地说,印尼政治的风向已经转变。"②

这一戏剧性事件的主要参与者是美国和英国,但它们的主要盟友,包括澳大利亚、德国③和新西兰等,以及一些区域合作伙伴和盟友(特别是马来西亚、泰国和日本)都为美英提供了有力支持。尽管一些外国官员对印尼共产党的罪责表示怀疑,并私下讨论了这次杀戮的严重程度和残酷性,但少有政府对这一暴力事件或印尼军队的夺权公开表示反对。此外,虽然是在冷战的背景下,但即便是苏联及其集团成员,对这次杀戮也只是采取了被动应对和沉默的立场,并迅速接纳了新的军事政权。只有中国和瑞典(相比中国,其反应的激烈程度要低得多)对这一杀戮表达了些许真实的关切,同时对军队夺权表示谴责。

外国势力的协商行动主要有三方面内容。第一是向印尼军方领导层秘密保证,对其给予政治上的支持,并表态不干涉印尼的国内

---

① 布拉德利·辛普森(Bradley Simpson)在其著作中有力地论证了这一点。Bradley Simpson, *Economists with Guns: Authoritarian Development and U. S.-Indonesian Relations, 1960-1968* (Stanford, CA: Stanford University Press, 2008), especially Chapters 7-8。

② 引自 Richard Tanter, "The Great Killings in Indonesia through the Australian Mass Media," in Bernd Schaefer and Baskara T. Wardaya (eds.), *1965: Indonesia and the World, Indonesia dan Dunia*, bilingual ed. (Jakarta: Gramedia Pustaka Utama, 2013), p. 140。

③ 联邦德国。——译者注

事务。这些保证意在鼓励军队对左派采取强硬行动，实际上为随后发生的暴力行为大开绿灯。第二是发起一场复杂的心理战，旨在败坏印尼共和苏加诺的名声，在印尼国内外煽动对他们的敌意。所谓政变发生后的几天内，这一行动开始传播具有煽动性和误导性的信息，而这些信息大部分来自军队的宣传，这一做法鼓励了广泛的暴力行动，压制了批评和怀疑的声音。第三是向印尼军队提供巧妙、精准的、实质性的援助，包括稻米、棉花、通信设备、医疗用品、现金以及可能的武器等，从而促进并有效地激励军队开展针对印尼共产党和苏加诺的斗争。西方势力，尤其是美国和英国，对那些现在可以称作违背人道主义的罪行负有责任。

鼓动军队

西方官员很快意识到，10月1日失败的"政变"为摧毁印尼共、将苏加诺逐出政坛提供了一个绝佳的机会，他们决定利用这一机会。为了达到这一目的，他们欣然接受了军队的计划，把杀害将军们的罪责归咎于印尼共产党，并用可疑的说法作借口对左翼发起全面进攻。同时，他们意识到对军队的任何公开支持都将适得其反，因此他们早早地决定，对军队的任何援助都必须是秘密的。

考虑到这一点，他们与军方领导层及其他反共团体取得联系并保持秘密接触，与此同时，除了必要的联系，尽量与苏加诺总统及其内阁保持距离。他们还与盟友紧密协调，秘密地给予印尼军方保证，称将在军方"对付"印尼共时采取不干涉的立场并为其提供必要支持。其间，对于印尼国内大规模逮捕、清洗和杀戮的可信且不断增加的报道，这些西方国家表现得漠不关心。事实上，随着印尼军方通过这些运动表达自己的"决心"，西方对军方的支持也变得更加坚定了。

保证与沉默

在所谓政变发生后的数日和数周，美国的官员们兴高采烈地汇报了印尼境内逐渐展开的针对印尼共及其附属团体的斗争。① 例如，1965年10月8日，美国副国务卿波尔（George Ball）在打给副总统的一通电话中提道：

> 印度尼西亚的局势看起来正朝着鼓舞人心的方向发展。昨晚，穆斯林教徒们已经焚烧了印尼共产党位于雅加达的总部，他们针对共产主义的对抗似乎也在全国范围内蔓延……军队第一次违背苏加诺的命令。如果事态继续发展，印尼共产党将遭到清洗……我们会在印度尼西亚迎来崭新的一天。②

如果美国官员此时还有什么顾虑的话，那就是担心他们的印尼军方朋友不能对印尼共和苏加诺采取足够迅速、强硬的行动了。在10月5日一份提交给白宫的备忘录中，中情局特别提到，"美国驻印尼大使估计，如果印尼军方想借此机会打垮印尼共，他们现在就

---

① 其他大多数西方国家的官员也是同样的反应。例如，舍费尔（Schaefer）写道，10月1日之后的系列事件"受到西德驻雅加达代表的热烈欢迎"。Bernd Schaefer, "The Two Germanys and Indonesia," in Bernd Schaefer and Baskara T. Wardaya (eds.), *1965: Indonesia and the World, Indonesia dan Dunia*, bilingual ed. (Jakarta: Gramedia Pustaka Utama, 2013), p. 101。

② George Ball Telcon with Vice President, 9: 18 a. m., October 8, 1965, Papers of George Ball, box 4, Indonesia (4/12/64-11/10/65), Lyndon Baines Johnson Library [LBJ Library]. 同样，10月9日，美国大使馆报道了雅加达"令人鼓舞的事态发展"："共产党人在印度尼西亚已是多年以来首次逃亡……今天，反共产主义者集会呼吁'绞死艾地'……印尼共产党的组织机构已被破坏，政党文件散落……军方正在保持目前的攻势……迄今，陆军已经逮捕了数千名印尼共产党的活跃分子"。Embtel 923, US Embassy Jakarta to Department of State (DOS), October 9, 1965, Indonesia, Vol. 5, Country file, NSF, box 247, LBJ Library。

必须行动起来"。① 当注意到印尼军队在所有报纸上公布了死去将军们惨不忍睹的照片后,约翰逊政府下属的印尼工作组评论道:"主要的问题是,印尼军方是否会利用由将军之死激起的民众情绪,与印尼共产党决一死战。"② 两天后的10月7日,中情局写道:"驻印尼大使馆认为,现在的危险是,印尼军队可能只对那些直接参与将军谋杀事件的人采取行动,而允许苏加诺重新掌权。"③ 换句话说,美国使馆的官员们支持(印尼军方)对印尼共产党展开广泛、肆意的攻击,而不是只对那些可能真正有罪的人采取针对性的抓捕行动。中情局向包括约翰逊总统在内的最高层传达了这一消息。任何人都能从文档记录中发现,这一言论从未被质疑或反驳。

为了确保不错失这一摧毁印尼共产党、打倒苏加诺的良机,美国向印尼军方保证对其的支持,并鼓励其采取更加强硬的行动。为了达到这一目的,在所谓政变爆发后没多久,美国官员就立即寻找那些反对苏加诺的关键人物,并与他们保持密切的联系。除了搜集消息、打探印尼军方计划的企图,建立联系的主要目的是向他们表明美国在政治、经济、军事上全方位的支持。美国驻印尼大使格林给华盛顿发去电报,提议由他"向纳苏蒂安和苏哈托等印尼军队关键人物明确表示美国乐意向他们提供力所能及的协助"。④

---

① CIA Report No. 14 to White House Situation Room, "The Indonesian Situation," October 5, 1965, Indonesia, Vol. 5, Country file, NSF, box 247, LBJ Library.

② Indonesian Working Group Situation Report No. 8, 5:00 a.m., October 5, 1965, Indonesia, Vol. 5, Country file, NSF, box 247, LBJ Library.

③ CIA Report No. 21 to White House Situation Room, "The Indonesian Situation," October 7, 1965, Indonesia, Vol. 5, Country file, NSF, box 247, LBJ Library.

④ Embtel 868, US Embassy Jakarta to DOS, October 5, 1965, US Department of State, *Foreign Relations of the United States* (*FRUS*), Vol. 26, Indonesia; Malaysia-Singapore, Philippines (1964–66), p. 309.

第七章 "亚洲的一缕微光"

图 7.1 纳苏蒂安（左）和苏哈托将军（右）在 1966 年 9 月出席一场集会
(New York Times/Camera Press/Redux Pictures)

摆在美国面前最主要的问题是如何不动声色地支持印尼军方。这一问题有两重含义：如果在外界看来，印尼军队得到了美国及其盟友的支持，这一点很容易成为苏加诺和左派攻击军队的靶子，这些批评可能极大削弱军队的政治地位和公众合法性。此外，军方领导层也不得不考虑到，军队高层和军官集团中仍存在着支持苏加诺和印尼共产党的强大力量。如果有任何迹象表明，纳苏蒂安和苏哈托正与外部势力合作打垮苏加诺和印尼共产党，将可能导致军队内部的强烈抵制或苏加诺的重新掌权，甚至他们自己也会被其他军官取代。

基于这些考虑，美国方面得出了初步结论：为了最大限度地帮助印尼军队，美国及其盟友的支持必须是秘密的。1965 年 10 月 14 日，美国驻印尼大使馆概述了采取这一立场的逻辑：

我们必须谨慎行动的主要原因是：我们的支持一旦暴露，可能会阻碍军队的行动，至少是在苏加诺仍然是国家和政府首脑的情况下……在此背景下，我们为印尼军队提供的任何帮助都必须是高度谨慎、秘密的。在诸多因素掣肘下，按照具体情况灵活应对的原则，我认为我们可以：（A）采取友善的行动，表明我们的意图；（B）根据《480号公共法》第三条"提供给福利机构的食物"，我们可以做对整个印度尼西亚都有利的事情，以此输送间接的援助……①；（C）正如印尼军方对"印马对抗"感到担忧一样，当他们②感到犹豫不决时，寻找方法表示我们的支持和同情以让他们安心；（D）对于我们所做的一切，闭口不提。③

简言之，没有任何外国势力的干涉是一种刻意营造的假象。这一"沉默政策"绝非要阻止向印尼军队及其盟友提供援助，而是意味着以高度秘密的形式提供支持。正如美国国务院在1966年中时写道："直到3月下旬，我们对印尼事态的主要政策都是保持沉默……这一政策总体来看是明智的，尤其是在印尼政权交替伴随着大规模暴力的情况下……尽管我们将继续持此公开立场，我们私底下自始至终都明白，我们已经准备在合适的时机开始向印尼提供有

---

① 1954年，美国国会通过了《480号公共法》，又称《粮食用于和平法》。这一法案于1954年10月由艾森豪威尔总统签署，根据他的说法，这一法案的宗旨是"为我们的农产品出口永久增长奠定基础，并为我们自己以及其他国家的人民带来持久的利益"。——译者注

② 对苏加诺和印尼共采取进一步行动。——译者注

③ Embtel 1002, US Embassy Jakarta to DOS, October 14, 1965, Indonesia, Vol. 5, Country file, NSF, box 247, LBJ Library (emphasis added). 同样地，美国大使馆在10月23日致国务院的电报中写道："对于反共势力、对美国以及印度尼西亚的自由事业而言，这是关键时刻。美国政策的中心问题是，我们如何能够在不显露支持痕迹的情况下帮助右派获胜，以避免成为他们的阻碍而非助力。" Embtel 1166, US Embassy Jakarta to DOS, October 23, 1965, Indonesia, Vol. 5, Country file, NSF, box 247, LBJ Library。

第七章 "亚洲的一缕微光"

限的物资支援、帮助新政权的建立。"① 正是在这一沉默的背景下，印尼军队可以毫不担心外部的批评和挑战，对国内左派展开暴力清洗。

其实，远不止于泛泛的支持和刻意的沉默政策，美国及其盟友还在讨论如何采取更多举措鼓励印尼军队对左派及苏加诺采取强硬行动。就在所谓的政变发生两周后，英美两国确定了一项联合策略，即向苏哈托和纳苏蒂安将军提供秘密保证，当军队针对印尼共执行"必要任务"时，英美两国绝不干涉。

这一计划由英国驻印尼大使吉尔克里斯特在所谓政变发生不到一周时提出，并迅速得到位于新加坡的英国远东总司令政治顾问办公室的采纳。在给英国外交部的电报中，政治顾问办公室认为，"我们应该传话给印尼的将军们，当他们清洗印尼共时，我们绝不会攻击他们"，以确保"军队不会在执行我们所认为的'必要任务'时分心"。② 这些商讨意见为所谓政变两周后英美两国至关重要的"联合不干涉"策略提供了基础。

10月13日，美国国务院在致美国驻伦敦大使馆的电报中，概述了这一策略：

> （1）你将会收到（有文字被删除）有关"向印尼方面保证，我们和英国不打算攻击他们，或从'印尼共—军

---

① DOS Report, "Indonesia," [May 1966?], US *Declassified Documents Catalog* (DDC), 1994, #3183. 据报道，1966年4月被任命为国家安全顾问的沃尔特·罗斯托（Walt Rostow）在给总统的备忘录中也做出了类似的评估。Bradley Simpson, *Economists with Guns*, p. 189. 后来的一份政策文件指出，美国有意"避免介入在印度尼西亚发生的任何明显干涉事件"（此处添加强调标记）。Airgram A-263, US Embassy Jakarta to DOS, "Annual Report on Relations with Communist Countries," December 21, 1966, DDC, 1980, #85B.

② Office of Political Advisor to Commander in Chief [C-in-C] Far East, Singapore, to Foreign Office (FO), Telegram No. 678, October 8, 1965, FO 371/18031, National Archives of the United Kingdom [UKNA].

队'的斗争中渔利"的简报；(2) 外交部（Berger）今天与英国驻美大使馆（Trench）一起回顾了这一问题并指出，当前最有效的措施是给予印尼方面秘密但官方的保证，笼统地告知其我们的意图……并通过合适的渠道，向其传达以下信息……"我们向你方承诺，我们对于印尼事务没有干涉的意图，无论是直接的还是间接的。其次，我们有理由相信，我们的盟友也都没有采取任何攻击举动的打算"。①

随后，在一封发往美国驻印尼使馆的电报中，美国国务院强调，上述信息已经获批，但有一些细微的改动，并提到"你们可以通过美国陆军军官埃塞尔（Ethel）上校准确传达来自华盛顿的消息，但是这一消息不能落在纸面上。鉴于这条消息的重要性，如果可行的话，你们也可以通过其他安全的渠道向纳苏蒂安和其他军方领导人重申这一消息"。② 次日，美国驻印尼使馆欣喜地汇报说：

> 埃塞尔上校将我们的口头消息传达给了纳苏蒂安将军的副官。副官将其记在纸上并说他将在一小时内向纳苏蒂安汇报，他对这一结果评论道，"我们（印尼军方）正需要这样的保证，确保我们展开行动纠正印尼国内的问题

---

① Deptel 1918, DOS to US Embassy London, October 12, 1965, Indonesia, Vol. 5, Country file, NSF, box 247, LBJ Library. （美国副国务卿）波尔和国务卿鲁斯克（Rusk）讨论并批准了该计划。参见 George Ball Telcon with Dean Rusk, 5:40 p.m., October 12, 1965, Papers of George Ball, box 4, Indonesia (4/12/64-11/10/65), LBJ Library。

② Deptel 447, DOS to US Embassy Jakarta, October 13, 1965, Indonesia, Vol. 5, Country file, NSF, box 247, LBJ Library.

第七章 "亚洲的一缕微光"

时,不会受到各方的攻击"。①

在英美双方的高度理解和明确意图下,这一"不干涉"的机密承诺被直接传递给了纳苏蒂安将军,标志着印尼军方获得了重要的保证,即英美两个大国的政治支持。实际上,这一保证为军队继续乃至加速其对左派采取暴力行动大开方便之门。

纵容暴力

1965年10月下旬,西方官员开始对印尼军方摧毁印尼共的决心表现出更大的信心。这种信心在11月有所增长,因为事态已经昭然若揭,一场重大的暴力活动正在进行。但是,也有人担心军队没有让苏加诺下台的打算。1966年3月,当军队最终夺取政权时,西方官员对苏哈托通过"温和路线"成功上台的高超政治手段极尽赞美。在这关键的6个月中(乃至此后),针对苏哈托策划夺权背后的大规模杀戮事件,没有任何一个西方政府对参与其中的机构或个人发出批评的声音。相反地,他们不放过任何一个给予纵容和鼓励的机会。

10月20日,即印尼陆军突击队军团在中爪哇开始恐怖统治的两天后,格林大使在发给美国国务院的一封电报中称,印尼军方"正在努力摧毁印尼共产党,而我自己,作为众多人中的一个,对军队在执行这一重大任务时展现出的决心和组织能力的敬佩之情与日俱增"。② 一周后,在10月28日,美国驻印尼使馆充满赞许地报

---

① Embtel 1006, US Embassy Jakarta to DOS, October 14, 1965, *FRUS*, Vol. 26, p. 321. 后续的电报报告说:"副官昨晚告诉埃塞尔,纳苏蒂安对我们传递的信息非常满意,只是希望英国人能够(在'印马对抗'一事上)停止行动。" Embtel 1017, US Embassy Jakarta to DOS, October 14, 1965, Indonesia, Vol. 5, Country file, NSF, box247, LBJ Library。

② Embtel 1090, US Embassy Jakarta to DOS, October 20, 1965, cited in Bradley Simpson, *Economists with Guns*, p. 184.

告说:"迄今为止,军队的表现远远超出了预期。尽管众所周知,苏加诺总统时常表示希望停止这些攻击,但军队仍继续对印尼共发动攻势。总而言之,我们认为军队最高领导层准备继续违抗总统的意愿,以便真正清除共产主义者及其盟友(包括苏班德里约)。"①

到11月,西方使馆的报告中都提到"大规模杀戮""屠杀"等字眼,并准确地描述了军队在这场暴力事件中的关键作用。但是使馆官员竭力强调,他们的政府支持印尼军队的镇压行动。因此,在一份报告的最后——这一报告概述了中爪哇地区有计划的、得到军队支持的大规模清洗、逮捕及杀戮行动,美国驻印尼大使馆使团副官弗朗西斯·加尔布雷思(Francis J. Galbraith)写道,"他已经(向一名高级军官)明确表示,使馆和美国政府对印尼军方的所作所为表示赞成和钦佩"。② 该报告已抄送至白宫、中央情报局、国家安全局和美国情报总局,但没有记录显示任何一方对这份报告所传达的立场有不同意见。

到1966年初,西方的官员都已充分意识到这起暴力事件的超前规模。1月,印尼驻渥太华大使馆告知加拿大当局,截至当时可能已有多达50万人被杀。③ 2月中旬,英国和澳大利亚使馆得出的结论是,遇难人数可能远远超过40万。英国大使吉尔克里斯特于1966年2月23日通过秘密电报向英国外交部报告了这一结论。④ 他

---

① Embtel 1255, US Embassy Jakarta to DOS, October 28, 1965, Indonesia, Vol. 5, Country file, NSF, box 247, LBJ Library.

② 该报告基于与一位印尼陆军军官的对话,其中写道:"在中爪哇,陆军(陆军突击队军团)正在训练穆斯林青年并为其提供武器,让他们成为对抗印尼共产党的最前沿……由于印尼共产党的最高领导层大多数都在雅加达,陆军正避免在这里与之正面对抗……那些无足轻重的人则被有组织地逮捕、监禁或处决……在外岛,当地的军事指挥官可以自由采取行动对付印尼共产党,他们也正在这么做。" Embtel 1326, US Embassy Jakarta to DOS, November 4, 1965, FRUS, Vol. 26, p. 354。

③ Department of External Affairs to Canadian Embassy Jakarta, January 26, 1966, 20-INDON-1-4, National Archives of Canada.

④ British Embassy Jakarta (Gilchrist) to FO (de la Mare), February 23, 1966, DH 1011/66, FO 371/186028, UKNA.

第七章 "亚洲的一缕微光"

从瑞典驻印尼大使埃德尔斯塔姆处得到这一数据,这位瑞典大使当时刚与瑞典爱立信公司印尼分公司负责人及其印尼妻子一同从中爪哇和东爪哇省旅游回来。"在埃德尔斯塔姆大使离开之前,我和他曾讨论过这场杀戮,"吉尔克里斯特写道:"后来,他觉得我提的40万这个死亡人数是无法令人信服的,通过实地调查,他意识到死亡人数被严重低估了。"吉尔克里斯特与美国大使格林分享了这一消息,格林随后致电华盛顿解释道:"英国大使告诉我,根据英国使馆及澳大利亚使馆的计算,他们都认为'九三〇事件'后共有约40万人被杀……但瑞典大使认为40万这个死亡人数对印尼来说'太保守了'。"① 西方使馆的官员们也知道杀戮是"由军队直接实施的……或是在军队的支持下……由其他武装团体实施的",这些人"在极端残酷的情况下"犯下了罪行,也必将引起"广泛的苦难和绝望"。② 在这种情形下,令人震惊的是,除了瑞典大使这唯一的例外,没有西方官员对杀戮表示任何的抗议或关切。

更有甚者,有些官员在此后不久就赞扬苏哈托3月11日逼迫苏加诺让权的行动是合乎宪法的、和平的,仿佛这和大规模的杀戮毫不相干似的。③ 事实上,这场杀戮仍在印尼的部分地区进行着,它大大加速了军队夺权的进程。例如,英国大使吉尔克里斯特在1966年3月11日发往外交部的一封电报中,高度赞扬了苏哈托取

---

① Embtel 2347, US Embassy Jakarta to DOS, February 21, 1966, Record Group [RG] 59, Central Files of the Department of State, 1964–66 [Central Files], POL 23–9 INDON, US National Archives and Records Administration [NARA].

② See, for example, British Embassy Jakarta (Murray) to FO (de la Mare), January 13, 1966, FO 371/186027; Guidance No. 26 from FO and Commonwealth Relations Office (CRO) to Selected Missions, January 18, 1966, DH 1015/289, FO 371/186027; British Embassy Jakarta (Murray) to FO (Stewart), "Indonesia: Annual Review for 1965," February 7, 1966, DH 1011/1, FO 371/186025, UKNA.

③ 1966年3月11日,苏哈托逼迫苏加诺签署了一份授权苏哈托负责恢复治安的命令书,史称《3月11日命令书》(Surat Perintah Sebelas Maret),借此,苏哈托逐步夺取了军队和国家的最高领导权。目前,《3月11日命令书》仍然下落不明,其真实性依旧存疑。——译者注

得的成就。在电报中，他赞同一位同事的观点，认为苏哈托拥有"巴顿的勇气和蒙哥马利的智慧"，他不带任何讽刺意味地说，苏哈托将军的夺权行动"在这个权力更迭中暴力和违法行为已经司空见惯的世界里，无疑是史上最彻底的、合乎宪法且操纵巧妙的政府清洗行动之一"。① 类似的是，在写于1966年4月的一份政治评估文件中，美国使馆官员爱德华·马斯特斯（Edward Masters）也避免提及任何与杀戮相关的内容。与此相反，他写道，"温和派"以迂回的、独具爪哇特色的方式成功将苏加诺逐出政坛，这种方式仅以极少数人的伤亡为代价，维护了国家的完整与统一。②

　　西方国家的冷漠态度，以及它们纵容甚至支持的这场杀戮，也要归咎于关键国际组织（尤其是联合国）的沉默。而造成这种沉默的一个重要原因是，印尼于1965年1月愤怒地退出了联合国，这进一步打击了那些本来对杀戮有所关切的联合国成员国及审议机构发声的热情。另一个更可能的原因是，在西方国家及其亚太区域盟友看来，印尼国内事态的发展对它们来说是十分有利的，它们没必要在联合国提及此事。无论有心还是无意，联合国面对1965—1966年这起"反左"暴力事件的沉默，确实为暴力在印尼国内蔓延提供了道德和政治上的空间。而1965年各大国际人权组织或网络的缺席进一步加剧了这一影响，这类组织或网络直到20世纪70年代末和80年代才在国际社会占据了一席之地。例如，大赦国际组织成立于1963年，但直到成立10年后，它才具备一定的号召力与知名度，更遑论在事件发生时进行基本调查并在多个重点问题地区处理人权危机的能力了。

---

① British Embassy Jakarta (Gilchrist) to FO, Telegram No. 527, March 18, 1966, DH 1015/111, FO 371/186029, UKNA.

② Airgram A-598, US Embassy Jakarta (Masters) to DOS, "A Political Assessment of Lt. General Suharto," April 6, 1966, RG 59, Central Files, 1964-1966, POL 15 INDON, NARA.

第七章 "亚洲的一缕微光"

质疑与批评

值得强调的是，默许、秘密支持和沉默并不是国际社会对印尼国内军队夺权及其随后向左派单向施暴的唯一反应。事实上，并非所有的国家或国际组织都这么容易相信印尼共产党对这一显而易见的政变负有罪责。各方也并未一致认为，广泛的暴力是解决危机的最佳方式，或军队统治就是最佳结果。比如，荷兰、澳大利亚甚至部分英国官员都对印尼共是否负有罪责及军方是否值得信赖提出过质疑，最终却只有瑞典大使对这一针对左派的暴力运动表示严重关切。此外，还有一些来自苏联方面的温和批评。但是，最强烈的反对来自中国，它谴责了印尼军队针对印尼共产党及其附属团体以及中国公民的攻击，并对寻求避难的印尼左派人士张开了双臂。①

第一个站出来对军方关于印尼共产党的论断及"支持军方是明智做法"这一观点提出疑问的是荷兰官员。根据10月7日英国方面的一封电报，荷兰驻北约代表认为"印尼共产党不太可能煽动这次政变"。② 一位在海牙的荷兰官员卢克马格（Rookmaker）告诉英国大使，他对印尼共产党或苏加诺是政变幕后黑手的说法表示怀疑，并对军方当权表示强烈的保留意见。"卢克马格向我强调，"这位大使写道，"如果把军队视作为了全民利益才镇压共产主义的身披亮甲的正义骑士，这将是一个巨大的错误。他们当中有些人是臭名昭著的贪官污吏，绝不是成为大众领导的好料。"③

有些令人惊讶的是，澳大利亚外交部早期也对苏加诺和印尼共产党杀害几位将军的罪名指控表示怀疑。在10月14日致伦敦高级

---

① Taomo Zhou, "China and the Thirtieth of September Movement," *Indonesia* 98（October 2014）: 29-58.

② UK Permanent Delegation NATO Paris to FO, Telegram No. 61, October 7, 1965, FO 317/180317, UKNA.

③ British Embassy in The Hague (Burrows) to FO (Hanbury-Tenison), October 14, 1965, DH 1015/216, FO 371/180320, UKNA.

专员公署的电报中,澳大利亚外交部指出,尽管苏加诺或许已预先对这次阴谋有所了解,但他们"怀疑苏加诺当时是否真的纵容了这起谋杀"。澳外交部对印尼共产党在这场明显的政变中扮演核心角色的指控持谨慎态度:"肯定有共产党员参与了10月1日的事件,但要说印尼共在指挥这次行动,这似乎不太可能。虽然该事件并非印尼共一手策划实施的,但党内一部分人显然已提前知悉且做好准备顺势而为做一些事情了。"①

甚至一些英国官员也对美国立即与军队为伍的热情表示怀疑,这主要源于他们对印马对抗局势的持续担心。例如,伦敦的官员们在交流意见时,就表现出对印尼军方在美国强大的经济、军事支持下掌权这一前景的担忧。"不可否认,一个强大的军事政权较共产主义政权而言更令人喜欢。但对我们来说,一个没有取消与马来西亚对抗的军事政权将是非常尴尬的,甚至可能比政变前的苏加诺政权还要糟糕。"② 在写给一名英国驻北约代表团成员的信中,英国外交部明确表示不同意美国的观点,即印度尼西亚的局势几乎完全是印尼国内的事情:"不幸的是,一些美国人倾向于将目光聚焦在印尼国内的斗争上。他们忽视了印马对抗的重要性。"英外交部建议该官员告诉其在北约的同事们,"对印马对抗的态度仍是我们甄别印尼国内不同派系的试金石"。③

一些中立国也发出了抵制的声音,其中最著名的就是瑞典大使埃德尔斯塔姆。1966年上半年,他穿越爪哇、北苏门答腊和苏拉威西岛亲自调查杀戮事件,动摇了驻雅加达的各国外交官们轻松达成

---

① Australian Department of External Affairs to Australian High Commission, London, AP118, October 14, 1965, UK Foreign Office archive, DH 1015/161 (B), FO 317/180317, UKNA.

② FO (Stanley) to FO (Brown and Cable), October 14, 1965, FO 371/180318, UKNA; replies from Brown and Cable, October 15, 1965, FO 371/180318, UKNA. Also see British Embassy Jakarta (Gilchrist) to FO, Telegram No. 2134, October 11, 1965, DH 1015/179, FO 371/180318, UKNA.

③ Letter from FO (Cable) to UK Delegation NATO (Millard), November 16, 1965, DH 1015/288, FO 371/180323, UKNA.

的共识;①其他大使中没有人做过任何类似这样的事情。除了得出印尼国内死亡人数近 40 万的说法属严重低估这一骇人结论，这位大使在报告中表现出的立场也与其他大使馆形成鲜明对比，他对印尼军队的行径表示明确的担忧甚至反感。例如，在 1966 年 5 月 13 日的一份报告中，他毫不含糊地将印尼发生的事件与纳粹德国当年施暴的场景进行比较。他写道："这里（印尼）的情况令人想起了 20 世纪 30 年代犹太人在纳粹德国遭受的迫害，以及 1955—1965 年在伊斯坦布尔的希腊少数族群的境遇。"②

苏联及其集团成员没有立即对 10 月 1 日的事件或随后发生的对左派的镇压做出反应。③ 某种程度上，这种犹豫是中苏关系破裂的产物，它导致苏联人断定，在中国的影响下，印尼共和苏加诺确实是这一明显的政变企图的幕后推手，从某种意义上说，这就是他们如此"不守规矩"应有的下场。④ 另一个重要原因是，苏联人也担心，他们的举动稍有不慎，就可能影响印尼 10 亿美元债务的偿付，还可能把这个国家进一步推向西方阵营。⑤ 但是，苏联官员最终还是谴责了印尼国内的杀戮事件。例如，苏联驻雅加达大使据说

---

① 参见 Edelstam to Nilsson (Foreign Minister), "Utrotningen av kommunist-partiet Indonesien," February 21, 1966, National Archives of Sweden, Riksarkivet [UA/HP 1/Ⅺ, Riksarkivet]; Edelstam to Bergstrom, "Resa till centralaochostra Java," May 13, 1966, UA/HP 1/Mal Ⅺ, Riksarkivet; Edelstam to Bergstrom, "Likvidering avkommunister pa norra Sumatra, Indonesien," June 16, 1966, UA/HP 1/Mal Ⅺ, Riksarkivet。

② Edelstam to Bergstrom, "Resa till centralaochostra Java," May 13, 1966, UA/HP 1/Mal Ⅺ, Riksarkivet.

③ 关于 1965 年 10 月前后苏联印尼关系，参见 Ragna Boden, "Silence in the Slaughterhouse: Moscow and the Indonesian Massacres," in Bernd Schaefer and Baskara T. Wardaya (eds.), *1965: Indonesia and the World, Indonesia dan Dunia*, bilingual ed. (Jakarta: Gramedia Pustaka Utama, 2013), pp. 86-98. 东德方面，参见 Bernd Schaefer, Bernd Schaefer, "Two Germanys," pp. 99-113。

④ See Boden, "Silence in the Slaughterhouse"; Bernd Schaefer, "Two Germanys"; Jovan Cavoski, "On the Road to the Coup: Indonesia between the Non-Aligned Movement and China," in Bernd Schaefer and Baskara T. Wardaya (eds.), *1965: Indonesia and the World, Indonesia dan Dunia*. bilingual ed. (Jakarta: Gramedia Pustaka Utama, 2013), pp. 66-81.

⑤ Cavoski, "On the Road," p. 80.

曾向纳苏蒂安将军抱怨过对左派的迫害。1965年11月，当大屠杀正式开始时，据报道，苏联最高苏维埃主席团主席阿纳斯塔斯·米高扬（Anastas Mikoyan）表达了苏联官方对镇压的担忧，并称其为"白色恐怖"。① 尽管有这样的批评，苏联及其盟友最终还是寻求与新的军事政权和解。

对10月1日后印尼军方行动最尖锐的批评来自中华人民共和国，这或许并不令人意外。例如，雅加达的外交官注意到，在为将军们举行葬礼的当天，中国大使馆的官员并未降半旗致哀。随后，示威者开始反对中国的机构和个人，10月中旬，一所华人大学惨遭焚毁，中国大使馆商务参赞处也遭到了武装部队的袭击，中国官方的抗议和谴责变得愈加强烈。② 中国对大使馆遇袭事件发起了正式抗议，指控该事件是由"印尼的武装部队"实施的，这些士兵殴打了一位商务专员，并肆意搜查处所内的文件。中方在照会中要求印尼方面道歉，对"罪犯及其煽动者"进行惩罚，并保证今后不再发生类似的事件。③ 在接下来的几周中，北京广播电台和《人民日报》针对印尼发生的系列事件，发表了越来越多尖锐的抗议、诉求和时事评论。④ 10月下旬，据报道，《人民日报》将"九三〇事件"描绘成"为抵制美国中情局的颠覆行动"⑤ 而发起的。1966年初，随着反共的印尼学生和军队袭击了中国大使馆，中国方面的批评达到了新的高度。印尼军方做出回应，指责中国为"黄种人的新帝国

---

① Boden, "Silence in the Slaughterhouse," pp. 90-91.

② US Embassy Jakarta, Joint Weekly Report No. 41, October 23, 1965, RG 59, Central Files, POL 2-1 INDON, NARA. Cavoski refers to "China's strong condemnations of the killing of so many communists," Cavoski, "On the Road," p. 77.

③ Indonesia Working Group, Situation Report No. 32, 5:00 a.m., October 18, 1965, Indonesia, Vol. 5, Country file, NSF, box 247, LBJ Library. 中国还抗议印尼士兵在中国大使馆工作人员宿舍和中国工程师的住所进行搜查。Zhou, "China and the Thirtieth of September Movement," p. 53。

④ US Embassy Jakarta, Joint Weekly Report No. 41, October 23, 1965, RG 59, Central Files, POL 2-1 INDON, NARA.

⑤ 载于《卫报》（Guardian），October 26, 1965。

第七章 "亚洲的一缕微光"

主义"（Yellow Neo-Imperialism）。① 尽管中国的抗议往往聚焦于印度尼西亚对中国国民或印尼华裔的不公平待遇，但中国为大约450名印尼左派人士提供了避难所，这些人或因"九三〇事件"的爆发滞留中国，或在其后流亡中国寻求庇护。② 1967年，两国断绝了外交关系。

最后，尽管国际主流媒体对印尼的遇难者们缺乏关注，但一些国际组织和运动，即凯瑟琳·麦格雷戈（Katharine McGregor）所称的"抵抗共同体"（communities of resistance），仍发起了重要的抗议和行动，其中就有亚非人民团结组织（Afro Asian People's Solidarity Organisation），该组织成员有1965年后流亡国外的印尼左派人士。发起抗议的组织还包括与印尼有紧密联系的荷兰社会主义妇女网络，设在荷兰的印度尼西亚委员会，国际劳工组织（ILO），以及大赦国际。③ 除大赦国际外，这些组织都与国际社会主义网络有关，其批评往往反映左翼的政治和经济关注，而非从广义上强调印尼国内侵犯人权的行为。同样，左翼的国际媒体不仅指责了印尼国内的大规模杀戮和监禁，也对新政权的经济政策和政治方向提出了批评。例如，法国共产党中央机关报《人道报》（L'Humanité）持续批评印尼军方的政治活动，并坚持维护印

---

① "Awas Neo-imperialisme Kuning," Angkatan Bersendjata, April 25, 1966, cited in Zhou, "China and the Thirtieth of September Movement," p. 55.
② Zhou, "China and the Thirtieth of September Movement," pp. 55-56. 中国还派遣数艘船只至印尼港口城市，接走试图逃离的印尼华裔。
③ 由卡梅尔·布迪亚尔佐（Carmel Budiardjo）建立的颇有影响力的人权与团结组织TAPOL（一个位于英国的印尼政治犯团体）直到1973年才成立。关于这些跨国人权组织活动的探究，参见 Katharine McGregor, "The World Was Silent? Global Communities of Resistance to the 1965 Repression in the Cold War Era" (paper presented at the annual meeting of the Association for Asian Studies, Chicago, March 28, 2015)。

尼的左派。① 然而，由于种种原因，这些批评的声音被国际主流媒体对印尼军方有力的声援淹没，并且从未真正有机会减缓或扭转新政权对左派的无情行动。

心理战

我们之所以鲜少听到关于杀戮的批评和质疑，一个重要原因是：英美两国政府和他们的印尼军方朋友共同操纵了一场巧妙复杂的国际宣传运动和心理战，故意歪曲了那些关于所谓政变和暴力行径的信息。这场运动在"九三〇事件"发生后的几天内被提上日程，其明确目的就是抹黑印尼共和苏加诺，加强军队的政治地位，并加速苏加诺的下台。通过这一运动，英国、美国当局和它们的盟友们，包括澳大利亚、德国、马来西亚等，都有效地鼓励了可以称得上反人类罪的大规模暴力，同时减轻了国际社会对受害者的同情，或阻止其代表受害者采取抵制行动。

"抹黑印尼共产党"

1965年10月1日当天究竟发生了什么事情，又是谁该为这些事情负责？关于这一问题，即便是西方国家也存在很多重重疑惑。②

---

① 舒特（Schutte）指出，尽管《人道报》批评了印尼军方的镇压行动，但是其从未认真质疑过军队和西方媒体报道对系列事件的主流解释。参见 Heniz Schutte, "September 30, 1965, and Its Aftermath in the French Press," in Bernd Schaefer and Baskara T. Wardaya (eds.), *1965: Indonesia and the World, Indonesia dan Dunia*, bilingual ed. (Jakarta: Gramedia Pustaka Utama, 2013), p. 128。

② 例如，在一封发往华盛顿的电报中，美国驻雅加达大使馆写道，现在"仍然远远不能相信印尼共产党领导人计划于1965年10月5日发动政变。如果确实需要发动政变的话，其水平肯定远不止于此"。Embtel 828, US Embassy Jakarta to DOS, October 3, 1965, Indonesia, Vol. 5, Country file, NSF, box 247, LBJ Library。

第七章 "亚洲的一缕微光"

尽管如此,英国和美国的官员们还是在第一时间抓住机会,将矛头对准了印尼共产党和苏加诺。10月5日,英国远东总司令政治顾问办公室发往英国外交部的备忘录中,清楚地阐明了这一想法和策略:

> 看着印尼共恢复影响力并任其发展壮大到可以夺权的地步,这绝不符合我们的利益。我认为,我们不应错过当前的机会,将眼前的局势为我们所用……我建议,我们应该毫不犹豫地行动起来,秘密地抹黑印尼共产党在印尼军队和印尼人民眼中的形象。英国远东总司令政治顾问办公室已将关于此事的想法告知国防参谋长。①

英国外交部在10月6日的答复中,完全赞成了"发起秘密宣传攻势或心理战,永久削弱印尼共产党"的提议,并针对"用于宣传运动的合适主题",提出了一些具体建议。这些主题内容如下:印尼共产党残忍地谋杀了将军们和纳苏蒂安将军的女儿;中国向印尼进行特定军事武器的运输;印尼共作为国外共产主义势力的代理人在印尼从事颠覆运动;艾地和其他共产党高层领导人转入地下的事实;翁东和印尼共对苏加诺构成事实上的绑架;等等。这份备忘录还强调在进行上述行动时必须谨慎和隐秘,并提供以下具体指导:

> 我们希望在印尼内部局势不稳之际迅速采取行动,但

---

① Office of the Political Advisor to C-in-C Far East, Singapore, to FO, Telegram No. 671, October 5, 1965, FO 371/180313, UKNA. 当天,吉尔克里斯特大使呼吁"尽早启动精心计划的宣传和心理战活动,以激化印尼国内冲突",并确保"印尼军队摧毁、击溃印尼共产党"。Office of the Political Advisor to the C-in-C Far East, Singapore, Telegram 264, October 5, 1965, FO 1011-2, UKNA, cited in Bradley Simpson, *Economists with Guns*, p. 178。

具体操作须是巧妙的，例如：

（a）所有的行动不能被人发现源头；

（b）英国的参与或合作应小心谨慎，保持隐蔽；

（c）我们应与马来西亚人尽可能密切地合作；

（d）行动时使用的材料最好看起来源自巴基斯坦或菲律宾；

（e）在明面上，马来西亚人和英国人应持坚决不干涉的态度。①

就在同一时间，美国官员正在酝酿几乎相同的心理战计划。例如，一封日期为10月3日、从使馆发往华盛顿的电报建议，美国之音（VOA）关于这场明显政变企图的报道应"暂时遵守事实"，但同时应侧重于印尼共和印尼空军应承担的责任："印尼共在'九三〇运动'中发挥作用及空军领导层尤其是奥马尔·达尼参与其中的事实性信息，如果可以巧妙地纳入广播的总体内容，可能会很有用。若这些信息在第三国广播中被用作背景简报，或许会特别有效。"②

在幕后，美国和英国官员已开始调整他们的宣传计划。③ 10月5日，美国驻伦敦大使馆的一名官员与他的英国同行分享了来自雅加达美国大使馆的几条电报，这些电报"更新了当地局势的进展，

---

① FO to Office of the Political Advisor to the C-in-C Far East, Singapore, Telegram No. 1835, October 6, 1965, FO 317/180317, UKNA.

② Embtel 827, US Embassy Jakarta to DOS, October 3, 1965, RG 59, Central Files, POL 23-9 INDON, NARA.

③ 他们还可能与包括澳大利亚、新西兰、马来西亚和德国（原文如此）在内的亲密盟友进行协调。无论协调方式如何，所有这些国家在这个时期都采取了类似的心理战和宣传战略。例如，可参见 Richard Tanter, "The Great Killings in Indonesia through the Australian Mass Media," pp. 129-144。

第七章 "亚洲的一缕微光"

并为美国之音、美国新闻处（USIS）和其他机构提供宣传指导"。①这些电报向美国机构提供了明确的指示，突出印尼共在所谓政变中"被断言"发挥的作用并强调其残酷性，同时，淡化军方内部分裂的迹象。根据军队的提示，这些电报还建议激起人们对1948年茉莉芬起义的记忆。例如，其中一条电报建议道：

> 快速变化的局势要求我们立即（"立即"一词在原文中重复两次）采取对策。现在，我们应该渲染强调共产党人的参与，有克制地提及苏加诺以及陆军和空军之间的分歧，并不断强调将军的被阉割的可怕暴行、印尼人民的震惊以及那些肇事者所展现的冷酷无情。提及印尼共1948年在茉莉芬进行的类似暴行，可能是非常有效的暗示。②

随着形势进一步发酵，美国和英国的心理战的焦点也有所扩大。印尼共产党需承担罪责、印尼共产党的残暴等话题依旧占据主导地位，但关于中国参与所谓政变（这一点从未被证实）及其与印尼共联系的报道和评论也多了起来。这一关注点为同时玷污印尼共产党和中国提供了机会，同时也有助于针对北越的敌对宣传。例如，在1965年10月11日的电报中，美国大使馆就曾建议印度尼西亚境内的广播应暗示中国在"九三〇事件"中的作用："对于印尼境内的广播，我们应该声称中国共产党正试图利用印尼共产党和其

---

① US Cables Received by Stanley and Circulated to Cable, Peck, Tonkin, Hewitt, and others in the Foreign Office, October 5, 1965, FO 371-180319, UKNA.

② Embtel 851, US Embassy Jakarta to DOS, October 5, 1965, RG 59, Central Files, POL 23-9 INDON, NARA. 关于英美官员对心理战和宣传战略主题的进一步讨论，可参见 US Embassy Jakarta to DOS, Embtels 853, 855, 857, 858, October 5, 1965, RG 59, Central Files, POL 23-9 INDON, NARA; Embtel 1058, October 18, 1965, RG 59, Central Files, POL 23-9 INDON, NARA; British Embassy Jakarta to FO, Telegram No. 2224, October 16, 1965, DH 1015/203 (A), FO 371/180319, UKNA。

他受其影响的力量,甚至包括印尼政府内的一些高层领导,来达到控制印尼并终结印尼独立的目的。"对于印尼境外的广播,使馆建议重点关注所谓的中国暴力"和恐怖主义战略",并评论印尼共产党遵循了这一战略,带来了灾难性的后果。①

令人震惊的是,在试图将"中国参与'九三〇事件'"和"印尼共产党应承担罪责"联系起来的同时,美国官员本身对他们所宣称的中国干涉的真实性表示怀疑,甚至缺乏最基本的证据证明这一点。例如,在对所谓的政变企图进行了详细分析之后,美国驻雅加达大使馆于1965年10月下旬承认,中国的参与尚未得到证实:"根据间接证据推测,北京应该知道甚至参与策划了这起阴谋,但目前没有证据支持这一点。"②

大约在同一时间,美国驻香港领事馆对中国涉嫌参与政变的指控表示强烈怀疑,指出这些指控仅基于间接证据,并且通过具有明显政治动机的力量进行传播。领事馆还指出,只要有任何证据表明美国在传播这一言论,都可能损害其信誉。尽管领事馆对此保留意见,但为了传播"中国在这场政治阴谋中发挥了作用"这一毫无根据的指控,其仍在电报最后提出了行动建议:"总而言之,至少在目前来看,散播'中共与印尼共串通一气'的最佳途径就是:第一,让印尼正在发生的事情及当局的声明自圆其说;第二,继续进行秘密宣传;第三,在印尼国内出现的新证据和当地情况都允许的

---

① Embtel 952, US Embassy Jakarta to DOS, October 11, 1965, RG 59, Central Files, POL 23-9 INDON, NARA.

② Embtel 1184, US Embassy Jakarta to DOS, October 26, 1965, RG 59, Central Files, POL 23-9 INDON, NARA. 如第四章所述,有关中国在所谓的政变企图中的作用的指控仍未得到证实。Zhou, "China and the Thirtieth of September Movement." 正如卡沃斯基(Cavoski)所说:"中国人参与这些事件的真正程度仍然是个谜……通读所有解密后的中文资料,似乎更有可能的是……政变失败后,中国才'入局',以挽救其在印尼的政治地位并捍卫其前盟友。" Cavoski, "On the Road," p. 77。

第七章 "亚洲的一缕微光"

情况下,继续在其他国家发表类似言论。"①

利用军队媒体

西方的外交官们清楚地知道,在所谓的政变发生后,印刷媒体和广播媒体已成为政治斗争中的关键领域。他们也知道,印尼军队在这场战斗中具有明显的优势。正如上一章所述,军队最明显的优势是,它在所谓的政变后的两天内关闭了所有反对派媒体,并几乎完全控制了所有继续运作的媒体。

正如美国大使馆在10月5日写道:"安塔拉国家通讯社和所有报纸都已停止运行,只有两家反共论调越来越强烈的军队新闻报纸例外。印度尼西亚国家广播电台作为印尼国民的主要新闻来源,也受到了军队的严格管控。"② 几天后,美国大使馆在描述军队占据政坛主导地位时说:"军方一大额外的优势就是控制了信息媒介……(军方正)采取有效的措施,旗帜鲜明地反对'九三〇事件'及其支持者(印尼共产党)……军队仍旧对新闻界保持高压管控。今天出现在街头的印尼《每日邮报》显示,军队情报总监苏甘迪(Soeghandi)是报纸的总编。"③ 美国官员意识到,在印尼军方控制下,新闻界提供的新闻报道极具冲击力和煽动性。④ 正如中央情报局在一份关于其在印尼秘密行动的备忘录中所写的那样,军队领导层已经"建立了心理战机制,控制了媒体这一影响舆论的先决条件,扰乱或制止了印尼

---

① Contel 740, US Consul Hong Kong to DOS, October 27, 1965, RG 59, Central Files, POL 23-9 INDON, NARA.

② Embtel 853, US Embassy Jakarta to VOA, October 5, 1965, RG 59, Central Files, POL 23-9 INDON, NARA.

③ Embtel 923, US Embassy Jakarta to DOS, October 9, 1965, Indonesia, Vol. 5, Country file, NSF, box 247, LBJ Library.

④ 正如美国大使馆在10月5日写道:"雅加达新闻界……主要集中于将军们的遇害。两篇报道都刊载有一系列残缺尸体的可怕图片。" Embtel 857, US Embassy Jakarta to DOS, October 5, 1965, RG 59, Central Files, POL 23-9 INDON, NARA。

共产党的宣传工作"。①

正是在这种背景下,或者说正因知悉了这一情况,美国政府决定利用印度尼西亚的媒体报道和军队的新闻发布会作为己方叙事的来源,并为媒体提供指导。② 美国国务院在10月6日写道:

> 我们计划、或者说已经在不掺杂美方社评的情况下,援引印尼方面的消息来源和官方声明,用于美国之音和其他新闻报道方案。至少在目前的情况下,我们相信可以从雅加达广播电台和印度尼西亚新闻社获得充足的、将矛头指向印尼共的资料。但如果这些消息在未来几天或几周内枯竭,我们将重新审视这一情况。美国之音将在印尼以外的主要广播中对该国的局势进行类似的报道。③

这是一次狡猾的行动,它通过精心设计,为散布印尼军方极具毁谤意味和煽动性的宣传大开方便之门,却坚持说自己只是"不加修饰"地报道"事实"。正如当时英国驻华盛顿大使馆的一名官员所说:"美国人感兴趣的事情是,两家军方报纸正试图将印尼共和'九三〇事件'联系起来报道,以此来激起印尼人民关于遇害将军们的悲愤情绪,提出要禁止印尼共产党人民青年团继续活动云云。"④

尽管英国人对美国人的做法"嗤之以鼻",但实际上,正如10

---

① CIA Memorandum, "Covert Assistance to the Indonesian Armed Forces Leaders," November 9, 1965, *FRUS*, Vol. 26, p. 362.

② 其他西方政府也这样做。例如,舍费尔(Schaefer)写道,西德驻雅加达大使馆"一开始很容易就采纳了军队的宣传,即使它收到了……可疑或完全虚构的军队审讯供词"。Bernd Schaefer, "The Two Germanys and Indonesia," pp. 104-105.

③ Embtel 903, US Embassy Jakarta to DOS, October 7, 1965, RG 59, Central Files, XR POL 23-9 INDON, NARA.

④ British Embassy Washington (Gilmore) to FO (Murray), October 5, 1965, DH 1015/163, FO 317/180317, UKNA.

第七章 "亚洲的一缕微光"

月13日英联邦关系部给英国驻堪培拉高级专员专署的电报所揭示的那样,他们采取了完全相同的策略。在重复上文已经引述的、英国外交部在10月6日电报中提出的心理战准则后,该电报添加了以下关于如何使用印尼军方控制媒体所发布消息的指示:"我们正试图利用雅加达广播电台发布的通常较为有利的新闻报道,通过英国广播公司(BBC)、马来西亚广播电台(Radio Malaysia)等平台的公开广播向印度尼西亚人民散布这些媒体舆论,特别是在印度尼西亚本国的通讯传媒不起作用的情况下。"[1]

11月下旬,英国驻雅加达大使馆与英国外交部之间的交流证实了英国官员对采用印尼军方宣传报道的广泛意愿。例如,它揭示了吉尔克里斯特关于遇害将军尸体遭到毁坏的说法是直接从军方控制的报纸——印尼《每日邮报》上获得的。此外,吉尔克里斯特模仿印尼军队控制下新闻界耸人听闻的"散文",补充道:"用刀子和剪刀虐待尸体这一令人作呕的暴行,是在(1965年10月1日)前一个小时甚至更短的时间内发生的。"[2] 尽管苏加诺总统等人明确否认,但英国外交部官员紧接着在未对消息来源进行任何提示的情况下重复了这一故事。一位官员(Tongkin)评论说:"尽管苏加诺于12月12日否认将军们被肢解,但关于虐尸暴行的故事仍将写入东南亚军事同盟(SEAMU)的报告中。"随后,几个部门的官员正式签署了该文件。[3]

还有证据表明,美国和其他西方官员愿意根据印尼军方直接或间接的要求调整其报道范围。例如,美国大使馆在1965年10月7日的电报中写道:

---

[1] CRO to British High Commission Canberra, Telegram No. 2679, October 13, 1965, FO 371/181455, UKNA; FO to Office of the Political Advisor to the C-in-C Far East, Singapore, Telegram No. 1835, October 6, 1965, FO 317/180317, UKNA.

[2] British Embassy Jakarta (Gilchrist) to FO (Stewart), "A Further Report on the Attempted Coup d'Etat," November 22, 1965, DH 1015/311, FO 371/180324, UKNA.

[3] FO (Tonkin) Cover Note to Dispatch No. 16 (November 18, 1965) from Gilchrist to Stewart, November 23, 1965, DH 1015/311, FO 371/180324, UKNA.

杀戮季节：1965—1966年印度尼西亚大屠杀历史

  （我们）收到了来自印尼军方的间接请求，他们希望不要（"不要"一词此处重复两次）过分强调军队正试图报复共产党人。军方认为，他们此刻忙于恢复秩序、维持稳定，不应给人们带来它即将屠杀共产党人的印象……这并不意味着我们应该放过印尼共产党或弱化我们将共产党人与"九三〇事件"联系起来的努力。这些都应该得到强调。这意味着，我们应该低调处理关于军队将对全体共产党人展开大仇杀的猜测或推论，并且应避免给印尼军队贴上反共的标签。①

  澳大利亚和西德官员表现出了类似的意愿，在参考印尼军方宣传的基础上，调整本国的媒体报道，以满足印尼军方的需求和偏好。② 例如，理查德·坦特（Richard Tanter）写道，澳大利亚外交部"进行了系统的工作，以确保澳大利亚广播电台（Radio Australia）对印度尼西亚事件的报道符合其指导准则"，并指出"在杀戮的高峰期，印尼军方请求澳大利亚外交部提供协助，以确保澳大利亚广播电台按照印尼军队偏好的方式报道印尼政治局势"。③ 同样，伯恩德·舍费尔（Bernd Schaefer）报道说，在所谓政变发生后，联邦德国驻雅加达大使馆"通过（协助）德新社（DPA）通讯员乌尔里希·格伦丁斯基（Ulrich Grundinski），帮助策划了西德的新闻报道"。舍费尔提到，使馆官员除了为格伦丁斯基提供使馆设施以准

---

 ① Embtel 903, US Embassy Jakarta to DOS, October 7, 1965, RG 59, Central Files, XR POL 23-9 INDON, NARA.
 ② 法国媒体也严重依赖从军方控制媒体收集的信息。参见 Heniz Schutte, "September 30, 1965, and Its Aftermath in the French Press," in Bernd Schaefer and Baskara T. Wardaya (eds.), *1965: Indonesia and the World*, bilingual, ed. (Jakarta: GramediaPustaka Utama, 2013)。
 ③ Richard Tanter, "The Great Killings in Indonesia through the Australian Mass Media," pp. 138-140.

第七章 "亚洲的一缕微光"

备和转递报告外，还确保他能接触到印尼军队提供的所有信息。①

印尼军方还直接向区域内的友好政权要求提供宣传协助。其中的关键人物之一就是前军方情报官员兼国家部长苏肯德罗准将，他也是雅尼（Yani）将军智囊团中唯一在"九三〇事件"中存活下来的成员。② 在 1965 年 11 月上旬与马来西亚外交部官员举行的一次会议上，苏肯德罗阐明了军方企图污蔑印尼共产党、削弱外交部长苏班德里约的计划。为此，他要求马来西亚政府为"针对苏班德里约的人格诋毁和政治抹杀提供协助，他则负责提供背景信息"。苏肯德罗还对"马来西亚之声"官方广播电台的报道提出了具体要求："不要攻击苏加诺，但应强调印尼共的暴行和 9 月 30 日的政变……在印尼军方同意之前，'马来西亚之声'不得播报向马来西亚政府提供的、包含翁东和其他人员关于'九三〇事件'声明的录音带。"③

鉴于有明确的证据表明西方国家政府在"九三〇事件"后的几天内启动了秘密心理战和宣传战，并且这些行动主要集中在印刷媒体和广播媒体领域，我们有理由推测它们在印尼国内的代理人也参与了这一秘密的心理战。这一猜测的依据主要集中于所谓政变发生后数周、数月内就发起的媒体闪电战，正如之前第六章描述的那样。例如，安德森（Anderson）就指出，该行动的协调难度及复杂

---

① Bernd Schaefer, "The Two Germanys and Indonesia," p. 105.

② 因为苏加诺指责苏肯德罗于 1960 年发起反对印尼共产党的行动，苏肯德罗被革职并送往国外。在外旅居期间，他进入匹兹堡大学学习，据信他与美国情报界建立了联系。他于 1963 年下半年返回印度尼西亚，于 1964 年被任命为经济运行最高司令部（Supreme Command of Economic Operations）国务部长，并于 1965 年参与了与马来西亚的秘密军事谈判。参见 Harold Crouch, *The Army and Politics in Indonesia* (Ithaca, NY: Cornell University Press, 1978), pp. 49, 75, 81, 107。辛普森（Simpson）写道，他是"中央情报局在军队中最高级别的联络人之一"。Bradley Simpson, *Economists with Guns*, p. 186。

③ 最后，苏肯德罗"警告说，现在通过军方建立的印尼政府与马来政府的联系必须是秘密的，因为一旦印尼共产党察觉此事，将使军方声誉受损……军方在曼谷设立了特殊实体以直接联系马来西亚军方，这将绕过印尼驻泰国大使馆"。Embtel 563, US Embassy Kuala Lumpur, November 17, 1965, RG 59, Central Files, POL 23-9 INDON, NARA。

程度已经超出了组织涣散的印尼军方情报局的能力范畴,这进一步增加了外国势力(特别是美国中情局和英国军情六处)介入、为印尼国内宣传战提供协助与资助的可能性。①

其间,更可疑的媒体事件之一是:一份哗众取宠的反共报纸《火焰》在所谓政变爆发后的几天内突然出现,又在民众被煽动加入暴力行动后消失了。这份报纸由前陆军情报官苏肯德罗掌控、出版,这一事实进一步令人怀疑其是有着国际联系的心理战的组成部分。② 关于苏肯德罗有可能参与这次心理战更紧密相关的证据是,在10月1日后的这段时间里,苏肯德罗成为印尼军方与一系列外国政府接触的关键点,他广泛游走于亚洲和欧洲,努力争取外国的经济军事援助和支持。此外,鉴于他作为《火焰》的所有者及出版商,且曾要求马来西亚提供宣传援助以摧毁印尼共与苏班德里约,我们有理由推测,印尼军方与外国政府的讨论和谈判中很可能包含了与心理战的媒体策略与规划相关的内容。

友善的记者

国际心理战的另一要素是西方各国政府培植的"友好"的驻外通讯员和新闻工作者们。正如10月13日发往英国驻堪培拉大使馆的电报解释的那样,英国政府正在尽己所能刺激"有益的"媒体评论。"我们正抱着尽可能广泛地激起有利评论(尤其是在不结盟国家中)的目的,向新闻界提供背景信息参考指导。我们也在努力将有利的内容投放到印度尼西亚人民能读到的报纸上,如新加坡的

---

① Benedict Anderson, personal communication, October 1983, Ithaca, NY.
② 11月6日,美国驻雅加达大使馆的电报提道:"我们有可靠的报道称,苏肯德罗开创性的反印尼共产党/苏班德里约/中国共产党的报纸《火焰》(*Api*)已被封禁[可能是被亲苏加诺的信息部长阿赫马迪(Achmadi)禁止],但雅加达战时行政长官乌玛尔·维拉哈迪库苏玛(Umar Wirahadikusumah)正在为这一宣传行动而积极努力。"Embtel 1360, US Embassy Jakarta to DOS, Joint Sitrep No. 47, November 6, 1965, Indonesia, Vol. 5, Country file, NSF, box 247, LBJ Library. "火焰"亦是后文提到的反共组织的名称。

第七章 "亚洲的一缕微光"

《海峡时报》。"之后,电报要求将这些计划告知澳大利亚和新西兰当局,并邀请他们在宣传运动中进行合作。"我们期待他们的意见,"电报中说道,"并将对他们在这些短期的宣传活动中可能提供的任何合作表示感激。"最后,电报间接提到,将通过不同渠道,讨论更多秘密的活动:"我们也在考虑进行更多的秘密活动,我们将通过其他渠道告诉澳大利亚人。"① 事实上,澳大利亚人渴望在宣传工运中进行合作。1965年10月或11月,一位澳大利亚使馆官员理查德·伍尔科特(Richard Woolcott)自豪地致电堪培拉,报告说:"我们现在已经能够影响几乎所有主要都市报头条新闻的内容。"②

毫无疑问,美国政府正在做同样的事情:向关心此事的记者们提供简报、获知消息的渠道,以及鼓励、期望他们会传播有关印尼事件的有益故事。10月4日,在与富有影响力的普利策奖得主、《纽约时报》专栏作家兼副编辑詹姆斯·雷斯顿(James Reston)进行电话交谈时,美国副国务卿波尔(Ball)提供了一个他们偏好的故事版本,他表示"他不知道他是否想把这些事情归咎于印尼当局,但是任何人都能够自己判断出印尼共产党……是幕后黑手,而苏加诺正试图通过拉印尼共产党入局的策略来恢复权力的平衡"。波尔补充道:"对于军队来说,这是非常关键的时刻。如果陆军确实采取行动,他们将有能力碾压印尼共产党,否则,他们将再也没有机会了。"③ 作为美国对越政策坚定的支持者和可靠的反共主义者,詹姆斯·雷斯顿(James Reston)回复道:"每个人都有权憎恨他人,苏加诺就是我厌恶的那个人……(印尼政坛)没有他对我们

---

① CRO to British Embassy Canberra, Telegram No. 2679, October 13, 1965, FO371/181455, UKNA.
② Richard Tanter, "The Great Killings in Indonesia through the Australian Mass Media," p. 139.
③ George Ball Telcon with James Reston, 3:05 p.m., October 4, 1965, Papers of George Ball, box 4, Indonesia (4/12/64–11/10/65), LBJ Library.

来说不存在任何问题。"也许并不奇怪，雷斯顿将随后发表的一篇描述印尼共湮灭、苏加诺下台的文章取名为《亚洲的一缕微光》。①

1966年2月，使馆对美国正在错失对印度尼西亚发生的事情及其影响进行报道的机会表示关注。为了进行补救，它提议号召可靠的美国新闻工作者，并根据最近的使馆报道向他们提供背景情况简介，以便他们可以在美国和世界媒体上广为宣传。电报中提到的两名记者是《纽约时报》的杰里·金（Jerry King）和合众国际社的特德·斯坦纳德（Ted Stannard），他们都是使馆熟知的老练、谨慎的记者。②毫无疑问，其他记者也收到了使馆和印尼军队的简报，结果，几乎没有人提供与官方口径有重大出入的报道。事实上，大多数美国新闻工作者在不加批评的情况下重复了受印尼军队控制的新闻界夸大其词的报道，尽管当时已知这些报道具有可疑性。例如，布莱恩·梅（Brian May）写道，一位西方通讯员"报告说，（遇害将军）的尸体已被斩首并遭到肢解。但是，印尼军队提供的照片并未显示尸体被肢解；苏甘迪准将在找回尸体时看到了这些尸体，根据他的说法，没有尸体被肢解"。③

经济和军事援助

除了秘密的政治保证和心理战行动，美国政府及其盟友几乎在10月1日之后就立即开始向印尼军方提供秘密的物资援助，包括通

---

① James Reston, "A Gleam of Light in Asia," *The New York Times*, June 19, 1966.

② Embtel 2411, US Embassy Jakarta to DOS, February 26, 1966, RG 59, Central Files, POL 23-9 INDON, NARA.

③ Brian May, The Indonesian Tragedy (London: Rutledge and Kegan Paul, 1978), p. 103. 这一普遍现象的一个例外是《纽约时报》的 Seymour Topping。他的故事明确地指出，爪哇和巴厘岛的大部分杀戮都是由军队实施或煽动的。参见 Seymour Topping, "Indonesia Haunted by Mass Killing," *The New York Times*, August 24, 1966。

信设备、大量大米、棉花、医疗用品、现金、后勤支持等,可能还有武器。① 当军队最终通过 1966 年 3 月 11 日那场表面上"不流血"的政变夺取政权,并于同年晚些时候结束与马来西亚的"对抗"时,国际援助的阀门也打开了,各国争相提供前所未有的经济和军事援助。② 尽管不那么重要,但仍值得一提的是,苏联及其盟友在这段时期继续向印度尼西亚提供经济和军事援助,声称只有在印度尼西亚新的掌权者拒绝偿还债务时才会停止援助。③

虽然以美元计算,10 月 1 日之后的前 6 个月的援助金额相对较小,但这些援助经过了仔细权衡,以确保在削弱或摧毁印尼军方竞争对手的同时为军方带来最大的政治利益。例如,有文件记录清楚地表明,西方各国在援助问题上总体保持谨慎的态度,但在某一方面明确可以破例——那就是任何可能导致或鼓励军队摧毁印尼共及其盟友的援助。值得一提的是,随着暴力运动的加剧以及西方国家政府在 1965 年 11 月至 12 月对暴力运动认识的加深,向军队及其盟友提供的物质援助持续不断,甚至在增加。例如,在 12 月 3 日,格林大使呼吁通过秘密渠道迅速提供应急大米,使胜利的天平向准备夺权的"友好"势力倾斜。④ 因此,很难不得出这样一个结论:在所谓政变后的 6 个月中,左派在实体层面的湮灭,在西方国家看来,就是印尼军队走在"正确"道路上并受到鼓励的证明。

---

① 关于 1965 年 10 月 1 日以后美国援助的逻辑和实质的详细说明,可参见 Bradley Simpson, *Economists with Guns*, Chapters 7-8。

② 1966 年 8 月《曼谷协定》的签署正式结束了对抗。

③ 因此,波登(Boden)写道:"印尼共产党人遭到迫害和屠杀时,莫斯科方面正在寻求与印尼军事政权达成谅解。"关于苏联在这一时期的援助和投资政策,可参见 Boden, "Silence in the Slaughterhouse," pp. 93-96。关于东德的政策,可参见 Cavoski, "On the Road to the Coup: Indonesia between the Non-Aligned Movement and China," in Bernd Schaefer and Baskara T. Wardaya (ed.), *1965: Indonesia and the World, Indonesia dan Dunia*, bilingual ed. (Jakarta: Gramedia Pustaka Utama, 2013)。

④ US Embassy Jakarta to DOS, December 3, 1965, DDC, 1977, #128E.

援助的政治逻辑

在"九三〇事件"后,西方官员几乎立即开始就向印尼军队提供可能的援助这一问题展开讨论。从一开始,这些讨论就对援助的潜在意义和公众知晓这类援助可能给"好朋友"带来的政治风险进行利弊权衡。英国大使吉尔克里斯特在 1965 年 10 月 11 日致外交部的最高机密电报中指出,尽管印尼共产党和苏加诺是否是政变的罪魁祸首依旧存疑,但他在雅加达的澳大利亚和美国同行们对帮助军方摧毁印尼共产党都抱着同样的渴望。"我想补充一点,"吉尔克里斯特写道:"我的澳大利亚同僚和美国人一样,都希望通过满足将军们的迫切需要——金钱和大米,来巩固他们的地位,其目标是帮助军队一举消灭印尼共产党。"[1]

到 10 月的第三周,美国政府对印尼的短期援助政策已或多或少有了一些眉目。美国国务院在 10 月 22 的备忘录中明确指出,将向军队提供有针对性的物质援助,为了避免可能给双方带来的政治问题,援助行动必须隐蔽,与此同时,对印尼军方表达的需求进行积极回应:

> 鉴于上述情况,我们认为,印度尼西亚人希望避免任何疑似其政府公然转向美国的举动发生。短期而言,我们的援助可能必须基于秘密或半秘密的原则,满足他们特定的、小规模的和临时的需求。我们非常愿意这样做。除了向印尼人表示我们不会乘机发难进行干涉,我们意识到,当下可能还需要一段冷静期。如果印尼共产党真的发动叛

---

[1] British Embassy Jakarta (Gilchrist) to FO, Telegram No. 2134, October 11, 1965, DH 1015/179, FO 371/180318, UKNA.

第七章 "亚洲的一缕微光"

乱,我们当然会努力满足陆军向我们提出的需求。①

美国驻雅加达大使馆赞同国务院对局势的评估,并强调援助的目的应是加强军队相对于竞争对手的政治地位。它建议:"在不进行公开宣传(有文字被删除)的情况下,提供少量精心安排的援助,以加强我们支持的一方在当下政权角逐的生死搏斗中胜出的能力。"因此,如果大使馆被要求提供此类援助时,"美国政府可以考虑给予一次性秘密援助(删除行)。我建议国务院现在开始探索为这一目的提供援助资金的可行性,为收到任何此类请求时能迅速回应做好准备,并研究这一计划该如何实施"。②

正如这次以及之后的电报所示,美国援助的主要目的是政治性的;其意在帮助军队巩固其政治地位,同时摧毁印尼共,推翻苏加诺政权。1965年11月19日,美国驻雅加达使馆在一封电报中强调了这一点,该电报在定于曼谷举行的会谈之前讨论了对印尼的援助计划。"首先,"电报强调,"我们不提供任何有利于苏加诺的援助。"随后,电报表明,在明确军队的政治意图前,向其提供任何实质性援助都需要谨慎。但是,电报也补充提醒道,协助军队镇压印尼共产党的援助将不受此限制:"精心安排的、帮助军队对抗印尼共的援助将大有不同。"③

所有这些有关援助的讨论,其核心议题都是大米。作为印度尼西亚大部分地区必不可少的主食,也是公务员和军队人员薪酬的重要组成部分,美国人认为稻米对于帮助军队巩固其政治地位至关重

---

① Deptel 508, DOS to US Embassy Jakarta, October 22, 1965, RG 59, Central Files, POL 23-9 INDON, NARA.

② Embtel 1164, US Embassy Jakarta to DOS, October 23, 1965, Indonesia, Vol. 5, Country file, NSF, box 247, LBJ Library.

③ Embtel 1511, US Embassy Jakarta to DOS, November 19, 1965, Indonesia, Vol. 5, Country file, NSF, box 247, LBJ Library.

要。在所谓政变后仅一周,美国国务院就致函驻雅加达使馆:"我们有兴趣向印尼陆军提供大米以满足其紧急需求"。为此,国务院要求大使馆估算印尼国内大米的存量和供应量,用于平衡普通民众的供给以及针对公务员和武装部队的分配。"在之后的联络中,你们需要判断近期是否需要给军队提供粮食,这样军队将能够分配库存并向公众分发粮食,粮食的数量不用很多,却能给他们的政治表现加分。"①

也许并非偶然的是,就在几天之后,印尼的大米价格突然下降。根据伊斯兰教士联合会创办报纸《社会使者》的一则报道,米价的下降是因为军队发现印尼共的仓库里囤满了粮食,于是军队将这些粮食投放到了市场上。② 这是一石二鸟的政治伎俩:这一招在抹黑印尼共的同时,也为军队赢得了加分。这一报道也掩盖了新的大米是在美国协助下,从泰国、日本等友好国家偷偷运送给军方的事实。③ 10月21日,美国大使汇报道:"由于将当地库存以及从印尼共仓库中攫取的大米投放到了市场上,上周六,印尼的米价从之前的每升2000印尼卢比降到了每升900的水平。印尼军方之所以能够进行这次投放,是因为来自泰国的70 000吨大米即将运达。"④ 而正如美国大使在另一则信息中提到的那样,军方的举动"将米价压到了政变发生前的水平,而民间的说法则是,一旦苏哈托掌权

---

① Deptel 434, DOS to US Embassy Jakarta, October 9, 1965, RG 59, Central Files, XR DEF 6 INDON, NARA. 美国在这一过程中关于提供粮食援助的讨论,参见 Bradley Simpson, *Economists with Guns*, p. 196。

② *Duta Masyarakat*, October 13, 1965.

③ 10月12日,纳苏蒂安的副官告诉埃塞尔上校:"苏肯德罗从曼谷返回时(大约是10月9日),他……安排船只将大量大米从曼谷运至印度尼西亚。" Embtel 969, US Embassy Jakarta to DOS, October 12, 1965, RG 59, Central Files, POL 23-9 INDON, NARA。

④ Embtel 1113, US Embassy Jakarta to DOS, October 21, 1965, Indonesia, Vol. 5, Country file, NSF, box 247, LBJ Library.

了，就会有吃不完的大米"。① 隐秘的粮食援助计划奏效了。

军事支持

"九三〇事件"也引起了美国及其盟友在军事援助层面政策方针的巨大变化——而这类援助的目的也几乎完全是政治性的。② 几天之内，美国政府便开始以便携式通信设备、医疗用品以及可能的武器和弹药等形式向印尼陆军提供隐秘的军事和后勤支持。尽管这些援助以美元计并不是特别可观，但它是明确且具有针对性的。其目的是在对付印尼共和苏加诺的战斗中为军队（特别是纳苏蒂安和苏哈托将军）提供支持和鼓励。1966年9月，在"军方已成功孤立苏加诺并与马来西亚方面正式结束对抗"之际，原先的一项军事援助计划得到恢复，为军队提供了强有力的支持，使他们免受关于其依靠暴力掌权的相关问责。③

例如，在所谓政变发生几天后，为了回应军方的需求，美国大使馆向那苏蒂安将军提供了他所要求的便携式通信设备。此后不久，纳苏蒂安的高级副官告诉美军军官埃塞尔（Ethel）上校，纳苏蒂安对"（美国提供的）便携式通信设备深表感谢"。④ 11月中

---

① US Embassy Jakarta, Joint Weekly Report No. 41, October 23, 1965, RG 59, Central Files, POL 2-1 INDON, NARA.

② 尽管这里的讨论集中于美国的军事援助，但显然其他国家也参与了类似的活动。例如，据说，西德情报局（BND）"协助印度尼西亚的军事特勤机构镇压了雅加达的左翼政变，提供了价值30万马克的冲锋枪、无线电设备和资金"。Heinze Hoehne and Herman Zolling, *The General Was a Spy* (New York: Bantam, 1972), p. xxxiii。

③ Secretary of Defense (McNamara), Memorandum for the President, "Effectiveness of US Military Assistance to Indonesia," March 1, 1967, *FRUS*, Vol. 26, pp. 493-495. 美国此时关于正式恢复援助的审议的详细讨论，参见 Bradley Simpson, *Economists with Guns*, p. 222。

④ Embtel 1017, US Embassy Jakarta to DOS, October 14, 1965. Indonesia, Vol. 5, Country file, NSF, box 247, LBJ Library. 大约在同一时间，美联社一则发稿地为雅加达的报道，引用了"知情人士"的话说："苏哈托将军已派遣一名上校前往美国寻求帮助，希望其提供通信设备，以遏制共产主义威胁。" Deptel 408, DOS to US Embassy Jakarta, October 13, 1965, Indonesia, Vol. 5, Country file, NSF, box 247, LBJ Library。

旬，美国国务院致电使馆报告说："我们刚刚收到了印尼方面的请求，他们希望能获得简单的通信设备，以使军队领导人能够保持相互联系，这一事项现已在考虑当中。"①

美国官员认为，向军队提供现代通信设备具有现实意义和政治价值。在实际操作方面，这种设备将帮助军队领导人在"微妙平衡的权力博弈"中协调行动以对付印尼共和苏加诺。这也使美国情报机构可以监视这些行动，便于美国了解军方对印尼共的攻势。② 从政治上讲，这将发出美国支持、信赖印尼军方的强力信号，而这种支持和信赖将在未来的数月或数年内得到丰厚回报。关于提供（即便是数量有限的）这类装备的政治收益，格林大使评论说："我自然希望看到印尼军队获得最适合其需求的装备。我建议'303委员会'尽快复议此事。"③

美国政府官员也评估了向印尼军队提供更多实质性军事和后勤援助的政治收益和风险。在所谓政变发生三周后，美国国务院建议协助印尼军方将军队从外岛运送到爪哇岛，以巩固那里的反共力量。然而，雅加达大使馆官员反对这一想法，理由是这一行动不可能做到保密，而美国参与其中的证据对军队有害无益。④ 尽管如此，美国官员继续支持向军队提供有针对性的秘密军事援助的想法。

---

① Deptel 610, DOS to US Embassy Jakarta, November 12, 1965, Indonesia, Vol. 5, Country file, NSF, box 247, LBJ Library. 极有可能是苏肯德罗提出了这一请求，很多文件都有描述，他曾多次呼吁美国提供通信设备。参见 *FRUS*, Vol. 26, pp. 364-366, 368-371, 440-443。On Sukendro's requests for various kinds of aid, see Bradley Simpson, *Economists with Guns*, p. 186。

② 根据对美国政府官员的采访，记者凯西·卡丹妮（Kathy Kadane）报道说，通过使用美国提供的、调至国家安全局已知频率的通信设备，美国情报官员得以监视印尼军方的通信，包括"苏哈托情报部门的命令乃至在特定地点杀死的特定的人"。Kathy Kadane, "Letter to the Editor," *New York Review of Books*, April 10, 1997。

③ "303委员会"是美国一个跨部门委员会，负责审查和授权秘密行动。它由负责国家安全事务的总统助理、国防部副部长、负责政治事务的副国务卿和中央情报局局长组成。Embtel 1970, US Embassy Jakarta to DOS, Roger Channel, January 5, 1966, RG 59, Central Files, DEF 21 INDON, NARA。——译者注

④ Embtel 1160, US Embassy Jakarta to DOS, October 22, 1965, Indonesia, Vol. 5, Country file, NSF, box 247, LBJ Library。

第七章 "亚洲的一缕微光"

在考虑这类援助时,美国官员们明确表示,其主要目的是维持能对军队领导人"施加影响的重要渠道",以"增强他们的自信心"——他们有可能成为拯救印度尼西亚使其免于混乱的"主角";同时,也向军队领导人保证,他们有"一些真正的朋友"。1965 年 10 月 29 日,美国国务院的一封电报详细说明了官方关于向印尼军方提供军事援助的政治逻辑的思考:

> 印尼军方领导人与我军密切的部门间直接联系为施加影响提供了重要的渠道……接下来的几天、几周或几个月,随着军方逐渐了解自己所遇到的问题和困境,我们可能迎来影响重要人物和事件的前所未有的机会……我们应该努力增强他们的信心,即印度尼西亚可以免于混乱,而军队就是挽救它的主要力量……我们应该让他们明白,印尼和军方有真正愿意提供帮助的朋友。①

同一封电报还明确提到向印尼提供致命军事装备援助的可能性,指出"(印尼军方)可能需要小型武器和装备来对付印尼共"。使馆在回应这则电报时说:"我们同意国务院分析得出的总体结论。"在武器这一具体问题上,它补充道:"在另一条信息中,我们已经就印尼方面对小型武器的可能需求发表了评论。尽管印尼军队正在攻击印尼共,但是苏联可能还会向其提供此类装备——如果莫斯科认为这是将中国共产党拒之门外的最佳方法的话。"② 美国国务院在随后的消息中指出,它预计它可能会收到印尼军队关于小型

---

① Deptel 545, DOS to US Embassy Jakarta, October 29, 1965, Indonesia, Vol. 5, Country file, NSF, box 247, LBJ Library.
② Embtel 1304, US Embassy Jakarta to DOS, November 2, 1965, Indonesia, Vol. 5, Country file, NSF, box 247, LBJ Library.

武器的要求，这一要求"将涉及更广泛和更深层次的考虑"。①

1965年11月上旬，应苏肯德罗的要求，双方讨论的议题突然转向为军队提供医疗物资的可能性。② 一些观察者得出的结论是：文献记录中的"药品"和"医疗用品"是"武器"和"弹药"的代名词。③ 下文我们将探讨这一可能性。值得强调的是，即使电报的主题不过是医疗物资，向军队提供这种援助也将具有真正的政治、后勤和心理层面的意义。它将向军队领导层发出明确的信号，即美国支持他们的所作所为，并将提供稀缺的军事资源用于对付印尼共。

美国官员之间就医疗物资进行的交流表明，美国官员渴望为印尼军队服务。在1965年11月4日给国务院的电报中，美国驻印尼大使馆敦促对苏肯德罗代表苏哈托和纳苏蒂安提出的这一需求进行积极响应：

> 在印尼，军队攻击共产主义者的工作进行得非常出色，目前各类迹象表明，它正崛起成为新的执政力量。在这种背景下，我相信我们应该对苏肯德罗关于医疗用品的需求给予积极响应。这类物资正是我们可以用来向新政权表明我们愿意提供帮助的证据。④

---

① Deptel 610, DOS to US Embassy Jakarta, November 12, 1965, Indonesia, Vol. 5, Country file, NSF, box 247, LBJ Library. 辛普森写道，大约在这个时候，"白宫还授权中央情报局在曼谷的分支机构向苏肯德罗提供小型武器，'武装中爪哇的穆斯林和平民主义青年团，以对付印尼共产党'"。Bradley Simpson, *Economists with Guns*, p. 186。

② "我们正告知英国、澳大利亚和新西兰大使馆，我们已经收到了苏肯德罗关于提供医疗物资的请求，目前我们正秘密提供此类援助。" Deptel 610, DOS to US Embassy Jakarta, November 12, 1965, Indonesia, Vol. 5, Country file, NSF, box 247, LBJ Library。

③ Gabriel Kolko, personal communication, October 1998.

④ Embtel 1333, US Embassy Jakarta to DOS, November 4, 1965, Indonesia, Vol. 5, Country file, NSF, box 247, LBJ Library.

第七章 "亚洲的一缕微光"

大使馆在 11 月 5 日发送的第二条电报强调了提供这类援助对美国政府和印尼军队双方的重要性，以及美国政府提供援助的急切心态。那条电报还引出了一个疑问，即医疗用品和药品是否实际上指的是某些更致命的事物。这份经手白宫的电报部分显示如下：

> 华盛顿总部会见了线人……并于 11 月 5 日下午给予指示……线人感到高兴，他说，大量的维生素正是所需要的……让士兵们尽可能保持强壮。总部强调，在我们进一步行动之前，我们必须……对印尼军方关于印尼政治前途的思考有更多了解。①

这条电报的好几个方面为如下猜想提供了依据：电报所讨论的主题可能根本不是医疗用品。一方面，非常重要的一点是，把提供维生素让士兵"尽可能强壮"形容为至关重要，这似乎令人费解，故意省略线人的名称也是如此。维生素对印尼军队是否真的至关重要，提供维生素是否真的如此敏感，以至于即使在秘密电报中也无法提及消息源的名称？一项为印尼军队提供维生素的计划，必须由白宫批准，这似乎也很奇怪。极少有电报能从雅加达呈到总统的办公桌上，为什么这是一个例外？最后，如果交流的话题仅是提供医疗用品和维生素，那么电报中关于美国政府在"进一步行动"之前需要对军队的政治动向"有更多了解"的说法似乎十分古怪。

无论"药物""维生素""医疗用品"这些术语实际上指的是什么，向印尼军方秘密交付此类物资的计划都迅速被"303 委员会"，一个白宫国家安全委员会（NSC）下设的负责协调秘密政府行动的秘密委员会批准了。因此，大使馆写道："非常感谢国务院

---

① Embtel 1350, US Embassy Jakarta to DOS, November 5, 1965, Indonesia, Vol. 5, Country file, NSF, box 247, LBJ Library.

576 号电报（Deptel 576）授权提供药品。请相信，这是一笔合理的投资，无论怎么看都是划算的，它将带来丰厚的回报。"①

后勤支持和秘密资金

除提供物质援助外，还有证据表明，在暴力运动的高峰时期，美国政府向军队领导层及其盟友提供了重要的后勤援助和秘密的资金支持。如前所述，1990 年，一名记者报道称，美国驻雅加达使馆的一名官员罗伯特·马丁（Robert Martens）在所谓政变后的几个月内，向印尼军方提供了一份包含数千名印尼共产党员姓名的名单。根据记者凯西·卡丹妮的说法："在几个月内，美国人向印尼军方提供了多达 5000 人的名单，当这些人被杀死或俘虏后，再把他们的名字划掉。"② 尽管马丁后来对此意图全盘否认，但这些行为毫无疑问导致了许多无辜者的死亡或拘留。这些举动还传达了强有力的政治信号，即美国政府同意并支持军队攻击印尼共的行动，尽管这场行动造成了无数人的丧生。

美国当局还向一些直接参与暴力行动、迫害印尼共及其他左翼人士的组织提供资金援助，这些组织表面上是民间团体，实则由军队建立。例如，1965 年 12 月上旬，美国政府及官员们都清楚地了解到这场针对左派的暴力行动的程度和性质之后，美国国务院批准向"粉碎九三〇运动指挥部"拨付 5000 万卢比，这个指挥部是反共前线坚定的桥头堡，由军队于 10 月初建立，旨在镇压"九三〇运动"和印尼共。格林大使在致远东事务助理国务卿威廉·邦迪的秘密电报中，阐述了资金转移支付的计划和逻辑，内容如下：

---

① Embtel 1353, US Embassy Jakarta to DOS, November 7, 1975, RG 59, Central Files, XR DEF 6 INDON, NARA. 另请参见 Bradley Simpson, *Economists with Guns*, p. 186。
② Kathy Kadane, "US Officials 'Lists Aided Indonesian Bloodbath in 60s'," *The Washington Post*, May 21, 1990.

第七章 "亚洲的一缕微光"

我再次确认我先前关于向马利克提供他所要求的 5000 万卢比,用于支持"粉碎九三〇运动指挥部"行动的赞成意见(1.5 行文字未解密)。迄今为止,"粉碎九三〇运动指挥部"的行动是军方计划的重要组成部分,从结果来看,我觉得是非常成功的。这个由军队支持但由平民组成的组织还在承担着当前镇压印尼共产党行动的重担……我们在此事上给予的支持被发现乃至被揭露的可能性极小,就和其他任何暗箱操作一样(两行原文未解密)。[1]

鉴于此,1966 年 1 月 20 日美国使馆的一封电报显得十分有趣,值得我们的注意。电报称,关于美国政府,特别是大使格林正策划反对苏加诺和印尼共的抗议活动的传闻持续不断。这些消息指出,格林在动员青年示威游行以推翻不受欢迎的政府方面是一名专家,并提及了他此前在韩国任职时的"成功"经验。[2] 这封电报还提到,根据一个叫作"火焰"的组织的消息,苏加诺和苏班德里约指控说,学生们的示威是"新殖民主义势力"(Nekolim)精心策划的。[3] 尽管美国官员迅速否认了这些指控,但从格林大使支持资助"粉碎九三〇运动指挥部"的文档记录来看,这些指控可能离实情不远了。

尽管迄今解密的官方文件没有提供关于此类"暗箱操作"的进一步案例,但可以合理地认为其他个人和组织也获得了一些资

---

[1] Embtel 1628, US Embassy Jakarta to DOS, December 2, 1965, FRUS, Vol. 26, pp. 379-380.

[2] 1961 年 5 月 16 日,朴正熙少将通过军事政变上台之际,格林正担任美国驻首尔大使馆的临时代办(charge d'affaires)。

[3] Embtel 2115, US Embassy Jakarta to DOS, January 20, 1966, RG 59, Central Files, XR POL INDON-US, NARA.

金援助。① 得到美国秘密资金支持的受助对象可能包括坚定的反共人物以及与美国大使馆有联系的人士，例如种植业部长兼天主教党主席的弗朗斯·塞达（Frans Seda）、"火焰"组织头目达尔马万·莫纳夫（Darmawan Moenaf）、马斯友美党前各领导人以及反共阵线的成员们，如 A. B. 纳苏蒂安，② 包含副主席苏布汉在内的伊斯兰教士联合会领导层及其各类合作伙伴等。③ 最后，尽管仍然没有确切的文件记录来证明这一点，但似乎有一些资金援助直接但秘密地流向了包括苏哈托在内的个别军官。纳苏蒂安将军希望美国继续提供物质援助，其副官在 1965 年 11 月向格林明确表示，苏班德里约仍然可以动用政府资源和资金，而军队能调用的却十分有限，苏哈托将军"特别缺乏资金支持"。④

援助与暴力的关系

在这一时期，经济和军事援助的拨付还存在更为令人不安的现象，即援助规模与军队支持下的暴力程度呈正相关。事实上，提供援助与军队政治可靠性之间的关联是这一时期双方外交中反复出现的主题。但是摧毁印尼共只是交易的一部分。西方国家政府还希望军队摆脱苏加诺，使印尼经济朝着自由市场的方向发展，这一市场

---

① 使馆电报报道称，收到大量来自平民和军方人士的物质援助请求。例如，可参见 Embtel 1245, US Embassy Jakarta to DOS, October 28, 1965, RG 59, Central Files, POL 23-9 INDON, NARA; Embtel 1401, US Embassy Jakarta to DOS (Section 1 of 2), November 10, 1965, RG 59, Central Files, POL 23-9 INDON, NARA; Embtel 1408, US Embassy Jakarta to DOS, November 11, 1965, RG 59, Central Files, POL 23-9 INDON, NARA; Embtel 2115, US Embassy Jakarta to DOS, January 20, 1966, RG 59, Central Files, XR POLINDON-US, NARA。

② 与纳苏蒂安将军没有关系。——译者注

③ 塞达（Seda）在 1964 年至 1966 年 2 月担任种植业部长。在 1966 年中短暂担任农业部长后，他担任了两年（1966—1968）财政部长。1961—1968 年，他也担任天主教党主席。Embtel 2115, US Embassy Jakarta to DOS, January 20, 1966, RG 59, Central Files, POL 23-9 INDON, NARA; Embtel 1245, US Embassy Jakarta to DOS, October 28, 1965, RG 59, Central Files, POL 23-9 INDON, NARA。

④ US Embassy Jakarta to DOS, November 19, 1965, DDC, 1979, #435C。

第七章　"亚洲的一缕微光"

将由军方主导，使外国资本受益。进一步扩大对印尼的援助计划取决于军队是否愿意实现这一期望。①

1966 年 1 月，美国国务院在致美国驻雅加达大使馆的电报中阐述道，在继续向军队提供有针对性的、秘密的援助的同时，更大规模的公开援助计划需等到有明确迹象表明"印尼的温和派确实有能力和意愿掌权"才有可能推进。② 随着苏哈托于 1966 年 3 月中旬夺取政权，上述政治条件至少得到了部分满足，援助也开始大量增加。美国决策者认为，在这一节点提供援助将产生丰厚的政治收益。正如美国国务院在 1966 年 3 月 29 日发往美国驻吉隆坡大使馆的电报中指出的那样："我们认为，提供食物和纤维制品等紧急援助可以帮助现任非共产主义领导人巩固地位，从而为自由世界的利益服务。"③

相应地，1966 年 3 月下旬于华盛顿举行的一次高层会议上，美国国务卿拉斯克（Rusk）通知英国大使说，美国将向印尼运送 5 万吨大米。④ 美国国务院的一份内部备忘录还指出，目前正在安排向印度尼西亚慷慨出售 7.5 万吨的棉花，美国还准备为包括债务重组在内的其他形式的经济援助提供秘密支持。⑤ 4 月初，日本宣布计划向印度尼西亚提供价值 3000 万美元的大米和棉花。⑥ 1966 年 5

---

①　正如辛普森所写，"使馆尽一切可能告诉雅加达的官员们这一点，明确表示援助将与印度尼西亚的以下努力相挂钩：采取西方债权人和国际组织同意的政策，以扭转苏加诺的方针，恢复其经济信誉，稳定经济"。Bradley Simpson, *Economists with Guns*, p. 213。

②　Depte 1959, DOS to US Embassy Jakarta, January 18, 1966, RG 59, Central Files, AID (US) INDON, NARA.

③　Deptel 1892, DOS to US Embassy Kuala Lumpur, March 29, 1966, RG 59, Central Files, XR POL 23-9 INDON, NARA. 117. Memorandum of Conversation, US Secretary.

④　Memorandum of Conversation, US Secretary of State and Others, March 31, 1966, RG 59, Central Files, AID (US) 15-6 INDON, NARA.

⑤　DOS Report, "Indonesia," [May 1966?], DDC, 1994, #3183. The White House approved the sale in June 1966. Bradley Simpson, *Economists with Guns*, p. 217.

⑥　Bradley Simpson, *Economists with Guns*, p. 212.

月，英国紧随其后向印尼当局提供了 100 万英镑的直接援助。① 该月晚些时候，印度尼西亚新任驻华盛顿大使与美国国务院官员进行了会晤，讨论了长期多边援助、推迟偿债期以及临时双边援助等计划。这位大使告诉美国国务院官员，印度尼西亚的债务总额达到 25 亿美元，超出了他们的偿还能力——因此，印尼希望获得大量的经济援助，这些援助主要来自美国、德国（原文如此）、日本、荷兰和英国。②

1966 年 7 月，格林表示，他对印尼事态的积极转向非常激动："我敢保证，近几年来，全世界其他任何地方的共产主义者都没办法像印尼共一样，在过去一年里经历命运的戏剧性逆转。"在此基础上，他提议向印尼提供各种新形式的援助，如军事训练、教育交流和"经济援助，包括 10 万捆棉花和多达 50 万吨的大米"。③ 据报道，格林在 8 月承诺向苏哈托提供 5 亿美元的双边援助，而在 9 月，一个携带印尼种植业部长塞达来信的人士请求美国立即提供其中的 5000 万美元援助，以偿还印度尼西亚欠国际货币基金组织的债务。1966 年 9 月，印尼外交部长马利克访华盛顿期间，美国政府承诺向印度尼西亚再次慷慨提供 5 万吨大米和 15 万捆棉花。④ 大约在同一时间，格林与一名印尼官员就"印尼短期援助计划"进行了会谈。该官员的名字已从记录中删除。根据格林的会议纪要，这位没有透露姓名的官员已经与苏哈托讨论了"美国提供的援助"，并

---

① British Embassy Jakarta (Murray) to FO, Telegram No. 24, May 10, 1966, IM 1051/74, FO 371/187573, UKNA.

② Deptel 3970, DOS to US Embassy Jakarta, June 1, 1966, RG 59, Central Files, AID (US)-INDON, NARA. 根据美国国务院的备忘录，在 25 亿美元的债务中，有 1.44 亿美元欠款来自美国，10 亿美元欠款来自苏联，主要是军事装备。据估计，当年需偿债额或达到 4.5 亿美元，超过该年可能的外汇收入总额。DOS Report, "Indonesia," [May 1966?], DDC, 1994, #3183. 参见 also Ropato Rostow, July 9, 1966, *FRUS*, Vol. 26, 444; Rusk to Johnson, August 1, 1966, *FRUS*, Vol. 26, 452.

③ Embtel 144, US Embassy Jakarta to DOS, July 9, 1966, DDC, 1981, #368C.

④ Bradley Simpson, *Economists with Guns*, p. 225.

第七章 "亚洲的一缕微光"

报告说"苏哈托对于我们的支持深表感激,很受鼓舞,这将有助于印尼稳定局势向前发展"。①

同时,多国友好政府已经开始与印尼军方官员和技术官僚会面,为印尼的经济复苏制订计划。这些计划包括关于债务延期的重大计划、长期的经济和军事援助协议以及放宽对外国投资的限制。1967年,这些努力以一个新多边机制(Inter-Governmental Group on Indonesia,称为"印度尼西亚问题政府间集团")的形式聚集在一起,为印度尼西亚提供了数亿美元的援助和投资。② 从世界银行、国际货币基金组织、印尼领导人和友好国家政府的角度来看,这项多边经济援助计划为印尼经济复苏和现代化提供了重要基础。但是,自1966年中期开始的大量援助和外国投资也产生了重要的政治影响——巩固了新的军事政权,掩盖了大规模的暴力行动,而军队正是借此上台掌权的。

苏哈托1966年3月中旬的上台也大大促进了军事援助的增加,如果不考虑军队对数十万人惨遭杀害或肆意监禁应负责任的话。在1966年10月27日,也就是暴力运动最严峻的阶段逐渐平息后的几个月,美国大使馆在一份备忘录中敦促"以最快的速度"恢复全面的军事援助计划。大使馆建议,援助计划除其他事项外,还应包括"有选择的非战斗项目,以帮助改善军队内部士气并加强苏哈托将军及其同僚的地位"。③ 与经济援助一样,恢复军事援助的决定在很大程度上也基于政治上的考虑:由军队主导的政权对美国来说是最好的结果,应尽一切努力巩固其政治地位。

---

① Embtel 1124, US Embassy Jakarta to DOS, September 7, 1966, RG 59, Central Files, POL 15 INDON, NARA.

② 该小组由十四个捐助国和四个国际金融机构组成。关于它的组建和早期工作,参见 Bradley Simpson, *Economists with Guns*, pp. 238 – 239。也可参见 *Administrative History: State Department*, Vol. 1, Chapter 7, section L-Indonesia [ND], DDC, 1994, #3184。

③ Embtel 2007, US Embassy Jakarta to DOS, October 27, 1966, RG 59, Central Files, DEF 19 US-INDON, NARA.

简言之，西方国家并非像通常所说的那样，只是所谓政变后印尼国内上演的政治事件的无辜旁观者。相反，从 10 月 1 日起，美国、英国及数个盟友就立即开始有所动作，发起了一次协同行动，以协助军队对印尼共及其附属团体进行政治上和实体上的毁灭性打击，将苏加诺和他最亲密的伙伴逐出政治权力的中心，被苏哈托领导的军队精英所取代，进而驱动了印度尼西亚外交政策转投西方的剧烈转变。他们提供帮助的方式包括：向军队领导人提供秘密的政治保证；面对日益增加的暴力行为，官方采取保持沉默的政策；发动复杂的国际宣传攻势；向军队及其盟友提供秘密的物资援助。通过所有这些方式，他们确保军队针对左派的打击如火如荼地继续进行下去，而这场暴力行动的受害者最终将达到数十万人。

第八章　大规模监禁

> 一家人平静地躺着睡觉。
> 忽然，他们被惊醒、吓得颤抖，
> 只听见砰砰砸门、靴子踢踏声。
> 镀镍的手枪指着面孔，斥责，
> 命令道：
> 蹲到那边的角落里，
> 只准穿内裤。
> 这些景象扎根在我记忆中，
> 黎明时分遭遇伏击。
>
> ——印尼共总书记苏迪斯曼《责任的分析》

除去在所谓10月未遂政变的余波中丧生的50余万人外，还有几十万人难逃厄运，在印度尼西亚军方的命令下，惨遭肆意关押、审讯、酷刑折磨、强制劳役和长期监禁。就像那些屠杀一样，大规模监禁多数都发生在所谓政变后的6个月内，但在1966—1968年仍然有拘捕的余波涌动，零星的拘捕则持续到了20世纪70年代。

杀戮季节：1965—1966 年印度尼西亚大屠杀历史

被拘捕的一小部分人因涉嫌参与所谓的未遂政变而受到指控和审判。其中一些受审者被处决，而其他人则在多年后死于监禁；极少数囚徒在 1998 年苏哈托将军下台后不久被释放。然而，被拘捕者中的大多数人从未受到审判，他们在恶劣不堪的条件下，在法律的边缘里徘徊煎熬了数月甚至数年，哪怕最后被释放时也没有获得任何解释、道歉或补偿。即使在获释后，那些被拘留过的人及其家属也因为莫须有的涉嫌参与"九三〇运动"的指控，受到各种正式或非正式的限制。

本章是该主题相关两个章节中的第一章，考察了这次大规模监禁运动为何发生以及如何发生，它怎样与同一时期内的大屠杀相关联，给那些被拘捕者带来了什么后果。简言之，本章认为，该运动具有三个鲜明的特征：它是在全国范围内详细规划和协调，从而严密组织起来的运动；它是由军队领导层——更确切地说是苏哈托——发起并执行的；它的逻辑、基本原理和实施，与其他威权主义背景下发生的运动，特别是第二次世界大战期间日本占领下的大规模拘捕活动有着惊人的相似之处。本章还认为，大规模监禁与大屠杀在两个方面是高度相关的：第一，大多数最终被杀害的人首先被拘留；第二，屠杀率最高的地方长期监禁率更低。① 最后，本章意在表明，在基本原理、话语、方法和组织形式——几乎每个方面——这场大规模群体监禁运动表征了苏哈托政权的超级军国主义色彩及其对于"秩序"的迷狂。

本章以三部分阐述这些论点。它从提出一些关于这次群体监禁的基本事实性问题开始，询问有多少人被监禁？他们是谁？谁监禁了他们？他们被如何对待？之后，本章细致考察了长期监禁项目的关键模式，包括对囚犯的分类，他们所处的拘禁条件，以及监禁和

---

① 为数不多的关于监禁和屠杀之间关系的分析研究，参见 Douglas Kammen, Faizah Zakaria, "Detention in Mass Violence: Policy and Practice in Indonesia, 1965–1966," *Critical Asian Studies* 44, no. 3 (2012): 441–466。

屠杀之间的关系。最后，本章对布鲁岛（Buru Island）案例进行了仔细考察，布鲁岛是一个流放地（penal colony），约一万人未经任何指控或审判被囚禁在这里，并在1969—1979年遭受强迫劳役。

监禁、审讯和酷刑

在1965年10月1号那场所谓的政变发生后十多年里，与苏联、法西斯主义西班牙和葡萄牙以及拉丁美洲的那些威权主义政体相比，印尼是世界上拥有政治犯人数最多的国家之一。遍布在那些殖民时代遗留的狭窄监狱、军队封锁区、秘密拘押中心和强制劳改营里，数十万男人和为数不多却值得注意的女人煎熬度日，他们不知道何时才能被释放。如果有人仍不相信10月1日的事件之后对左派和苏加诺的袭击是由军队领导层协调策划的蓄意运动，那么这一大规模监禁项目的模式和基本事实，必然能让他们打消疑虑。

拘押的模式

就像那些被屠杀者的案例一样，1965年10月1日后有多少人被拘捕并没有确切的统计数字。事实上，这场拘捕运动是如此普遍和迅猛，以至于发起这次运动的印尼当局也不清楚究竟关押了多少人。正如司法部长在1971年的新闻发布会上所说的那样，给出一个受关押政治犯的确切人数是不可能的，因为这个数字"就像浮动利率一样，就像日元对于美元：它每天都在变化"。① 许多囚犯死于被拘留期间，也有部分囚犯是在被当局"抽调"（loaned out）后遭到杀害，关于他们的拘留和死亡没有留下任何记录，这一事实令数

---

① 转引自 Justus M. van der Kroef, "Indonesia's Political Prisoners," *Pacific Affairs* 49 (1976): 626。

字问题变得更加复杂。

据各种估计，被关押的人数从最低的 10.6 万人到最多大约 300 万人不等。① 10.6 万这个数字显然太低了，因为即使是刻意对这一问题视而不见（underplay）的关键角色印度尼西亚军事当局，在 20 世纪 70 年代中期都表示过，被拘留人数在 60 万—75 万。② 比 300 万更高的数字也并非不可能，但鲜有确凿的证据能够支持它。正如大赦国际在 1977 年提出的，一个更合理的数字应当是 100 万左右。③ 虽然这比当时印度尼西亚当局报道的数字稍高，但实际上却低于印尼官员在 20 世纪 80 年代和 90 年代曾提及的数字。例如在 1985 年，内政部（Ministry of Home Affairs）的一名高级官员宣布，在 1987 年全国大选之前必须重新登记约 170 万名"政变参与者"（coup participants）——其中超过 140 万人是前 C 类囚犯（category C prisoners）。④ 据报道，在 20 世纪 90 年代中期，因为其前政治犯的身份而被剥夺某些政治和公民权利的人数为 140 万。⑤

---

① 数字 106 000 由官方事实调查委员会（Fact Finding Commission）于 1966 年 1 月公布，参见最高行动指挥部（Komando Operasi Tertinggi, KOTI）: Fact Finding Commission Komando Operasi Tertinggi (Jakarta, January 10, 1966), p. 3。

② 1975 年 4 月，外交部长马利克表示，约有 60 万人遭到拘捕；1976 年 10 月，恢复安全与秩序行动指挥部（Kopkamtib）总参谋长苏多默上将（Admiral Sudomo）给出了 75 万这个数字。参见 Amnesty International, *Indonesia: An Amnesty International Report* (London: Amnesty International Publications, 1977), p. 41. 关于人数的进一步讨论，参见 Kammenand Zakaria, "Detention in Mass Violence," p. 451; Justus M. van der Kroef, "Indonesia's Political Prisoners," pp. 625-626, 635。

③ Amnesty International, *Amnesty International Report*, p. 23.

④ 那位高级官员是哈利·苏吉曼（Hari Sugiman），社会与政治事务署署长（Director General of Social and political affairs），参见 *Tapol Bulletin* 70 (July 1985): 1. 关于被拘捕人数，参见 Richard Tanter, "Intelligence Agencies and Third World Militarization: A Case Study of Indonesia, 1966-1989" (Ph. D. diss., Monash University, 1990), 299-300。

⑤ 例如，John McBeth, "Prisoners of History," *Far Eastern Economic Review*, February 16, 1995, pp. 27-28。数字 140 万或许也代表了军方对这个国家中"顽固的"（die-hard）共产党员数量的估计。例如，恢复安全与秩序行动指挥部 1969 年给出的一份资料显示，有 1 396 173 名印尼共成员参加过县级党校（party schools）。参见 Kopkamtib, Team Pemerika Pusat, *Partai Komunis Indonesia dan G. 30. S/PKI* (Djakarta, April 1969), p. 55。

第八章 大规模监禁

图 8.1　雅加达附近的丹格朗监狱，被军警看押的政治犯，1965 年 12 月
(Bettman/Getty Images)

被拘留者来自各行各业，从地位最高的政府和政党官员到卑微的乡下农夫。最著名的囚犯包括苏加诺政府的重要官员，如苏班德里约和黄自达，印尼共领袖人物如苏迪斯曼和约诺（Njiono），还有诸如奥马尔·达尼、苏巴尔佐（Supardjo）、拉蒂夫（Latief）和翁东这样的高级军官。这些人中的大多数在 1966—1967 年受到了指控和审判；所有人都被判有罪并遭到长期监禁，有人甚至被处以死刑。[①] 这场拘捕运动的目标群体还包括知识分子与文化精英，包括著名作家普拉姆迪亚·阿南达·杜尔（Pramoedya Ananta Toer），以及记者、公务员、艺术家、舞蹈演员、木偶戏艺人、教师和音乐家。军队当局显然特别担心这些人对受教育程度较低群体的潜在影

---

① 关于政治审判，参见 Amnesty International, *Amnesty International Report*, pp. 45-54; Justus M. van der Kroef, "Indonesia's Political Prisoners," pp. 639-640。

响,因为军队对这部分民众几乎毫不信任。①

然而,绝大部分被拘捕的人既不是重要的政治领导人,也不是文化界的领导人物;他们只是普通人——农民、佃农、种植园工人、街头小贩或者其他普通人——他们被捕仅仅是因为据说他们隶属于某个左翼党派,或者与某个"左"倾组织的成员存在所谓的联系。尽管在"十月政变"发生时,这都是些合法的政治和社会组织,并且直到1966年被正式禁止之前始终合法,但在1965年10月后,仅凭隶属于此类组织这一项,就足以让当局认为有充分理由对其实施抓捕。

除因政治活动和社团而被捕的那些人,有一些人被拘留并非出于明确的政治原因,而是遭到了误捕或被公报私仇。② 然而,这些案例并不普遍,也不应该被视为那场拘押运动是以某种随机方式或自发开展的证据。与之相反,如下文所述,与拘留相关的一切都表明,拘留是官方政策的产物。这一政策为公报私仇行为创造了一个相对宽松的环境。在这个意义上,印尼的例子与其他大规模监禁的例子并无显著区别,例如斯大林领导的苏联,佛朗哥治下的西班牙,或阿根廷和智利的军事政权。

逮捕通常由身穿制服的士兵或警察在指挥官的命令下进行。然而,在许多情况下,士兵和警察会与民兵组织和治安队联合开展行动,这些团体和队员往往与反共党派或宗教组织存在联系。正如前几章所探讨的那样,这些组织中包括正式组建的民兵组织,例如民防和人防,政治上附属于印尼民族党的青年组织平民主义青年团,伊斯兰教士联合会的伊联全能青年旅和伊联青年团,以及印度尼西

---

① Sumiyarsi Siwirini C., *Plantungan: Pembuangan Tapol Perempuan* (Yogyakarta: Pusat Sejarah dan Etika Politik (Pusdep), Universitas Sanata Dharma, 2010), p. 44n7. 还可参见 Rachmi Diyah Larasati, *The Dance That Makes You Vanish: Cultural Reconstruction in Post-Genocide Indonesia* (Minneapolis: University of Minnesota Press, 2013)。

② 参见 Justus M. van der Kroef, "Indonesia's Political Prisoners," pp. 630, 638-639。

亚独立维护者联盟（Ikatan Pendukung Kemerdekaan Indonesia, IPKI）的建国五基青年团。无论从哪方面来看，这些民兵团体的参与都是蓄意为之。正如我们所看到的，军队高层，包括苏哈托本人，从一开始就明确呼吁民众协助军队彻底粉碎"九三〇运动"。

印尼当局呼吁民众大规模参与这次群体拘捕运动有其特定目的。一方面，它有助于创造一种错觉，即这些反对"九三〇运动"和印尼共的行为是民众对叛徒感到愤怒而自发开展的。军方在被问责时经常使用这一说辞。另一方面，动员当地的民兵有助于分散责任，确保这些非法拘捕的责任不仅由煽动他们的军官所承担。这种做法不仅推进了摧毁左翼势力的进程，而且降低了民众集体反对军队的可能性。由于参与此次拘禁运动的人数如此之多，共谋的网络（the web of complicity）如此广泛，反弹的可能性便大大降低。

与其他国家发生的大规模拘捕案例情况相似，一些被拘捕的人自愿成为告密者和审讯者，为逮捕他们的那些人服务，进一步助推了印度尼西亚的这场拘捕运动。① 无论是出于恐惧，还是因为受到酷刑或其他形式的身心胁迫，一些印尼共成员或领袖在监禁中被"改造"（turned），变成了这场军队运动的工具。② 例如，大多数记录表明，在遭到一名印尼共中央委员会成员的背叛之后，印尼共总书记苏迪斯曼最终于1966年12月6日被捕。事实上，根据苏迪斯

---

① 许多前拘留犯的回忆录中讨论了告密者和叛徒的问题，例如，Suwondo Budiardjo, "Salemba: Cuplikan Kecil Derita Nasional," unpublished typescript, 1979, pp. 11 – 12; Carmel Budiardjo, *Surviving Indonesia's Gulag* (London: Cassell, 1996); Tan Swie Ling, *G30S 1965, Perang Dingindan Kehancuran Nasionalisme: Pemikiran Cina Jelata Korban Orba* (Jakarta: Komunitas Bambu, 2010)。也可参见前拘留犯的证词，Baskara T. Wardaya (ed.), *Truth Will Out: Indonesian Accounts of the 1965 Mass Violence*, trans. Jennifer Lindsay (Clayton, Victoria: Monash University Publishing, 2013), pp. 90, 108-109, 155。

② 例如，一位印度尼西亚农民阵线（BTI）前领导人描述如下：一个向当局出卖他的印尼共官员随后参加了对他的审讯："如今在［警察］总部，同一个［印尼共］干部正在与警察一同审讯，叫喊着我们的名字。他甚至比警察更残忍！不少印尼共的干部都干过这种事。这是因为他们无法忍受施加给他们的恐惧与暴行。"引自 Baskara T. Wardaya (ed.), *Truth Will Out*, p. 90。

曼的说法，正是这名背叛的成员陪同士兵一起前往他藏身的地方逮捕了他。①

在以上这些基本情况之外，拘捕行动也遵循着许多具体可辨的模式。鲜有例外，嫌疑人未经授权被被捕，未经警告被从大街上拖走，或是半夜被从家里带走。在某些情况下，士兵会要求嫌疑人跟他们去进行"澄清"（clarification），但士兵没有说明他们实际上已经被捕了。在许多案例中，特别是在农村地区，嫌疑人被民团成员逮捕后，会被遣往最近的警察或军队支队进行处理。② 而在其他情况下，当地民兵队或治安队成员会先威胁或恐吓嫌疑人，随后士兵和警察会及时出现，并打着"保护"（protecting）的幌子带着嫌疑人离开。作家普拉姆迪亚·阿南达·杜尔在1965年10月13日所遭遇的逮捕便是这一模式的典型体现：

> 晚上10点30分，普拉姆迪亚被吵闹的噪声打断了工作。他看向窗外，发现有一群人聚集在他的门外。他们中的大多数都蒙着脸。他们想冲进屋子里。暴徒们从附近的工地里捡来石头砸向房屋，打碎了窗户和门，威胁着要把作家和他的家烧成灰烬……突然，传来一阵枪声。人群从门口稍稍后退了一步，四五个警察和士兵出现在车道上。当他们走向大门时，人群让开了道路。"我们来这里是为了送你去安全的地方，"其中一个士兵对普拉姆迪亚说：

---

① Sudisman, "Analysis of Responsibility: Defense Speech of Sudisman, General Secretary of the Indonesian Communist Party at His Trial before the Special Military Tribunal," Jakarta, 21 July 1967, trans. Benedict Anderson (Melbourne, Victoria: Works Co-operative, 1975), p. 3.

② 例如，关于幸存者、目击者和谋杀者的记录，Baskara T. Wardaya (ed.), *Truth Will Out*, pp. 41, 90, 93-94; Putu Oka Sukanta (ed.), *Breaking the Silence: Survivors Speak about the 1965-66 Violence in Indonesia*, trans. Jennifer Lindsay (Clayton, Victoria: Monash University Publishing, 2014), pp. 64-65, 110, 117, 133-134, 151, 160, 163-164。

第八章 大规模监禁

"带好你需要的东西。"①

在几乎所有留档的案件中,逮捕是以相当残忍的方式进行的,即使那些被拘捕的人相对较老且没有抵抗。被捕者通常会遭到殴打,有时被捆绑起来并蒙上双眼,然后才被带出门或装到军用车辆上运往拘留中心。有目击者描述了1966年逮捕60多岁的印度尼西亚党(Partai Indonesia, Partindo)总书记阿迪苏马尔多(Adisumarto)时的场景:"他被殴打到满脸肿胀、血流不止。他试图抗议这次没有逮捕令的逮捕,但那只会使事情变得更糟,最后他被拖到了等待着的吉普车上,被送到了政治犯集中营。他的妻子和女儿不得不目睹这场惨剧的发生。"② 1965年11月,在中苏拉威西省一个村庄被捕的拉希姆·马尔哈布(Rahim Marhab)的遭遇也很典型:

> 当我在工厂烧砖时……从佩拉瓦(Pelawa)村来了一伙暴徒,人数在300左右。他们抓住了我、我的哥哥哈加萨(Hajasa)、我的叔叔哈拉提(Harati)和我的表兄阿吉(Agi)。忽然,他们就开始用黑木片殴打我们,我全身上下除了脚掌和脚趾都被打了。他们把我打得头破血流。在我昏过去两次之后,我们被带到了帕里吉(Parigi)区的警察局。③

逮捕经常伴随着对嫌疑人个人财产的破坏。苏米雅西

---

① Willem Samuels, "Introduction' to Pramoedya Ananta Toer, *The Mute's Soliloquy: A Memoir* (New York: Hyperion East, 1999), p. xviii. 在描述他本人遭到逮捕时,普拉姆迪亚写道:"我的双手被捆在背后,手腕上的绳子环绕着勒住了我的脖子。在印度尼西亚革命的早期,这种打结方式预示着俘虏将被杀死。" Willem Samuels, "Introduction" to Pramoedya Ananta Toer, *The Mute's Soliloquy: A Memoir* (New York: Hyperion East, 1999), pp. 3-4。

② Ibrahim Slamet, "Letter from Indonesia," *Index on Censorship* 3, no. 1 (1974): 61.

③ Cited in Sukanta, *Breaking the Silence*, p. 151.

(Sumiyarsi)是一名儿科医生，同时也是印度尼西亚学者协会（印尼语 Himpunan Sarjana Indonesia, HIS）的成员。她描述了她在1965年被捕时，她的一切是如何被毁掉的，包括她家里的"书籍、音乐收藏、相册、信件和私人文件、有价证券等"。① 同样，前来抓捕普拉姆迪亚的士兵和治安队成员也没有放过他的书籍和手稿，他们将其扔在院子里并一把火烧了。② 对这些材料的肆意破坏表明，其目的并不是找到并留下那些不法行为的证据，而仅仅是惩罚和侮辱所谓的叛徒。这与20世纪30年代后期斯大林主义者进行清洗期间对所谓的人民的敌人（enemies of the people）的财产破坏存在惊人的相似之处。③

当然，有些财产只是被没收，并未被毁坏。值得注意的是，军方在袭击过程中曾从印尼共官员的办公室与家里获得了许多文件。之后，军方官员会利用部分文件来给印尼共罗织罪行。除了文件，那些进行突袭的人时常收缴财产，包括钱、手表、珠宝、摩托车、汽车、房屋和商业建筑。这些收缴行为是士兵和治安队趁火打劫（looting）的直接例证，显然也获得了他们指挥官的同意。除了向军队提供有价值的资产，其中一部分资产被用于助推拘捕运动和屠杀行动，允许士兵和民兵去趁火打劫有助于短期内提振士气。

审讯和折磨

如果没有立即被杀害，被拘留者通常会被卡车、（有时是）汽船或火车运送到监狱和拘留中心进行初步审讯。有些人被带到附近

---

① Sumiyarsi, *Plantungan*, pp. 37-38, 161. 一名印尼妇女运动的成员鲁琪亚（Rukiah）有着相同的经历，1965年10月，一伙伊斯兰大学生联盟的成员洗劫了她在望加锡（Makassar）的家："过了一个小时，他们没有找到鲁琪亚（Rukiah），他们开始搜刮任何有价值的东西：手表、收音机、衣服甚至陶器。" Sukanta, *Breakingthe Silence*, p. 160。

② Pramoedya Ananta Toer, *The Mute's Soliloquy*, p. xix。

③ 参见 Roy A. Medvedev, *Let History Judge: The Origins and Consequences of Stalinism* (New York: Knopf, 1971)。

的军事据点,而其他人则被带到军队在 10 月 1 日之后建立的非正规设施里。这些审讯地点中有许多是被军方收缴的商业楼房和住宅楼房。其中包括棉兰甘地街(Jalan Gandhi)上的那栋臭名昭著的两层建筑,许多囚犯在那里遭到军方的折磨和杀害,还有雅加达古农沙利二街(Jalan Gunung Sahari Ⅱ,也作"萨哈利山")上一座不起眼的建筑,一个声名狼藉的军事单位"大狐蝠行动队"(Tim Operasi Kalong)在那里榨取了数百名囚犯的供词。没有任何标记或迹象表明这些地方的目的,但它们实际上是秘密拘留中心。尽管关于它们的数量和地点的不存在正式记录,曾被关押在这里的囚犯们和人权组织的证词都表明,在群岛的几乎每个城镇里都至少存在一个秘密设施,而在诸如雅加达、泗水、万隆和棉兰那些大城市,则有数个此类秘密设施。①

审讯一般由军方或警务人员进行。审讯人员在各种任务授权令下进行审讯,但主要依据是 1965 年 10 月中旬建立的强大的国家安全机构——恢复安全与秩序行动指挥部(Kopkamtib)下达的命令。② 那些审讯行动在官方认可的反共背景下开展,如前所述,在此氛围下,所有左翼人士均被认为犯下了令他们置身于文明人类界限之外的滔天罪行。因此,审讯也无须遵循任何接近法律程序的规定。囚犯得不到任何法律顾问帮助,既没有沉默权也不适用于无罪推定,亦不存在上诉程序反对逮捕当局的决定。简言之,他们求助无门。

最初的审讯程序需要进行常规的数据收集:被拘留者的姓名、出生日期、地址、党派关系等,这些信息都由军方人员录入装订成

---

① 部分已知拘留地点的清单以及显示它们大致位置的地图,参见大赦国际荷兰分部的报告,*Indonesia Special, Wordt Vervolgd* (March 1973): 16-17。略有不同的另一幅地图,参见 Tapol, *Indonesia: The Prison State* (London: Tapol, 1976), pp. 8-9。

② 1965 年 11 月,苏哈托将军建立了军方控制的调查和起诉机构,他本人作为恢复安全与秩序行动指挥部指挥官行事。有关的更多细节,参见 Kammen and Zakaria, "Detention in Mass Violence," pp. 445-448。

册的记录簿,并一式三份分类整理。然而,在某些时候,审讯重点转向被拘留者实际或据称参与过的被宣布为颠覆性的组织与活动。特别是审讯那些重要人物时,审讯过程可能旷日持久。例如,苏迪斯曼声称他"在18天里被审讯了14次,时间不少于70小时,并填写了152页的预审陈述"。①

审讯的一个共同特征是通常会伴随酷刑和其他各种形式的虐待,尤其在拘留刚开始的短时间内。② 酷刑折磨采取多种形式,包括用木条、电缆和其他材料进行殴打;用桌子或椅子腿压碎脚趾或脚;碾烂手指并拔出指甲;电击;用香烟和熔化的橡胶烫烧。一些被拘留者被强迫观看或听其他囚犯,包括他们的子女或配偶遭受酷刑。③ 在回忆录里,苏米雅西讲述了与她同屋的一个年轻男子被审讯人员殴打的场景:

> 那两个暴徒立即开始用他们的棍棒击打他。他们一次又一次地重击他的右臂与左臂、脖子、喉咙和头部,然后是他的胸部和背部,丝毫不顾那个年轻人的尖叫和求饶,他一直试图用胳膊保护自己。鲜血溅得到处都是。他的脸开始肿胀,变成黑紫色,但殴打仍在继续。之后那个年轻人停止了反应动作,而[指挥官]约翰少校(Major Johan)一言不发,就像一个机器人。④

---

① Sudisman, *Analysis of Responsibility*, p. 1.(苏迪斯曼《责任的分析》)
② 这些内容在前囚犯的回忆录和其他叙述中有详细描述,例如,Sumiyarsi, *Plantungan*, pp. 58, 62, 63; Tan, *G30S 1965*, pp. 19-37; C. Budiardjo, *Surviving Indonesia's Gulag*, Chapter 10; Sulami, *Perempuan—Kebenarandan Penjara* (Jakarta: Cipta Lestari, 1999); Sudjinah, *Terempas Gelombang Pasang* (Jakarta: Pustaka UtanKayu, 2003); S. Budiardjo, "Salemba," p. 13; Baskara T. pp. (ed.), *Truth Will Out*, pp. 91, 94; Sukanta, *Breaking the Silence*, pp. 35, 37, 51-52, 55, 117, 136, 163-64。
③ 例如,Pramoedya Ananta Toer, *The Mute's Soliloquy*, pp. 4-5。
④ Sumiyarsi, *Plantungan*, p. 58。

第八章 大规模监禁

图8.2 女政治犯在普兰通岸（Plantungan）集中营里祈祷，中爪哇，1977年，大卫·詹金斯摄
(David Jenkins)

卡梅尔·布迪亚乔（Carmel Budiardjo）转述了一个囚犯同伴告诉她的类似的故事，这个囚犯是印尼总工会（SOBSI）的活动家斯里·安巴尔（Sri Ambar），她目睹了一个年轻的活动家在审讯中被殴打致死：

305

当他们开始鞭打他时,她也在房间里。他们冲着他的背部和颈部下手,这是身体最脆弱的部位……鞭子抽打得越来越猛烈,斯里试图不去看他。她盯着面前的一张纸,尝试把注意力集中在她面前的暴行之外的任何事上。但当她听见他倒下时,她转过身去看发生了什么。他俯趴在地上;浓稠的白沫从他嘴里渗出来。当她冲向他时,施暴者没有采取任何措施阻止她……过了不久,那个男孩死了。①

无论是男人还是女人,囚犯们都遭到了不同形式的性暴力。②有人被电击生殖器。③还有人被迫发生性行为,而审讯人员则边看边辱骂,喊叫着污言秽语。有些妇女被剥光了衣服,遭到审讯者强行触摸和强奸。④一名在中爪哇因涉嫌参与印尼妇女运动而被捕的女子的陈述印证了上述情况:"我遭到殴打并被脱光了衣服。我的阴毛和头发都被烧光了。我能做的只有尖叫和呼唤上帝之名……我曾经被迫坐到一个男囚犯的大腿上。我曾被迫赤裸身体去亲吻所有审讯我的官员们的阴茎。"⑤

根据一份被拘留者的报告,几名被控在哈利姆空军基地参与所谓的折磨和杀害将军们的少女,遭到军方抓捕者的猥亵和强奸。后

---

① C. Budiardjo, *Surviving Indonesia's Gulag*, p. 83.
② 关于针对囚犯的性暴力问题,参见 Komnas Perempuan, *Kejahatanterhadap Kemanusiaan Berbasis Jender: Mendengarkan Suara Perempuan Korban Peristiwa 1965* (Jakarta: Komnas Perempuan, 2007); Annie Pohlman, *Women, Sexual Violence, and the Indonesian Killings of 1965-66* (New York: Routledge, 2015); Saskia Wieringa, *Sexual Politics in Indonesia* (New York: Palgrave, 2002); C. Budiardjo, *Surviving Indonesia's Gulag*。
③ 例如,苏坎达(Sukanta)书中拉姆巴图·本·拉纳西(Lambatu bin Lanasi)的案例,*Breaking the Silence*, pp. 52-53。
④ 布迪阿尔佐(Budiardjo)讲述了斯里·安巴尔(Sri Ambar)的故事,后者在雅加达的加隆(Kalong)拘留中心被审讯时多次被剥光并殴打。C. Budiardjo, *Surviving Indonesia's Gulag*, pp. 79-80. 陈瑞龄(音译,Tan Swie Ling)指出男性囚犯有时也会在被审讯前剥光衣服。Tan, *G30S 1965*, p. 24。
⑤ 转引自 Baskara T. (ed.), *Truth Will Out*, p. 148。

第八章 大规模监禁

来在狱中，她们被迫重演了据称在哈利姆时表演过的淫秽舞蹈，并被拍摄下来。① 军队和狱卒们进行性暴力的事情也很常见。一些监狱和军队官员利用他们的职权强奸女囚犯，或把她们作为妓女卖到监狱之外。②

与大多数其他政治监禁案例一样，酷刑折磨的目的往往是获取信息，以便追踪和逮捕到更多的嫌疑人。例如，囚犯被要求揭露其他党员的姓名和下落，或是关于他们党派计划、关系网络和图谋的信息。此外，酷刑的另一目的在于获得可用于政治审判和公共运动中的强迫供词。事实上，供词和审讯陈述几乎是政治审判中引用的唯一证据，例如，几名年轻女性的供词称"印尼妇女运动"的成员们在鳄鱼洞实施了所谓的劣行，这成为军队那些怪诞却有效的心理战（grotesque but effective psywar campaign）的基础。③ 与波尔布特（Pol Pot）治下的柬埔寨和佛朗哥治下的西班牙一样，印度尼西亚的审讯者们似乎更少关心事实真相，而倾向于确保证据能够支持预设的有罪叙述（preexisting narrative of guilt）。

除了这些工具性的目标，对印尼被拘留者的折磨还有许多其他目的。与其他大规模群体监禁运动一样，其中一个目的是羞辱、恐吓和改造囚犯。需要说明的是，这些酷刑折磨不具备司法目的；它仅仅是为了让囚犯因他们被假定的背叛和政治信仰而受到惩罚。例如，一名被拘留者讲述了两名左派记者苏洛托和瓦卢霍（Suroto and Walujo）在军方拘留中遭受到痛苦且羞辱的仪式："首先，士兵

---

① Sumiyarsi, *Plantungan*, p. 70n8.
② 例如，一名前囚犯称普兰通岸女子监狱的指挥官将一名年轻被拘留者当作"情妇"。参见 Sumiyarsi, *Plantungan*, pp. 96, 99, 152–153。同一所监狱的另一名囚犯回忆说，"那里的军官［与囚犯］发生了非法性行为，因此在普兰通岸有许多没有父亲的婴儿出生"。转引自 Baskara T. Wardaya (ed.), *Truth Will Out*, p. 149. 关于军队和警察当权者强奸行为的其他口述记录，参见 Sukanta, *Breaking the Silence*, pp. 53, 155。
③ 上面提到的年轻女孩们重演她们舞蹈的影片是在苏班德里约的审判中作为证据出现的，参见 Sumiyarsi, *Plantungan*, p. 70n8。

们在地板上砸碎了大量的啤酒瓶。当尖锐的碎片被均匀散布好时，他们强迫这两个男人用手和膝盖爬向他们。他们的衣服被撕得粉碎，血流不止，同时被迫一直高呼'苏加诺万岁！'（印尼语 Hidup Sukarno！意即 Long live Sukarno！）"①

有时，有些职衔较低的士兵也会为了向长官显示自己的忠诚可靠而对拘留者施以酷刑。类似的需求也可以用来解释那些成为线人或审讯者的囚犯所做出的不同寻常的暴行。为了让自己活命，他们时常会背叛之前的同事并以极其残忍的方式对其施虐，以此向逮捕他们的人证明自己的价值。②

长期监禁

如果说初步拘留的基本事实提供了强有力的证据，表明1965年10月之后的大规模群体监禁是由军方鼓动和推进的，那么长期监禁的模式无疑体现出该方案确由军队高层指挥部集中设计和精心策划。该方案的三个方面尤其发人深省。第一，对政治犯进行分类的制度在所谓政变后的几周内启动，是由军队领导人设计并通过军队指挥系统和权力机构实施；第二，政治犯们被关押的拘留条件（以及释放他们的条件）清楚地反映了军队领导的政治动机和利益，并且很少关注司法规范或程序正当；第三，群体监禁强度存在的区域差异，就像屠杀模式的差异一样，似乎与当地军队当局的态度、

---

① Slamet, "Letter from Indonesia," p. 61. 这里联想到波尔布特治下的柬埔寨吐斯廉监狱（Tuol Sleng 或 S-21 集中营）的囚犯，他们被迫向一幅被描绘成狗的胡志明（Ho Chi Minh）画像致敬。参见 David Chandler, *Voices from S-21: Terror and History in Pol Pot's Secret Prison* (Berkeley: University of California Press, 1999), p. 134. 吐斯廉屠杀博物馆，也意译作"堆尸陵"或音译为"图士伦"，即当今位于柬埔寨首都金边的屠杀博物馆或赤柬博物馆，此地曾在 1975—1979 年被柬埔寨红色高棉政权用作代号 S-21 集中营及屠杀地点。——译者注

② Tan, *G30S 1965*, p. 31.

利益和战略直接相关。

囚犯分类

在初步审讯之后，军队官员会根据囚犯们参与"九三〇运动"的程度将他们划入三大类别（A、B 和 C）之中的一个。① A 类囚犯是那些据说曾"明显直接参与"（clearly directly involved）运动的人，他们要么因为参加了运动，要么参与了计划，要么知道计划却没有向当局汇报。B 类囚犯是那些据说"明显间接参与"（clearly indirectly involved）运动的人。该类别针对的是印尼共及其诸多附属组织的领导人物，以及据称表达过赞同该运动或尝试反对镇压该运动的任何人。实际上，B 类囚犯包括主要的左派人物，并没有证据表明这些人确实参与了所谓的政变。正如司法部长苏吉·阿托（Sugih Arto）在 1971 年解释的那样："然后就是 B 类囚犯。我们知道他们肯定是叛徒，他们的意识形态是危险的，但没有足够的证据把他们送上法庭。"② C 类囚犯是那些"可以合理地被认为直接或间接参与'政变'"（"who may reasonably be assumed to have been directly or indirectly involved" in the "coup"）的人。③ 更确切地说，C 类囚犯涵盖了那些同情印尼共的人士和印尼共附属群众组织的成员。它还包括了那些据称"参与"了 1948 年茉莉芬起义且没有立即反对 1965 年那场所谓政变的人。1965 年 11 月 15 日，苏哈托将军借苏加诺总统的权威发布了一项法令，首次明确地将这种分类制度作为逮

---

① 对于尚未被分类的囚犯，还有一个剩余类别 X（a residual category X）。后续概括主要来自 Amnesty International, *Amnesty International Report*; Justus M. van der Kroef, "Indonesia's Political Prisoners," "Indonesia's Political Prisoners," *Pacific Affairs* 49（1976）。

② 引自"Indonesia Special," *Wordt Vervolgd*（March 1973）: 12。同样，在 1976 年 7 月，海军上将苏多默（Sudomo）说 B 类囚犯"间接地参与了"那场所谓的政变，但"并缺乏可以直接呈上法庭的证据"。*Sinar Harapan*, July 26, 1976。

③ 在 1975 年，C 类囚犯被进一步划分到若干子类别里（C1, C2 和 C3），该举措显然是为了明确不同的罪责标准（the different criteria of culpability）。参见 Justus M., "Indonesia's Political Prisoners," p. 633。

捕和处理嫌犯的指导。① 那项法令后来在苏哈托的授权下被修订并重新发布了数次，但其基本的分类方法保持不变。②

关于这套制度的几项特点立即引人关注。第一，它证实了仅仅因为对方是某组织的成员，或对印尼共及其某个附属组织表示同情，当局就能实施抓捕行动。此外，它证实在那些组织正式遭禁之前（before）几个月，当局就将合法组织成员资格（membership）或对该类组织抱有同情当作监禁的理由。第二，分类制度基于一种有罪概念，这种概念不是依据被指控者的行为，而是依据他们的隶属关系和推定（presumed）的观念、态度和意图进行定罪。第三，它对"直接"与"间接"参与的区分十分模糊（fuzzy），好像这些措辞和类别在某种程度上不证自明。确实，这项法令的语言是如此含糊（vague），以至于给人一种被匆匆起草出来的印象。但这种含糊性可能是刻意为之，并为军队领导提供了近乎无限的权力来肆意拘留或释放任何人。③ 最后而且或许最重要的是，恢复安全与秩序行动指挥部的法令和他们创造的囚犯分类制度凸显出大规模政治监禁是一种蓄意的、集中的和协调性的运动，绝不是自发的愤怒（spontaneous

---

① Presiden Republik Indonesia, *Instruksi Presiden/Pangti ABRI/KOTI No. 22/ KOTI/1965—Kepada Kompartimen2/Departemen2, Badan2/Lembaga2 Pemerintah—Untuk Laksanakan Penertiban/Pembersihan Personil Sipildari Oknum "Gerakan 30 September,"* signed on president's behalf by Soeharto (Kepala Staf Komado Operasi Tertinggi/Panglima Operasi Pemulihan Keamanan dan Ketertiban), November 15, 1965, 引自 Boerhan and Soebekti, "*Gerakan 30 September,*" 2nd ed. (Jakarta: Lembaga Pendidikan Ilmu Pengetahuandan Kebudajaan Kosgoro, 1966), pp. 238–248. 反过来，这项命令依据的是苏哈托将军 1965 年 10 月 10 日发布的指示和纳苏蒂安将军 11 月 12 日发布的指示，这些指示概述了从军队里清洗"九三〇运动"成员的程序。参见 Kammen and Zakaria, "Detention in Mass Violence," p. 443。

② 1965 年 11 月法令阐明的分类制度"成为 No. 09/KOGAM/1966 号总统令中规定的长期监禁政治犯的正式分类基础"。Kammen and Zakaria, "Detentionin Mass Violence," p. 460. 这项制度被恢复安全与秩序行动指挥部的 *KEP-028/KOPKAM/10/1968* 和 *KEP 010/KOPKAM/3/1969* 进一步规定完善，引自 Amnesty International, *Amnesty International Report*, pp. 118–120。

③ 例如，卡门和扎卡利亚（Zakaria）认为，相关法令中极端含糊的话语给予了军队当局"惊人的自由裁量权"（extraordinary discretionary powers）。参见 Kammen and Zakaria, "Detention in Mass Violence," pp. 444, 450。

anger）或大众情绪失控（popular emotions run wild）的产物。①

在 10 月 1 日之后被拘禁的约 100 万人中，绝大多数被指定为 C 类囚犯，这类囚犯因其所属政治派别的性质或遭推定的同情态度而"可以合理地被认为直接或间接参与"这场政变。如上所述，这个类别中包含了数十万与印尼共有关联的各种群众组织的成员。在这个类别里，几乎没有人了解 1965 年 10 月 1 日的事件，更不用说参与其中了。少数人，大概是被指定为 B 类囚犯的 3 万人，因为他们在左翼组织中具有领导地位，所以被认为是"明显间接参与"该运动的人，然而，并没有足够的证据对他们提出任何指控。② 这个类别的目标群体包括左翼群体在某地或某区域的官员，文化界领军人物，以及一些被认为同情左派或苏加诺的军官和政府文职官员。如下所述，约有 1 万名 B 类囚犯最终被送往布鲁岛，他们未经指控或审判而被关押在那里长达 10 年。更少量的人，几千人被认定为 A 类囚犯，他们被认为"明显直接参与"政变的规划和实施，也有部分嫌疑人因对政变知情不报而被划入这一类别。他们之中包括众所周知的政党人物，苏加诺的忠实支持者以及涉嫌参与政变阴谋的高级军官。许多 A 类囚犯，并非全部，最终在 1966—1976 年具有政

---

① 正如卡门和扎卡利亚所写的，他们"表明对政治左派的袭击不是横向冲突（horizontal conflict），而是苏哈托与军队高层指挥部战略谋算（strategic calculations）以及地区军队指挥官发布并实施命令的结果"。Kammen and Zakaria, "Detention in Mass Violence," p. 445。

② 恢复安全与秩序司令部的官方数据显示，1976 年 B 类囚犯有 29 470 人，另有 1309 人已经被释放。参见 Amnesty International, *Amnesty International Report*, p. 36。

杀戮季节：1965—1966年印度尼西亚大屠杀历史

治表演性质的审判中受到指控和判刑。①

监狱条件

无论属于哪种类别，被拘留者都要在残酷的监禁条件下饱受折磨，许多囚犯生病或死亡。②尽管监狱条件各不相同，有些囚犯得到了合理的对待，但大多数人都在极端拥挤、营养严重不足且缺乏基础生活设施的环境中挣扎，监狱的卫生条件很糟糕，医护资源很少或完全没有。更糟糕的是，囚犯们整日提心吊胆，担心被监狱当局"抽调"，即被带到一个秘密地点处决。最后，囚犯们遭受着心理和情感上的煎熬，这种折磨一部分来源于他们同家人的分离之痛，以及命运的渺茫难测，还有一部分来源于当局进行意识形态灌输的严苛程序，这种灌输被恢复安全与秩序行动指挥部的一个高级官员解释为旨在"重新调整囚犯的精神状况"。③

数月内逮捕数十万人造成了拘留场所长期过度拥挤。这些拘留场所是以荷兰殖民当局遗留的牢房为主，牢房在建立之初只能容纳一两名囚犯，却在拘捕浪潮中被塞入了大量囚犯。恢复安全与秩序行动指挥部位于雅加达的大狐蝠拘留中心，其恶名远扬，5名囚犯

---

① 1967年7月，司法部长说有4700名A类囚犯。Justus M. van der Kroef, "Indonesia's Political Prisoners," p. 634. 1975年12月，恢复安全与秩序司令部参谋长苏多默海军上将说，有1200名A类囚犯，其中767人已经被审判和定罪。《罗盘报》（*Kompas*），1975年12月3日。在1976年，苏多默告诉一位荷兰教会代表，有810名A类囚犯已经被定罪，220人正在等待审判，其他1944人由于证据缺乏而在未审判的情况下被关押。关于"政治犯"（Political Prisoners）的《机密备忘录》（*Confidential Memo*），July 30, 1976, by J. Bos, General Manager, Inter Church Coordination Committee for Development Projects (ICCO), The Netherlands。关于政治审判的指令由印度尼西亚共和国总统发布：*Keputusan Presiden No. 370/1965 tentang Penunjukan Mahkamah Militer Luar Biasauntuk Perkara G30S/PKI*, December 4, 1965。

② 当然，在这些一般模式之外，也有一些特例。例如，根据一名于1977年参观了6处监禁场所的记者的说法，囚禁了约100名高级别A类囚犯的尼尔巴亚（Nirbaya）监狱条件相对较好。参见David Jenkins, "Inside Suharto's Prisons," *Far Eastern Economic Review* (October 28, 1977): 8-13。关于监狱条件的详尽记述，参见Amnesty International, *Amnesty International Report*, pp. 71-89。

③ 引自Jenkins, "Inside Suharto's Prisons," p. 8。

第八章 大规模监禁

通常共用一间 2.5 乘以 3 米大小的牢房；在万隆的一个封锁区内，6 个囚犯睡在一间 3 米乘以 4 米见方的牢房里；在中苏拉威西的梅萨（Maesa）监狱里，20 个囚犯被塞到与他们体积近似的牢房中；一名囚犯称他与另外 8 人共用一间 1.5 米乘以 2.5 米的牢房。[1]

军队当局提供的食物不足，而屡见不鲜的腐败也进一步加剧了这个问题。[2] 即使预算足以养活大量囚犯，食物也经常在送给囚犯们之前就被监狱当局偷走或出售。如果幸运的话，囚犯能收到米饭和一些咸鱼或大豆饼，每天两次。更通常的情况下，他们只能得到寥寥无几的玉米、木薯、其他撒了一点盐的块根作物或咸鱼，每天一次。为了保持健康，囚犯必须通过从监狱外的家人或朋友那里获取食物来充饥。但对于那些被关在离家太远的地方的人来说，对于那些没有家人或家人太穷或惧怕去拘留中心的人来说，这个选项也只是泡影罢了。在这种情况下，囚犯只能通过吃老鼠、蜥蜴、蛇、昆虫和他们所能找到的任何形式的蛋白质来补充他们的饮食。[3] 这种食物短缺带来的后果是可想而知的。就像普拉姆迪亚在狱中写给他女儿的信中所述一样：

> 你可能从没见过那种异常的肢体动作或怪异的精神表

---

[1] 参见 Tan Swie Ling, *G30S 1965, Perang Dingin dan Kehancuran Nasionalisme: Pemikiran Cina Jelata Korban Orba* (Jakarta: KomunitasBambu, 2010), pp. 34, 53; Sumiyarsi Siwirini C., *Plantungan: Pembuangan Tapol Perempuan* (Yogyakarta: Pusat Sejarah dan Etika Politik (Pusdep), Universitas Sanata Dharma, 2010), p. 48; S. Suwondo Budiardjo, "Salemba: Cuplikan Kecil Derita Nasional," unpublished typescript, 1979, pp. 15–16; Putu Oka Sukanta (ed.), *Breaking the Silence: Survivors Speak about the 1965–66 Violence in Indonesia*, trans. Jennifer Lindsay (Clayton, Victoria: Monash University Publishing, 2014), p. 151。

[2] 参见 See Sukanta, *Breaking the Silence*, 53, 66, 92; Wardaya, *Truth Will Out*, pp. 95, 129, 131; Pramoedya Ananta Toer, *The Mute's Soliloquy*。在 1966—1972 年，官方为囚犯支出的伙食费据说每人每天仅 2.5 印尼盾，或每 80 个囚犯共约 1 美元。引自 Justus M. van der Kroef, Indonesia's Political Prisoners," p. 644。

[3] Pramoedya Ananta Toer, *The Mute's Soliloquy: A Memoir* (New York: Hyperion East, 1999), pp. 10–11。

现,它来自一个体重比理想状态低了百分之五十的人。那男人的眼睛从眼眶中暴出来;但他的视野模糊不清。他的皮肤皲裂干燥,当他活动时,关节僵硬得就像是默片中的金刚(King Kong in the silent film)。当他走动时,环顾四周,脑袋缓慢而无规律地晃动,目光散乱呆滞。在日本占领期间,这样一幅景象是常见的,而如今,在印度尼西亚的政治犯中,这种状况再次变得普遍起来。①

囚犯们也被剥夺了基础的生活设施。在牢房里,一般都没有床、床垫或枕头,没有椅子或桌子,也没有蚊帐来保护他们免受疟蚊(malarial mosquitoes)之苦。大多数囚犯睡在水泥地板上,或者如果幸运的话,他们睡在由外面的家人或朋友提供的编织垫上。监狱很少提供肥皂和牙膏等基本洗漱用品,因此必须从监狱外获得,或通过与其他囚犯或狱卒交易获得。更糟糕的是,过度拥挤的牢房里往往没有自来水和厕所。这些牢房里的囚犯们别无选择,只能在水桶、塑料袋或在地板上排便。普拉姆迪亚描述了他在 1969 年被关押的地点:"在努沙坎邦安岛(Nusa Kambangan)的中央礁(Karang Tengah)监狱,当我们进入分配给我们的营房时,我们看到了……堆积成山的人屎。每间营房里的景象都是一样的:一堆石化的粪便从门里一直延伸到茅坑。"②

在这种条件下,许多囚犯身染恶疾甚至有人死去也就不足为怪了。到 20 世纪 70 年代晚期,大赦国际得出结论认为,结核病已经成为印度尼西亚政治犯的"特色病"(endemic),在条件最恶劣的监狱里,"超过一半的囚犯"都受到了感染。③ 大多数拘留中心都

---

① Pramoedya Ananta Toer, *The Mute's Soliloquy: A Memoir* (New York: Hyperion East, 1999), pp. 9-10.
② Ibid., pp. 12-13.
③ Amnesty International, *Amnesty International Report*, p. 77.

第八章 大规模监禁

缺乏适当的医疗服务,这使情况进一步恶化。即使有全职医务人员,其数量也很少,更多依靠巡回医生或护士的偶尔到访。在缺乏医务人员的情况下,因犯只能依靠其他具有专业知识的狱友,他们中的一些人是经验丰富的医生和护士。[1] 另一些人开始投入传统医疗实践,如针灸和反射疗法,以此缓解自己或狱友的痛苦。即使在那些确有护士或医生驻扎的关押场所,通常也面临长期缺药的窘境。因此,因犯们不得不再次自己想方设法,被迫从监狱外或腐败监狱官员那里获取药物。在萨勒姆巴(Salemba)监狱饱受严重支气管炎折磨数月后,苏沃多·布迪亚乔(Suwondo Budiardjo)终于从监狱外获得了药品。在被释放后,他写道:"如果没有我的家人,其他被拘留者和大赦国际的爱心人士、教会团体及其他许多人的帮助,我们中的许多人,包括我自己,肯定已经死在了萨勒姆巴监狱里。"[2]

除了这些难以忍受的条件,一些囚犯还被要求强制劳役。[3] 实际上,某些拘留中心是被当成劳动营(work camp)而有效组织和运作起来,为政府的建设项目、制造业和农业生产提供了无偿劳动力。其中最臭名昭著的是布鲁岛监狱,但正如下文所列举的,它绝不是唯一的一个。在那些营地里,南苏拉威西的默丛·卢(Mocong Loe)营地、中苏拉威西的阿梅洛洛(Ameroro)和纳阿纳阿(Nanga-Nanga)营地以及南苏门答腊岛的格马洛(Kemaro)岛营

---

[1] 苏米雅西叙述了她对囚犯的帮助以及监狱医疗设施的缺乏。参见 Sumiyarsi, *Plantungan*, pp. 93-94, 102-11。在 1966—1972 年,官方提供给囚犯的医疗服务费据称每人每月仅有 0.3 印尼盾,或每 2000 名囚犯共约 3 美元。引自 Justus M. van der Kroef, "Indonesia's Political Prisoners," p. 644。

[2] S. Budiardjo, "Salemba," p. 16.

[3] 与再教育(reeducation)和再安置(resettlement)一起,从 1968 年 10 月开始,囚犯的强制劳役被写入恢复安全与秩序司令部的指示里。参见 Kopkamtib, *Petunjuk Pelaksanaan No. PELAK-002/KOPKAM/10/1968 tentang Kebijaksanaan Penyelesaian Tahanan/ Tawanan G30S PKI*。

地，实际上是 A 类和 B 类囚犯的流放地。① 同样，在雅加达的萨勒姆巴监狱、城外的丹格朗监狱和爪哇岛南海岸的监狱，政治犯被要求为监狱农场和其他无偿项目而工作。② 许多情况下，营地当局也强迫囚犯为他们的个人利益进行"徭役劳动"（corvée labor），例如建筑、园艺和清洁等。

图 8.3　苏姆拜勒乔（Sumber-Rejo）监狱中的政治犯，东加里曼丹，1977 年
（David Jenkins）

---

① 这只是 1965 年到 20 世纪 70 年代后期的再安置营地部分清单。据了解，其他营地亦存在于东加里曼丹、中加里曼丹以及北苏门答腊的橡胶种植园附近地区（vicinity）。关于中苏拉威西的营地情况，参见 Nurlaela A. K. Lamasitudju, "Rekonsiliasidan Pernyataan Maaf Pak Wali Kota," in Baskara T. Wardaya (ed.), *Luka Bangsa Luka Kita: Pelanggaran HAM Masa Laludan Tawaran Rekonsiliasi* (Yogyakarta: Galang Press, 2014), pp. 371–383。南苏拉威西的情况，参见 Taufik Ahmad, "South Sulawesi: The Military, Prison Camps, and Forced Labour," in Douglas Kammen and Katharine McGregor (eds.), *The Contours of Mass Violence in Indonesia, 1965–68* (Singapore: NUS Press, 2012), pp. 156–181。也可参见前囚犯的记录，Sukanta, *Breaking the Silence*, pp. 14, 56–59, 149, 165; Kurniawan, et al. (eds.), *The Massacres: Coming to Terms with the Trauma of 1965* (Jakarta: Tempo, 2015), pp. 105–109, 112–114。

② 丹格朗和努沙坎邦安地区的强迫劳动情况，参见 Amnesty International, *Amnesty International Report*, pp. 85–88; Hersri Setiawan, *Aku Eks Tapol* (Yogyakarta: Galang Press, 2003), p. 198。萨勒姆巴监狱的情况，参见 S. Budiardjo, "Salemba," p. 18。

第八章　大规模监禁

除去这些骇人听闻的监禁条件，囚犯们的回忆录和证词表明，至少对某些人来说，在他们的监禁中，最令人心力交瘁的是心理和情感方面的折磨。一次又一次，他们的记录回归到愤怒、沮丧和怨恨的感觉上，讲述了他们的非人遭遇，他们被剥夺了人类最基本的尊严和作为社会一分子的可能性，宛如动物。陈瑞玲（音译，Tan Swie Ling）曾写道，"在他们被拘留期间，'九三〇运动'的政治犯从未被视作人类同胞对待"。① 同样，苏米雅西在回忆录中强调说："就好像我们根本不被当作人类看待，只不过是一条条咸鱼或一根根木头。"②

1977 年，记者大卫·詹金斯到访东加里曼丹的苏姆拜勒乔监狱营地时，在他的记录里将这种情绪描述为一种"无能为力的屈辱感与无处发泄的怨恨"。那时，该营地关押着 525 名 B 类囚犯，有 470 个男人和 55 个女人，他们其中大多数人已未经指控或审判而被关押了 12 年。詹金斯写道，经过如此之久的囚禁，囚犯们对他们的处境有着复杂的感觉，但绝不会压抑内心的怒火或对自由的渴望。

> 一方面，他们表现得像已经意识到了反抗外界是无用的……另一方面，他们对长期的拘留感到痛苦不堪。当警卫不在时，他们之中涌动着对营地状况的愤慨……苏姆拜勒乔营地里，囚犯们从未撇下骄傲和尊严，他们中许多面孔上浮现的是坚定决心……在苏姆拜勒乔营地，没有人看起来很畏惧或屈从，也没有像其他营地的囚犯那样喋喋不休地喊着要捍卫潘查希拉的生活方式（Pancasila way of life）。③④

---

① Tan, *G30S 1965*, p. 48.

② Sumiyarsi, *Plantungan*, p. 49.

③ 潘查希拉指印度尼西亚的建国五项基本原则，由印尼首任总统苏加诺于 1945 年提出，包括信奉宗教、人道主义、民族主义、民主、社会正义等。苏哈托政权名义上继承了建国五基，却牢牢控制了对这一概念的解读。——译者注

④ Jenkins, "Inside Suharto's Prisons," p. 10.

杀戮季节：1965—1966 年印度尼西亚大屠杀历史

　　1965 年 10 月后，在政治监禁中最令人恐慌的是"抽调"囚犯的做法。几乎所有前囚犯的回忆录中都提到过，这个术语描述了当局的一种惯例（practice），即通常在半夜将一名囚犯从其牢房中提出来，并把他带到一个可能永远无法从那里回来的秘密地点。"抽调"，这是一个典型的军队奥威尔式双关语（the army's Orwellian doublespeak），它可能意味着一个囚犯正在被转移到另一个拘留中心以供审讯，或是被派去服强迫劳役。但它通常也是处决的前奏。这当然是政治犯们的理解，他们曾亲眼看见过这种做法。①

　　囚犯们也备受可怕的不确定性带来的折磨，这种折磨来自他们所遭遇监禁的随意性。② 因为除了少数人，大部分人都没有受到指控或审判，并且从未有人向他们解释过被拘留的原因，他们无从知道他们可能会被关押多久或者是否会被释放。在 1975 年的一次政治审判中，一位勇敢的人权律师叶添兴（Yap Thiam Hien）引述了一名政治犯的恳求："我们就像树上的叶子，只等待落到地上与大地融为一体。请帮助我们重获自由，重新回到我们不受保护的家庭中去。至少让我们可以接受审判，让这种摧残灵魂的不确定性得以终结。"③

　　同样困扰着许多政治犯的是，他们在拘留期间必须忍受意识形态的灌输活动。这种灌输旨在"清洗"（cleansing）囚犯们的旧有观念，包括共产主义、无神论和旧秩序思想（Old Order thinking），

---

① 例如，根据陈瑞玲的说法，印尼共高层纽多（Nyoto）被从军事监禁中"抽调"后就失去音讯。Tan, *G30S 1965*, p. 55. 也可参见 Suwondo Budiardjo, "Salemba: Cuplikan Kecil Derita Nasional," unpublished typescript, 1979, p. 15. 前囚犯记录中关于"抽调"惯例的更进一步叙述，参见 Sukanto, *Breaking the Silence*, p. 36; Baskara T. Wardaya (ed.), *Truth Will Out*, pp. 24–25。

② 布迪亚乔（Budiardjo）未经指控或审判，在狱中度过了 14 年，她后来写道："对我们这些新秩序时期的政治犯来说，最沉重的负担是这种不确定性。" Suwondo Budiardjo, "Salemba: Cuplikan Kecil Derita Nasional," unpublished typescript, 1979, p. 8。

③ 引自 Amnesty International, *Amnesty International Report*, p. 51。

并用基于信仰安拉的"健康"(healthy)观念和军队版的潘查希拉思想取而代之。① 恢复安全与秩序行动指挥部的一名高级官员在1977年解释了该活动的理论基础,他说:"我们必须确信,我们已经把他们的思维方式改变成了潘查希拉思维方式(Pancasila minds)。"② 仿佛是对米歇尔·福柯(Michel Foucault)做回应,负责实施该计划的军队当局称囚犯患有精神疾病,而军官本人则是可以"治愈"(cure)他们的医生。一名前囚犯回忆起在萨勒姆巴监狱时,一位陆军上尉告诉那些被召集起来进行洗脑集会的囚犯说:"我对待你们,就像对待那些遭受精神病折磨的人一样,因为你们已被'旧秩序'思想和无神论传染了,而我就像是那位正在帮助你们恢复健康的医生。"③ 正如詹金斯对苏姆拜勒乔监狱囚犯们进行的观察所表明的那样,军队的治疗并不总是有效的。

在20世纪70年代中期,印度尼西亚军方和政府当局通过对政治犯进行心理测试而进一步深化了这些理念。在中爪哇的普兰通岸女子监狱,对超过400名女性囚犯进行了该项评估。至1975年底,约25名来自不同学科的学者,在军方心理学教授苏米特罗少将(Professor Major General Sumitro)陪同下来到这所监狱开展工作。④ 第一天,囚犯们被召集到一起完成了冗长的心理调查问卷,并进行了长达数小时的面谈;第二天,她们被召集到一起听取学者们对她们心理健康的结论。学者们的评估结果是完全积极的;他们惊讶于囚犯们对新环境适应得如此之好,并表示她们的优良心理健康状况

---

① 关于在北苏门答腊一所监狱的该类灌输活动的独特视听记录,可参见1967年美国全国广播公司(NBC)的纪录片 *Indonesia: The Troubled Victory*。

② Cited in David Jenkins, "Inside Suharto's Prisons," *Far Eastern Economic Review* (October 28, 1977)," p. 8.

③ Suwondo Budiardjo, "Salemba: Cuplikan Kecil Derita Nasional," unpublished typescript, 1979, p. 17.

④ 关于这次访问,来自其中一个囚犯的一项记述,参见 Sumiyarsi, *Plantungan*, pp. 124-27。参加这个代表团的苏米特罗少将是武装部队心理发展中心的负责人,而不是恢复秩序与安全司令部负责人。Tanter, "Intelligence Agencies," p. 298.

是"强烈的宗教信仰"的产物。1977年到访普兰通岸监狱的詹金斯则提出了一种不同的解释：

> 在这里，和其他地方一样，强烈的心理压力被施加到囚犯身上，从而让他们符合"潘查希拉社会"（Pancasila society）的规范。结果是，在某些情况下，曾经独立的女性被改造成她们谴责过的某种生活方式的辩护者；她们虚弱的躯壳不断低声诉说着对政府的感激，那个政府已经剥夺了她们十多年的自由。①

值得注意的是，荷兰高级心理学家和社会学家在制订心理评估计划方面发挥了重要作用。初步研究表明，对政治拘留犯所做的心理评估是几所印度尼西亚大学和荷兰大学之间正式合作项目的一部分，该项目被称为KUN-2项目。② 按照该项目的条款，荷兰学者协助其印尼合作伙伴设计对政治犯的心理评估。根据20世纪70年代后期荷兰媒体的报道，该项目旨在调查被拘留者的"共产主义性"（communist-ness）的水平。③ 因此，该项目除了揭示军队出于政治目的而借助"科学"（scientific）外衣进行利己的部署，还表明了共谋的可能性（the disturbing possibility of complicity），令人不安的

---

① Jenkins, "Inside Suharto's Prisons," p. 11.
② 荷兰方面参与者是奈梅亨大学（Radboud University of Nijmegen）和阿姆斯特丹大学（University of Amsterdam）；印尼方面参与者是印度尼西亚大学（University of Indonesia），加札马达大学（Gajah Mada University）和巴查查兰大学（Pajajaran University）。参见 Marnix de Bruyne, "Hoe Nederlandse psychologen collaboreerdenmet Soeharto," *Wordt Vervolgd* 12, no. 1 (December 2016 - January 2017): 34 - 35; Sebastiaan Broere, "The Gray Area of Indonesian Psychology: The KUN-2 Project, 1968-1976," draft paper, University of California at Los Angeles, November 2016; Dyah Ayu Kartika, "The Politicization of Psychology: The Role of Psychologists in Indonesia's Detention Camps During New Order Era" (MA thesis, International Institute of Social Studies, 2016).
③ 例如，"Professor Jaspers besprak met mevr. Sadli 'afwijkendgedrag,'" *De Waarheid*, April 22, 1978。

是，医疗专家和学者、印尼人和外国人共同参与了军队的肆意监禁与意识形态灌输活动。这种可能性印证了历史学家彼得·皮提凯宁（Petteri Pietikainen）的观察，即"在威权主义政体中，精神病学和所有其他科学，特别当他们对人类［做］研究时，很容易［被］吸纳到政治、权力和阴谋的轨道上"。①

杀戮还是囚禁？

虽然存在广泛的相似之处，但监禁的模式存在地域差异；在一些地区，尤其是雅加达、西爪哇、苏拉威西和布鲁岛，许多人被长期囚禁；而在其他地区，如亚齐、巴厘岛和东爪哇，遭受长期监禁的囚犯数量则相对较少。或许更重要的是，长期监禁和大屠杀二者之间似乎存在程度上的反比关系（inverse relationship）：在那些长期监禁人数相对较多的地方，被杀死的人数量较少，反之亦然。②因此，长期监禁的囚犯集中度最高的地方是那些杀戮程度相对较低的地方：雅加达、西爪哇、北苏拉威西和南苏拉威西，以及布鲁岛的监狱。相比之下，长期监禁水平相对较低的地方有较高的杀戮率：亚齐、巴厘岛和东爪哇。事实上，亚齐和巴厘岛大约在1967年之后似乎很少有被拘留的囚犯。③

---

① Petteri Pietikainen, *Madness: A History* (London: Routledge, 2015), p. 281. 同样，谭特尔（Tanter）指出，将心理学家运用到对政治犯的审讯中体现出了"印度尼西亚的情报机构已经在追随工业国家的情报机构，试图使他们的政治统治策略科学化"。Tanter, "Intelligence Agencies," p. 296。

② 在一项富有洞见的分析中，卡门和扎卡利亚注意到杀戮与监禁的比例（ratio）存在显著差异，并为这些数值的不同提供了一些解释。Kammen and Zakaria, "Detention in Mass Violence," pp. 451-456。

③ 当然，在这些地方，也有遭受长期监禁的政治犯。一项消息源显示，1974—1975年的亚齐，有47名政治犯。Justus M. van der Kroef, "Indonesia's Political Prisoners," p. 635. 在巴厘岛，20世纪70年代后期仍有约12人处在拘禁当中，其中包括在1979年被判处终身监禁的普佐·普拉瑟迪奥（Pudjo Prasetio），他在巴厘岛被关押到1995年，然后被转移到了三宝垄（Smarang）的一所监狱中。参见 Amnesty International, *Indonesia: 1965 Prisoners—A Briefing* (London: Amnesty International, 1995)。

首先，与屠杀的案例一样，长期监禁的比率似乎部分取决于不同区域的军队指挥官的态度和策略。尽管摧毁"九三〇运动"和印尼共的命令显然出自核心军队领导层，但区域军队指挥官们（regional military commanders）在决定如何实现这一目标时有一定的自主权。① 某些地区的指挥官明显偏好屠杀的策略，而其他地区的指挥官则采取了大规模监禁策略。因此，亚齐的区域军队指挥部选择杀害而不是囚禁所谓的九三〇运动支持者。相比之下，西爪哇的军事指挥部采取了杀戮率相对较低的大规模监禁策略。② 这种策略上的差异或许有助于解释在其他区域和民族国家背景（national contexts）中的多变之处。

其次，监禁的模式似乎也受后勤管理条件的影响，例如当局在不同地区可动用的设施和资源。拘留和处置大量囚犯既耗时又耗财，因此必须建立和资助全新的官僚体系来处理和掌握囚犯的情况。一些区域和地方的军队当局更适合，或者说更倾向于去创设这些体系，而非采取其他手段。因此，当区域和地方的指挥官拥有较少的设施和资源，例如监狱、牢房、营房、仓库、审讯员、文员、食物和汽油等，或者是不希望将这些资源用于监禁目的时，那么监禁率会相应较低。这种模式必然带来的残酷后果是，更多本可能被拘禁的人遭到杀害。简单来讲，如果拘留的后勤工作变得困难，无论是因为可用空间不足，还是因为囚犯的住房和伙食成本太高，其结果显示为越来越诉诸杀戮。

这一模式在许多地方都很常见。例如，蔡晏霖（Yenling Tsai）和道格拉斯·卡门观察到，最初被关押在北苏门答腊农村地区的大

---

① 卡门和扎卡利亚提出了类似的观点，认为地区军队指挥官对苏哈托指令的反应各不相同。Kammen and Zakaria, "Detention in Mass Violence," pp. 453-454. 也可参见 Justus M. van der Kroef, "Indonesia's Political Prisoners," p. 635。

② 卡门和扎卡利亚认为，除了指挥官的政治和个人偏向，导致这种结果的一个关键因素是特定地区政党竞争的性质（the nature of political party competition in a given region）。Kammen and Zakaria, "Detention in Mass Violence," pp. 454-456. 这种可能性值得进一步研究。

量囚犯给军队预算造成了重负,继而可能导致了更多的杀戮:"一直有……传言说,分拨给拘留中心的预算不足,因此军队打算杀死许多囚犯,甚至会把他们送到亚齐处决。"① 同样,在一份1966年2月发往外交部的关于杀戮模式的电报中,英国大使吉尔克里斯特写道:

> 当然,在雅加达,并没有发生大规模屠杀事件。大量囚犯,可能有数千人,在初期遭到围捕并被投入了监狱,或者当监狱满员时被带到离岸的一个小岛上。如果养活囚犯的伙食负担过重的话(如在棉兰那样),似乎他们中的一些人会被杀掉。②

类似情况在爪哇的部分地区也同样存在。例如,在东爪哇的外南梦,据说军队无法或不愿意监禁所有被抓捕的人。结果是,许多人被送回伊斯兰教士联合会的准军事部队——伊联全能青年旅,并遭到屠杀。根据伊联全能青年旅一名前领导人的说法,"每天夜里,地区军事司令部(Kodim)都送来数十名印尼共成员,并下令杀死他们"。③ 同样,在1965年11月下旬,美国大使馆报告称,在中爪哇有大量的囚犯,但军队没有意愿和能力继续给他们提供住所和食物。与其他地方一样,那里的解决办法是"让军方人员在途中趁夜

---

① Yen-ling Tsai and Douglas Kammen, "Anti-Communist Violence and the Ethnic Chinese in Medan, North Sumatra," in Douglas Kammen and Katharine McGregor (ed.), *The Contours of Mass Violence, 1965-68* (Singapore: NUS Press, 2012), p. 147.

② 英国驻雅加达大使(Gilchrist)致外交部(de la Mare),1966年2月23日,DH 1011/66, FO 371/186028,英国国家档案馆。

③ Agus Sunyoto, Miftahul Ulum, H. Abu Muslih, and Imam Kusnin Ahmad, *Banser Berjihad Menumpas PKI* (Tulungagung: Lembaga Kajian dan Pengembangan Pimpinan Wilayah Gerakan Pemuda AnsorJawa Timur and Pesulukan Thoriqoh Agung Tulungagung, 1996), p. 158.

将他们'移送'给指定的平民处决队"。① 两年后，据报道，在中爪哇普沃达迪（Purwodadi）地区的一次针对所谓共产党人的清除行动中，该地区的军事指挥官据说曾告诉一名印度尼西亚的记者："如果我们抓捕的所有人都是印尼共成员……我们不知道该怎么处置他们。我们没有地方关押他们了。"② 在那里，同样有数百名政治犯被处决。

最后，当军队当局需要压榨囚犯劳动力来为政府项目或个人利益服务时，杀戮现象似乎就随之减少，这再次表明在长期拘留和大屠杀之间存在反比关系。例如，在南苏拉威西和中苏拉威西，对政治犯的征用剥削很普遍，屠杀的程度也相对较低。然而，关于这种关系最明显的例子是布鲁岛上的强迫劳动营，在那里约1万名B类囚犯被关押达10年。正如曾被关押在布鲁岛的作家普拉姆迪亚获释几年后所说："去布鲁岛的那些人是免受处决的人。"③

布鲁岛：监狱之岛

1969年，约2500名B类政治犯被火车和轮船从爪哇的监狱秘密运送到狭小的布鲁岛上，该岛位于印度尼西亚广大群岛的最东部地区。在那里，他们始终处于全副武装的士兵的看守下，他们用最

---

① David Jenkins and Douglas Kammen, "The Army Para-Commando Regiment and the Reign of Terror in Central Java and Bali," in Douglas Kammen and Katharine McGregor (eds.), *The Contours of Mass Violence in Indonesia, 1965–68* (Singapore: NUSPress, 2012), p. 94.

② Maskun Iskandar, "Purwodadi: Area of Death," in Robert Cribb (ed.), *The Indonesian Killings, 1965–1966: Studies from Java and Bali*, No. 21 (Clayton, Victoria: Monash Papers on Southeast Asia, 1990), p. 204.

③ 引自 John McBeth, "Prisoners of History," *Far Eastern Economic Review*, February 16, 1995, pp. 27–28。正如一名前军官后来说明的那样："很多人被捕，但后来却引发了诸如食品供给困难等问题。这很难解决。所以他们必须被放到一个地方……这就是将他们送到布鲁岛的原因。"引自 Baskara T. Wardaya (ed.), *Truth Will Out*, p. 19。

第八章 大规模监禁

基本的工具和原料开始建造营地、道路、员工总部、围栏和警卫室，最终建造出了亚洲最大也是最臭名昭著的集中营之一。①

在之后几年里，一波又一波的 B 类囚犯被送到岛上，直到 1975 年，布鲁岛上被关押的人数至少达到了 1 万人。② 除因饥饿、自杀和疾病而死在那里的几百人，所有的囚犯一直在布鲁岛被关押到 20 世纪 70 年代末。最后一名囚犯终于在 1979 年末返回了爪哇，此时距离第一艘满载囚犯的船抵达布鲁岛，已经过去了整整 10 年。囚禁在营地的犯人中并未有人受到任何指控，他们的最终释放也没有给出任何可信的理由。

当印度尼西亚军队当局在 1969 年底承认该营地的存在时，他们坚持说这不是一个集中营。他们说，这是一个再安置项目（a resettlement project），它将为"定居者"（settlers）提供成为有益公民（productive citizens）的机会，在开发国家偏远地区的同时进行政治上的"康复"（rehabilitation）。总检察长表示，布鲁岛实际上是一个由军队，更确切地说由强大的恢复安全与秩序行动指挥部控制和运作的流放地（a penal colony）。③ 关于布鲁岛的一切——从营房和院落的地理布局，到所谓居住者的待遇，以及一系列解释所采

---

① 布鲁岛的情况，参见 Amnesty International, *Amnesty International Report*, pp. 90-100; Komnas HAM, "Laporan Akhir Tim Pengkajian Pelanggaran HAM Berat Soeharto (Sub-Tim Peng kajianKasus 1965)," in Baskara T. Wardaya (ed.), *Luka Bangsa Luka Kita: Pelanggaran HAM Masa Laludan Tawaran Rekonsiliasi* (Yogyakarta: Galang Press, 2014), pp. 273-347; Asvi Warman Adam, "Pelanggaran HAM Berat Soeharto: Kasus Pulau Buru," in Baskara T. Wardaya (ed.), *Luka Bangsa Luka Kita: Pelanggaran HAM Masa Lalu dan Tawaran Rekonsiliasi* (Yogyakarta: Galang Press, 2014), pp. 349-359; I. G. Krisnadi, "Tahanan Politik Orde Barudi Pulau Buru 1969-1979," *Sejarah: Pemikiran, Rekonstruksi, Persepsi* 9 (n. d.): 47-58; SindhunataHargyono, "Buru Island: A Prism of the Indonesian New Order," draft paper, Northwestern University, 2016。

② 恢复安全与秩序司令部提供的 1976 年官方数据显示有 11 085 名囚犯；大赦国际估计有"约 14 000 人"。Amnesty International, *Amnesty International Report*, p. 91。

③ Amnesty International, *Amnesty International Report*, p. 95。例如，在 1972 年 10 月，司法部长称将政治犯送往布鲁岛的法律基础是恢复安全与秩序司令部 1969 年第 5 号规定，该规定授权司法部长"拘禁和流放被认为扰乱社会的囚犯，且无须任何时间和地点限制"。引自 Cited in Justus M. van der Kroef, "Indonesia's Political Prisoners," p. 631。

用的话语——都具有军队的独特印记。苏哈托总统在1969年12月对布鲁岛的首次公开评论中表明了这种军事道德观（military ethos）："一些外国媒体试图将布鲁岛贬斥为印度尼西亚版的波文蒂古（Boven Digul）[荷兰殖民流放地]或者一个集中营。他们忘记了在历史上，战争总是给失败者带来风险。"① 换言之，那些囚犯被视作战争中的落败方。

事实上，当一些观察家和前囚犯试图将布鲁岛与荷兰殖民政权用来安置最棘手政敌的流放地做比较时，布鲁岛确实完全不同，实际上更糟。更恰当的是将之与二战期间日本在印度尼西亚和其他地方设置的战俘营做比较。② 跟那些战俘营一样，布鲁岛的囚犯被迫在军队警卫的看管下从早到晚工作，建造营地和员工宿舍、道路和人行通道，并把茂密的丛林和杂草丛开垦成农田。就像日本战俘营中的战俘一样，布鲁岛的囚犯只能得到最低限度的食物去维持生存；他们睡在几乎没有任何生活设施的营房里；因为没有医疗看护而染患疾病；他们一直提心吊胆，担心因为违背规矩或冒犯某个指挥官而被惩罚。和日本战俘营中的人一样，布鲁岛的囚犯需要持续不断地经受政治信息与指令的灌输，这表面上是为了对他们进行意识形态改造和再教育，但实际上只会让囚犯更加沮丧和绝望。两者之间的主要区别在于，布鲁岛的囚犯忍受这些环境和折磨长达十年，而不是日本战俘营里囚犯们经历的三年半。并且他们不是在一个占领国政权（occupying power）下受苦，而是在他们"自己的"

---

① 引自 Krisnadi, "Tahanan Politik," p. 65。
② 普拉姆迪亚称，那些被荷兰拘捕并关押在波文蒂古（Boven Digul）的人受到的对待远比布鲁岛的囚犯更好。他认为，更恰当的比较对象是日本、德国和苏联的死囚营。Pramoedya Ananta Toer, *The Mute's Soliloquy*, pp. 39, 25. 同样，一名布鲁岛的前囚犯利奥（Leo）写道，在布鲁岛的经历"就像日本占领时期的强迫劳役（rumusha）……当人们死亡的时候，没有任何程序来标志他们逝去"。引自 Sukanta, *Breaking the Silence*, p. 72。另一位布鲁岛前囚犯瑟迪亚万（Setiawan）写道，布鲁岛是受到了波文蒂古的"启发"，但无论从哪个方面来看，它都更加糟糕。参见 Setiawan, *Aku Eks Tapol*, pp. 149-153。

第八章 大规模监禁

安全部队手中受难。

布鲁岛上的监禁条件和其他地区有诸多相似之处。① 但除此之外，布鲁岛的囚犯还遭受了进一步的侮辱和虐待，包括强迫劳动。② 囚犯们只能使用最基本的工具，例如镰刀、斧头和锄头等来清理茂密的树林和草原，从而修出连接营地不同单位的道路。他们花费数月乃至数年时间将草地和茂密的树林改造成了可灌溉的稻田。他们修建了军官的房屋、营地建筑以及他们与后来囚犯最终居住的营房。更糟糕的是，他们种植出来的作物和其他产品经常被营地官员侵占没收，官员们要么是为了满足自己消费，要么将它们拿到楠勒阿（Namlea）小镇上进行转卖。

这种劳动一般在武装警卫的看守下进行，因此一直笼罩在可能遭受惩罚的阴影之下。除了粗暴和不公正，这些惩罚更引人注目的是它们高度复制了战俘营的军事风格。精疲力竭且营养不良的囚犯们，若违反某项规定或冒犯某个警卫，就会被罚趴在地上做一百次俯卧撑，在雨中或烈日下立正几个小时，或者双手抱头在院子里不停地蹲步走。③ 由于缺乏想象力，军队只能用日占时期有限的储备手段（repertoire）来惩戒囚犯。

囚犯们生产的东西，包括大米和其他食物，表面上是用来养活自己的。不可否认，囚犯生产的食物能够在营地当局提供的微薄口粮之外及时做出基本补充。然而，对填饱肚子的追求始终是头等大事。正如普拉姆迪亚所写："吃蛇很常见。一些人会吃木头上的蠕

---

① 布鲁岛前囚犯的回忆录和记录中丰富细致地叙述了这些条件。例如，Pramoedya Ananta Toer, *The Mute's Soliloquy*; Setiawan, *Aku Eks Tapol*; H. Suparman, *Dari Pulau Buru Sampaike Mekah: Sebuah Catatan Tragedi 1965* (Bandung: Nuansa, 2006); Baskara T. Wardaya (ed.), *Truth Will Out*, pp. 92, 99-120, 123; Sukanta, *Breaking the Silence*, pp. 72-77, 137-41。
② 关于强迫劳动项目和当局为其开脱所做的尝试，参见 Amnesty International, *Amnesty International Report*, pp. 96-97。
③ 关于这些惩罚的实例，参见 Pramoedya Ananta Toer, *The Mute's Soliloquy*, pp. 26, 38, 40, 43-45。

327

虫,先掐掉头,然后吃较肥的身体下部,有时直接生吃。狗也难以避免被我们吃掉。"①

心理负担

除了要面对超负荷的身体负担,布鲁岛上的囚犯还需要面对监禁带来的巨大心理和情感压力。布鲁岛囚犯们的记录中最常见的主题是沉默。例如,有曾被囚禁的人悲叹,他们过去对这个国家做出的贡献要么被忽视,要么被遗忘,他们不许写下或说出任何有意义的事情,并且被禁止阅读报纸、收听广播或阅读宗教文本之外的任何书籍。作家们被没收了纸笔,而当他们被允许写作时,他们的作品经常有可能被没收或销毁。因此,普拉姆迪亚为筹备一部关于早期民族主义运动的小说而做了整整9本笔记,营地当局没收它们之后再未归还。②

与其他政治犯一样,布鲁岛囚犯在回忆录中时常抱怨他们遭受了非人的对待,在当局眼中他们不过是野兽、物品或机器。这种对囚犯的人格否定通过多种形式表现出来,他们陈述中反复提到,他们得到的食物不适合人类消化,他们被迫与他们所爱的家人分离,被迫从使他们之所以为人的社会纽带中割裂出来。与汉娜·阿伦特(Hannah Arendt)的观点相呼应,前囚犯塞蒂亚万(Setiawan)写道,政治犯们并不是被当作"政治人"(political beings)对待,而是被当作"生物性动物"(biological animals)对待;他们仅以编号而不是名字为人所知。③ 同样,普拉姆迪亚写道,被当作动物对

---

① Pramoedya Ananta Toer, *The Mute's Soliloquy*, p. 38.
② Ibid., p. 46.
③ Setiawan, *Aku Eks Tapol*, pp. 155 – 156. 也可参见 Pramoedya Ananta Toer, *The Mute's c Soliloquy*, pp. ⅵ-ⅶ, 183-184。

待的岁月剥夺了政治犯们的自信、尊严和人格意识（sense of personhood）。①

与其他地方那些未经指控就惨遭关押的囚犯一样，布鲁岛囚犯承受的心理负担中最沉重的毫无疑问是不确定性——对自己未来的不确定，以及对他们家人与所爱之人命运的不确定。② 从未经受指控、审理或判决的囚犯完全不知道他们还要在这个岛上被关押多久，而当局或许有意地从未提供过关于这个问题的任何解释。一些囚犯干脆放弃了希望，预设了最坏的处境，沉浸在绝望与精神疾病之中；不可避免地，一些人做出自我了结。③ 其他人则靠着模糊的谣言与线索勉强度日，可能谣言出自在营地指挥官家中工作过的囚犯，或者线索来源于一两个囚犯设法隐藏在营房里的收音机。当他们寻思着是否能被释放时，他们也在担心和思念着远在爪哇的家人。他们已经与家人分隔了数年之久，大多数人甚至无法通过邮政方式与家人联系。理论上来讲，囚犯被准许每个月寄一张明信片回家，但事实上鲜有几张明信片能成功送达目的地。④

布鲁岛囚犯面对的折磨远不止如此，他们还需要服从一项严厉的精神灌输和再教育计划，该项计划被委婉地称为"精神指导"（mental guidance）计划，由"精神指导员总部"（Headquarters Mental Guidance Officer）协调负责。该计划最直接的目的是让所有囚犯放

---

① 普拉姆迪亚被禁止写作多年之后，1973年获准写作，这为他提供了一条从深渊中得以返回的路："最终，通过这次历练，我重新发现作为印度尼西亚人的自我，一个自尊之人，一个秉持着价值观安身立命之人……并非无力，实际上，具备一种定义自己历史进程的意愿。" Pramoedya Ananta Toer, *The Mute's Soliloquy*, p. 36。

② 例如，普拉姆迪亚写道："四年的监禁和对未来的难以把握确实造成了严重的精神创伤。"参见 Pramoedya Ananta Toer, *The Mute's Soliloquy*, p. 35。

③ 关于抑郁和自杀的问题，参见布鲁岛前囚犯的记录：Sukanta, *Breaking the Silence*, p. 141; Baskara T. Wardaya (ed.), *Truth Will Out*, p. 117。

④ Sumiyarsi, *Plantungan*, pp. 144-145. 根据范·德·克鲁夫（Justus M. van der Kroef）的记载，1971年5月通邮特许权被暂停，理由是一些布鲁岛的囚犯曾试图联系印尼共在爪哇的地下党组织。Justus M. van der Kroef, "Indonesia's Political Prisoners," p. 645。

弃他们的"共产主义意识形态"（Communist ideology），信奉国家认可的某一个宗教，并接受军方版国家意识形态"潘查希拉"。就像总检察长在1972年10月所说的那样："如果一个人已经满足了成为真正的潘查希拉主义者（Pantjasilaist）的条件，他自然就可以从布鲁岛回来。"①

该计划存在几个明显的问题。第一个问题，它假设布鲁岛所有的囚犯都是共产党员但实际上很多人都不是。据报道，被拘留者塞蒂亚万在20世纪70年代告诉到访布鲁岛的国际红十字会代表团："实际上，我们并非所有人都是共产党员。我们只是被政权鄙视的人（people despised by the regime）。"② 第二个问题是，作为民族主义者和苏加诺的效忠者，绝大多数囚犯已经是潘查希拉的热切支持者。实际上，许多人在1965年之前的不同时期都帮助捍卫过遭到攻击的潘查希拉思想。对于那些囚犯和无数其他印尼人来说，作为一个左翼分子，一个苏加诺主义者，抑或作为一个共产主义者，和信仰潘查希拉之间并不矛盾。所谓的矛盾不过是军方自己炮制出的一种产物——由政治的权宜之计和对国家政治历史的有限理解所催生的矛盾。令囚犯感到痛苦的是，他们这些实际上十分了解潘查希拉思想且长期信奉它的人，却不得不接受军官对潘查希拉的阐释，这些军官对它的意义不仅理解浅薄，现在还扭曲了它的真谛。该问题的典型体现就是作为新闻部长（Minister of Information）的一名军官在接受某荷兰纪录片关于政治犯的采访时，暴露了他自己都不能记住潘查希拉的五项原则的事实。③

劳改营偶尔会举办一些文化活动、体育项目和宗教礼拜，这让囚犯们从那些负担中得到了一丝缓解。在他们的回忆录中，一些前

---

① Justus M. van der Kroef, "Indonesia's Political Prisoners," p. 645.
② Setiawan, *AkuEks Tapol*, p. X.
③ The documentary was *Blok aan het Ben, een Gevangenis in Indonesië*, which aired on the Dutch television show *Achter het Nieuws* in 1969.

囚犯以欢喜的文笔写到他们被允许进行音乐和戏剧表演，写到他们在泥泞的足球场和排球场上的英勇表现，以及他们在教堂或清真寺里的精神交流（sense of communication）。[1] 然而，最珍贵的回忆之一就是晚间聚集到普拉姆迪亚的小屋里，去聆听他讲述关于印度尼西亚在19世纪20世纪之交民族觉醒早期的丰富故事。那个故事是一段口述历史，由衣衫褴褛的政治流放者们提供建议构筑并重塑，形成了普拉姆迪亚历史小说杰作《布鲁岛四部曲》（The Buru Quartet）的基础，这套四部曲恰如其名。该书在普拉姆迪亚从布鲁岛获释后不久出版发行，前两卷即刻成为畅销书；一年之后，总检察长以包含共产主义学说（communist teachings）这一虚假理由封禁了它们。[2]

国际联系

尽管布鲁岛地理位置偏僻，政府披露的信息也对这座岛屿语焉不详，但是布鲁岛上的故事最终还是开始传到了印度尼西亚其他地区，乃至更遥远的地方。来自囚犯们书信中的第一批记录以某种方式被偷运回了爪哇，并在囚犯的朋友和同情者之间传播，有时也传播到人权组织手上。随着消息传播和人权组织开始对此表示震惊，印度尼西亚当局试图打消国内外关注者的疑虑，表示那座监狱之岛没有任何邪恶之处。

1971—1972年，当局允许一些印尼记者和外国记者到访布鲁岛去亲眼看一看。第一批到布鲁岛并进行实地报道的记者中有一名印尼记者马赛尔·贝丁（Marcel Beding），他在1971年底来到布鲁

---

[1] 然而，值得注意的是，一些囚犯发现宗教教育和礼拜项目是具有压迫性的。例如，Setiawan, *Aku Eks Tapol*, pp. 43-63。

[2] 参见 Laurie J. Sears, *Situated Testimonies: Dread and Enchantment in an Indonesian Literary Archive* (Honolulu: University of Hawaii Press, 2013), pp. 162-165。甚至在被禁之后，仍然有学生继续售卖这些书，正如第九章中所描述的，那些学生中的一些人遭到拘捕和关押。

岛。他的文章发表在国家日报《罗盘报》上,以一种出乎意料的批评语调询问:

> 他们要在那里[布鲁岛]待多久?他们自己正在问这个问题。他们的家人正在问这个问题,我本人也想问这个问题。但答案就像1971年12月某个下午2号营房上方的天空一样黑暗……他们都是孤独的人。他们一直孤独,从日出劳动到日落。他们也忧虑不安,对未来的不确定以及不知道他们的父母、妻子、孩子和亲戚等远在大海彼岸的所爱之人生活如何。[1]

大多数外国记者和人权组织的记述同样具有批评意味,它们勾勒出布鲁岛囚犯生活实况的惨淡画面,并对未经指控或审判而进行拘禁这一行为明智与否及合法性提出疑问。在评论强迫劳动制时,1971年12月到访布鲁岛的一位外国记者在《新闻周刊》(*Newsweek*)中写道:"对于那些以前没有农耕经验的人来说,对于那些老人和知识分子来说,艰苦的体力劳动就是纯粹的惩罚。"[2]

军方被这些新闻报道的语调和内容激怒,宣布未来五年内该岛对记者和游客停止开放。其间,该岛营地仅有的访客是军人,包括恢复安全与秩序行动指挥部的指挥官苏米特罗将军,偶尔到访的国际红十字会代表团、一些传教士、少数被精心挑选过的记者和一队心理学家。关于这些到访,囚犯们的记述提供了引人入胜的一瞥,如果需要的话,可反映印度尼西亚当局的态度和行为,并且证实了布鲁岛监狱营同整个政治监禁计划一样,是军队中央领导层的一个计划。

---

[1] 引自 Amnesty International, *Amnesty International Report*, p. 101。
[2] 《新闻周刊》1972年2月14日, Amnesty International, *Amnesty International Report*, p. 97。

第八章　大规模监禁

在 20 世纪 70 年代大部分时间里，布鲁岛的囚犯与外界唯一有意义的接触是通过小型国际红十字会代表团的短暂访问而实现的。[①]无论是囚犯还是当局，双方为这些来访都忙活着做足了准备。囚犯们筹划着如何巧妙地避过当局，将敏感信息传递给代表团。其中一种策略是派遣一位能够说一种欧洲语言（例如法语或德语）的囚犯去同国际红十字会的代表联系。这种假设或许正确，即负责监督这些互动的士兵听不懂正被谈论的内容。另一种更危险的做法是，准备书面报告并秘密传递给进行视察中的代表团成员。同时，军队当局在焦虑地做着准备，他们下令打扫营地并警告囚犯不要说出任何会被理解为批评的话语。他们还设法将参访时间限制为一天或两天，并且阻碍国际红十字会代表与囚犯进行长时间谈话。监狱只会抽出少数囚犯，每人按规定只有 15 分钟谈话时间。[②]

在 1973 年或 1974 年的一次访问期间，一名囚犯搬行李到船上时设法向代表们传递了关于布鲁岛条件的手写报告。不幸的是，关于这份报告的消息传到了营地指挥官那里并惹起愤怒的反应。一名囚犯回忆说：

> 访客们离开后的第二天，营地对所有囚犯都进行了一次不同寻常的点名。指挥官叫骂着，想要知道是哪个囚犯用英文给瑞士来访者写了一封信……那封信上没有签名，但是描述了囚犯们的真实处境，声称事实与来访者所看到

[①] 关于国际红十字会到访的记录，参见 Suparman, *Dari Pulau Buru*; Pramoedya Ananta Toer, *The Mute's Soliloquy*; Setiawan, *Aku Eks Tapol*; Amnesty International, *Amnesty International Report*, pp. 71-74; Putu Oka Sukanta (ed.), *Breaking the Silence: Survivors Speak about the 1965-66 Violence in Indonesia*, trans. Jennifer Lindsay (Clayton, Victoria: Monash University Publishing, 2014), pp. 73, 75; Baskara T. Wardaya (ed.), *Truth Will Out*, p. 118。

[②] Sukanto, *Breaking the Silence*, pp. 73, 75; Sumiyarsi Siwirini C., *Plantungan: Pembuangan Tapol Perempuan* (Yogyakarta: Pusat Sejarah dan Etika Politik) (Pusdep: Universitas Sanata Dharma, 2010), pp. 140-142, 153.

的完全不同，因为一切都是排演出来的。在等待招供时，所有囚犯都站在雨中。因为没有人承认，警卫长威胁要使用全新的技术——测谎仪去找到罪魁祸首。[①]

尽管阻碍重重，国际红十字会仍旧对营地条件获得了相当准确的了解。虽然国际红十字会遵循与印尼当局的协议，承诺不会公布其发现，不过可以坚持让印尼当局做出一些改变。例如，在一次访问后，普拉姆迪亚和其他人获得了纸和笔并被允许再次写作。此外，通过与大赦国际等其他人权组织的非正式接触，国际红十字会能够在一般意义上传达其对营地条件的印象；这些交流赋予其他组织信心去开展他们各自的报道和活动。

布鲁岛的其他到访者包括一个政府批准的学者代表团，其中大多数是心理学家，少数人是印度尼西亚记者，他们于1973年10月中旬在那里过了几天。[②] 在心理学教授（后来的教育部长）福阿德·哈桑（Fuad Hasan）带领下，几名来自知名的印度尼西亚大学（University of Indonesia）和加札马达大学（Gadjah Mada University）的教授组成了"校际心理学团队"（Inter-University Psychology Team）。该团队表面上是为了评估囚犯的心理健康，但他们显然听命于军队当局命令。实际上，恢复安全与秩序行动指挥部的指挥官苏米特罗和其他高级军官全程陪同该团队。正如1975年在普兰通岸女子监狱研究囚犯的心理学家一样，这些学者可能在不知不觉中开始充当了军队和新秩序政权的"科学"之臂（"scientific" arm）。当局为了回避或误导外界对其政治监禁计划日渐增多的批评，让同时造访的记者们也充当了政治宣传的工具。

此外，普拉姆迪亚对这次访问的记录表明，在与囚犯的访谈

[①] 引自 Sukanta, *Breaking the Silence*, p. 75。
[②] 关于这次到访的详细经过，参见 Pramoedya, *Mute's Soliloquy*, pp. 46-64。

中，心理学家可能已经违背（breeched）了基本的医疗保密性和独立性守则。例如，他们没有评估囚犯的心理健康状况，而是询问他们的政治信仰，询问他们对"九三〇运动"和那些将军被杀的看法，以及他们偏好的政治制度。之后几天里，囚犯接受了一系列的书面心理评估，并经历了与心理学家、记者和包括苏米特罗在内的高级军官们进一步的小组面谈。在这些会面中，囚犯再次被问到他们的政治观点和宗教信仰。一名记者问普拉姆迪亚是否在关押期间"找到了真主"（found God），而另一名记者则问监狱是否提升了他的精神价值。会面在苏米特罗将军的胡言乱语中结束了，他和那些热切地做笔记的记者们一起，敦促囚犯们不要放弃希望。

在未经指控或审判的 12 年监禁过程里，一名印度尼西亚的政治犯问当局："为什么你们不把我带上法庭？"他后来说，他们告诉他，那是一个政治问题（political matter），"在政治问题上，黑的变成白的，白的变成黑的"。[①] 这句话巧妙点明了 1965 年 10 月 1 日之后启动的大规模监禁计划的一个关键维度：其潜在动机不是司法性质的，而是纯粹政治性。或许是有意，这句话言而未尽，这次拘捕运动的政治目标具体是什么以及谁推动了它。这里展示的证据无疑表明了，该监禁运动的主要目的在于摧毁印尼共和印度尼西亚左翼势力，它背后的主力军是苏哈托统领下的军队领导层。

除了这个一般性的结论，该运动的一些特征也值得注意。第一，这场大规模监禁的庞大规模和系统性质量——包括在全国范围内普遍存在的监禁和虐待模式，精心设计的囚犯分类制度以及对行政命令和法令的严重依赖——都证明这场大规模监禁经过了集中策划与协调，不可能是随机或自发产生的。第二，监禁的方式和组织工作——包括逮捕官员的例行施暴，审讯期间普遍的折磨和性虐待

---

① Cited in John McBeth, "Prisoners of History," *Far Eastern Economic Review*, February 16, 1995, pp. 27-28.

做法，以及诉诸高度军事化的惯例、惩罚和理论依据，明确指出军队是背后的负责机构，他们参照的是战时日本军队的集中营管理方式。第三，监禁模式的地理差异，如同大屠杀强度的空间变化一样，显示出与区域和地方的军队当局实施国家层级指令的态度、利益和策略有关。总而言之，这些特征体现了监禁项目及其背后更为广泛的暴力运动的一个鲜明特征：从其组织、话语、方式和领导层面来看，它是根深蒂固的军国主义的产物。

第九章 释放、限制、规训和惩罚

> 我们都知道,对政府而言,筛查是一种手段,用于规训和清洗国家机器中的共产主义分子,尤其是潜在的共产主义威胁以及通常的极端主义活动。在努力建立一个廉洁而有权威的国家方面,它具有非同寻常的战略意义。
>
> ——特里·苏特里斯诺(Try Sutrisno)将军,
> 武装部队司令,1990 年

大规模拘禁、酷刑、强迫劳役和形式主义的庭审程序持续了 10 多年,截至 1979 年底,除了几十名所谓的 A 类囚犯之外,其他人均已获释。鉴于该行动规模庞大,新秩序政府坚持认为其对国家安全至关重要,削减对该项目进行支持的决定需要进一步审查。为什么苏哈托政权最终决定在 20 世纪 70 年代末释放除少数政治犯之外的所有人?此举是否意味着政权性质的根本改变?对于前囚犯、他们的家人以及整个印度尼西亚社会而言有什么影响?

本章指出,释放大多数政治拘留犯的决定是人权组织在 20 世纪 70 年代中期开展的一次重大国际运动的结果。那场运动之所以成功,很大程度上是因为它顺应了全球关于人权的准则和态度的重大变化以及美国政府的立场，而且那场运动的到来正值印尼面临外部经济压力之际。然而，本章也明确指出，军队领导层曾经对于释放这些囚犯的想法存在着强烈的抵制，坚持要继续保护印尼的政治体制，使之免受"共产主义的潜在威胁"。因此，即使在这些囚犯被释放以后，他们和他们的家人仍然在生活各方面受到严重的正式和非正式限制。正式限制一直持续到 1998 年新秩序结束，但深刻的社会和心理遗产则绵延更久。

最后，本章提出，这种对获释囚犯的严格限制，是新秩序政权创造和维持秩序、纪律及稳定性的普遍执念的一部分。这种执念在一个非同寻常的意识形态筛查、监视和控制系统中得到彰显，此系统不仅在 1979 年释放囚犯之后存留下来，而且在国家宣传和审查制度中得以强化，经过这一体系，该政权军国主义者们的万般思虑被深深地根植在印尼社会和政治生活之中。

释　放

可以推断，1965 年 10 月之后的一段时间里，国际社会对印尼任意拘留的反应被噤声了。尽管西方国家大使馆向它们本国政府报告了逮捕事件，但没有任何人对此表达公开或私下的反对，抑或询问数以万计被拘留者的命运。事实上，至少 10 年间，最主要的批评不是来自任何政府或政府间机构，而是来自少数外国学者和非政府组织（NGO），有时也来自那些被拘留者们。形同虚设的政治庭审情况亦然。1966 年初这些庭审开始时，西方国家的大使馆还派出人员对其进行监控和报告。然而随着审判的持续，出席的大使馆官员越来越少，到 1967 年，只有很少一部分人偶尔现身。安德森（Anderson）对 1967 年 7 月对印尼共产党总书记苏迪斯曼的审判进行了回忆,他和澳大利亚政治学家赫伯特·菲斯(Herbert Feith)一同出席,他写道:"在审判的第一天之后,大使馆官员们显然厌倦了出庭,或许他们忙于其他事务。赫伯特相当忙,因此审判的最后几天,直到苏迪斯曼被判处死刑为止,我是待在那里的唯一外国人。"①

呼吁印尼释放囚犯的运动

直到20世纪70年代初,这一情况鲜有改变。那时候,大赦国际、国际法学家委员会(International Commission of Jurists)等少数国际人权组织,以及达波尔(Tapol,英国人权组织,源自印尼语 tapol,"政治犯/政治拘留犯")和一些教会团体开始为印尼政治犯的权益积极奔走。与早前的倡导和努力有所不同,它们采取了一种刻意非意识形态的姿态,宣称绝大多数印尼的政治在押者因其和平的政治信仰而被扣押,必须得到公正的审判或被无条件释放。它们采用了一种很快就会成为常态的人权运动方式,在公共领域进行辩论,利用示威活动和媒体对印尼当局"点名批评"(name and shame),并呼吁其他国家政府坚持让印尼遵守基本人权准则。② 这些努力在1977年大赦国际的一次运动和报告中达到高潮,该组织同年获得了诺贝尔和平奖。

由于各种原因,那场运动引起了西方政治和文化精英们的注意,而在十多年前,杀戮和拘禁发生时并不会受到如此关注。其中一个原因是,随着国际人权运动的兴起,人们对苏联和东欧政治监

---

① Benedict Anderson, "Seperti Minum Air Pegunungan," preface to Tan Swie Ling, *G30S 1965, Perang Dingindan Kehancuran Nasionalisme: Pemikiran Cina Jelata Korban Orba* (Jakarta: Komunitas Bambu, 2010), p. xvii.

② 关于这一时期内大赦国际发起的运动,其活动概要参见 Amnesty International, *Indonesia: An Amnesty International Report* (London: Amnesty International Publications, 1977), pp. 144-146。

禁问题的认识日益加深。① 印尼囚犯们的命运与国际社会对言论自由、任意拘禁、酷刑和强迫劳役问题的关注产生了强烈共鸣。事实上，大量的印尼政治犯，或者至少是新闻中的那些，都是受人尊敬的知识分子或文化人士，这使在北美和欧洲那些受过良好教育的中产阶级观众能够理解这个问题。出于这样的原因，自从1973年开始，一些西方国家，尤其是荷兰，以及诸如国际劳工组织之类的国际性机构，开始声援这项和印尼囚犯有关的事业。②

代表印尼政治犯权益的运动也受到1976年11月吉米·卡特选举的推动。卡特外交政策的构想以人权为基础，无论对其政府的实际执行有何评说，卡特在其总统任期内向一系列基于人权的诉求和论争敞开大门，这是不容忽视的。③ 这场运动也恰逢美国重新探索其政治良知的时期。在水门事件和越战之后，许多记者、知识分子和文化人物推动美国国会批判性地对美国外交政策进行重新审视，美国在东南亚和世界各地的许多外交政策都被视为严重的失败。正是在此背景下，1976年的年中，美国国会就"印尼人权问题"（the Question of Human Rights in Indonesia）举行了听证会。④

卡特在总统任期内的影响范围远远超过华盛顿。印尼境内的人权倡导者，甚至是政治犯们本人，都听说了他的理想，并且将之作为一种可以在战斗中使用的武器来加以把握。一名在布鲁岛的前政

---

① 塞缪尔·莫因相当令人信服地证明，20世纪70年代标志着人权历史上一个关键转折点。Samuel Moyn, *The Last Utopia: Human Rights in History* (Cambridge, MA: Harvard University Press, 2012)。

② 例如，在这段时期，出席国际劳工组织日内瓦年会的印尼代表们经常受到压力，需要回答关于在布鲁岛及其他地方的政治犯遭到强迫劳役的指责。参见 *Statement of the Government Delegate of Indonesia*, ILO meeting, Geneva, June 16, 1976。

③ 卡特政府在维护和促进人权方面的记录并不总是与其言辞相符。值得注意的是，它对印尼军队在东帝汶普遍侵犯人权的行为视而不见，那些行为可能已达到种族灭绝的程度。

④ 听证会于1976年5月由众议院国际关系委员会国际组织小组委员会（the Subcommittee on International Organizations of the House Committee on International Relations）举行。那些受邀在听证会上做证的人之中，包括印尼新秩序的知名批评者们，包括康奈尔大学的本尼迪克特·安德森教授以及大赦国际。

第九章　释放、限制、规训和惩罚

治犯在其回忆录里中有这样的记录：1977年1月，卡特就职演说的消息迅速传遍了集中营，点燃了他们充满希望的幻想，似乎离他们被释放指日可待了。① 在1977年8月的一封公开信里，一名新近释放的政治犯援引卡特的新方案，写道："对于人权的呼吁必定会带来新的希望！"② 简言之，国际社会在20世纪70年代中期对囚犯运动相关信息具有非同寻常的接受度。此类信息成为呼吁释放囚犯运动的核心所在，非政府组织充分利用了这一点。

但这并不意味着人权运动的参与者是在政府官员的领导之下工作的。正相反，记录清楚地表明，早在大多数西方国家政府加入之前的数年里，人权活动家就已经开始了他们的运动，而在卡特就职前后，他们都面对着来自冷漠又顽固的政府的抵制。在1976年中期一份由美国国务院编制的关于印尼人权的官方报告里，此问题可见一斑。在回顾《世界人权宣言》（*Universal Declaration of Human Rights*）所载的具体权利类别时，该报告提供了从印尼军方宣传中直接借用来的一套说辞，并且与现实完全不符：

> 第3条：1966年《紧急权力法》（*Emergency Powers Act*）规定了人的生命权、自由权和安全权。然而，印尼政府不实施非法杀戮，且人身自由和安全受到外界观察家肯定。
>
> 第5条：酷刑、残忍、不人道或有辱人格的待遇或处罚不被政府用作政策工具，亦不被政府容忍。
>
> 第8条：由于若干制度共存，加上人员不足及法院过度拥挤等复杂因素，获得法律救济可能困难。

---

① H. Suparman, *Dari Pulau Buru Sampaike Mekah: Sebuah Catatan Tragedi 1965* (Bandung: Nuansa, 2006), p. 243.

② "A Call to Respect Human Rights," reprinted in *Indonesian News Selections: Bulletin of the Indonesian Action Group* (Australia) 4, (August 1977): 9–12.

第9条：在印尼，肆意逮捕和拘留发生在涉及国家安全的案件中。持续羁押大约3.1万人，是基于印尼领导层担心，如果共产党被允许重组，印尼将再次陷入混乱；另外，考虑到反对那些拘留犯们的情绪依然存在，倘若将他们释放回家，将会引发骚乱。

第11条：刑事审判显然遵循了适当的保障措施。此类程序在政治审判中也显然得到遵守。根据1966年《紧急权力法》，被拘留者无须接受审判。

这份报告还声称，除了日本，印尼的媒体在亚洲是最自由的。而且令人难以置信的是，该报告声称印尼人在结社自由方面几乎很少受限。"除了取缔共产党"，该机构轻描淡写地指出，"在适用于普通公众的结社自由方面，印尼没有特别的限制措施。"①

尽管美国国务院采取了畏缩姿态，但到1976年年中，代表印尼政治犯利益的运动已经开始影响西方国家政府和国际组织的态度，更不用说印尼本国的人权组织了。虽然美国和其他大国一如既往地渴望与印尼当局维持密切关系，将之视为重要的战略和政治盟友，但他们开始对囚犯们的命运提出疑问，甚至暗示，如果人权问题得不到解决，欧美自1966年以来就向印尼慷慨提供的一揽子经济和军事援助就有可能受到危及。例如，1976年底，一个美国参议员代表团访问雅加达，呼吁苏哈托解决囚犯问题，否则将面临失去

---

① DOS Memo, "Indonesia," [1976], US *Declassified Documents Catalog* (DDC), 1994, #2515. 这份文件的编制似乎与1976年5月就印尼人权问题而举行的国会听证会有关。在这些听证会上，针对美国国务院证词的尖锐批评，参见 Benedict R. O'G. Anderson, "Prepared Testimony on Human Rights in Indonesia," in *Human Rights in Indonesia and the Philippines* (Washington, DC: US Government Printing Office, 1976, hearings before the Subcommittee on International Organizations of the Committee on International Relations, House of Representatives, 94th Congress, December 18, 1975, and May 3, 1976), pp. 72-80。

第九章　释放、限制、规训和惩罚

大量美国（以及国际货币基金组织和世界银行）援助的风险。与此同时，美国负责人权事务的副国务卿帕特里夏·德里安（Patricia Derian）和其他政府官员努力地争取让印尼政府释放囚犯，并清晰地指出，美国和其他国家的援助将与此挂钩。① 碰巧的是，在这些举措出台之际，印尼也特别容易受到经济援助下降的影响。印尼国家石油公司（Pertamina）在 1975 年初实际上已经濒临破产，体现了印尼经济和政治体系中存在潜在的灾难性弱点。②

官方回应

从一开始就很明显的是，对于粉碎印尼共产党和边缘化苏加诺的运动，印尼军方当局对外界看法极度敏感。他们对康奈尔大学学者安德森（Anderson）和麦克维没有公开发表的论文和对所谓政变的官方版本持有异议反应之强烈，表明了其担心的程度。官方出版的第一份关于所谓政变的报道不是用印尼语写成，而是用英语写就。考虑到英文是一种只有极少数印尼人能够阅读的语言，从这举动足以反映其行为之反常。③ 这份报道的序言耐人寻味，令人不禁质疑其出版的原因。它不仅透露了这本书是面向外国读者的，而且透露了它是根据军方领导的指示而研究和编写的，其明确目的是反驳外国批评家们的主张：

鉴于在西方国家的特定圈子里，一场反对印尼新秩序

---

① I. G. Krisnadi, "Tahanan Politik Orde Baru di Pulau Buru 1969-1979," *Sejarah: Pemikiran, Rekonstruksi, Persepsi* 9 (n. d.): 56.

② 关于印尼国家石油公司的危机，参见 Hamish McDonald, *Suharto's Indonesia* (Sydney: Fontana, 1981), pp. 159-164。

③ Nugroho Notosusanto and Ismail Saleh, *The Coup Attempt of the "September 30 Movement" in Indonesia* (Jakarta: Pembimbing Massa, 1968). 印尼文的官方版本直到 1989 年才出版：Nugroho Notosusanto and Ismail Saleh, *Tragedi Nasional Percobaan Kup G30S / PKI di Indonesia* (Jakarta: PT Intermasa, 1989)。

的运动正在酝酿,这两位作者摆出了叛军对[9月30日]事件的看法,他们被派往美国和荷兰,在那里,他们能够从圈子正中心对这场运动进行观察。在此应当提到,某些东方阵营(Eastern Bloc)已经组建"政治游击队"(political guerilla),这是众所周知的,因此,那两位作者并没有像原先计划的那样被派往这些国家。通过研究敌对运动,作者能够改写他们的原稿,以应付他们那些圈子中文章所设立的议题。①

这本书的序言也确认,当时军方忧心忡忡的是外国对所谓政变官方版本的挑战。尽管那一问题从未完全消失,到20世纪70年代初,军方的注意力已经开始转移到政治犯问题上。原因很明显,政治犯问题在当时是外国批评的主要焦点。

随着外部压力骤增,印尼当局以其希望能令外国批评者满意的方式做出回应。② 在这样做的过程中,他们提出了一系列不断变化着的解释,其中没有一项具有说服力,因为存在这么多的囚犯未经指控或审判而被持续关押。当局提出的这些不断变化的理由,为我们深入了解该政权的性质及其领导人的思想提供了重要视角,所以值得再次简单回顾一下。

想要证明拘禁如此之多的政治犯理所应当,他们最初的努力聚焦在审理方面,强调他们是根据印尼1945年宪法和被广泛接受的国际人权标准而进行的。正如国内外批评家开始指出的,最明显的是,绝大多数囚犯从未被指控或审判过,而且审判在任何情况下都没有接近国际公平标准。这些主张存在无数问题,军方谋士也因此

---

① Notosusanto and Saleh, *Coup Attempt*, pp. ii-iii.
② 1976年中期,一位荷兰教会代表团成员和海军上将苏多默(Admiral Sudomo)私人会晤之后,写道:"我或许错了,但他对世界舆论比我原先预想的还要敏感很多。"Confidential Memo on "Political Prisoners," July 30, 1976, by J. Bos, General Manager, ICCO, Netherlands。

第九章　释放、限制、规训和惩罚

改变了策略。①

尽管从未彻底放弃关于合法性和法治原则的不可靠主张,但他们也开始争辩说,未经审判的囚犯们之所以被扣押是出于对其安全的考虑;政府说,如果囚犯们过早获释,他们可能不会被社区接受,甚至可能遭受身体伤害,对他们的敌意就是最好的例证。② 例如,在对1976年6月国际劳工组织会议的声明中,印尼代表团宣称:"释放被拘留者,如果没有仔细准备,或许会对被拘留者们的人身安全构成真实而致命的危险,他们有可能落入他们原来的社区成员之手,那些人可能还没忘记在未遂政变之前以及政变期间的那个充满恐怖和威胁时段内,被拘留者们曾经扮演过的角色。"③

第三种解释或许更接近于真实的原因,也就是在政府眼里,这些未经审判的囚犯们代表着对国家安全和稳定的一种威胁,即通常所谓的共产主义的潜在威胁。④ 即使他们从来没有被审判过,而且没有足够的证据指控他们犯罪,当局也确信,凭借他们的政治信仰和过去的社团经历,这些被拘留者对国家、民族以及神圣的建国五基意识形态构成致命威胁。因此,在关于布鲁岛的一本官方小册子前言之中,司法部长苏吉·阿尔托(Sugih Arto)澄清说,被送去那里的囚犯是这样一些人,当局确信他们"在9月30日/印尼共运动的筹划、指导和实施过程中起重要作用……然而,我们没有足够

---

① 国际社会对于那些政治审判的批评,参见 Amnesty International, *Amnesty International Report*, pp. 45-54; Anderson, "Prepared Testimony on Human Rights in Indonesia," pp. 9-10。

② 参见 Anderson, "Prepared Testimony on Human Rights in Indonesia," in *Human Rights in Indonesia and the Philippines* (Washington, DC: US Government Printing Office, 1976, hearings before the Subcommittee on International Organizations of the Committee on International Relations, House of Representatives, 94th Congress, December 18, 1975, and May 3, 1976)。

③ *Statement of the Government Delegate of Indonesia*, ILO meeting, Geneva, June 16, 1976, p. 3.

④ 从20世纪60年代末开始,在军方内部文件中,对"共产主义的潜在威胁"的提法以较高频率出现,例如,Kopkamtib, Team Pemeriksa Pusat, *Partai Komunis Indonesia dan G. 30. S / PKI* (Djakarta, April 1969)。

的证据进一步指控他们。我们认为，如果把他们送回原来的社区，我们的安全仍然会受到威胁"。①

事实是，没有任何证据支持此类解释。到20世纪70年代中期，数以万计B类和C类囚犯获释，可是政府无法提出任何一个他们暴力攻击的实例。② 此外，1968年，印尼共产党的最后一丝抵抗被彻底粉碎，但可以说，共产主义进行颠覆的威胁在那之前很长时间就几乎不存在了。事实上，在1976年11月，当被具体问及这两项说辞时，一名高级军官阿里·穆尔托波（Ali Murtopo）将军告诉大赦国际秘书长马丁·埃纳尔斯（Martin Ennals）："共产主义颠覆行动对印尼政府而言不是一个严重威胁，也没有过针对［获释］政治犯的大规模报复。"③

面对这些明显的问题，印尼政府的官员们争相寻找另外的借口，以求继续任意拘押成千上万名未经审判的政治犯。越来越大的国际，尤其是来自华盛顿的压力也促使人们寻求合理的解释。正如国际法学家委员会在1976年12月所写："1976年，美国国会和其他地方就印尼的政治拘留犯问题施加了巨大压力。"④ 与此相应，印尼当局开始提供一种新的解释，与其他解释截然不同，却不尽如人意。

官员们指出，B类囚犯还不能被释放到社会上，因为在当时严峻的经济条件下，他们很难找到工作。失业的前囚犯们反过来又会导致安全威胁。正如国家恢复安全与秩序行动指挥部（Kopkamtib）

---

① Cited in Amnesty International, *Amnesty International Report*, pp. 95-96.
② Anderson, "Prepared Testimony on Human Rights in Indonesia".
③ Amnesty International, *Amnesty International Report*, p. 115.
④ *ICJ Review*, no. 17（December 1976）. 更公允地说，贾斯特斯·范·德·克罗夫（Justus M. van der Kroef）曾暗示，到此时为止，外国压力正在导致政府政策的某些积极变化："部分原因是大赦国际的持续调查，几国政府对雅加达的囚犯政策公开批评，加上美国、英国和其他国外运动私下的不利报道，苏哈托政权近年来已采取行动改善监狱条件，加速释放C类囚犯。" Justus M. van der Kroef, "Indonesia's Political Prisoners," *Pacific Affairs* 49（1976）: 646。

第九章　释放、限制、规训和惩罚

参谋长苏多默（Sudomo）上将在 1976 年 12 月所解释的那样，在 B 类囚犯获释之前，"他们必须有足够的就业机会，因为失业将为各种违法行为创造肥沃土壤，这本身就会对国家安全构成威胁"。① 作为此问题的解决方案，军方当局建议 B 类囚犯不要回到他们在爪哇或其他地方的家中，而是被重新安置去包括苏门答腊、加里曼丹、苏拉威西等该国人口较少、较不发达的地区。在这些地方为他们设立移民定居点，同时开辟新农田。换句话说，正如大赦国际和其他组织指出的那样，当局实际上正在提出一个布鲁岛移民计划的扩展方案，即创建一个流放监禁地组成的网络。②

正是在这样的背景之下，大赦国际发表了关于印尼囚犯的综合性报告，并发起了一场重要的媒体和宣传活动，呼吁释放他们。报告在 1977 年发表，运动在同年发起，卡特就任总统，这一时期，印尼政府努力证明其继续拘禁政治犯的合法性，而上述事件可在一定程度上被视为转向信号。

印尼政府对大赦国际报告的最初反应是，将其视作具有政治动机的黑客工作而不予考虑。政府和军方官员表示，大赦国际已被共产主义者操控，因此可以安全地忽视其报告。③ 大赦国际是共产主义的温床，并且它在伦敦设立的印尼研究室充斥了印尼共产党及其同情者，这种观念贯穿整个新秩序时期。在 1993 年雅加达的一次会议上，前外交部长莫赫塔尔·库苏玛阿特玛加（Mochtar Kusumaatmadja）告诉我说，大赦国际的印尼研究部门负责人是一

---

① "Press Statement of the Kopkamtib Commander," December 1, 1976, reprinted in Amnesty International, *Amnesty International Report*, pp. 121-123.

② 大致这一时期内的印尼媒体报道了更多营地的修建。其中之一被描绘成"新布鲁岛"（New Buru），设立在中加里曼丹省（Central Kalimantan）的南巴里托（South Barito），用来关押 A 类和 B 类囚犯。*Kompas*, June 20, 1977. 对于军方提议的批评，参见 Amnesty International, *Amnesty International Report*, pp. 34, 100. 对于拟议方案更具同情心的说明，参见 David Jenkins, "Inside Indonesia's Prisons," *Far Eastern Economic Review* (October 28, 1977): 8-13.

③ 例如，苏多默表达了那种观点。Krisnadi, "Tahanan Politik," p. 54.

名持有证件的印尼共成员。此事发生的那个时候，我本人正担任该职位，因此我借此机会告诉他，他错了。那位部长坚持说他自己是对的，宣称那个有问题的人要比我重要许多。

最终，政府意识到有必要对报告中提出的证据做出更认真的回应。因此，在1978年1月，外交部出版了一本使用英文书写的小册子，这本小册子回归先前关于法治的主张，同时也借鉴了其他解释。在此过程中，政府透露增添了一个附加类别（X），用以涵盖1965年事件发生后的满了13年但仍未得到处置的那些政治在押者们，并且在显然毫不尴尬的情况下确认，B类囚犯未经审判而被关押，是由于没有足够的证据来指控他们犯罪。这本小册子值得详细引述：

> 逮捕和拘留那些牵涉进"九三〇运动"/印尼共的人，绝非仅仅为了维护社会治安和安全利益。相反，拘留他们同样是为了准备在司法法院审理他们的案件，以便他们对自己的违法行为做出解释，或者依照他们作为社会成员的基本权利，视情况而定，为其重返社会做准备。
>
> 作为实施本政策的第一步，有必要确定一个人在多大程度上参与了"九三〇运动"/印尼共事件，经由深入调查，包括对全国范围内的数据进行细致筛查和交叉检查。基于这一过程，即就其性质而言是一个持续的过程，由此建立了四个类别，也就是：
>
> A类：在未遂政变中，以筹划者、领导者或执行者的身份，明确而直接参与的那些人，有充分的证据证明他们有罪，以便将他们的案件提交法院审理……
>
> B类：存在强烈迹象表明［原文如此］，尤其是在未遂政变的准备过程之中与A类拘留者发挥相似作用的那些

第九章 释放、限制、规训和惩罚

人。由于目前证据不足,他们还不能接受审判,但也不能贸然释放,否则会危及国家安全和稳定,以及他们自身的安全……

C类:间接参与"九三〇运动"/印尼共的那些人,经调查,确认他们既不属于A类,也不属于B类,因此可以回归社会……

X类:一种临时分类,标志着仍在处理过程中的那些人,以确定应将他们归为A类、B类还是予以释放……①

除了这些变幻不定的理由,通过抛出一连串不准确、具有误导性、不停改变的在押人数信息,印尼当局还试图逃避批评。印尼政府显然希望,这些数字能够令它的外国支持者安心,并且转移来自反对者们的批评。但是这些信息远没能保护该政府,它对数字的轻蔑态度实际上成为国际批评的一个新焦点,吸引到对此问题的更多注意,而非弱化它。②

在那个阶段,昔日的盟友们挺身而出,背水一战,努力捍卫印尼的立场。例如,1978年初,包括美国驻印尼前大使弗朗西斯·加尔布雷斯(Francis J. Galbraith),他曾在"九三〇运动"时期担任使团副团长,愤怒地回应《纽约书评》(New York Review of Books)上刊登的一篇文章《在印尼的监狱里》(In Indonesian Prisons),此文由大赦国际的两名成员撰写。加尔布雷斯在他的信中,不仅重复了政府关于数字的可疑说法,也试图证明印尼继续拘押政治犯是由于那些人都是"共产主义干部"(Communist cadres),而政府正在

---

① Department of Foreign Affairs, Republic of Indonesia, *Indonesian Government Policy in Dealing with the G-30-S / PKI (The 30th September Movement of the Indonesian Communist Party) Detainees* (Jakarta: Government Printing Office, January 1978), pp. 17–18.

② 关于不断变幻的官方数字和由此招致的怀疑,参见 Amnesty International, *Amnesty International Report*, pp. 31–44, 113–17; Justus M. van der Kroef, "Indonesia's Political Prisoners," pp. 626–627, 634–635。

"抗击共产主义叛乱"（fighting a Communist insurgency）。

> 印尼和印尼的大多数邻国……正在抗击共产主义叛乱，而且多年来一直在这样做。苏哈托政府正不顾一切地尝试从经济方面发展这个国家，当局对宽待仍然羁押的3万余名（不是大赦国际所声称的10万名）共产主义干部方面犹豫迟疑，担心助长叛乱，这是可以理解的。然而在过去几年间，政府已经释放了数万人，而且宣布计划到今年年底之前再释放1万多人，在接下来的两年内，每年都将有1万多人获释。①

加尔布雷斯的核心主张不仅是不真实的，因为印尼并没有在抗击共产主义叛乱，而且他的信似乎抛弃了一些最基本的人权和法治原则。正如埃纳尔斯在给加尔布雷斯的回信里所写的：

> 综上所述，我们可以公平地指出，加尔布雷斯先生的论点背后隐藏着一个深刻而可怕的逻辑。他说"苏哈托政府的犹豫迟疑是可以理解的"，没有宽待那些未经审判的政治犯，是由于他们对印尼构成了共产主义叛乱的威胁和现实。正是这种任意权力的逻辑，坚持在未经审判和没有证据的情况下，大量人口应该被羁押多年。准确地说，正是在这个国家的特定历史时期，即在政治上两极分化的时候，法治对每一个个体的保障才能够得以体现。否则，如果加尔布雷斯先生愿意反省一下，他必须认识到，人们可能被以令人震惊和蛮横的方式对待，仅仅是出于被怀疑，

---

① Francis J. Galbraith and Martin Ennals, "What Happened in Indonesia? An Exchange," *New York Review of Books*, February 9, 1978.

第九章 释放、限制、规训和惩罚

或者是结社。①

面对越来越多的国际批评，到 1978 年中期，印尼当局已经开始接受 B 类囚犯也必须被释放的事实。最终，到 1979 年底，在被指责卷入政变等事件却又从未因此受到指控或审判之后又超过 14 年后，那批囚犯中的最后一人被释放了。但这并不意味着他们的痛苦已经结束。

限　制

在他们的回忆录、信件和偶尔的公开声明之中，印尼的前政治犯们诉说了一个共同的主题：尽管他们被正式释放了，却从未获得自由。正如一位曾被拘禁在布鲁岛的人在回忆录中所写："我不想说我们被释放了，因为一旦回到爪哇，我们一点自由都没有。"② 另一人提及所有前被拘留者的状况时，称"自由而受限的人的自由其实就不自由"。③ 在新秩序的鼎盛时期，批评人士把对前囚犯及其家人的种种限制描述为一种集体惩罚制度（collective punishment），与旧时代爪哇国王们、荷兰殖民当局、日本占领军和欧洲法西斯的做法相当。④ 著名的印尼人权律师叶廷勋（Yap Thiam Hien）称，

---

① Francis J. Galbraith and Martin Ennals, "What Happened in Indonesia? An Exchange," *New York Review of Books*, February 9, 1978.

② Suparman, *Dari Pulau Buru*, p. 242.

③ Sumiyarsi Siwirini C., *Plantungan: Pembuangan Tapol Perempuan* [Yogyakarta: Pusat Sejarah dan Etika Politik (Pusdep), Universitas Sanata Dharma, 2010], p. 162.

④ 例如，"Beberapa Perkembangan, Pemikiran dan Tindakan di Bidang Hak Hak Asasi Manusia 'ET,'" Jakarta, April 14, 1994, n. p.; Hardoyo, "Implikasi Penegasan Pangab Tentang Penghapusan Stigmatisasi 'ET' pada KTP eks-Tapol/ Napol," Jakarta, December 23, 1993, n. p.

这些限制无异于"政治权利被终身剥夺"(civil death)。①

被拘留者的自由受限的第一个标志在其获释的时刻就已体现。尽管事实上他们从未被指控过或审判过，然而作为获释的条件，他们被要求承认他们曾属于一个被禁止的组织，被要求谴责"九三〇运动"，并且宣誓忠于国家意识形态建国五基。②那些状况仅仅是对即将到来生活的一种预示。正如国家恢复安全与秩序行动指挥部总参谋长苏多默在1978年12月所阐述的："在他们被释放并回归社会之后，他们仍然必须以实际行动向政府保证，他们已经有意识地抛弃了他们的共产主义思想而且忠于建国五基……这种调整本身就是一个社会进程……它也需要普遍的社会以及执法机构的监督。"③

在大约30年的时间里，新秩序当局启动了一系列令人困惑的政策与做法，这些政策和做法深刻影响，甚至摧毁了成千上万前拘留者以及他们不计其数的亲友们的生活。这些政策和做法触及并有效地限制了他们生活的几乎每一个方面，从政治表达和结社到经济活动，直至家庭关系的最亲密细节。就像1974年的一份军方内部文件这样描述的：通过创建"一个既有效率又有效果的综合系统，监视和控制前［政治］拘留者和囚犯"，目标是"清除政府、军队和社会中的所有'九三〇运动'/印尼共残余势力"。④该政权呼吁

---

① 引自 Hardoyo, "Bersih Diri dan Bersih Lingkungan Khas Indonesia," April 18, 1990, n. p. 关于叶廷勋的生活和工作，参见 Daniel Lev, *No Concessions: The Life of Yap Thiam Hien, Indonesian Human Rights Lawyer* (Seattle: University of Washington Press, 2011)。

② Douglas Kammen and Faizah Zakaria, "Detention in Mass Violence: Policy and Practice in Indonesia, 1965–1968," *Critical Asian Studies* 44, no. 3 (2012): 462. 在他们的回忆录里，前拘留犯们带着苦涩来描绘这些宣誓仪式。参见 Sumiyarsi, *Plantungan*, 160; Suparman, *Dari Pulau Buru*, p. 254。

③ Press Statement of Kopkamtib Chief of Staff, December 1, 1976, reprinted in Amnesty International, *Amnesty International Report*, 121–123.

④ Angkatan Bersendjata Republik Indonesia, "Operasi Ksatria 1974: Langkah Mendasar Untuk Penanggulangan dan Pencegahan Bahaya Latent Subversi Kiri," photocopy, n. d.

第九章　释放、限制、规训和惩罚

普通民众协助实施这一制度，其深远的程度给整个国家蒙上一层阴影，营造出一种恐惧、相互猜疑、对批判性历史调查和政治辩论之类建议均会感到焦虑的氛围。

政治权利

首先，前政治犯们的政治权利受到了明确限制。根据该国基本选举法，任何被认为"不忠于宪法"或散播马克思列宁主义思想的人，安全部队均可以剥夺其投票权。1985年第63号总统令授权对前被政治拘留者们进行评价和审查，以确定是否允许他们投票。① 同年，如前所述，内政部的一位高级官员宣布，约170万名被控曾"参与九三〇运动"和共产党的人将会被审核，以确定他们是否有资格在1987年选举中投票。② 即使那些被允许投票的人，也是在官方监督的阴影和压力之下被要求投票支持执政党——专业集团党（Golkar）。一位来自巴厘岛的前政治犯卢·苏塔里（Luh Sutari）的经历非常具有普遍性。"每次有选举的时候，"她后来告诉采访者，"我们不得不参加一个'训话'（santiaji）或宣导课程，我们被命令加入专业集团党。"③

前被政治拘留者们的政治权利也受到其他方面的限制。举例来

---

① Presiden Republik Indonesia, *Keputusan Presiden No. 63 / 1985 tentang Tata Cara Penelitian dan Penilaianterhadap Warga Negara Republik Indonesia yang Terlibat G. 30. S / PKI yang Dapat Dipertimbangkan Penggunaan Hak Memilihnyadalam Pemilihan Umum.*

② Richard Tanter, "Intelligence Agencies and Third World Militarization: A Case Study of Indonesia, 1966–1989" (Ph. D. diss., Monash University, 1990), 300n53. 据统计，这些被评价的人们之中，大约有4万人在1987年选举中被剥夺了选举权。Liberation, "Intervention on the Question of Indonesia: Item 9 of the Agenda of the UN Sub-Commission on the Prevention of Discrimination and Protection of Minorities," London, August 1988, p. 2. 同样，在1992年全国选举前夕，政府宣布大约36 345名前印尼共囚犯将不被允许投票。Amnesty International, *Power and Impunity: Human Rights under the New Order* (London: Amnesty International Publications, 1994), p. 94。

③ Cited in Putu Oka Sukanta, ed. *Breaking the Silence: Survivors Speak about the 1965–66 Violence in Indonesia*, trans. Jennifer Lindsay (Clayton, Victoria: Monash University Publishing, 2014), 101.

说，前政治犯（eks-tahanan politik，即 former political detainees）在被提名为政党成员而获准接纳之前，必须接受政治审查。那些已担任民选官员，但后来被发现或据称与印尼共有联系的将被免职。不可避免的是，有关个人过去曾与印尼共或"九三〇运动"存在牵连的指控也时常被用来攻击或诋毁某些政治人物，特别是那些政权的批评者。例如，在1995年，300名印尼民主党的新成员（Partai Demokrasi Indonesia，PDI），被指控与共产党有联系。① "参与"印尼共或"九三〇运动"的指控也作为一种常见手段被用于骚扰和限制劳工组织、学生运动和其他形式的政治活动。②

政府和军方官员也试图限制前被拘留者的政治权利和活动，以虚假的理由重新拘捕他们，对他们进行含沙射影的威胁，或要求他们接受军方官员委婉称之为"训导"（pembinaan）的活动。此类行动通常发生在国家选举或其他重大政治事件的背景之下。譬如在20世纪60年代末和70年代初，新近释放的政治犯在某些特定的区域内有时会被重新逮捕，以确保总统到访期间的安全。③ 1972年，内政部长警告被释放的C类囚犯，如果他们被抓到试图复兴共产主义，他们将会被再次抓捕并归为B类囚犯。④ 作为1977年对其选举违规行为遭批评的回应，苏哈托总统威胁说："对选举行政管理进行批评的人，既可以被归类为已遭取缔的共产党党员，也可以被归类为非法穆斯林组织的成员。"⑤ 而且在1994年，雅加达大都市区的军事指挥官亨德罗普里约诺（Hendropriyono）将军宣布：在雅加

---

① See "Oetojo Says Security Checks OK," *Jakarta Post*, January 11, 1995.
② Tanter, "Intelligence Agencies," p. 291.
③ Justus M. van der Kroef, "Indonesia's Political Prisoners," p. 637.
④ Ibid.
⑤ 引自1977年6月1日美国广播公司（ABC）的一次节目：*Indonesian News Selections: Bulletin of the Indonesian Action Group*, no. 3（June 1977）:18。据报道，军方会在一些选举前发起运动，鼓励公民寻找印尼共的符号并且将它们报告给当局。此信息源自2017年1月26日道格拉斯·卡门的个人通信。

第九章 释放、限制、规训和惩罚

达举办重要的亚太经济合作组织（APEC）会议之前，军方将"对所有的前政治犯进行训导活动"。他说其目的是"防范可能导致国家和民族陷入窘境的因素"。① 在此类情形之下，大多数前政治犯均选择保持沉默或避免卷入任何政治活动。一位前政治犯解释了他们缄默的逻辑："如果我们做了即使最微不足道的小事情，引起公众注意，我们仍将被指控践行共产主义或苏加诺主义（Sukarnoism）。"② 确实，决然保持沉默和惧怕被揭发，在前政治拘留犯们的回忆录和口述中体现为一种恒定的克制（constant refrains）。一位来自中爪哇的前政治拘留者讲述称，他于1983年到雅加达协助一次游行活动从事装饰工作："我害怕我作为前政治犯的身份会被知晓……所以我远离媒体，这样我的身份就不会被发现。我只是倾听，嘴巴紧闭。"③ 另一名巴厘岛人解释说："即使在自己的村子，我也从不谈论敏感的事情。如果说，我只会说一些一般的、可以谈论的和我知道的事情。"④

社会和经济权利

尽管已被释放，而且从未被发现有任何罪错，前政治犯们还是被要求在释放后数年内向各级政府部门报到（wajib lapor），通常是每周一次或每月一次。⑤ 那些未能如约出现的人，无论是因为健康

---

① Cited in "Bakorstanasda Jayaakan Data Ulang Mantan Narapidana," Jakarta, Neraca, September 5, 1994.

② Cited in John McBeth, "Prisoners of History," *Far Eastern Economic Review*, February 16, 1995, pp. 27–28.

③ Cited in Sukanta, *Breaking the Silence*, p. 79.

④ Sukanta, *Breaking the Silence*, p. 48.

⑤ 这项任务被委托给地方当局，包括村长和社区负责人，但是，国家恢复安全与秩序行动指挥部的内部文件清楚地表明，这些人是在军方当局的命令和监督之下行动的，例如军事小区指挥部的指挥官（the Koramil commander）。参见 Kopkamtib, Daerah Djawa Timur, "Pokok-Pokok Kebidjaksanaantentang Penjelesaian Tahanan/Tawanan G‑30‑S/PKI di Djawa Timur," Surabaya, November 6, 1969。

不佳还是家庭义务，必须受到有关当局自由裁量的规训和惩罚。前政治犯们通常需要获得官方许可方能出国旅行，虽然这一规定显然并无法律依据。1992年底，政治安全事务统筹部长宣布，大约3.3万名前印尼共囚犯仍被列入政府的黑名单，限制他们出国旅行。此外，数千名印尼人在1965年10月仍然身处国外，这些人中的一部分是印尼共产党及其附属组织的成员，但不全是，很多人在至少30年的时间里被禁止回国。① 尽管政府官员说流亡者将被允许回国，然而他们警告如此行事的人，让他们准备面对与其过往政治活动及社团相关的法律程序。

前政治犯们每次申请换领国民身份证、办理贷款、上课或从事任何经济活动时，也被要求获取特别许可。每一次申报要求都为当局监控、限制、骚扰以及从前政治犯手里勒索钱财创造出新的机会。进一步而言，由于这些要求并非基于法律，而是更基于合法性存疑的一系列官僚作风和军事规定，在不同地方和不同时段内，它们存在着广泛的差异，对于前政治犯们已经支离破碎的生活而言，无疑进一步增加了不确定性和焦虑感。

曾被政治拘留过的人们也被禁止从事多种"敏感"职业。② 未经政府和军事当局的明确批准，他们不能在公务员系统或武装部队工作，也不能从事任何战略性产业——包括石油和天然气生产、采矿、化工制造、电力、制糖和橡胶生产、邮政服务、银行业以及海运、铁路和航空运输业。③ 而且，取决于如何阐释这些规定，前被政治拘留者还被禁止在公司与合作社董事会任职，禁止担任教师、记者、木偶戏演出者、大学教授、演艺人士、牧师或律师——简言

---

① 关于这些流亡者命运的评论，参见"Nasib 'ET' dan Anak-anaknya," *Surabaya Post*, April 3, 1995。关于把曾被政治拘留者和其他人列入黑名单，参见 Amnesty International, *Power and Impunity*, p. 23。

② 这些限制由内政部（Kementerian Dalam Negeri）阐明：*Instruksi Mendagri No. 32/1981 tentang Pembinaan dan Pengawasanterhadap Eks Tapol/ Napol G30S/PKI*。

③ Tanter, "Intelligence Agencies," p. 295.

之，就是可以让他们通过工作传播左翼思想的任何行业。① 由于在很多就业领域内遭禁，他们试图通过做小本生意来谋生，比如卖面条和蛋糕、修自行车或当家教。② 然而就算在这些行当内，他们也面临严重的阻碍。例如，获得银行贷款几乎是不可能的，由于这需要政府官员的批准。获得贷款也需要有不动产作为抵押，但只有极少数的前政治犯拥有房产，因为当他们被拘留时，他们的土地和房屋通常已被没收，而且从未被归还。③

在更为臭名昭著的官方歧视机制之中，有一条可堪与纳粹德国和南非种族隔离政策相比，那就是强制要求在曾被政治拘留者的国民身份证上标注"ET"字样，代表"前政治犯"（"Eks-Tapol"）。1981年，内政部对这项政策进行了阐释，即所谓"指导和监控'九三〇运动'/印尼共被政治拘留者和囚犯（Guidance and Monitoring of Former G30S/PKI Political Detainees and Prisoners）"的规定，影响到大约100万人。④ 除了因为没犯罪而被贴上标签和受辱的固有不公正，他们甚至都从来没有被提起过诉讼，对于那些持有"ET"标志身份证件的人们而言，每天均有可能遇到可怕的事情。通过确保政府当局、潜在雇主、熟人和姻亲都了解他们"有污点"的过去，"ET"标志妨碍他们生活的方方面面，从官场交际到家庭生活，以及个人关系之中最私密的事情。一位批评者就将"ET"标志比作纳粹统治下犹太人被迫佩戴的"大卫之星"（Star of David）。⑤

这些政策最令人痛楚也最具争议的一个方面是，不管何其不公，它们不仅是影响了那些因其政治活动和信仰而被拘留的人，还

---

① Hardoyo, "Bersih Diri," p. 2. 亦可参见 Hardoyo, "The Effects of the 'Clean Environment' Campaign in Indonesia," May 1990, p. 5。

② 例如，Suparman, *Dari Pulau Buru*, pp. 270-281, 295-317; Marni, "I Am a Leaf in the Storm," trans. Anton Lucas, *Indonesia* 47 (April 1989): 49-60。

③ 参见 Hardoyo, "Effects of the 'Clean Environment' Campaign," p. 5。

④ 内政部，*Instruksi Mendagri No. 32 / 1981*。

⑤ Hardoyo, "Bersih Diri"。

影响到了他们的亲属、子女、孙辈。① 在当时批评家们所使用的术语中，新秩序国家把与印尼共和左派的联系视为"可承袭之罪"（inheritable sin）或"世代之罪"（generational sin，印尼文 dosa turunan）。其结果就是，那些在所谓政变时代尚未出生的年轻人，或许从未见过他们"不清白"（unclean）的父母，却要背负着强烈的社会污名而生活。这种耻辱不可避免地需要人们付出沉重的情感代价，并导致各种心理问题。② 对于难以计数的普通公民而言，这也意味着失业、朋友和家人的疏远、霸凌、辍学以及难于找到生活伴侣，因为雇主、朋友和潜在的姻亲都害怕与他们有牵连。对很多前囚犯来说，解决办法是切断与家人的一切联系，改变或隐藏其真实身份。③

规训和惩罚

对前囚犯们进行的那些限制，其核心之处是新秩序国家的两个

---

① 恢复安全与秩序行动指挥部（Kopkamtib）一份内部文件概述政府关于政治犯的政策，明确要求，政治犯们的家人也必须"受到监控和引导，以便他们的确不会变成'九三〇运动'/印尼共产党分子们的目标，并且要确保他们成为良好公民（信奉建国五基和 1945 年宪法）"。Kopkamtib, Daerah Djawa Timur, "Pokok-Pokok Kebidjaksanaantentang Penjelesaian Tahanan/Tawanan G-30-S/PKI di Djawa Timur," Surabaya, November 6, 1969。

② 关于 1965 年事件的情感和心理后果以及污名，参见 Robert Lemelson, dir., *40 Years of Silence* (Los Angeles: Elemental Productions, 2009), DVD。

③ 关于前拘留犯们及其家属所面临的社会污名和其他问题，参见 Andrew Marc Conroe, "Generating History: Violence and the Risks of Remembering for Families of Former Political Prisoners in Post-New Order Indonesia" (PhD diss., University of Michigan, 2012); Hardoyo, "Effects of the 'Clean Environment' Campaign"; Annie Pohlman, "A Fragment of a Story: Gerwani and Tapol Experiences," *Intersections: Gender, History, and Culture in the Asian Context* 10 (August 2004), http://intersections.anu.edu.au/issue10/pohlman.html。也可参见前政治犯的叙述：Baskara T. Wardaya (ed.), *Truth Will Out: Indonesian Accounts of the 1965 Mass Violence*, trans. Jennifer Lindsay (Clayton, Victoria: Monash University Publishing, 2013), pp. 124-128, 136-146, 151-152; Sukanta, *Breaking the Silence*, pp. 94, 105, 112, 121-122, 153-156。

第九章 释放、限制、规训和惩罚

特征,这两个特征从总体上深刻地影响了印尼社会。第一个特征是,一套深入干预意识形态的治安和群众监督制度,旨在根除、隔离、规训和惩罚任何与印尼共产党以及其他被禁组织有着即使疏远的联系或受影响甚微的人。① 第二个特征是,一套精细的宣传和审查制度,同样是为了维护社会秩序、纪律和控制而设计的。此二者均受到密切关注,不仅因为它们给数十万印尼人带来了可怖的后果,而且因为它们揭示出印尼政府的思维定式及内部运作方式。尽管许多限制和规定在1998年新秩序终结后已被正式废止,然而支撑它们的有害思想和规范仍然广泛地持续存在于国家和社会之中。

心理筛查

在20世纪60年代末,意识形态治安体系通过一系列规章建立起来,目的是清除武装部队和公务员里的左派分子。② 在接下来的30年间,这一制度以一系列令人眼花缭乱的总统级、部长级、军事法令和指示的形式得到细化和强化,涵盖了该国庞大的公务员系统、武装部队和"战略产业"的全体成员以及准成员。此外,至20世纪80年代为止,许多私营雇主和服务供应商也采用了国家意识形态的筛选规范及方式,有效地创建起一个监视和意识形态治安的超大规模网络,由国家、准国家实体和印尼社会自身来强制执行。

1965年10月1日之后不久建立起来的这套意识形态审查程序,在内部文件中被称为"心理筛查"(mental screening,印尼文 screening mental)或"意识形态心理筛查"(ideological mental screenings,印尼文 screening mental ideologis)。那些通过筛查的人获得一份证书

---

① 关于该制度的敏锐分析,参见 Tanter,"Intelligence Agencies,"尤其是第12章。
② 用于规范从政府机构中筛查和开除印共前成员的主要法令之一是印尼共和国总统令:*Keputusan Presiden No. 300/1968 tentang Penertiban Personil Aparatur Negara/Pemerintah*。它授权强大的国家安全机构——恢复安全与秩序行动指挥部执行该政策。

(Surat Bebas G-30-S/ PKI），保证其"不受共产主义影响"（free from Communist influence），这在理论上确保他们过正常的生活。从原则上来说，只有当一个人寻求在公务员系统、军队或"战略产业"工作时，此类证书才是必备的。可实际上，到20世纪70年代初，几乎每一个人要办理各种事项时，都会被要求提供此类证书，包括诸如"申请安装电话、请求在政府土地办公室查看土地所有权，或者申请高等教育机构入学"等日常事务。的确，这些证书是如此广泛地被要求出示，以至于没有证书的人生活在那样一种状态——加斯特斯·M. 范德克罗夫（Justus M. van der Kroef）称之为"一种安全待定状态"（security limbo）。[1]

随着20世纪80年代初期新法规的颁布，这项审查程序逐渐被冠上"清洁环境运动"（clean environment，印尼文bersih lingkungan）的称号，因为新制度不仅评判个体的行为、言语和信仰，也评判其广泛的家庭和社会环境。[2] 其中一项法规明确指出："意识形态筛查，包括对公务员和准公务员及其相关环境进行评估，涉及他们的个人身份、家庭身份，以及更为广泛的环境、居住地点和熟人。"[3] 只有那些具备一个洁净环境的人才能通过审查。

以下问题摘自20世纪80年代中期官方筛查的问卷和访谈，让

---

[1] Justus M. van der Kroef, "Indonesia's Political Prisoners," p. 643.

[2] 1990年以前的主要法规：Kementerian Dalam Negeri, *Instruksi Mendagri No. 32/1981*; Kopkamtib, *Petunjuk Pelaksanaan Kopkamtib No. JUKLAK 15/KOPKAM/V/1982* [May 27, 1982] *tentang Screening Mental Ideologisterhadap Pelamaruntuk Menjadi Pegawai Negeri Sipil Karyawan Instansi Pemerintah/Perusahaan Swasta Vital*. 参见Hardoyo, "Bersih Diridan Bersih Lingkungan Kas Indonesia." April 18, 1990, n. p。

[3] See Hardoyo, "Implikasi Penegasan Pangab Tentang Penghapusan Stigmatisasi 'ET' pada KTP eks-Tapol/Napol." Jakarta, December 23, 1993, n. p.

第九章 释放、限制、规训和惩罚

人对这一程序有所了解：①

1. 概述你的家庭历史（包括基于你父母双方的祖父母、外祖父母，他们的宗教信仰和他们的社会状况）。
2. 如果你已婚，需要同样概述你妻子原来家庭的历史……
3. 你对专业集团党［执政党］有什么看法？……
4. 你对 P-4（官方意识形态训导项目）有什么看法？
5. 你对"九三〇运动"知道什么？你对那次事件有什么看法？
6. 你家里有没有人"参与""九三〇运动"？如果有，以什么方式参与的？
7. 什么是马克思主义/列宁主义？
8. 共产主义据说是一种潜在的威胁，为什么？
9. 你对新秩序有什么看法？
10. 你对横幅抗议行动怎么看？
11. 你对拒绝投票的印尼公民有什么看法？
12. 你对［武装部队］双重职能（Dual Function）怎么看？

随着此制度遭受到批评，这一审查程序在 1999 年被命名为"特别审查"（special review，印尼文 penelitian khusus 或 litsus），而

---

① 《在职及将入职国家公务员/私营企业雇员的筛查提问（试用）》[Pertanyaan-Pertanyaan Screening Pegawai Negeri/Swasta yang Masih Bekerja dan yang Akan Masuk (Test)]，影印本，1985 年 11 月。正如坦特（Tanter）所示，军队在东帝汶的军事行动过程中，在劳资纠纷期间，以及在许多其他情况下，也使用类似的问卷调查作为政治监控手段。参见 Tanter, "Intelligence Agencies," pp. 292–294。

"清洁环境"一词被逐步淘汰。① 然而，只改换名字，制度却保持不变，且沿用了同样的奥威尔式思维（Orwellian mindset）定式，对忠诚和顺从的同样执念，以及与前一制度同样广义的意识形态罪错及不洁感。如同早先的安排一样，特别审查的目的在于对抗潜在的共产主义威胁，规训并清洗以任何方式跟"九三〇运动"或印尼共曾有过关联的人，并强制实行对国家及其意识形态的绝对忠诚和服从。②

虽然审查是由设立于每个政府机构和部门里的"特别审查小组"（litsus teams）来实施，然而这个制度的总体责任落在强大的国家安全机构手中，该机构在1988年取代了国家恢复安全与秩序行动指挥部，被称为国家稳定发展支助协调局（Agency for the Coordination of Support for the Development of National Stability，印尼文名称Badan Koordinasi Bantuan Pemantapan Stabilitas Nasional，或简称Bakorstanas）。在1990年宣布该政策的一个官员会议上，武装部队指挥官、国家稳定发展支助协调局负责人特里·苏特里斯诺（Try Sutrisno）将军清楚地阐明了这项政策的威权主义基本原理——此政策强调纪律、秩序和清洁（discipline, order, and cleanliness）：

> 我们都知道，对政府而言，筛查是一种手段，用于规训和清洗国家机器中的共产主义分子，尤其是潜在的共产

---

① 此项新制度经由印尼共和国总统阐明：*Keputusan Presiden No. 16/1990 tentang Penelitian Khusus Bagi Pegawai Negeri Republik Indonesia*, August 17, 1990。它取代了另一项印尼总统令：*Keputusan Presiden No. 300/1968*. 参见 Bakorstanas, "Coordinating Meeting of Special Review (Litsus) for the Republic of Indonesia Civil Servants, July 19, 1990: Clarification of Presidential Decree No. 16," trans. and reprinted in Asia Watch, "Indonesia: Curbs on Freedom of Opinion," September 4, 1990。

② 国家稳定发展支助协调局的一份文件解释说，"忠诚和服从"是"受雇为印尼共和国公务员的绝对先决条件"，而且"识别参与'九三〇运动'/印尼共的特别审查包括一种确定忠诚和服从程度的方法"。Bakorstanas, "Coordinating Meeting of Special Review," p. 5。

第九章 释放、限制、规训和惩罚

主义威胁以及通常的极端主义活动。在努力建立一个廉洁而有权威的国家方面,它具有非常战略性的地位。因此,我们必须尽力确保此类筛查保持一致性、全面性、持续性并具有牢固的法律基础。①

国家稳定发展支助协调局在同一天发布的一份新闻稿为这一政策提供了进一步的理由:防范"潜在的共产主义威胁"(latent Communist threat),而且特别是要防止"九三〇运动"和印尼共产党"卷土重来":

> 尽管从根本上,我们已经能够镇压这些[共产党]起义,也已经依法禁止了印尼共产党及其思想的传播,但作为一种政治意识形态,共产主义还没有被彻底根除……事实上,这些信条的支持者们继续从事"九三〇运动"/印尼共活动,而且多次以非法方式试图卷土重来……由此,我们不得不守护并且强化我们对潜在共产主义威胁的警觉。与这一点相关,参与"九三〇运动"/印尼共和其他被禁组织的概念已经被从广义上进行定义,用以涵盖并阻止所有当前的以及未来的"九三〇运动"/印尼共残余势力企图卷土重来的尝试。②

为了实现这些目标,新政策表述了令人惊讶的宽泛标准,用于界定可能参与"九三〇运动"或印尼共以及其他被禁组织。"基本

---

① Bakorstanas, "Statement by the Head of the Coordinating Body for Securing National Stability to the Opening of the Coordinating Committee on Departmental and Agency Special Review Units," Jakarta, July 19, 1990, trans. and reproduced in Asia Watch, "Curbs on Freedom of Opinion," September 4, 1990.

② Bakorstanas, "Coordinating Meeting of Special Review," p. 4.

上,"军方当局解释说,"任何人在任何时候,通过言论、行动、写作,对'九三〇运动'/印尼共之中的印尼共参与者,或者对'九三〇运动'/印尼共冲突事件的政治信念和策略,表达过支持性的态度或信念(expressed an attitude or belief),都可以被称为'参与'(involved)'九三〇运动'。"① 明确地说,这就意味着一个在1965年还尚未出生的人,仅仅是读了一本书,写过一篇文章,或者表达了一种会被理解成同情印尼共的观点,就有可能被判定成已经"参与"了所谓的1965年未遂政变。

然而,筛查制度并未止步于此。就如同之前的制度一样,"特别审查"的目的是勘察和评判个体在其"环境"中与他人"互动"的"负面"后果。正如1990年一份官方文件中所阐明的那样:

> 基本上,所有人在其所处的环境之中,都会受到与他们互动的那些人影响。由于这个原因,将对每一位公务员进行"特别审查",以检查他们跟"九三〇运动"/印尼共参与者和共产主义支持者之间的互动,因为这样的互动可以影响一个人自身的态度、观念和思维方式,从而造成一个全面的负面影响,作用于他/她对建国五基、1945年宪法、国家和政府的忠诚与服从感。②

这种安排明显存在问题。首先,它很容易就会被随意滥用;雇主和审查委员会可以利用政治不可靠作为借口,开除不想要的或麻烦不断的员工,或者为朋友和家庭成员创造工作机会。③ 然而,这

---

① Bakorstanas, "Coordinating Meeting of Special Review," p. 5.
② Ibid., p. 5. 或者,正如苏特里斯诺将军对国家官员们所说:"我们使用'影响'这个词,因为基本上在社区之内的每一次互动都将导致某种程度上的影响。从他/她的环境影响之中,没有人是免疫的。" Bakorstanas, "Statement by the Head of the Coordinating Body," p. 9.
③ 关于政治排查实施过程中的滥用和腐败问题,参见 Hardoyo, "The Effects of the 'Clean Environment' Campaign in Indonesia." May 1990, n. p。

第九章 释放、限制、规训和惩罚

其中最有害的方面体现在：根据一个主体的行为或言论，而不是基于任何已经犯下的罪行来判定其有罪，更糟糕的是，官方还基于他们假定的思想、观念和联系来进行有罪推定。其实，这是一种建立在倾向性借口（tendentious pretext）之上的集体惩罚形式，其倾向性借口即政治思想是病毒感染（viral infection）的一种形式，又或许是一个遗传问题（genetic problem），有可能通过身体或社会互动来传递。①

既然如此，尽管更换了名字，可是意识形态筛查系统的那些基本原理依然照旧。其目的是规训和清除政治上不可靠的人，以确保对国家及其意识形态的绝对服从和忠诚。在这一制度下，国家当局被赋权调查数十万人是否与印尼共产党及其他被禁止组织有可能存在联系。那些被发现有此类倾向或联系的人，可能或曾经被剥夺了所有形式的政治、社会和经济权利。② 简言之，这是一个为警察和惩罚思想而设计的法外系统，在其基调和歇斯底里反共方面堪比美国的麦卡锡主义，其波及范围却更广。③

---

① 1994 年，一位前政治犯指出，其受到了极不公正的对待，政府的相关规定"修改集体惩罚概念"（revise the notion of collective punishment），使"犯罪可通过亲缘关系传递"（guilt as genetically transmissible）。Hardoyo, "Time to End the Cold War on Former Political Prisoners," *Inside Indonesia* (March 1994): 14–15. 坦特把这种方法描述为一种"种姓理论"（caste theory），在此理论之中，"罪恶感代代相传，直至一个家族的当前和他们姻亲的分支"。Tanter, "Intelligence Agencies," p. 296。

② 根据一份报告，1988 年，负责政治和安全事务的统筹部长说，在公务员系统中仍有大约 17.5 万名 C 类曾被政治拘留者将很快就会遭开除。而且据报道，在 1985 年 11 月，大约 1700 名来自加德士（Caltex）、印尼国家石油公司（Pertamina）和特索罗（Tesoro）石油公司的工人被开除，因为他们据称与印尼共产党存在家庭联系（family ties）。Liberation, "Intervention on the Question of Indonesia: Item 9 of the Agenda of the UN Sub-Commission on the Prevention of Discrimination and Protection of Minorities," London, August 1988。

③ 例如，"Membenahi Beberapa Kendala Pembangunan Hukum Moderen Indonesia Sesuaidengan Jiwa Pancasila/UUD 45," Jakarta, April 1, 1995, n. p. 正如在这些其他案例中一样，对意识形态维安的思虑"让我们想到印尼［新秩序］国家在思想控制上非常重视"。Tanter, "Intelligence Agencies," p. 296。

杀戮季节：1965—1966年印度尼西亚大屠杀历史

"共产主义的潜在威胁"

新秩序政权的第二个特征在于由国家资助、密集而长期的宣传计划，这塑造了前囚犯们以及整个印尼社会的生活。通过这样的宣传计划，新秩序当局成功地推行了霸权主义，并将1965—1966年事件渲染成为一个有严重误导性却又极具弹性的历史记录，同时压制了其他版本的历史叙述。从一开始，它就把印尼共产党描绘成为应该对发动暴力事件负责任的始作俑者，并将反击共产主义的暴力行为刻画得既英勇又必须，称其旨在国家的稳定和安全。官方叙述还把印尼共产党斥为残忍腐化，反复提及"共产主义的潜在威胁"，并提醒任何潜在的批评者，被贴上左派的标签会带来可怕后果。

此外，正如同阿瑞尔·赫里延托所说，官方虚构出了一个残暴且具有颠覆性质的共产主义幽灵，并使这种印象深深渗透进入到大众文化之中，以此来压制政治反对派，迫使大众顺从与缄默。[①] 官方的谎言和刻意回避产生于新秩序期间，绵延不绝，产生了持久而深远的影响。无论评论家们怎么想，许许多多的印尼人时至今日依然对这样的叙事深信不疑。正像安德森和麦克维在50多年前所做出的预测那样，官方对印尼共产党的妖魔化产生了深刻而持久的后果：

> 印尼共自从"茉莉芬事件"以来就背负着负面的形象，未曾在人们的记忆中被完全抹去。而长远来看，"九三〇事件"由印尼共产党挑起的认知演变成为"怪兽"一般的解释，有利于进一步固化印尼共的负面形象。无论以后有何质疑，产生了怎样的不同观点，印尼共的负面形

[①] Ariel Heryanto, "Where Communism Never Dies," *International Journal of Cultural Studies* 2, no. 2 (August 1999): 147-177.

第九章　释放、限制、规训和惩罚

象已经在人们心中根深蒂固，只会把印尼共当作一个恶贯满盈且具有反叛性质的团体。①

新秩序宣传的最重要例子就是长电影《九三〇运动/印尼共的叛变》（*Pengkhianatan Gerakan 30 September/PKI*，英译名 *The Treachery of the September 30th Movement/Indonesian Communist Party*），它的影响至今仍让人感触颇深。从 1984 年到 1998 年，该国要求所有中小学生每年都要观看。② 通过对所谓政变的生动而暴力的呈现，这部电影介绍了印尼共叛变和腐化的所有官方说辞，包括传闻的印尼妇女运动成员们的放荡行为，而且毫不质疑印尼共折磨并杀害 6 名将军的罪行。这部电影的原声带将流行歌曲《根吉草，根吉草》（*Genjer-Genjer*）剪辑，加在表现最残忍行为的那些片段里，意图在这首歌曲和印尼共产党表现出的"暴行"之间建立起关联。

观影时强烈而不安的感官体验，毫无疑问对看过这部电影的人产生了深刻影响；很多孩子觉得这部电影极度恐怖，其中一些在观影后经历过心理创伤与噩梦。鉴于该片强制所有小学生都要观看，并且要求每年 9 月 30 日在电视上进行播放，据保守估算，15 年来受其影响的人数以亿计。这一结论是 1998 年苏哈托辞职之后开展的调查所得出的。1999 年，受人尊敬的国家媒体印尼《时代周刊》和《罗盘报》进行的一项调查发现，97% 的受访者看过这部电影，

---

① Benedict Anderson and Ruth McVey, *A Preliminary Analysis of the October 1, 1965 "Coup" in Indonesia* (Ithaca, NY: Cornell Modern Indonesia Project, 1971), p. 132. 在 1974 年赴印尼的一次研究之旅后，一组荷兰医师写下了关于此类描述的心理作用以及 1965 年事件本身的心理影响："除了媒体培养出这种焦虑的事实之外，很多人仍然患有基于政变期间事件的焦虑性精神疾病。"引自 Justus M. van der Kroef, "Indonesia's Political Prisoners, " p. 641。

② Arifin C. Noer, dir. , *Pengkhianatan Gerakan 30 September/PKI* (Jakarta: Perum Produksi Film Negara, 1984).《叛变》（*Pengkhianatan*）是 1969 年 4 月建立的"国家恢复安全与秩序行动指挥部电影项目"（Kopkamtib Film Project）倡议下制作的几部电影之一。关于新秩序使用电影作为宣传手段及其遗产问题，参见 Ariel Heryanto, *Identity and Pleasure: The Politics of Indonesian Screen Culture* (Singapore: NUS Press, 2014), Chapters 4-5。

72%的受访者说这是他们对1965年10月1日事件相关信息的主要来源。第二年《罗盘报》的一项调查发现，77%的受访者同意将共产主义者描述成为"虐待狂、无神论和不道德"，而且超过半数以上的人认为共产党可以和杀人犯相提并论。①

30多年以来，数以百万计的印尼中小学生，通过他们国家要求的历史课和公民课，成为国家持续宣传的目标。整个新秩序时期，学校教科书和教师用书仅仅提供了所谓未遂政变的官方版本，这个版本将印尼共的所谓残忍、腐化和背信弃义与6位将军的英勇和牺牲进行鲜明对比。教材坚定不移地把将军们描绘成"革命英雄"（Revolutionary Heroes），并叙述了军队在"拯救"国家和民族免遭毁灭过程中的"无私无畏"。教科书和教师手册详尽介绍了据称6位将军曾遭受的凌虐与杀害，然而对于50万手无寸铁的公民被杀戮和100多万公民被监禁却没有任何提及。

或许更值得注意的是，这种歪曲的官方版本历史并非过去的遗物。相反，苏哈托被迫下台数年后，以及在印尼开始向民主转型期间，学校里仍然在讲授这个版本的历史。② 在纪录片《沉默之像》里有令人震惊的一幕，拍摄于苏哈托辞职后数年，一位小学老师将所谓未遂政变的故事讲述给他教授的班级，如下所示：

> 共产党人是残忍的。共产党人不信神。共产党为了改变政治体制绑架了6名将军。他们用刀片割将军们的脸。

---

① 所有数据引自 Yosef Djakababa, "Narasi Resmi dan Alternatif Mengenai Tragedi '65," in Baskara T. Wardaya (ed.), *Luka Bangsa Luka Kita: Pelanggaran HAM Masa Lalu dan Tawaran Rekonsiliasi* (Yogyakarta: Galang Press, 2014), p. 366.《时代周刊》在2000年针对中学生展开的一次民意调查发现，90%受访者说他们主要是通过电影了解到"九三〇事件"的历史。Heryanto, *Identity and Pleasure*, p. 82.

② 在21世纪初，新的中学教科书被引入，其在某种程度上淡化了反共信息，但这些极具争议。2007年，新教科书被司法部长禁止，取而代之的是回归那种旧叙事的文本。Heryanto, *Identity and Pleasure*, p. 83。

第九章　释放、限制、规训和惩罚

你们想要那样吗？想象一下，如果你们的眼睛被剜出来，会有多疼。他们的眼睛被剜出来了！如果你们宰了一只小鸡，把它的头扯下来……那不是很残忍吗？共产党人很残忍，所以政府不得不镇压他们。共产党人被关进监狱，他们的孩子不能成为政府官员。嘿，你是个共产党的孩子，不允许你为政府工作！嘿，你爷爷是个共产党，不允许你参军！嘿，你奶奶是个共产党，你不能加入警队当警察！[所以，明摆着，如果]你反对国家，你就会坐牢。所以，让我们感谢那些英雄——他们努力把咱们国家……建设成一个民主国家！①

新秩序版本的历史也通过准宗教公共仪式（quasi-religious public rituals）来强行灌输，这些仪式美化军队，并且强化关于印尼共产党的负面、非人性的神话（dehumanizing mythologies）。这些仪式之中最重要的是"神圣建国五基日"（Hari Kesaktian Pancasila，或 Sacred Pancasila Day），此仪式在每年的"政变"周年纪念日举行一次，地点是在将军们被杀害之处。在那个位置，印尼政府竖立起了"神圣建国五基纪念碑"（Sacred Pancasila Monument）。这一仪式哀悼将军们的殒身并警告共产主义的威胁始终存在，而与此同时，抹去了对几十万人被杀戮或者被监禁的记忆。②

---

① 引自 Joshua Oppenheimer, dir., *The Look of Silence* (Drafthouse Films, 2016)。
② 参见 Katharine McGregor, *History in Uniform: Military Ideology and the Construction of Indonesia's Past* (Honolulu: University of Hawaii Press, 2007); Katharine McGregor, "Memory and Historical Justice for the Victims of Violence in 1965" (paper presented at the conference 1965 Today: Living with the Indonesian Massacres, Amsterdam, October 2, 2015); Djakababa, "Narasi Resmi dan Alternatif," p. 362。

图9.1　2012年10月，雅加达，时任陆军总参谋长
普拉莫诺·艾迪·维博沃（Pramono Edhie Wibowo）将军检阅陆军武器展览会
（Yamtomo Sardi/Stock Photo）

值得一提的是，此仪式和其他反共仪式在新秩序终结之后仍长期持续，事实上让一系列可以追溯至20世纪60年代末的观念和比喻继续留存。举例来说，在2011年的这项仪式上，陆军总参谋长、恶名远扬的陆军突击队军团指挥官萨尔沃·艾迪·维博沃（Sarwo Edhie Wibowo）之子普拉莫诺·艾迪·维博沃将军告诫该国必须对共产党保持警惕，让"九三〇运动"永远不会重演："这次公开活动旨在重温对信仰的告白，由军方组织的、为我们革命英雄进行的联合祈祷并非要延长仇恨，但我们必须明白［九三〇运动］这一事件真的确实发生过。我们作为本民族的接班人，必须警惕，以免重蹈覆辙。"①

当局还试图通过持续监禁和偶尔对剩余的A类囚犯判处死刑的

---

① "KSAD: Komunis Harus Tetap Diwaspadai," *Berita Yahoo*, September 30, 2011.

第九章 释放、限制、规训和惩罚

方式来强化缄默与服从。例如，1985—1990 年，20 名 A 类囚犯被行刑队杀死。他们之中的 4 人是总统卫队成员，被捕 20 多年后，在 1990 年 2 月的同一天里被处决。另外的 6 名印尼共产党前党员，原定于在接下来的一个月被行刑，但因面临国际社会的强烈批评而推迟处决。① 与此同时，至少 24 名年事已高的囚犯（有的由于病情过重）于 20 世纪 90 年代的牢狱里痛苦地死去。②

缄默与服从也通过官方审查得以维持。在新秩序大部分时间里，国家审查员审查书籍、电影、艺术作品和媒体是否有涉及质疑 1965—1966 年事件官方叙述的内容。他们还封禁了从前与印尼共产党及左翼组织有过联系的作家作品，甚至他们自己有时都无法指出作品中存在任何可能被解释为支持或散播共产主义思想的内容。他们把那些被发现拥有或传播这些作品的人投入监狱。③ 挑战限制措施的新闻编辑和出版商受到国家有关部门的拜访，偶尔会受到惩罚或被迫关停报馆。逐渐地，一种自我审查在出版商、编辑和大部分作者群体之中变成准则。

抵抗

鉴于这些事实，不难想象，有关 1965—1966 年暴行和新秩序时期政治拘留犯待遇的批评和争辩，通常会持续至 1998 年 5 月苏

---

① 关于政治犯的处决，参见 Amnesty International, *Indonesia: Four Political Prisoners Executed* (London: Amnesty International, February 1990); Amnesty International, Open Letter to President Suharto, March 9, 1990。印尼官方对大赦国际干预的愤怒回应，参见 "Pangab: Indonesia Tidak Mau Didikte," *Kompas*, March 11, 1990。

② Amnesty International, *Indonesia: The 1965 Prisoners—A Briefing* (London: Amnesty International Publications, 1995)。

③ 例如，1988 年，两名大学生由于持有和分发前布鲁岛拘留犯普拉姆迪亚的文学作品副本而被捕。这两名学生，班邦·苏波诺（Bambang Subono）和班邦·伊斯第·努格罗霍（Bambang Isti Nugroho），被控颠覆罪，分别被判处 7 年和 8 年监禁。参见 Amnesty International, *Indonesia: Subversion Trials in Yogyakarta* (London: Amnesty International Publications, 1989)。

哈托辞职时期，之后紧跟着的便是革新和民主的时代。但是情况并非完全如此。事实上，尽管困难重重，印尼国内外的批评者在杀戮事件发生后的仅仅几个月之内就大声表态，并且在威权统治的30多年间持续如此。譬如，我们已经看到，早在1966年1月，康奈尔大学的学者们就公开挑战了该事件的军方表述版本，引发了与印尼当局长达数十年的激烈辩论。1976年，其中一位学者安德森，在国会就印尼人权问题进行了严厉的陈词，并以如下率性直言作结："问题不在于个体滥用权力，而在于过去10年政府表现得越来越专制，怀疑自己的公民，对弱者和弱势群体的权利漠不关心。"① 同样，从20世纪70年代初开始，诸如大赦国际、达波尔（Tapol）、国际法学家委员会等国际人权组织，经常就此类议题展开批评和讨论，而且在他们运动的帮助下，数万名政治犯成功获释。

即使在印尼境内，批评之声也早已存在。② 印尼共产党总书记苏迪斯曼的辩护词是对新秩序残暴行径最早也最具说服力的批评之一，他最终于1967年被判处死刑。③ 同年，印尼学生活动家史福义（Soe Hok Gie）公开批评政府未经指控和审判就拘留政治异见者的做法，后来他离奇死去。这些孤独的反对声音受到少量勇敢无畏的私人事务所执业律师们鼓励，他们寻求通过呼吁法治和组建法律援助研究所（Legal Aid Institute，印尼文 Lembaga Bantuan Hukum）等新生人权组织来约束新秩序政权。此外，尽管军方对媒体进行了严厉的审查，总有一些印尼记者和学生活动积极分子尽其所能来揭露暴力事件。甚至坚决反共的前国防部长纳苏蒂安将军也发表了一些

---

① Anderson, "Prepared Testimony on Human Rights in Indonesia," p. 11.
② 如赫里延托写道："即使在新秩序威权统治的鼎盛时期，人们也能在人群中发现大胆的异议之声。" Heryanto, *Identity and Pleasure*, p. 106.
③ Sudisman, "Analysis of Responsibility: Defense Speech of Sudisman, General Secretary of the Indonesian Communist Party at His Trial before the Special Military Tribunal, Jakarta, 21 July 1967," trans. Benedict Anderson (Melbourne, Victoria: Works Co-operative, 1975).

第九章　释放、限制、规训和惩罚

批评意见，他在 1975 年谈及政治犯时表示："他们应该被释放，同时考虑对其所犯罪行起诉和安全的需要……政府歇斯底里的反共回应方式并不可取。"①

由于这些早期干预的重要作用，关于 1965—1966 年和前政治犯待遇的批评及争论至 20 世纪 90 年代达到了一个全新的水平。这要在一定程度上归功于充满活力的年青一代活动家们，他们接受了跨国的民主和人权理念，也有部分原因是新秩序本身逐渐式微和内部分歧不断出现。另一部分原因则是随着冷战的结束，相关国际人权准则发生了更具普遍性的转变。在此背景之下，新秩序当局经历了前所未有的国内批评，其中一些来自现任或退休的国家官员，尤其是在关于老年政治犯和曾被政治拘留者及其家人的待遇方面。这种批评为杰出公民和人权团体进入辩论提供了一个端口，变革的压力也进一步增大。

曾被政治拘留人士受到的种种限制，为了回应批评，新秩序高级官员们经常表示一些限制措施会被逐步淘汰。在 1993 年中期，一群退休的军官呼吁从国民身份证上去除"前囚犯"（ET）的标志，主张它已经过时，与现代社会的法治原则相悖。② 1993 年 12 月，武装部队司令官费萨尔·丹戎（Feisal Tanjung）将军告诉一个议会委员会说，军方不反对从曾被政治拘留人士的身份证上删除"前囚犯"标记，但那将取决于内政部做出的必要改变。③ 1995 年，随着印尼独立 50 周年庆典的临近，许多有识之士再度呼吁废除

---

①　Cited in *Kompas*, July 28, 1975.

②　See Hardoyo, "Time to End the Cold War on Former Political Prisoners," *Inside Indonesia* (March 1994): 14-15. 几个月之后，据报道，国家恢复安全与秩序行动指挥部前负责人苏米特罗（Sumitro）将军说："我不再认为印尼共产党是一种潜在的威胁。让我们不要再把他们当成是替罪羊。"引自 *Forum Keadilan*, no. 13-14 (October 1993).

③　*Kompas*, December 14, 1993.

"前囚犯"标记。① 总统的国家宣传顾问阿卜杜尕尼（H. Roeslan Abdulgani）号召政府停止使用这一标识，并对前被政治拘留者宽大处理。"现在是时候了，"他说，"我们，作为一个国家，应该原谅自己人民的罪过。"② 最终，在 1995 年中期，政府宣布从国民身份证上去除"前囚犯"标志，而且少量年老的政治犯被释放，其中就包括前空军司令奥马尔·达尼。③

尽管这些发展无疑都是较为积极的，可人们的反应中还是夹杂着对他们耗时如此之久的遗憾，以及怀疑这些是否会带来有意义的改变。一位没经审判就被关押了 13 载的前政治犯年近迟暮，在评论建议去除"前囚犯"标记时，他说："我太老了，对我的生活来说没多大区别了……如果他们早些年这么做，我们之中的大多数人还足够年轻，还可以享受我们的生活。"他还表达了一种可以理解的怀疑态度——他不确定这项政策变化是否会显著改变政府和军方官员们对前政治拘留者的态度及行为。"邻居们知道我们是谁，他们对我们很好。"他说，"但地方官员们更谨慎一些，在心理上来说，我不知道这是否会改变他们的想法。"④

这种怀疑的缘由不难感知。甚至在宣布改变关于前政治犯的政策时，以及此后多年，高级军官们继续坚称共产主义代表着一种潜在的威胁，前政治犯们需要被控制和被监视，而且意识形态审查的

---

① 这些杰出的公民包括 H. Roeslan Abdulgani, Adnan Buyung Nasution, Franz Magnis Suseno and T. Mulya Lubis。参见 "Amnesti, Menyembuhkan Luka Lama," *Surabaya Post*, April 3, 1995。

② "Ideology Propagator Attacks Policy on Ex-Political Prisoners," *Jakarta Post*, March 15, 1995. 在 1995 年初，雅加达的一次研讨会主题是关于前被政治拘留者权利的限制。参见 "50 Tahun Kemerdekaan RI dan Problem Tapol Napol di Indonesia," Jakarta, January 28, 1995, n. p。关于那次研讨会的反思和结论，参见 "Membenahi Beberapa Kendala Pembangunan Hukum Moderen Indonesia Sesuaidengan Jiwa Pancasila/UUD 45," Jakarta, April 1, 1995。

③ 相关法令于 1995 年 8 月 18 日撤销。

④ 引自 "Clement Times: Suharto Frees Prisoners, Lightens Coup-Era Blacklist," *Far Eastern Economic Review*, August 24, 1995。

第九章 释放、限制、规训和惩罚

做法应该持续下去。举例来说,就在这项去除"前囚犯"标记的政策被宣布之前,丹戎将军驳回了对年迈的印尼共囚犯宽大处理的想法,他说:"我们仍能预见到他们被释放后的危险。"众议院议长、同样也是一位前军官,同样指出需谨慎行事:"尽管囚犯们都很老了,但我们必须牢记印尼共的潜在威胁。"其间,新闻部长哈尔莫柯(Harmoko)和高级军官们强调,即使现在把"前囚犯"的标记移除,前政治犯们也将继续受到监控。①

综上所述,在20世纪70年代末,该政权决定释放数千名未经审判的政治拘留者,这毫无疑问是由人权组织领导、一些西方国家特别是美国支持、协调一致跨国运动的结果。这场运动的成功取决于三个不寻常因素的构成的巧合:人权非政府组织、美国国会和白宫方面的共同行动意愿;一个有利的国际环境,在一段时间内使用国际人权语言进行呼吁变得较为方便;一个面临真实的或潜在经济制裁时非常脆弱的印尼政府。

然而,即使新秩序最终屈服于人权组织和美国政府的联合压力,释放了未经审判的政治犯们,但是它也并没有因此就停止去监视和控制其敌人的行动和思想。相反,在释放之后,新秩序政权对前政治犯及其家人实施了一套日益复杂的限制措施,几乎打乱了他们生活的方方面面,留下了持久的伤痕。此外,这些限制是军方领导人根深蒂固执迷于控制、命令和纪律的病症,用于针对那些被他们视作危险而不守规矩的群体。这种执念显现于思想控制、监视、治安、宣传和审查等高压制度之中,这些制度成为新秩序政权和印尼社会的标志。这些制度不仅给前政治犯及其家人制造了沉重的负担,而且从总体上阻碍并扭曲了正常的政治话语和社会交往。

---

① "Clement Times: Suharto Frees Prisoners, Lightens Coup-Era Blacklist," *Far Eastern Economic Review*, August 24, 1995. 一名地区高官宣称:"共产主义的意识形态是不能被消灭的。"引自"Membenahi Beberapa Kendala Pembangunan Hukum Moderen Indonesia Sesuaidengan Jiwa Pancasila/UUD 45," Jakarta, April 1, 1995。

此外，对这些政策和制度的抗拒始终存在，而且随着新秩序政权于20世纪90年代开始瓦解，抵抗的力量开始逐步增强。缄默、净化和控制的冲动伴随着对发声、讨论和自由的渴望，这两种倾向最终在1998年5月苏哈托将军辞职前后激动人心的政治改革氛围中找到了表达渠道。

第十章　真相与正义？

> 所以，既然我的孩子们开始了自己的生活，我也就开始思考，为什么我就得保持沉默？我开始思考那些命运与我相似的人，那些像我一样被抛弃的人。我决定开始去揭露那些将这个国家引入歧途的谎言。为了让我的同胞对手足所行之恶于未来不再重演，我想要这样做。
>
> ——阿加莎·苏马尼（Agatha Sumarni），前政治犯

2001年3月，为重新安葬在1965年至1966年的暴力事件中丧生的20余位受害者的遗体，一个受害者团体组织了一场葬礼。该团体成员从中爪哇省（Central Java）沃诺索博（Wono-Sobo）地区的一个万人坑中挖出了这些遗体，并计划在淡满光（Temanggung）附近的卡洛兰（Kaloran）举办一场多信仰的葬礼来重新安葬他们。①吊唁者们将遗体放进棺材里，并准备将这些遗体送往当地的公墓下葬。但在他们开始行动之前，一群人袭击了他们，抢走并破开了棺材，还把遗体散得到处都是。袭击者们宣称共产党人不能葬

---

① 关于这一事件的更多细节，参见 Katharine McGregor, "Mass Graves and Memories of the 1965 Indonesian Killings," in Douglas Kammen and Katharine McGregor (eds.), *The Contours of Mass Violence in Indonesia, 1965-68* (Singapore: NUS Press, 2012), pp. 234-262。

在他们的公墓里,并呼吁地方当局解散受害者团体,以防止该地区的共产主义死灰复燃。当地警方没有采取任何措施来预防袭击的发生,也没有在事发后立即采取行动制止袭击。袭击者亦未被拘留或是指控犯罪。相反,作为前政治犯的葬礼主要组织者却被迫躲了起来,而其他受害者的家属与葬礼的支持者则被警告不要再尝试进行任何类似的活动。这次袭击达到了它的目的:暴力威胁使这个地区在未来的十多年里都不再有受害者的遗体挖掘与重新安葬的活动。

1998年5月,苏哈托总统在改革的呼声中辞职下台,这为重新审视1965—1966年所发生的事件提供了前所未有的机会,促使人们呼吁彻底调查暴力行为、重写相关事件历史、起诉犯下严重罪行者、向受害者道歉并赔偿以及寻求和解。① 在这些年当中,上述的种种诉求都取得了一定的进展,但也正如开篇这个故事所体现的那样,每前进一步,都至少得后退一步。更糟糕的是,有迹象表明,新秩序政权处理1965年问题时所种下的偏执狭隘与威权主义思维定式仍然根深蒂固,并未日渐式微。那些军队为反对印尼共宣传造势而为的、可疑的意识形态神话亦是如此。因此,要实现1998年提出的寻求真相、正义与和解的目标,仍然任重道远。

本章尝试讨论与公正、真实地记录1965—1966年所发生事件相关的问题,并关注如何为这些事件的受害者伸张正义。首先,本章将简要叙述印尼官员、历史学家、社会活动人士、幸存者、艺术家和记者自1998年以来为探寻历史所做的努力。显然,在苏哈托下台后的头几年,由于改革精神的普遍推动,以及新型信息与政治观点分享渠道的出现,印尼官方与民间对1965—1966年所发生事件开始持有明显开放的态度。接着,本章将这些充满希望的迹象与早在2000年开始就已出现的强烈抵制这种新开放局面的种种现象

---

① Mary Zurbuchen, "History, Memory, and the '1965 Incident' in Indonesia," *Asian Survey* 42, no. 4 (2002): 564-581.

进行对比。本章进而指出，这种抵制导致国家官员教条地拒绝在政策变革、真相收集或正义探寻等领域支持任何有意义的举措，而官员们的阻挠反过来又刺激并鼓舞了各种保守的宗教与政治团体去抵制这些领域的改革。

前进一步

首先是好消息：自新秩序结束以来，官方多次倡议重新审视1965—1966年的暴力事件、解决幸存者与前被拘留者所遭受的不公正待遇等问题。改革精神与印尼国内兴起于1998年前的人权运动共同推进了其中许多倡议。这一运动的参与者主要为非政府组织和学生组织，但也得到了国家人权委员会（Komisi Nasional Hak Asasi Manusia，Komnas HAM）的支持，该运动为苏哈托下台后立即出台的许多积极措施提供了至关重要的法律和话语规范。[①] 例如，1998年以后涌现的许多非政府组织和其他团体使用的话语，1999年和2000年印尼又颁布了两部关于人权的新法，都充分表明了人权思想和人权规范的重要性与公信力。[②]

官方声明与行动

1999年10月，伊斯兰教士联合会前领导人阿卜杜勒拉赫曼·瓦希德就任总统，极大地推动了新的开放精神。2000年3月，瓦希德就伊斯兰教士联合会在1965—1966年的大屠杀中所扮演的角色

[①] Mary Zurbuchen, "History, Memory, and the '1965 Incident' in Indonesia," *Asian Survey* 42, no. 4（2002），p. 569.

[②] 这两部关键的法律分别为：Republik Indonesia, *Undang-Undang Republik Indonesia Nomor 39 Tahun 1999 tentang Hak Asasi Manusia*; Republik Indonesia, *Undang-Undang Republik Indonesia Nomor 26 Tahun 2000 tentang Pengadilan HakAsasi Manusia*。

道歉并敦促印尼公民"开放"那一时期的历史,他的举动使举国上下颇为震动。而他的举措远不止于此。例如,在1999年就职后不久,瓦希德就曾邀请著名作家、前政治犯普拉姆迪亚在总统府会面,而此前普拉姆迪亚的作品在印尼已被禁30余年。此外,在国际人权日(1999年12月10日)的演讲中,他还邀请政治流亡者回国,并指示他的部长们采取措施以恢复前政治犯、被拘留者与流亡者的权利。瓦希德最大胆的举措,可能是他呼吁废除临时人民协商会议第25/1966号决议(MPRS Resolution No. XXV/1966),并宣称这一禁止印尼共和共产主义的决议是违宪的。他这样做,实际上是在公然挑战新秩序时期影响力最为持久的、法律与象征意义上的根基。[1] 甚至早在他成为总统之前,瓦希德就曾在1999年初打破了官方长期以来对1965—1966年相关事件持否认态度的传统,提议组建一个独立的国家和解与真相委员会(Komisi Pencari Kebenaranuntuk Rekonsiliasi, Kinkonas)。虽然该提议从未实现,但人权活动人士与立法者组成的联盟继续推动这一想法,并于2004年通过了一项建立真相与和解委员会的法律。[2]

在国家人权委员会的工作中,这种改革与开放的精神同样显而易见。尽管在20世纪90年代初成立该委员会是为了转移国际上对印度尼西亚人权记录不断增加的批评,但是到了90年代末,国家人权委员会已经发展出显著的独立性。[3] 2003年,该委员会开始对苏哈托时代最为严重的侵犯人权行为进行广泛的调查,包括1965—

---

[1] Mary Zurbuchen, "History, Memory, and the '1965 Incident' in Indonesia," pp. 571-572.

[2] 关于真相与和解委员会的起源,参见 Mary Zurbuchen, "History, Memory, and the '1965 Incident' in Indonesia," p. 574。

[3] 例如,在2000年初,该委员会就发布了一份言辞激烈的报告,指责印尼军方在东帝汶大规模、蓄意侵犯人权。参见 Geoffrey Robinson, *"If You Leave Us Here, We Will Die": How Genocide Was Stopped in East Timor* (Princeton, NJ: Princeton University Press, 2010), pp. 206-207。

1966年所发生的种种罪行。① 尽管这一调查仅集中在关押于布鲁岛的政治犯案件上，但该等报告已经意味着一个重大的突破，其挑战了数十年来官方在这一问题上的沉默。②

一个更为重要的里程碑，是2012年国家人权委员会发布关于1965—1966年暴力事件各方面的详尽报告，并呼吁总检察长进一步调查以起诉那些被认为应负有责任的人。③ 国家人权委员会的报告是印度尼西亚官方机构首次明确指出1965—1966年的暴力行为构成"反人类罪"（crimes against humanity），并得出印尼军官需承担个人刑事责任的结论。尽管报告建议总检察长办公室应当采取进一步的调查，但它还提出了一项非司法救济途径，即通过和解与真相委员会"让受害者及其家属感受到正义"。这些都是相当大胆的提议，也都受到了受害者团体以及更广泛的人权界的热烈欢迎。

这一向和解与开放前进的势头似乎在2012年初得到进一步增强，彼时中苏拉威西省帕卢市（Palu）市长罕见地向1965—1966年暴力事件的受害者发表了公开的道歉——这是自2000年初瓦希

---

① 参见 Komisi Nasional Hak Asasi Manusia (Komnas HAM), "Laporan Akhir Tim Pengkajian Pelanggaran HAM Berat Soeharto (Sub-Tim Pengkajian Kasus 1965)," in Baskara T. Wardaya (ed.), *Luka Bangsa Luka Kita: Pelanggaran HAM Masa Lalu dan Tawaran Rekonsiliasi* (Yogyakarta: Galang Press, 2014), pp. 273–247。关于该委员会的调查说明，参见 Asvi Warman Adam, "Penyelidikan Pelanggaran HAM Berat Soeharto," in Baskara T. Wardaya (ed.), *Luka Bangsa Luka Kita: Pelanggaran HAM Masa Laludan Tawaran Rekonsiliasi* (Yogyakarta: Galang Press, 2014), pp. 267–271。

② 关于国家人权委员会在1965年问题上的有关工作，参见 Stanley Adi Prasetyo, "Jangan Biarkan Jalan Itu Kian Menyempit dan Berliku," in Baskara T. Wardaya (ed.), *Luka Bangsa Luka Kita: Pelanggaran HAM Masa Lalu dan Tawaran Rekonsiliasi* (Yogyakarta: Galang Press, 2014), pp. 259–265。

③ Komisi Nasional Hak Asasi Manusia (Komnas HAM), *Ringkasan Eksekutif Hasil Penyelidikan Tim Ad Hoc Penyelidikan Pelanggaran HAM yang Berat Peris-tiwa 1965–1966*, Jakarta, July 23, 2012), in Baskara T. Wardaya (ed.), *Luka Bangsa Luka Kita: Pelanggaran HAM Masa Lalu dan Tawaran Rekonsiliasi* (Yogyakarta: Galang Press, 2014), pp. 25–257. 亦可参见 Komisi Nasional Hak Asasi Manusia (Komnas HAM), "Pernyataan Komnas HAM tentang Hasil Penyelidikan Pelanggaran HAM Berat Peristiwa 1965–1966," Jakarta, July 23, 2012。

德总统道歉以来首次有政府官员公开道歉。此外，市长还发起了一项当地的赔偿计划，其中包括为幸存者及其家人提供的免费医疗、奖学金和小额商业补助金等。① 尽管他没有支持起诉那些应对暴力行为负责的人，同时也明确地回避向印尼共道歉，但市长的公开声明与赔偿计划仍可以被视为是公众对于1965—1966年相关事件态度发生转变的标志，也是其他公职人员可能遵循的模式。

2014年7月的新总统选举给人权活动人士带来了在国家层面进一步实现和解与伸张正义的希望。新总统佐科·维多多（Joko Widodo）在竞选期间承诺将解决长期以来存在的人权问题，包括1965—1966年暴力事件这一棘手问题。佐科被视为是一个政治局外人，既不是雅加达的政治精英，也不是军队出身，因此人们期望他的政府能够以开放和直接的方式来解决这一问题。而他在担任梭罗市（Solo）市长期间对于1965—1966年相关事件受害者团体的支持，以及他作为诚实率直的"人民代表"的声誉，也都强化了这种期望。

2016年4月，政府史无前例地组织了一个名为"1965年悲剧大讨论"（Discussing the 1965 Tragedy）的全国性研讨会。② 该研讨会由国家人权委员会与总统顾问委员会（President's Advisory Council）牵头组织，会集了数十名幸存者、学者、人权活动人士以及军方、政府官员，来听取有关证词、讨论暴力及其遗留问题。有谨慎乐观的看法认为，该研讨会标志着官方对1965—1966年相关事件态度的重大转变，如今政府如今可能终于将"采取进一步行动

---

① 关于市长道歉的内容、人权侵犯受害者团结会（Solidarity with the Victims of Human Rights Violations）的历史与有关工作，参见 Nurlaela A. K. Lamasi-tudju, "Rekonsiliasi dan Pernyataan Maaf Pak Wali Kota," in Baskara T. Wardaya (ed.), *Luka Bangsa Luka Kita: Pelanggaran HAM Masa Lalu dan Tawaran Rekonsiliasi* (Yogyakarta: Galang Press, 2014), pp. 371-383。

② 参见 "Indonesia Urged to Hold Truth and Reconciliation Process over Massacres," *Guardian*, April 13, 2016; "HRW Calls on US Government to Reveal Truth about 1965 Massacre," *Jakarta Post*, April 14, 2016; "Pancasila Group Rejects 1965 Tragedy Symposium," *Tempo*, April 17, 2016。

来解决该国黑暗的过去"。①

非政府组织行动

与这些官方倡议一样重要的,是由国家和地方非政府组织牵头、有时还与国际组织合作开展的运动,包括调查1965—1966年的犯罪行为、将犯罪者绳之以法、寻求各种形式的和解与疗愈。②但是,该运动也反映出,所涉组织在基本目标和理念上存有显著差异。因此,当一些历史较久的印尼全国性和国际非政府组织强调需要明确历史真相与正义、推行政治和司法的结构性改革时,许多新成立的地方性非政府组织都将重点放在了和解、疗愈和解决幸存者直接的物质和情感需求上。虽然可以肯定这两条路径的确有一些共通之处,但这种区别仍然在关于1965年的公共话语中引发了一个显著的分歧。

许多致力于探寻历史真相和正义的全国性非政府组织起源于苏哈托时代的最后十年,彼时人权的话语与理念开始在印尼的社会活动人士之间取得了新的合法性。例如,一些人成立支持前政治犯的地下团体,后来这些团体成为更加积极的组织,除了提供必要的心理支持与少量的经济援助,还致力于争取幸存者的基本权利。在这些组织中,最为突出的是"1965—1966年杀戮受害者研究所"(Yayasan Penelitian Korban Pembunuhan 1965-1966,缩写为YPKP)。该研究所于1999年成立,由前政治犯所组成,其宗旨为"揭露真相和澄清历史",并"致力于为印度尼西亚带来正义、真相、繁荣、

---

① "Wira to Vows to Settle Historic Human Rights Abuses," *Jakarta Post*, September 15, 2016.
② 关于这些非政府行动的概要,参见 Katharine McGregor, "Memory and Historical Justice for the Victims of Violence in 1965" (paper presented at the conference 1965 Today: Living with the Indonesian Massacres, Amsterdam, October 2, 2015); Anett Keller, "How to Deal with the Past? Approaches, Impact, and Challenges of Locally Driven Civil Society Initiatives" (paper presented at the conference 1965 Today: Living with the Indonesian Massacres, Amsterdam, October 2, 2015)。

和平、民主与人权"。①

其他同样关注人权、历史真相与正义的全国性非政府组织，包括成立于 20 世纪 90 年代中期的政策研究与宣传研究所（Lembaga Studi dan Advokasi Masyarakat，缩写为 ELSAM）、成立于 1998 年改革鼎盛期的失踪者和暴力受害者委员会（Komisiuntuk Orang Hilang dan Korban Tindak Kekerasan，Kontras）与同样成立于 1998 年的独立的国家反侵害妇女委员会（Komisi Nasional Anti Kekerasan terhadap Perempuan，通常被称为 Komnas Perempuan）。② 最近活跃在这一领域的两个全国性组织是正义与真相联盟（Koalisi Keadilan Pengungkapan Keadilan，KKPK）和总部设立在雅加达的区域人权组织亚洲正义与权利联盟（AJAR）。③ 这些既有独立的运作方式，也时常合作的组织，持续不断地努力挑战关于 1965—1966 年相关事件的官方叙述，要求为受害者与幸存者伸张正义，并倡导基础性的结构变革，以减少未来犯下此类罪行的可能。

---

① Yayasan Penelitian Korban Pembunuhan 1965–1966, accessed November 18, 2015, ypkp65.blogspot.com.

② 除了对 1965 年至 1966 年发生的相关事件进行研究与宣传，政策研究与宣传研究所还帮助一些地方组织进行"通过个人记忆来探寻真相"工作。Mary Zurbuchen, "History, Memory, and the '1965 Incident' in Indonesia," p. 578. 参见 ELSAM, accessed November 18, 2015, http://elsam.or.id/beranda/。多年来，失踪者和暴力受害者委员会一直积极参与各种各样的人权议题，包括 1965—1966 年的人权议题，并在 2015 年举办了一个名为"黑九月运动：反冷漠行动"（Black September Campaign: Movement to Oppose Indifference）的展览，参见 Kontras, accessed November 18, 2015, http://www.kontras.org。反侵害妇女委员会研究 1965—1966 年基于性别的暴力行为，并与其他组织合作为暴力受害者建立援助系统，参见 Komnas Perempuan, *Kejahatanterhadap Kemanusiaan Berbasis Jender: Mendengarkan Suara Perempuan Korban Peristiwa 1965* (Jakarta: Komnas Perempuan, 2007)。

③ 正义与真相联盟是一个由 47 个全国性和地方级组织组成的网络，对包括 1965—1966 年所发生的相关事件在内的人权案件进行听证，并就其调查结果发表一份重要报告，参见 KKPK, *Menemukan Kembali Indonesia*, accessed November 18, 2015, Kkpk.org/category/50-tahun-1965/。亚洲正义与权利联盟正在进行与人权有关的项目，包括涉及 1965—1966 年发生事件的研究、出版、电影与培训，参见 Asia Justice and Rights, *Surviving on Their Own: Women's Experiences of War, Peace, and Impunity* (Jakarta: Asia Jus-tice and Rights, 2014); Asia Justice and Rights, *Enduring Impunity: Women Surviving Atrocities in the Absence of Justice* (Jakarta: Asia Justice and Rights, 2015)。

第十章 真相与正义？

与过去一样，印尼非政府组织仍继续与国际人权组织密切合作，以便更广泛地传播他们的信息。由这些全国性非政府组织牵头，大赦国际、人权观察（Human Rights Watch）、达波尔（Tapol）、东帝汶与印尼行动网络（East Timor and Indonesia Action Network，ETAN）、观察印尼（Watch Indonesia）等组织就1965年问题积极开展活动，他们普遍强调真相、正义和问责的必要性。① 国家和国际的社会活动人士也经常在开展活动与信息传递方面密切合作。② 其中，更为重要的合作是建立"1965人民法庭"（International People's Tribunal on 1965，或缩写为IPT 1965）的联合倡议。③ 由印尼人权活动人士、学者努尔夏巴尼·卡贾森卡纳（Nursyahbani Katjasungkana）牵头，在由广泛的社会活动人士、律师与幸存者组成的跨国网络的支持下，1965人民法庭于2015年11月在海牙进行了三天以上的庭审。按照法庭的说法，法庭的任务是"审查关于'1965—1966年发生的犯罪行为'的证据，以准确获取历史的且科学的记录，并对所收集的证据适用国际法原则"。④ 在听取证词与审查大量文件后，1965人民法庭的合议庭裁定1965—1966年所发生的暴力行为构成

---

① 例如，大赦国际在2016年的年度报告中着重强调了印尼不追究1965—1966年犯罪行为之责任这一问题，参见"Amnesty Slams RI's Rights Record," *Jakarta Post*, February 25, 2016。2016年9月所有这些文件都可以从网络获取。参见"Indonesia 1965 Documents," Amnesty International, accessed June 12, 2017, www.indonesia1965.org。同时，人权观察也敦促佐科·维多多总统施压美国政府公开关于1965—1966年相关事件的美国档案，以回应国家人权委员会对巴拉克·奥巴马（Barack Obama）总统提出的请求，参见"HRW Calls on US Government to Reveal Truth about 1965 Massacre," *Ja-karta Post*, April 14, 2016; "Indonesian Rights Body Urges Obama to Open Secret US Files," *Jakarta Post*, March 11, 2016。

② 例如，the joint statement issued by Amnesty International in cooperation with Asia Justice and Rights, ETAN, La'o Hamutuk, Tapol, Watch Indonesia, and Yayasan Hak, "Close Gap between Rhetoric and Reality on 1965 Mass Human Rights Violations," October 1, 2016。

③ 据组织者介绍，1965人民法庭的倡议"由一批印尼国内的与流亡在外的受害者、国际人权活动人士、艺术家、知识分子、记者和学者于2013年提出。该倡议得到了印度尼西亚民间团体的广泛支持，并以这些团体过去十五年来围绕1965年至1966年（发生）的犯罪所采取的行动为基础不断发展。"参见International People's Tribunal 1965, accessed June 12, 2017, http://www.tribunal1965.org/en/。

④ IPT 1965 press statement, cited in *Jakarta Post*, November 5, 2015.

包括种族灭绝在内的反人类罪。① 尽管该法庭不具有官方的司法地位，但它让国际社会广泛关注 1965—1966 年犯罪行为不受追责的问题。此外，其组织者旨在向联合国人权理事会（UN Human Rights Council）和联合国人权事务高级专员办事处（UN Office of the High Commissioner for Human Rights）提交该法庭的调查结果，并建议联合国着手处理印度尼西亚就包括种族灭绝在内的反人类罪所应当承担的责任问题。②

与这些更广泛的努力同等重要的是，印尼大多数全国性组织也开始朝着更温和却也同样重要的目标努力，即保证幸存者及其所在社区迫切的情感福祉与物质利益。这一转向不仅是由于他们对国家层级进展缓慢的改革行动感到失望，也是因为认识到，在为幸存者追求真相与正义这种崇高而遥远的目标的同时，也需要一些更为直接的措施来满足对他们的疗愈、和解与赔偿的需求。例如，在 2015 年底，全国性组织——政策研究与宣传研究所就支持了一项在巴厘岛某村庄挖掘万人坑并为死者举行适当宗教仪式的社区倡议。挖掘万人坑的目的并不是对遗体进行法医鉴定收集证据，而是完成村社所认为的宗教义务。政策研究与宣传研究所指出，大家作为同一个社群的成员来完成这项工作，"政策研究与宣传研究所指出，大家作为同一个社群的成员来完成这项工作更有价值也更有意义。而政治精英们却禁止讨论 1965 年相关事件，致使受害者长期受辱，与政策研究与宣传研究所的工作形成了天壤之别"。③

在方法上的这一明显转变受到了许多社会、宗教及社区小团体

---

① 关于法庭程序和调查结果的实用摘要，参见 Aboeprijadi Santoso and Gerry van Klinken, "Genocide Finally Enters Public Discourse: The International People's Tribunal 1965," in Martijn Eickhoff, Gerry van Klinken, and Geoffrey Robinson (eds.), *1965 Today: Living with the Indonesian Massacres*, Special Issue, *Journal of Genocide Research* 19, no. 3 (2017)。

② "Rights Group to Highlight RI Genocide at UN," *Jakarta Post*, September 19, 2016.

③ ELSAM, "Pembongkaran Kuburan Massal Peristiwa 1965 di Dusun Masaen, Jembrana," October 29, 2015.

的启发。这些团体一直在从事地方和地区层面的工作，以处理其所在社区内对1965—1966年相关事件及其他议题的需求和关注。在这些地方问题的处理上，更值得注意的是人权侵害受害者团结互助会（Solidaritas Korban Pelanggaran Hak Asasi Manusia, SKP-HAM）。[1] 这个成立于2004年底的组织已经不辞辛劳地收集了中苏拉威西省帕卢地区大约1002名或1200名1965—1966年暴力事件受害者的证词，同时致力于支持受害者，并增进公众对于其困境的认识。这一组织取得了令人瞩目的成就，例如，2012年帕卢市长向上述受害者表示道歉并制订赔偿计划，在很大程度上就是由于人权侵害受害者团结互助会努力的结果。与此同时，该组织完全放弃了将作恶者绳之以法的任何期望。在2013年的一个采访中，该组织的创始人和领导者表示，"我们知道人权法庭是不太可能实现的，但是像市长那样的公开道歉却可以提供很多的帮助"。[2]

另一个同样关注和解和赔偿的地方非政府组织是1965联合秘书处（Sekretariat Bersama 1965，缩写为Sekber 1965）。1965联合秘书处自觉地将自身非政治化，优先考虑受害者及其家人的物质与精神福祉，并致力于与前敌对者和解。因此，该组织不参加与真相、正义等事务相关的政治倡议，除非它确信此类活动不会干扰其成员的生活。基于相似的原因，该组织不支持将作恶者绳之以法的诉求。在它看来，并不能指望司法系统可以实现正义，更何况在一些案件中主犯都已经去世。[3] 简言之，就像许多地方团体一样，1965联合秘书处完全专注于和解与赔偿，而不是真相与正义。2005—2012年，正是这一组织得到了时任梭罗市市长的佐科·维多多的支持。

---

[1] 参见 SKP-HAM, accessed November 18, 2015, www.skp-ham.org。
[2] SKP-HAM, accessed November 18, 2015, www.skp-ham.org。
[3] Baskara T. Wardaya, "Transitional Justice at the Grass-roots Level: The Case of Sekber '65" (paper presented at the conference 1965 Today: Living with the Indonesian Massacres, Amsterdam, October 2, 2015).

这个模式中第三个重要的例子是一个名为虔诚穆斯林为民请愿联合会（Masyarakat Santriuntuk Advokasi Rakyat，缩写为 Syarikat）的非政府组织。虽然隶属于伊斯兰教士联合会，而且伊联成员在 1965 年至 1966 年的杀戮行为中曾发挥核心作用，但虔诚穆斯林为民请愿联合会致力于重新审视暴力的历史，并推动伊联与印尼共产党前成员之间的和解。① 作为组织的项目协调员，伊玛目·阿齐兹（Imam Aziz）告诉研究人员，"虔诚穆斯林为民请愿联合会一直在调查大屠杀……以开展和解进程。鉴于正是伊斯兰教士联合会的年轻党员实施了许多暴行，因此和解进程主要涉及伊联"。② 但虔诚穆斯林为民请愿联合会并未提议进行司法救济。事实上，虔诚穆斯林为民请愿联合会得出结论，认为未改革的政府和腐败的法律制度阻碍了司法救济的可行性，所以最好还是通过地方层面的社区和解来恢复正义。近年来，地方上这种恢复正义的举措变得越来越普遍。根据 2013 年的估计，它们已经遍及 "全印度尼西亚成千上万个家庭与数千个街区中"。③

文化介入

　　印度尼西亚的记者、学者、前囚犯、社会活动人士、学校教师与以各种形式和媒介进行创作的艺术家，也开始打破对 1965—1966

---

①　参见 Syarikat, accessed November 4, 2015, http://www.syarikat.org/。其他具有反共经历的宗教人士也表达了类似的和解精神。耶稣会（Jesuit）学者弗朗茨·玛格尼斯-苏塞诺（Franz Magnis-Suseno）在 20 世纪 60 年代时曾是中爪哇省一个狂热的反共青年团体的一员，如今也支持这样的方式。他写道，尽管印尼共产党是令人痛恨和恐惧的敌人，但这一事实"并不能够成为系统性屠杀数百万计民众的理由，哪怕这些民众曾被印尼共产党吸引"。Franz Magnis-Suseno, "Membersihkan Dosa Kolektif G30S," *Kompas*, September 29, 2015。

②　Chloe Oliver, "Reconciling NU and the PKI," *Inside Indonesia*（July 2007）. 亦可参见 Ariel Heryanto, *Identity and Pleasure: The Politics of Indonesian Screen Culture*（Singapore: NUS Press, 2014）, pp. 87, 97。

③　Ronnie Hatley, "Truth Takes a While, Justice a Little Longer," *Inside Indonesia* 112（April-June 2013）.

年事件的沉默。通过在文化领域的介入，他们开始挑战一些在新秩序时期发展起来并占据统治地位的、更加根深蒂固的成见。年轻艺术家更是如此，他们制作图像、电影和音乐并且利用各种社交媒体平台分享这些作品，最终对印尼社会产生的影响，可能远比历史书籍、报纸、回忆录这些仅能被相对小众的受教育精英群体消费的传统媒介来得要大。①

自1998年以来，印尼的记者和媒体已经利用政府管制的放松以及互联网和社交媒体的迅速扩张，更加公开且深入地调查1965—1966年事件。一些主流报纸，如《罗盘报》和《雅加达邮报》（*Jakarta Post*）发表了新秩序时期从来不允许发表的报道与社论。而发行量大的周刊，如《时代周刊》、《编辑》（*Editor*）、D&R，也发表了调查报告、特刊和采访，来挑战或质疑官方叙事。例如，在2012年《时代周刊》就发行了一本名为《行刑者供词》（*Executioners' Confessions*）的轰动性特刊，这本关于1965—1966年事件的特刊中收录了大量凶手、幸存者和人权拥护者的采访。②

同样，那些长期以来对1965—1966年事件保持沉默的印尼学者，也利用了新形势进行新的研究，探索迄今为止被禁止或者至少是敏感的主题。其中最高产的是历史学家巴斯卡拉·沃达亚（Baskara Wardaya），他自1998年以来已经出版或编辑了几本关于1965—1966年事件及其余波的著作或文集，并在国内和国际学术论

---

① 关于这些媒介在印度尼西亚产生的更大影响，参见 Ariel Heryanto, *Identity and Pleasure*, pp. 90-91。

② "Liputan Khusus: Pengakuan Algojo 1965," *Tempo*, October 1-7, 2012, pp. 1-7, 50-125. Published in English as Kurniawan, et al (eds.), *The Massacres: Coming to Terms with the Trauma of 1965* (Jakarta: Tempo, 2015).

坛上发表过关于这一主题的演讲。① 另一位历史学家阿斯维·瓦尔曼·亚当（Asvi Warman Adam）也积极探寻对这段历史更加清晰的理解，并公开谈论过去的种种冤案。② 同时，新一代的印尼学者开始对1965—1966年事件进行认真的历史研究和分析。最具开拓性的是那些具有批判社会史（critical social history）和人类学传统的学者，如希尔玛·法里德（Hilmar Farid）、阿尤·拉蒂（Ayu Rati）和德贡·桑蒂卡马（Degung Santikarma）。他们的成果不仅增进了我们对于1965—1966年事件的实质理解，而且大大拓展了调查的分析焦点。③ 这一批新学者还包括了接受美国学术训练的学者，如赫尔曼·苏里斯蒂约（Hermawan Sulistiyo）和伊万·加多诺·苏贾特莫科（Iwan Gardono Sudjatmoko），他们所发表的博士学位论文都让大屠杀更为人所知；而约瑟夫·加卡巴纳（Yosef Djaka-baba）的博士学位论文则研究了"九三〇运动"在新秩序政权创建中的作用。④

---

① 例如，Baskara T. Wardaya, *Bung Karno Menggugat! Dari Marhaen, CIA, Pembantaian Massal '65 hingga G30S*, 7th ed. (Yogyakarta: Galang Press, 2009); Baskara T. Wardaya, ed., *Luka Bangsa Luka Kita: Pelanggaran HAM Masa Lalu dan Tawaran Rekonsiliasi*. (Yogyakarta: Galang Press, 2014); Bernd Schaefer and Baskara T. Warday (eds.), *1965: Indonesia and the World, Indonesia dan Dunia*, bilingual ed. (Jakarta: Gramedia Pustaka Utama, 2013); Baskara T. Wardaya (ed.), *Truth Will Out: Indonesian Accounts of the 1965 Mass Violence*, trans. Jennifer Lind-say (Clayton, Victoria: Monash University Publishing, 2013)。

② Asvi Warman Adam, *1965: Orang-Orang di Balik Tragedi* (Yogyakarta: Galang Press, 2009)。

③ 例如，John Roosa, AyuRatih, and Hilmar Farid (eds.), *Tahun yang Tak Pernah Berakhir: Pengalaman Korban 1965: Esai-Esai Sejarah Lisan* (Jakarta: Elsam, 2004); Hilmar Farid, "Indonesia's Original Sin: Mass Killings and Capitalist Expansion, 1965–66," *Inter-Asia Cultural Studies* 6, no. 1 (2005): 3–16。

④ Hermawan Sulistiyo, "The Forgotten Years: The Missing History of Indonesia's Mass Slaughter" (PhD diss., Arizona State University, 1997); Iwan Gardono Sudjatmiko, "The Destruction of the Indonesian Communist Party: A Comparative Analysis of East Java and Bali" (PhD diss., Harvard University, 1992); Yosef Djaka-baba, "The Construction of History under Indonesia's New Order: The Making of the Lubang Buaya Official Narrative" (PhD diss., University of Wisconsin at Madison, 2009)。

第十章　真相与正义？

或许更令人印象深刻的是前政治犯和其他幸存者的回忆录大量涌现。自 1998 年以来，已经出版了数十本这样的作品，其中大部分都于苏哈托下台后不久出版，正值改革精神方兴未艾之际。这些回忆录的作者包括许多重要的国家政治人物，像外交部前部长苏班德里约和印尼妇女运动的领导苏拉米夫人（Ibu Sulami）、作家普拉姆迪亚这样著名的前政治犯。[①] 1999 年普拉姆迪亚回忆录的出版，以及其作品当年的国际巡回推介，对于公开讨论政治犯遭遇、鼓舞他人做同样的事情而言，可以说是至关重要。[②] 因此，除了这些由主要政治人物所撰写的回忆录，如今也有许多书籍是由那些鲜为人知的人物所著，再经由全国各地的地方出版商推动而得以问世，其中就包括那些因左翼组织身份而被拘留者的叙述，以及死者与失踪者遗孤的叙事。[③] 此外，还包括由当初的行凶者撰写的或者与之合著的一些回忆录与地方史。[④] 另一种在过去 10 年中出现的新形式是

[①] Soebandrio, *Kesaksiankutentang G-30-S* (Jakarta: Forum Pendukung Reformasi Total, 2000); Sulami, *Perempuan—Kebenaran dan Penjara* (Jakarta: Cipta Le-stari, 1999); Pramoedya Ananta Toer, *The Mute's Soliloquy: A Memoir*, trans. Willem Samuels (New York: Hyperion East, 1999).

[②] Mary Zurbuchen, "History, Memory, and the '1965 Incident' in Indonesia," p. 577. 普拉姆迪亚曾被禁止出国 40 多年，参见"Pramoedya Ke Luar Negeri," *Tempo*, April 5, 1999; James Rush, "Pramoedya Ananta Toer," *The Ramon Magsaysay Awards* (Manila: Ramon Magsaysay Foundation, 2003), Vol. 12, pp. 229-253。

[③] 一些重要的作品，如：Hersri Setiawan, *Aku Eks Tapol* (Yogyakarta: Galang Press, 2003); Tan Swie Ling, *G30S 1965, Perang Dingindan Kehancuran Nasionalisme: Pemikiran CinaJelata Korban Orba* (Jakarta: Komunitas Bambu, 2010); H. Suparman, *Dari Pulau Buru Sampaike Mekah: Sebuah Catatan Tragedi 1965* (Bandung: Nuansa, 2006); Sumiyarsi Siwirini C., *Plantungan: Pembuangan Tapol Perempuan* (Yogyakarta: Pusat Sejarah dan Etika Politik (Pusdep), Universitas San-ata Dharma, 2010)。

[④] 参见 Agus Sunyoto, Miftahul Ulum, H. Abu Muslih, and Imam Kusnin Ahmad, *Banser Berjihad Menumpas PKI* (Tulungagung: Lembaga Kajian dan Pengembangan Pimpinan Wilayah Gerakan Pemuda Ansor Jawa Timur and Pesulukan Thoriqoh Agung Tulungagung, 1996); Tim PBNU, *Benturan NU-PKI, 1948-1965* (Jakarta, 2013)。

杀戮季节：1965—1966 年印度尼西亚大屠杀历史

根据幸存者、亲历者与行凶者的证词与口述史编辑而成的文集。①这些作品似乎表明回忆录领域正逐步朝向民主化——可以说是一种有助于我们理解那些年历史的进步。它们似乎也反映出幸存者为了他们自己与其他人，打破数十年来沉默的意愿乃至决心。正如一位前被拘留者在她获释 30 多年后所说：

> 所以，既然我的孩子们开始了自己的生活，我也就开始思考，为什么我就得保持沉默？我开始思考那些命运与我相似的人，那些像我一样被抛弃的人。我决定开始去揭露那些将这个国家引入歧途的谎言。为了让我的同胞对手足所行之恶于未来不再重演，我想要这样做。②

在印尼教师群体，尤其是历史教师中，一种相似却是新生的民主化与反叛趋势是显而易见的。官方批准的教科书与课程充满了片面之词，而改变这些标准又障碍重重，一些教师在失望之至、忍无可忍之下已经开始使用替代材料和教学方法。③在一个由国家反侵害妇女委员会和虔诚穆斯林为民请愿联合会赞助的一个创新项目中，一群中学生采访了 1965—1966 年事件中的女性幸存者，合作

---

① 一些重要的作品，如：Wardaya, *Truth Will Out*; Putu Oka Sukanta (ed.), *Breaking the Silence: Survivors Speak about the 1965-66 Violence in Indonesia*, trans. Jennifer Lindsay (Clayton, Victoria: Monash University Publishing, 2014); Mery Kolimon, LiliyaWetangterah, and Karen Campbell-Nelson (eds.), *Forbidden Memo-ries: Women's Experiences of 1965 in Eastern Indonesia*, trans. Jennifer Lindsay (Clayton, Victoria: Monash University Publishing, 2015); Kurniawan, et al., *Massacres*; Roosa, Ratih, and Farid, *Tahun Yang Tak Pernah Berakhir*。

② "Agatha Sumarni," cited in Wardaya, *Truth Will Out*, p. 152. 同样，一位来自巴厘岛的幸存者解释说："我和别人交谈，协助这个人写下我的故事时，这对我来说就是个胜利。这样的胜利使我能够不再被禁言，甚至诉说真相。" I Ketut Sumarta, cited in Sukanta, *Breaking the Silence*, p. 48。

③ 在 2016 年，国家人权委员会呼吁修改官方教科书："我们不能依赖新秩序政府提供的历史课本。"参见 "Rights Body Calls for Revision of History Books," *Jakarta Post*, March 31, 2016。

第十章 真相与正义？

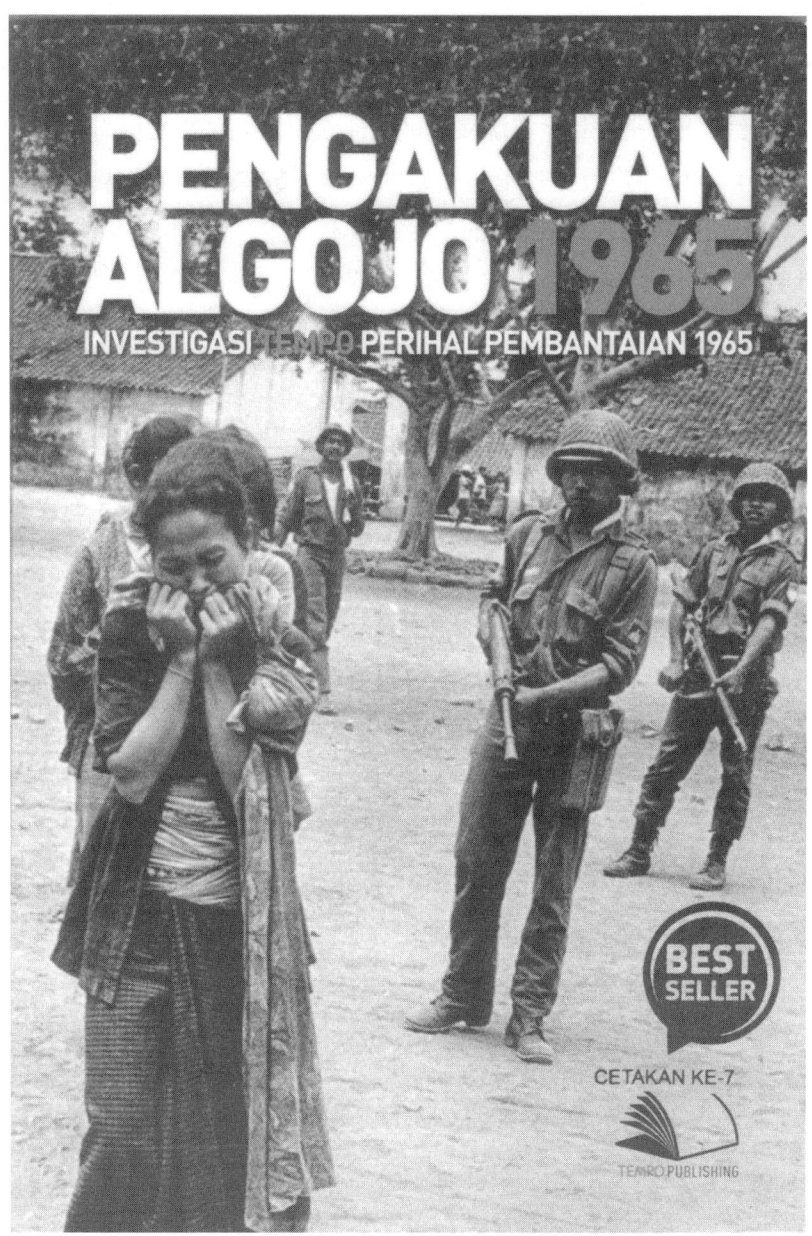

图 10.1 印度尼西亚《时代周刊》杂志 2012 年发行的特刊《1965 行刑者供词》(*Executioners' Confessions 1965*) 的封面
(Tempo)

制作了《灰白色：女人的过去》（*Putih Abu-Abu: Masa Lalu Perempuan*）这部纪录片。2012 年，印尼历史教师协会的会长承认她自己使用了替代教材，并通过其他资源来促进课外学习。① 而在 2016 年，廖内（Riau）高中一位教师表示她在她的课堂上放映了奥本海默的纪录片《沉默之像》，并鼓励她的学生在互联网上了解 1965 年的历史。她直截了当地向试图阻止学生了解这些事件的有关部门表明："不要再欺骗人民了。年青的一代并不像你们想象的那样愚蠢，因为他们可以在互联网上找到一切。"②

在过去的 20 年里，批判性描述 1965—1966 年所发生事件、或至少将其作为故事重要部分的小说出版数量有了显著的增长。其中最值得一提的是两位印尼女性作家莱拉·楚多利（Leila Chudori）和拉什米·帕穆尼亚克（Laksmi Pamuntjak）的小说作品。③ 楚多利的作品《归家》（*Pulang*）讨论了 1965—1966 年事件对个人的长期影响，小说关注了这样一群人，他们因为与左派真实或所谓的关联，而流亡巴黎大半生。④ 帕穆尼亚克的作品《红色问题》（*Amba*）本质上是一部爱情故事，以中爪哇 1965 年发生的暴力事件和布鲁岛的大规模监禁与强迫劳动为背景。⑤ 通过这些精心的描绘及其对历史背景的细致表现，这两部小说都可以使读者以新的方式审视 1965 年发生的事件；而在此过程中，它们也有效地挑战了官方的历

---

① Sara Schonhardt, "Veil of Silence Lifted in Indonesia," *The New York Times*, January 18, 2012.

② "High School Teacher Introduces Alternative Narratives on 1965 Tragedy," *Jakarta Post*, April 17, 2016.

③ 其他卓有贡献的作家，如埃卡·古尼阿弯（Eka Kurniawan），他的历史小说足以和普拉姆迪亚媲美；阿尤·乌塔米（Ayu Utami），她的小说《萨满》（*Saman*, 1998）和《幻影》（*Maya*, 2013）尖锐批评诞生于 1965—1966 年相关事件的新秩序政权。

④ Leila S. Chudori, *Pulang* (Jakarta: Kepustakaan Populer Gramedia, 2012).

⑤ Laksmi Pamuntjak, *Amba* (Jakarta: Gramedia Pustaka Utama, 2012).

史叙事。① 因此，这两部小说在印尼国内外广受欢迎、好评如潮。②

除了作家，以电影、摄影、音乐和社交媒体等各种风格和形式进行创作的艺术家也同样在创造关于1965—1966年所发生事件的新认识、挑战新秩序时期的正统观念上发挥了重要作用，特别是在未亲历过这段历史的一代印尼人当中产生了重大影响。③ 这些作品之所以有影响力，不仅是因为它们接触到了新的观众，更是因为它们使用了与新秩序时期宣传者同样的媒介形式，尤其是电影和音乐。在这个意义上，这些创作直面旧叙述，并在它们所熟悉的领域与之相抗。有些人采用这些形式为与1965年事件有关的长年封禁的主题、故事和观点发声，特别是为那些前政治犯与左翼人士发声。另一些人甚至直接使用官方宣传作品的电影胶片和原声带，对其进行合成与重新演绎，以表现全新的、更具颠覆性的叙述与更多的可能性。例如在最近的一个"爆款视频"（video slam），印尼艺术家们重新剪辑臭名昭著的官方纪录片《九三〇运动/印尼共的叛变》，以对官方宣传祛魅，并将其解构和颠覆，从而为新的理解打开大门。④

1965公园社（Komunas Taman 65）创造了这一类型中更为新颖的文化介入形式。这个松散的年轻艺术家团体于2005年在巴厘岛的一个小型1965年事件受害者纪念公园附近成立。值得一提的是，

---

① 这些作者也在其他方面挑战了正统观念。例如，帕穆尼亚克就撰写了许多公开批评政府叙述的观点文章。参见 Laksmi Pamuntjak, "Censorship Is Returning to Indonesia in the Name of the 1965 Purges," *Guardian*, October 27, 2015。

② 楚多利、帕穆尼亚克和乌塔米是2015年法兰克福书市的特别嘉宾，他们的书在那里广受欢迎。Alex Flor, "In the Spot-light," *Watch Indonesia*, October 28, 2015。

③ 关于部分创作的评论，参见 Keller, "How to Deal with the Past?" 亦可参见 Anett Keller, *Indonesien 1965ff. Die Gegenwarteines Massenmordes. Ein Politische Lesebuch* (Berlin: Regiospectra, 2015); Indonesien 1965ff, accessed June 13, 2017, http://indonesien1965ff.de/。

④ See Viola Lasamana, "Remixing Archives of Injustice and Genocide" (paper presented at the conference Memory, Media, and Technology: Exploring the Trajec-tories of Schindler's List, USC Shoah Foundation, Los Angeles, November 16–18, 2014。

杀戮季节：1965—1966年印度尼西亚大屠杀历史

他们发表了一本名为《对抗遗忘：1965公园社的故事》（*Against Forgetting: Stories of the 1965 Park Community*）的散文故事集，以对抗官方对 1965—1966 年事件的表述。① 此外，该组织还制作了由前政治犯创作和演唱的音乐合集《监狱曲：被噤声的歌谣》（*Prison Songs: Nyanyian Yang Dibungkam*）。②

与左派相关的音乐的复兴与表演也是其他团体和艺术家关注的焦点。而且，没有一首歌能够像曾经流行的民歌《根吉草，根吉草》（*Genjer-Genjer*）那样成为这场复兴的中心。这首歌可以追溯至日据时期，但因与印尼共产党存在所谓的联系而被新秩序所封禁。③ 这首歌的歌词讲述了一个拾野菠菜到市场上去卖以养家糊口的贫穷女人的故事，它在某种程度上已经成为那些代表 1965—1966 年的暴力事件受害者、支持对该事件及其正义性进行重新历史评价的人的赞歌。油管（YouTube）视频网站上快速搜索的结果显示，除了 20 世纪 60 年代由宾·斯拉美特（Bing Slamet）和莉莉丝·苏尔雅尼（Lilis Suryani）演唱的原版，年轻的印尼艺术家也已经给这首歌制作了数十个新版本，包括说唱和牙买加雷鬼音乐（reggae）的变体，并继续在各种正式或非正式的场合表演这首歌曲。④ 托米·西马图庞（Tomi Simatupang）是这些艺术家中的一员，这个生活在德国的印尼人这样描述他第一次听到这首歌："我的生活在我走进电

---

① Komunitas Taman 65, *Melawan Lupa: Narasi 2 Komunitas Taman 65* (Denpasar: Taman 65 Press, 2012).
② 该 CD 已于 2015 年 8 月 21 日在雅加达的歌德学院（Goethe Haus）上市发行，参见 "Prison Songs," *Kompas*, August 22, 2015.
③ 关于《根吉草，根吉草》及其被封禁的简史，参见 Setiawan, *Aku Eks Tapol*, pp. 203-216.
④ 关于苏尔雅尼对《根吉草，根吉草》的美妙演绎，参见 https://www.youtube.com/watch?v=nof35Gjdusw。这首歌也被大量关于 1965 年至 1966 年所发生事件的纪录片和专题影片使用，包括《四十年的沉默》（*40 Years of Silence*）、《灰白色》（*Putih Abu-Abu*）和《史福义》（*Gie*）。关于新秩序落幕后对左翼歌曲使用的讨论，参见 Ariel Heryanto, *Identity and Pleasure*, pp. 85-86.

影《史福义》(Gie)放映厅的那一天改变了。在那部电影中有一首歌,一首旋律如此简单却有如此令人难以忘怀的歌,让我从此以后都对它魂牵梦萦。那首歌就是《根吉草,根吉草》。"出于对这首歌曲的着迷,西马图庞在此后的5年时间里研究并筹备了一个被他称为"根吉草狂热"(Genjer-mania)的纪录片音乐会,融汇了现场音乐、档案录像和关于这首歌以及1965—1966年事件的自制视频。①

正如这个故事所表明的那样,电影促进了对1965年相关事件的反思,这一点在更年青一代的印尼人中尤为突出。②尽管在新秩序时期已有许多关于这些事件的外国电影被制作出来,但其影响力都不如苏哈托下台后出现的那些关于1965年相关事件的印尼国产电影带有商业电影特征,如《舞者》(Sang Penari),一个以暴力事件为背景的爱情故事。该片偏离了标准化的叙事,清楚地描绘了军队和民兵在杀戮中的作用,同时对其受害者们充满同情。正因如此,赫里延托写道,它"呈现出迄今为止对官方意识形态最具政治批判性的立场"。③

然而,绝大多数较新的电影都是印尼国内外的纪录片。其中较具有影响力的外国纪录片有《幕后杀手》(The Shadow Play, 2001)、《健忘:一个国家的分裂》(Terlena: Breaking of a Nation, 2004)、《女人与将军》(The Women and the Generals, 2009)、《四十年的沉默》(40 Years of Silence, 2009)。印尼国内关于1965—1966年相关

---

① "The Act of Singing," *Exberliner*, August 24, 2015. For Simatupang's version of Genjer-Genjer, see https://www.youtube.com/watch?v=q8i08pd-NNQ.

② 关于电影在后新秩序时期的作用和意义,参见 Ariel Heryanto, *Identity and Pleasure*, Chapters 4-5. 尽管赫里延托认为年青一代的印尼人逐渐失去了对于1965—1966年事件这一主题的兴趣,但他仍认为电影和其他视觉媒体比其他印刷作品对印尼年轻人更具有影响力。Ariel Heryanto, *Identity and Pleasure*, pp. 91, 111, 117。

③ Paruk, published in the 1980s. Ifa Isfansyah, dir., *Sang Penari* (Jakarta: Salto Films, 2011), DVD. On Sang Penari, see Heryanto, *Identity and Pleasure*, pp. 101–102. Another fictional film of note is the 1999 *Puisi Tak Terkuburkan*, directed by Garin Nugroho.

事件的纪录片则数量更多，虽然在质量和公众影响力上多少有些参差不齐。许多纪录片是由前政治犯和同情他们处境的非政府组织所摄制的。例如纪录片《灰白色：女人的过去》就是在虔诚穆斯林为民请愿联合会和国家反侵害妇女委员会指导下拍摄的。① 人道主义创新协会（Lembaga Kreatifitas Kemanusiaan，LKK）也拍摄了六部纪录短片。这个协会是由那些曾因加入人民文化协会（LEKRA）而被拘留的前政治犯所组成的。② 虽然他们制作的电影在传播与公众影响力方面都相对有限，但对于给前政治犯以发声机会、挑战官方叙事而言仍具有重要意义。近年来更具有影响力的印尼国产纪录片有《万人坑》（*Mass Grave*，2002）、《基杜里安 19 号》（*Tjidurian 19*，2009）、《布鲁岛我的故乡》（*Buru Island My Homeland*，2016）、《恐惧录音室》（*On the Origin of Fear*，2016）。③

但迄今为止，无论是在印尼国内还是国外，有关这一主题最具有影响力的电影莫过于由约书亚·奥本海默执导的两部纪录片了。《杀戮演绎》和《沉默之像》坚定地直视 1965—1966 年所发生的事件。两部纪录片都详细地展示了最为骇人的暴行：行凶者们割开受害者的喉咙，砍下他们的脑袋，再饮下他们的血。然而电影所展现出的最震撼人心之处，是关于这些暴行在后来的 50 年里又延伸出了何种影响。这两部电影所关注的都是暴力施行的方式，以及随之而来的长久沉默，它们摧毁了那些事件亲历者的生活，使暴力之后

---

① 虔诚穆斯林为民请愿联合会还在 2007 年制作了一部虚构短片《隐：被掩盖的某些事》（*Sinengker: Sesuatu yang Dirahasiakan*）。

② 关于人道主义创新协会和它的电影作品，参见 Ariel Heryanto, *Identity and Pleasure*, p. 94。

③ 关于《万人坑》，参见 Ariel Heryanto, *Identity and Pleasure*, pp. 102-103。关于《基杜里安 19 号》，参见 Ariel Heryanto, *Identity and Pleasure*, pp. 111-117。关于《布鲁岛我的故乡》和《恐惧录音室》，参见 "More Films on the Indonesian Tragedy," *Jakarta Post*, September 11, 2016。

所出现的社会不断腐化。① 在 1965—1966 年相关事件的遗产中，最令人不安的一个迹象便是当初那些行凶者可以自由地讲述他们那些骇人听闻的故事，而不必担心被起诉或谴责。在《沉默之像》中，同样可以看到这样令人不安的情形，一个名为拉姆利（Ramli）的年轻人在 1965 年被军队支持的民兵组织成员砍死，而 50 年前的事件至今仍继续困扰着拉姆利的家庭。正如影片所展现的那样，我们看到拉姆利的弟弟，一个名为阿迪（Adi）的中年验光师，勇敢地面对那些需要为他哥哥的死负责的人，要求他们对自己的行为负责或表示悔意。他得到的却是拒绝、威胁和沉默。

因为影片令人不安的主题，也因为它们非同寻常的质量，这两部纪录片在印尼国内引起了激烈的辩论，并在印尼之外将人们对于 1965—1966 年相关事件的认识抬升至了前所未有的水平。事实上，影片的影响力是如此之大，以至于分析家甚至将其称为"奥本海默现象"（Oppenheimer Effect）。印尼语版本的《杀戮演绎》从最初的秘密放映，到最后在公共场所和网络上被成千上万的印尼人观看。许多观众指出，电影所讲的内容和他们从历史课与父母那里学到的截然不同，并表达了对政府欺骗他们的怀疑与愤怒。② 第二部电影《沉默之像》于 2014 年底上映，相比起前部电影，它得到了更广泛的宣传，也激起了更为广泛的公众评论和社会反响。可以预见的是，政府部门和反共团体声称这部电影是共产主义的宣传，并试图阻止其放映或禁止其传播。尽管做出了这些努力，大多数印尼评论家仍认为这部电影值得观看，并坚信当局应对所犯下的罪行负

---

① 正如赫里延托所写道的，"《杀戮演绎》不仅是一部讲述 1965—1966 年发生了什么的电影，更是一部关于现今的印度尼西亚的电影，关于过去是如何被当初的一些……行凶者所记忆，也关于那些杀人者希望这个世界如何去记忆他们"。Ariel Heryanto, *Identity and Pleasure*, p. 123。

② 更多关于《杀戮演绎》独特重要性和品质的思考，参见 Ariel Heryanto, *Identity and Pleasure*, pp. 118-132。

杀戮季节：1965—1966年印度尼西亚大屠杀历史

图10.2 《沉默之像》的电影海报，该片为奥本海默两部
关于1965—1966年暴行及其遗产的开创性影片之一
（Drafthouse Films/Participant Media）

责。电影给人焕然一新和极具勇气之感，或许可以从电影的主角阿迪出现在电影放映现场所受到的经久不息的掌声中窥见其影响力。①

---

① 关于两部影片放映更详尽的公众反响，参见 Joshua Oppenheimer, "The Release of *The Look of Silence* in Indonesia," press materials, Drafthouse Films and Participant Media, accessed June 13, 2017, http://thelookofsilence.com/press。

第十章 真相与正义？

后退一步

但并非所有的消息都是积极的。事实上，几乎每个领域都存在着针对上述行动强烈、有时甚至是粗鄙的抵制。可以毫不夸张地说，尽管所有方面都取得了进展，甚至可能就是因为这些进展，印尼已经经历了一场浩大的反共产主义的回潮。这一回潮部分归因于整个印度尼西亚社会一系列根深蒂固的反共产主义的法规和态度；部分原因则是在新秩序早期的法律规范和制度的影响下，政府部门和政客强硬的语言表述和姿态。

国家机构

尽管在1998年苏哈托总统下台后不久，许多限制前政治犯和印尼共产党党员权利的行政法令和法规已经最终被废除，但立法者仍为限制左翼思想、组织和活动留下了根本的法律基础。[1] 其中主要包括了临时人民协商会议第25/1966号决议，这个决议禁止传播或宣传共产主义和马克思列宁主义，并禁止印尼共产党及与这些意识形态相关的所有组织或活动。在临时人民协商会议肃清了所有的左派与苏加诺主义（Sukarnoist）要素后，这部有意含糊其词、刻意笼统的法律被临时人民协商会议通过。它被新秩序的规划者设计成为限制和处罚不同政见者尤其是左派的兜底性条款，并为此服务超过半个世纪。

尽管伴随着苏哈托政权在印尼倒台，改革精神方兴未艾，但立

---

[1] 如祖尔布琴2002年所指出的，尽管国家稳定协调机构（Bakorstanas）和特别审查部门（litsusregime）都在2000年3月关闭，但"法规仍然存在，这些法规要求前政治犯定期向地方当局报告，并限制他们的就业机会和公民权利。在印尼的一些地区，这些政策仍然被严厉地执行。" Mary Zurbuchen, "History, Memory, and the '1965 Incident' in Indonesia," p. 577n33.

法机构却不愿意废除这些严苛的法律，恰恰说明反共的思想与焦虑是如何根深蒂固地存在。事实上，立法机关不仅没有废除法律，还通过了新的反左派法案，以加深限制思想的法律基础。最明显的例子是《1999年第27号法律》(Law No. 27 of 1999)，其中针对宣传或支持"共产主义—马克思主义—列宁主义"思想，或反对建国五基，规定最高可达20年的有期徒刑。① 这些法律共同为官方与社会抵制并反对左派不同政见人士提供了法律基础和政治理由。

反共立场的明显反弹也反映在当局和政客对前述行动的各种反应上。对于瓦希德放开讨论1965—1966年相关事件的举动，特别是针对他为伊斯兰教士联合会暴力行为向印尼共受害者道歉，以及废除临时人民协商会议第25/1966号决议的提议，各方的反应是迅速而激烈的。据称，这是他在2001年7月被解除委任的原因之一。针对他的批评来自宗教领袖、议员和军官，而学生组织和警察反共团体组织了大规模示威以反对他们所谓"让共产主义和印尼共产党死灰复燃"的危险企图。② 同样，2004年，建立和解与真相委员会的法案在一片叫好声中通过，但很快就受到了一个反共联盟声势浩大的挑战，并于2006年被宪法法院废除。

教育系统关于1965年事件的课程的改革计划也遭遇了同样的命运。在放宽和修订国家教科书标准以反映新的开放精神一段时间后，印尼教育部在2006年下令必须将所有出现的"九三〇运动"(G30S)改为"印尼共产党九三〇运动"(G30S/PKI)，即新秩序

---

① 1999年第27号法律的全称为《1999年第27号关于印度尼西亚刑法有关国家安全罪修正案》(Undang-Undang Nomor 27 Tahun1999 tentang Perubahan Kitab Undang-Undang Hukum Pidanayang Berkaitandengan Kejahatan Terhadap Keamanan Negara, May 19, 1999)。

② Mary Zurbuchen, "History, Memory, and the '1965 Incident' in Indonesia, " p. 572.

时期所偏好的术语。① 基于同样的原则，总检察长以破坏公共秩序为借口，下令撤回所有不符合官方叙述的教科书。② 事实上，虽然1998年新秩序的结束带来了一定的出版自由，但官方的审查并没有停止。例如，在2009年当局就将历史学家约翰·鲁萨的一本关于1965年相关事件的著作《大屠杀的托词》（Pretext for Mass Murder）列为禁书。③ 这项禁令最终被法庭推翻，表明官方在审查问题的态度上有所软化，或至少是存在着一定程度的分裂。此外，正如鲁萨所说，这本书本来鲜有人问津，但许多人却在禁令颁布后专门把这本书找来阅读。尽管有这些变化，审查的实施似乎也不像以前那样连贯且一致，但审查的可能性仍然存在。④

官方对国家人权委员会2012年报告的反应同样是非常负面的。现役和退役军官与著名的政客和宗教人士都公开批评这份报告。在一次由退伍军人组织的会议上，印尼国会副议长（deputy of the People's Representative Assembly）、印尼穆斯林大会（Majelis Ulama）的成员和民兵组织建国五基青年团的代表出席了该会议，对这份报告大加批评，并以它没有考虑"印尼共产党的暴力行为"

---

① 这一被执行的法规为教育部长2006年第22/23/24号规定（Kementerian Pendidikan, Peraturan Menteri Pendidikan Nasional Nos. 22/23/24, 2006）。在对新规定进行解释时，部长据说是援引了临时人民协商会议第25/1996号决议。参见 Adam, *1965: Orang-Orang di Balik Tragedi*, pp. 4–5. 亦可参见 Sara Schonhardt, "Veil of Silence Lifted in Indonesia," *The New York Times*, January 18, 2012。

② John Roosa, "The September 30th Movement: The Aporias of the Official Narratives," in Douglas Kammen and Katharine McGregor (eds), *The Contours of Mass Violence in Indonesia, 1965–68* (Singapore: NUS Press, 2012), p. 26.

③ 总检察长办公室2009年12月将该书列为禁书，但除了表示该书有143个令人反感的段落，拒绝透露更多封禁原因。参见 John Roosa, "The September 30th Movement: The Aporias of the Official Narratives," p. 49。

④ 2010年10月，宪法法院推翻了一项实行了47年前的法律，该法律允许总检察长办公室单方面禁书。更详细的内容，参见 Lawan Pelarangan Buku, accessed December 21, 2015, http://lawanpela ranganbuku.blogspot.com/。

为由断然抵制。① 在该会议后，前退伍军人及其他与会者的代表团拜见了总统苏西洛·班邦·尤多约诺（Susilo Bambang Yudhoyono）将军，力劝其不要接受该报告的建议或向印尼共产党道歉。② 同年8月，伊斯兰教士联合会的领袖同样抵制了这份报告。③ 面对这种情形，总检察长办公室声称该报告仍不完备，遂对其置之不理。④ 总检察长在参加纪念国家英雄日的国家仪式后，澄清反共产主义的暴行"在原则上"并未"符合严重侵害人权的要件"。⑤ 根据国家人权委员会成员斯坦利·阿迪·普拉塞约（Stanley Adi Prasetyo）的说法，这些进展严重打消了人们对1965—1966年事件可能得到严肃处理的期望："看到这些事情，公众会变得悲观消极，因为希望渺茫。难道我们要让子孙后代们去寻找解决这些严重犯罪的方法吗？"⑥

同时，佐科总统在执政三年后，他的政府并未能像当初人们所希望的那样，做出一些改变。例如，在2015年8月，他通过提议成立和解委员会（Reconciliation Committee）来审查和处理过去的人权犯罪，包括1965—1966年所发生的事件，从而回避了全面处理暴力犯罪、建立真相与正义实现机制的诉求。佐科在2015年8月14日的人民协商会议上发表讲话："政府希望实现全国性的和

---

① Ronnie Hatley, "Truth Takes a While, Justice Even Longer, " *Inside Indonesia* 112（April-June 2013）.

② 根据一名国家人权委员会成员的说法，那次会议可以说是总统立场的转折点，"这就好像受害者与总统顾问委员会的声音本来都要被总统采纳了，却又突然销声匿迹了"。Prasetyo, "Jangan Biarkan, " p. 265.

③ 值得注意的是，隶属于伊斯兰教士联合会的非政府组织虔诚穆斯林为民请愿联合会接受了国家人权委员会的报告，并呼吁进行总统道歉和社区和解。这表明在伊斯兰教士联合会内部存在着继续支持军队了的派别和支持瓦希德的派别之间的重大分歧。

④ 一名国家人权委员会的成员将总检察长抵制该报告的原因称为是 "令人厌烦的陈词滥调"。Prasetyo, "Jangan Biarkan, " p. 265.

⑤ "PKI Purge Not a Gross Violation of Human Rights, Says AGO, " *Jakarta Post*, November 11, 2012.

⑥ Prasetyo, "Jangan Biarkan, " p. 265.

解，好让我们的下一代不用背负历史的重担。我们的孩子必须能够自由地去面对广阔的未来。"① 司法人权部的人权总干事在 2015 年 8 月重申了这一观点："应该通过和解来解决过去侵害人权的问题。"② 同样，总检察长表示这样一个委员会就是本着和解的精神，通过"非司法途径"来解决侵害人权的问题。③

值得注意的是，尽管"和解"在原则上是一个值得称道的目标，但这一理念在印尼的发展历程却一波三折的历史上却有所变化。"和解"的用语通常被用来逃避对寻求正义与揭露真相的呼吁。印尼当局也经常强调优先采用非司法解决途径，理由是这些方案更符合印尼的"价值观"，而不可能去"揭开旧伤疤"。事实上，和解与非司法途径作为仅有的机制，取代了探寻真相与司法救济，而不是对后者的补充，更不是追求真相过程中的过渡性司法程序。这无疑是印度尼西亚当局对东帝汶所采取的立场，其部队在 1975—1999 年非法占领东帝汶 24 年期间犯下种族灭绝在内的反人类罪，印尼当局利用和解与修复式正义（restorative justice）这一遮羞布④般的空头支票，成功地阻碍和回避了印尼国内外从 1999 年开始的将负有责任的人绳之以法的诉求。⑤ 这样的结果是，20 多年过去，尽管不法行为证据确凿，印尼军官却没有因在东帝汶所犯下的罪行而被成功起诉。因此，必须从这个角度来审视与 1965—1966 年发生的严重犯罪行为相关联的和解及非司法途径的官方呼吁。

更具体地说，这就是佐科总统于 2016 年 7 月决定任命维兰托

---

① Cited in "No Justice in Sight for Rights Abuse Victims as President Touts Reconciliation over Prosecution," *Jakarta Globe*, August 14, 2015.
② "Reconciliation Not Enough to Address the Painful Past: Activists," *Jakarta Globe*, August 23, 2015.
③ 关于放弃和解与真相委员会并建立和解委员会的决定，参见 Johannes Nugroho, "Indonesia Can Learn from Timor Leste on Human Rights," *Jakarta Globe*, July 21, 2015。
④ 原文为 fig-leaf，无花果叶，指的是西方油画上用树叶遮住私处的技法。——译者注
⑤ 关于东帝汶的正义与和解问题，参见 Robinson, "*If You Leave Us Here, We Will Die*," Chapter 10。

将军担任政治法律安全统筹部长（coordinating minister for political, legal, and security affairs）这一实权职位的背景。作为1999年武装部队总司令，维兰托主持了军队在东帝汶的系统性暴力活动，因此被指控犯下反人类罪。① 2016看，在被任命几个月之后，维兰托重申了政府通过非司法机制解决1965—1966年问题的意图。② 维兰托进一步明确表示，政府认为1965—1966年的暴力行为在法律上是正当的，因此，非司法机制不仅是政府首选的方法，更是唯一可行的方法。"当司法程序不再是一种可行的选择，"维兰托说，"我们应该利用我们拥有的。我们可以通过商议和理解来处理这些案件。"③

为此，维兰托在2016年底宣布，政府将建立一个由国家机关、执法机构和民间团体代表组成的处理1965—1966年相关问题的特别工作组。④ 尽管人权倡议者本身不反感和解的理念，但他们坚持认为，如果没有像寻求真相、道歉、正义和恢复权利等其他举措，就无法实现和解。⑤ 然而，政府似乎固执地认为和解本身就是一种完备之至的解决方式。正如维兰托在2016年10月解释的那样，非司法途径将适用如下原则："不责备任何一方，不诉诸仇恨或报复，

---

① 关于对维兰托的指控，参见 Robinson, "*If You Leave Us Here, We Will Die,*" pp. 212-214。

② 例如，"Government to Settle Past Human Rights Violations via a Non-Judicial Mechanism," *Jakarta Globe*, October 6, 2016。

③ "Government to Settle Past Human Rights Violations via a Non-Judicial Mechanism," *Jakarta Globe*, October 6, 2016.

④ 根据一个说法称，这个特别工作组将包括来自总检察长办公室、国家警署、法律专家、国家人权委员会的代表和非特定的公众代表。"Government to Form Task Force on Human Rights Abuses during 1965 Purge: Minister," *Jakarta Globe*, October 1, 2016。

⑤ 例如，一个委员会的主席在2017年2月发表讲话说："和解必须满足一些最低限度的条件，例如调查真相、道歉、承认发生的暴力事件、恢复受害者及其家人的权利以及保证类似的事情将不再发生。" *Kompas*, February 6, 2017. 亦可参见 "Mechanisms to Resolve Past Human Rights Abuses Remain in Place: State Commissioners," *Jakarta Globe*, February 2, 2017。

以及通过法律证明政府的决策正当性。"①

无论如何,近年来的官方声明已经非常清楚地表明,由于缺乏揭露真相与伸张正义的严肃机制,即便是象征性的和解也几乎不可能实现。例如,有传言称,佐科可能会在其 2015 年独立日的演讲中向 1965—1966 年暴力事件的受害者道歉,伊斯兰团体和高级军官则愤怒地坚持不需要向印尼共产党道歉。② 2015 年 8 月,国防部长里亚米萨德·里亚古都(Ryamizard Ryacudu)在答记者问时,嘲笑了国家应当向印尼共产党受害者道歉的看法,"不好意思,"他说,

> 但从逻辑上考虑……是谁造的反?是谁先杀的人?是谁杀害了将军们?我们有什么理由要向那些杀害、背叛我们的人道歉?就好像我被人打得青一块紫一块,然后我还要向那抢劫我的人道歉。③

为了强调他的观点,该部长坚持认为道歉就是认罪,并又一次断言,谈论过去只会造成麻烦,"够了,忘掉它吧。让我们展望未来。请求宽恕意味着承认我们错了,就会导致人们要求赔偿。然后呢?然后就会没完没了……不要让我们的成就毁于一旦或者污名

---

① "Government to Form Task Force on Human Rights Abuses during 1965 Purge: Minister," *Jakarta Globe*, October 1, 2016. 桑多索(Santoso)和格里·范·柯林肯(Gerry van Klinken)在 2017 年初的一篇报道中指出,"维兰托的做法几乎扼杀了所有受害者通过司法途径解决 1965 年问题,或者通过总统委员会进行调查以恢复受害者权利的希望"。Aboeprijadi Santoso and Gerry van Klinken, "Genocide Finally Enters Public Discourse: The International People's Tribunal 1965," in Martijn Eickhoff, Gerry van Klinken, and Geoffrey Robinson (eds), *1965 Today: Living with the Indonesian Massacres*, Special Issue, *Journal of Genocide Research* 19, no. 3 (2017).

② "Apology for PKI: Sorry Is Not the Point," *Jakarta Post*, August 28, 2015.

③ "Menhanse but PKI sudahbunuh 7 jenderal, permintaanmaaftakperlu," Merdeka.com, accessed August 19, 2015, http://www.merdeka.com/peristiwa/menhan-sebut-pki-sudah-bunuh-7-jenderal-permintaan-maaf-tak-perlu.html.

化"。最后，他援引了一个常见的、专制式的比喻，将国家比作家庭，而把印尼共受害者比作遭到父母虐待的孩子，即使如此，他们也应该去爱和宽容他们的父母："所以印尼共产党应该去爱印度尼西亚。没有必要怀着报复的心理。他们需要以一种全新的方式思考。如果他们被报复心理吞噬，那将不会有任何进步。"①

不出所料，当佐科总统在2015年10月1日的被害将军年度纪念活动中就此问题发表讲话时，他刻意地拒绝道歉。"向谁道歉？"他问，"当双方都声称自己是被害者时，谁又应该去宽恕谁？"② 人权活动人士指出，无论如何，道歉只有在人们知道发生了什么时才有意义。正如有人写道的："道歉必须建立在如实叙述不义之举的基础上……道歉需要真相。哪怕这个真相是苦涩的。"③

在寻求真相的问题上，无论是政府于2015年11月对1965人民法庭的回应，还是于2016年4月召开的关于1965年事件的全国性研讨会，几乎都没能提供让人乐观的理由。包括副总统尤素夫·卡拉（Jusuf Kalla）、国防部长里亚米萨德·里亚古都、政法安全统筹部长卢胡特·潘查伊坦（Luhut B. Panjaitan）和总检察长穆罕默德·普拉塞约（Muhammad Prasetyo）在内的高级官员，批评该法庭干涉印尼内政，煽动新殖民主义的虚假诉求，并暗示参与诉讼的印尼人是不忠诚的。当该法庭对种族灭绝做出裁决时，据称，印尼

---

① "Menhanse but PKI sudahbunuh 7 jenderal, permintaanmaaftakperlu," Merdeka.com, accessed August 19, 2015, http://www.merdeka.com/peristiwa/menhan-sebut-pki-sudah-bunuh-7-jenderal-permintaan-maaf-tak-perlu.html.

② Cited in Jon Emont, "The Propaganda Precursor to 'The Act of Killing,'" *New Yorker*, October 24, 2015. 同时在2015年11月，副总统尤素夫·卡拉（Jusuf Kalla）说，"最初的受害者是我们的将军。他们（杀害将军的人）应该向我们乞求宽恕"。参见 "Kalla: Pemerintah Tidak Akan Minta Maafuntuk Kasus HAM 1965," *Kompas*, November 11, 2015。

③ "Apology for PKI: Sorry Is Not the Point," *Jakarta Post*, August 28, 2015.

宪法法院前首席法官表示，1965人民法庭就是个"笑话"。① 同样，当政府因于2016年4月举办了关于1965年事件的研讨会而赢得赞誉时，潘查伊坦在评论研讨会时立场鲜明地拒绝向受害者道歉、对死亡人数轻描淡写，并质疑社会活动人士寻找那些所谓的万人坑。值得注意的是，在研讨会后并没有任何有意义的举措来向受害者进行补偿或道歉、结束罪行不被追究责任的状况，或加强对暴力史的理解。相反，4月的研讨会引起了愤怒的反对声浪。在2016年6月，一群退役的将军组织了一次"反印尼共"研讨会，包括国防部长里亚古都在内的多名军方人物和多个保守伊斯兰组织的代表出席并发言。可想而知，演讲者警告不要让共产主义死灰复燃，呼吁印尼共产党向印尼人民道歉，并力劝公众不要"重提过去"。②

地方政府与"社会团体"

各级地方政府也采取行动阻挠艺术家、记者、社会活动人士和学者的活动或令其噤声。虽然一些以1965—1966年相关事件为主题的会议和研讨会得到了当局的允许且进展顺利，但也有许多会议被禁止或是被中途叫停。这种禁令在10月1日事件纪念日前后几周尤为常见。几乎在所有的情形下，这些干预措施都打着执行临时人民协商会议第25/1966号决议和1999年第27号法律的名义。而在大多数情形下，对"社会团体"关于"揭开旧伤疤"的不适感、印尼共卷土重来的可能性进行回应，也成为这些干预措施被合理化

---

① 对上述以及其他关于1965人民法庭的官方反应，参见 Aboeprijadi Santoso and Gerry van Klinken, "Genocide Finally Enters Public Discourse: The International People's Tribunal 1965," in Martijn Eickhoff, Gerry van Klinken, and Geoffrey Robinson (eds.), *1965 Today: Living with the Indonesian Massacres*, Special Issue, *Journal of Genocide Research* 19, no. 3 (2017)。

② 关于"反印尼共"（anti-PKI）研讨会，参见 Aboeprijadi Santoso and Gerry van Klinken, "Genocide Finally Enters Public Discourse: The International People's Tribunal 1965," in Martijn Eickhoff, Gerry van Klinken, and Geoffrey Robinson (eds.), *1965 Today: Living with the Indonesian Massacres*, Special Issue, *Journal of Genocide Research* 19, no. 3 (2017)。

的借口。此外，当局还与地方反共组织合作，要么公开动员它们，要么至少是乐于同意它们的诉求，或者是不干预、不阻止他们对所谓的共产党人进行攻击，这种方式都让人回想起 1965—1966 年的反共行动。

值得强调的是，在这种情况下被警方与军方认真对待的"社会团体"往往是自 1998 年以来在印尼日益活跃、怀有恶意的反共组织。其中许多组织与 20 世纪 60 年代的反共民兵团体有着直接的历史和意识形态上的联系，或者本身就是警方与军方的利益的代言人。尽管 50 多年过去了，其间，还经历了 20 年的改革和民主，但这些组织用来攻击敌人的用语，与 1965—1966 年煽动大屠杀狂热、曾在整个新秩序时期维持着一种恐惧与仇恨氛围的反共宣传如出一辙。

例如，伊斯兰大学生联盟社团就曾在 1965—1966 年的反印尼共及其附属机构的运动中冲锋陷阵。在 2006 年 9 月雅加达两所大学的学生发生骚乱后，伊斯兰大学生联盟当时使用了新秩序时期的用语和修辞。伊斯兰大学生联盟的一份声明称，与他们冲突的学生团体持有锤子与镰刀的图片，"有迹象显示在（敌对的）活动人士中存有共产主义倾向"，并呼吁当局采取"坚决行动"，逮捕那些"蓄意传播共产主义"的学生和那些"保护共产主义传播"的大学管理层，呼吁印尼民众警惕"校园及其周边存在的潜在共产主义威胁"。[①]

正如这个案例所反映的，在关于 1965—1966 年相关事件的论辩中，学生与学者并非站在同一战线。事实上，虽然在这个问题上已经有了更多的开放性和批判性的调查，但仍有学者和大学管理人员坚决反对任何关于修正历史、正义或和解的言论。其中之一

---

① Pengurus Besar Himpunan Mahasiswa Islam (PBHMI), "Awas Bahaya Laten Komunis," Jakarta, September 2006, reprinted in H. Firos Fauzan, *Pengkhianatan Biro Khusus PKI: Pelurusan Sejarah Tragedi Nasional 1 Oktober 1965*, 6th ed. (Ja-karta: n. p., 2009), pp. 172-173.

是泗水国立大学（Surabaya State University）历史系教授、伊联青年团前活动人士、反共社团印尼历史学者社（Masyarakat Sejarawan Indonesia，MSI）的创始人及成员阿米努丁·卡斯迪（Aminuddin Kasdi）。① 尽管卡斯迪已经因为他咄咄逼人的反共观点而闻名，但很少有人想到，他会决定与印度尼西亚反共阵线（Front Anti-Komunis）一道，于2009年9月在地方上颇有声誉的《爪哇邮报》（Jawa Pos）总部外公开焚烧左派书籍。值得注意的是，尽管焚烧书籍的行为在他的同事和学生之间引起了一些不安，卡斯迪并没有因为危害公共安全而被逮捕，也没有受到大学管理层任何形式的惩罚。三年后，卡斯迪又于2012年9月在泗水穆罕默迪亚大学（Muhammadiyah University Surabaya）法学院举办的一个名为"警惕印尼共产主义的潜在危险"的研讨会上再次点燃了反共的火焰。②

另一个受益于官方支持的社团是西爪哇人民反共联盟（Persatuan Masyarakat Anti-Komunis Jawa Barat，Permak），这个社团的支持者包括臭名昭著的捍卫伊斯兰阵线（Front Pembela Islam，FPI），伊斯兰大学生联盟和卡斯迪的印尼历史学者协会。③ 2008年4月，西爪哇人民反共联盟发表了一份声明，露骨地谴责国家人权委员会调查1965—1966年犯罪行为的决定。该声明可以说是反共团体常用论点的杂烩，除此之外还充斥着大量的新秩序式宣传话术与危言耸听。例如，它声称对印尼共的镇压是"人们对印尼共单方面行动的自发回应"，暴力运动是"维护法律和捍卫单一制印度尼

---

① See Permak, "Organisasi Pendukung," n. d., reprinted in H. Firos Fauzan, *Pengkhianatan Biro Khusus PKI: Pelurusan Sejarah Tragedi Nasional 1 Oktober 1965*, 6th ed. (Jakarta: n. p., 2009), p. 183.

② Dahlia G. Setiyawan, "The Cold War in the City of Heroes: U. S. -Indonesian Relations and Anti-Communist Operations in Surabaya, 1963–1965" (PhD diss., University of California at Los Angeles, 2014), p. 254.

③ See Permak, "Organisasi Pendukung," n. d., reprinted in H. Firos Fauzan, *Pengkhianatan Biro Khusus PKI: Pelurusan Sejarah Tragedi Nasional 1 Oktober 1965*, 6th ed. (Jakarta: n. p., 2009).

西亚共和国"的合法"警察行动",以及1965年的政局"就像一场战争"、这种情况下"任何有权力的人都会粉碎他的敌人"。基于这些断言,西爪哇人民反共联盟得出结论,指出通过"破坏一个相对和谐且已经遗忘过去的社会",重提印尼共"九三〇事件"的举动是"不顾史实和可能危及印尼国族的凝聚力"的。该组织认为,该项调查将毫无意义地"揭开旧伤疤"。西爪哇人民反共联盟坚持"把关于过去黑暗历史的书合上,然后展望未来"是好得多的选择。最后,它用一种能够使人轻易回想起20世纪60年代与新秩序论调,呼吁政府"清理国家人权委员会中前印尼共的支持者和千方百计重新崛起并再度复出的新共产党人"。①

2008年4月,退伍军人与警察交流论坛(Forum Komunikasi Purnawirawan,TNI-POLRI)也发布了一项对国家人权委员会计划调查1965—1966年相关事件的强烈谴责。该声明声称,除了其他方面的原因,国家人权委员会处理1965—1966年相关事件的议题违背了它最初的目的;安全部队在1965—1966年所做的事情只是履行它们对国家的责任,"符合法律规定……且并不构成对人权的严重侵犯"。声明也批评了国家人权委员会中的"部分成员"和"特定非政府组织","傲慢且挑衅地使用法律和规则"将会"破坏国家的团结与和谐,摧毁国家武装部队现在和未来的精神与士气"。因此,它也抵制国家人权委员会调查1965—1966年相关事件的计划,支持那些拒绝在委员会面前做证的安全部队退役人员,呼吁尽快调整委员会领导层,力劝它"不要被人当作打击这个国家的棍棒"。②

---

① Permak, "Pernyataan Sikap Terhadap Rencana Pengungkapan Pelanggaran HAM 1965," Jakarta, April 1, 2008, reprinted in H. Firos Fauzan, *Pengkhianatan Biro Khusus PKI: Pelurusan Sejarah Tragedi Nasional 1 Oktober 1965*, 6th ed. (Jakarta: n. p., 2009), pp. 180-182.

② Forum Komunikasi Purnawirawan TNI-POLRI, "Pernyataan Sikap," Jakarta, April 24, 2008, reprinted in H. Firos Fauzan, *Pengkhianatan Biro Khusus PKI: Peluru-san Sejarah Tragedi Nasional 1 Oktober 1965*, 6th ed. (Jakarta: n. p., 2009), pp. 184-186.

第十章 真相与正义？

反共组织也采取行动，追查它们认为是共产主义东山再起的所有迹象，并向有关当局报告。例如，在2009年，印度尼西亚国家爱国者运动（Gerakan Nasional Patriot Indonesia，GNPI）给国家总警察总长写信，敦促其立即逮捕一个前政治犯组织的领导人，理由是这个组织曾试图在他们某个成员家中的聚会上"传播共产主义思想"。① 这个被认为有问题的组织是1965年杀戮受害者研究所，是之前提到过的合法登记的受害者援助组织。印度尼西亚国家爱国者运动在其信中详细叙述了它的部分成员向当地官员和警察报告了这个聚会，而官员和警察随后便介入并将其叫停。② 随后，该社团援引各种禁止传播共产主义学说的法令和法律，包括临时人民协商会议第25/1966号决议和1999年第27号法律，呼吁警察总长取缔1965年杀戮受害者研究所并逮捕其领导人。

近年来，这种反共势头一直没有减弱。例如，在2015年11月，繁荣公正党（Prosperous Justice Party）一名党员表示，那些曾参加1965人民法庭的印度尼西亚人是为印尼共产党辩护的叛徒，并要求起诉这些人："印尼共产党是叛乱者，怎么能被捍卫？你可以说（那些参加1965人民法庭的人）违反了1966年的共产主义禁令，是在对抗国家。"③ 2016年4月，一个名为建国五基捍卫者阵线的非政府组织公开谴责了关于1965年事件的国家研讨会，其理由是研讨会将"揭开旧伤疤"，并且研讨会与建国五基、1945年宪法和临时人民协商会议第25/1966号决议是相悖的。该组织声称，

---

① GNPI, "Surat No. 011/Sekre/G. Patriot. Jatim/II/2009 kepada Bapak Kepala Polisi RI," February 2, 2009, reprinted in H. FirosFauzan, *Pengkhianatan Biro Khusus PKI: Pelurusan Sejarah Tragedi Nasional 1 Oktober 1965*, 6th ed. (Jakarta: n. p. , 2009), 189-90.

② 1965—1966年杀戮受害者研究所的主席随后与国家人权委员会一道正式提出对逮捕的抗议。根据他的说法，"当三名情报官员与一名穿制服的警察到达并命令我们停止聚会时"，他们才刚刚准备开始。参见"YPKP Adukan Pembubaran Rapatke Komnas HAM," *Kompas*, February 24, 2009。

③ "PKS Politician Wants 'Traitors' at IPT 1965 to Be Prosecuted," *Jakarta Globe*, November 22, 2015.

85%—90%的与会者是印尼共支持者,并警告说这次研讨会将"使共产主义意识形态死灰复燃,迫使政府为印尼共的暴行道歉"。①

文化领域

与1965—1966年相关的文化和艺术作品受到的抵制和批评尤为强烈。上述奥本海默的纪录片就经常成为反共破坏活动的共同目标,为了回应"社会团体"的诉求,许多放映都被取消了。在大多数情况下,像捍卫伊斯兰阵线这样的激进伊斯兰团体,或者是像建国五基青年团这样的民兵组织,都是破坏活动的先锋。②但是就像在1965—1966年所发生的那样,这些社团公开行事,往往掩盖了国家官员回应该社团诉求、禁止电影放映的共谋行为。③例如在2014年,电影审查局(Film Censorship Institute)就以"引导观众同情印尼共和共产主义"为由禁止《沉默之像》的公开放映。④

然而,早在奥本海默电影引发争论以前,与1965年事件相关的电影就已经成为政治辩论的主要焦点。例如在2008年,面对中爪哇省一些这类社团成员的抗议,一部专题影片的制作就被叫停。这部叫作《拉斯特里》(Lastri)的电影讲述了一对男女的爱情故事,他们在1965年10月后因左翼组织(印尼妇女运动和印度尼西亚大学生联合运动/CGMI)成员的身份而遭到迫害。据报道,虽然导演已经取得了警察总署的拍摄许可,但"当地社团"仍提出抗议

---

① "Pancasila Front Group Rejects 1965 Tragedy Symposium," *Tempo*, April 17, 2016.
② 在一次事件中,建国五基青年团的成员袭击了一家在茂物(Bogor)的电视台,因为该电视台在对《杀戮演绎》的评论中将潘查希拉青年团称为"暴徒"。
③ 印尼官员也以其他方式表达了对这些电影的敌意。当《杀戮演绎》被2014年奥斯卡金像奖提名后,总统发言人警告说,印尼不会"任由外界摆布"去加快和解步伐。Joshua Gantan, "Indonesia Reacts to 'Act of Killing' Academy Nomination," *Jakarta Globe*, January 23, 2014。
④ "Indonesia Faces Real Threats on Free Speech Rights," *Jakarta Post*, September 17, 2016.

并迫使影片停止拍摄。① 对这些抗议的原因进行总结,一个名为印尼反共联盟(Koalisi Masyarakat Anti Komunis Indonesia)的社团强调,这部电影是基于前印尼妇女运动成员的证词进行创作,并蓄意"歪曲事实"。随后,该联盟再度重复了由军队编造的污蔑印尼妇女运动的不实之词,它写道,"印尼妇女运动的历史是这样的,她们中有一部分人是妓女,此外也有许多证人声称(印尼妇女运动成员)是自由性爱的信奉者。印尼妇女运动在鳄鱼洞(Lubang Buaya)拷打将领的残酷行为充分表明了她们的道德和人性是多么低劣"。简言之,反共联盟表示,这部电影不应该被制作,因为它是"宣传与挑衅"的作品,一旦上映,就会引发新的社会冲突、"揭开旧伤疤",从而导致国家的不稳定。②

近年来,同样的模式体现得非常明显。事实上,在佐科成为总统之后,对印尼共和左派的强烈抵制远远没有消退,这表明这种倾向有可能是由政治反对派和机会主义共同推动的。例如在2015年7月,建国五基青年团的成员同当地警察一起前往位于中爪哇省肯达尔(Kendal)的诗人兼社会活动家克拉纳(Kelana)的家中,调查他们所说的传播共产主义学说的非法挑衅行为。更具体地说,他们声称克拉纳在脸书(Facebook)中一个名为"印尼共觉醒日"(PKI Awakening Day)的页面上传了他表演的照片,并指控他在留言板上放了关于歌曲《根吉草,根吉草》的相关材料。该民兵团体成员援引临时人民协商会议第25/1966号决议要求克拉纳从他的脸

---

① 这些社团包括捍卫伊斯兰阵线和星月真主军(Hizbullah Bulan Bintang)。参见 Ariel Heryanto, *Identity and Pleasure*, p. 104。

② Koalisi Masyarakat Anti Komunis Indonesia, "Latar Belakang Mengapa Produksi Film Lastri Ditolak," Jakarta, November 19, 2008, reprinted in H. Firos, Fauzan, *Pengkhianatan Biro Khusus PKI: Pelurusan Sejarah Tragedi Nasional 1 Oktober 1965*, 6th ed. (Jakarta: n. p., 2009), pp. 198 – 200.

书页面和家中移除所有的"共产主义标志",并竭力主张警方逮捕他。①

2015年8月,在组织者收到伊斯兰团体的死亡恐吓信,情报官员和警察给出不应该继续进行活动的"建议"后,幸存者团体1965年杀戮受害者研究所取消了一次预定会议。这次会议本计划于8月7日至8日在中爪哇的城市沙拉笛加(Salatiga)举办,届时会有国家人权委员会、国家反侵害妇女委员会的代表和司法人权部长出席。但是反共团体坚持认为这次会议是共产主义活动的前奏,并在脸书上散布了这样一种说辞,说是1965年杀戮受害者研究所已经在城镇周围挂上了锤子镰刀旗和横幅。1965年杀戮受害者研究所负责人贝约·翁东声称,这些指控是虚假的,是一种挑衅。翁东还表示,这些威胁来自捍卫伊斯兰阵线和伊斯兰捍卫者卫队(Garda Pembela Islam, GPI),它们"用伊斯兰'圣战'的词句,说前政治犯洒出的血是清真的(屠杀前政治犯是符合伊斯兰教义的)"。②

像往常一样,在所谓的政变纪念日前后,情势变得越来越有争议。在2015年10月,警方在苏门答腊、爪哇和巴厘岛叫停了各种纪念或讨论1965—1966年相关事件的和平集会。在沙拉笛加市,一群大学生因为出版了一本涉及审视该市1965—1966年相关事件的杂志《灯》(Lentera),在10月中旬受到警方讯问。虽然没有学生被正式指控,但他们仍被命令烧掉所有的杂志。警方声称这不是他们的命令,而是大学管理层的要求。但是杂志的学生编辑表示,他们首先收到来自警方、军队和市长的负面评价,随后在他们被警

---

① "A Poet Wanted by Mass Organization Pemuda Pancasila for Uploading PKI Photos on Facebook," accessed July 24, 2015, http://www.tribunal1965.org/en/.

② "Dapat Ancaman FPI, Temu Nasional Korban 65 Dibatalkan," CNN Indonesia, August 6, 2015.

方讯问时抗议达到了高潮,最终警方下令烧毁所有杂志。①

在 2015 年 10 月,西苏门答腊政府将一名瑞典籍印尼裔男子汤姆·伊利亚斯(Tom Ilias)拘留、驱逐出境并列入黑名单。这名男子曾试图探访一处墓地,据称,他的父亲可能和其他的 1965—1966 年屠杀受害者一同被埋在那里。伊利亚斯是那些 1965 年在国外学习工作、无法回国的数千名印尼人之一。许多年来,他一直没有国籍,直到 20 世纪 80 年代早期才最终获得瑞典国籍。当他 2015 年回到苏门答腊时,地方当局指控他和同他一起旅行的朋友拍了一部关于残酷对待印尼共的电影。他们随即否认这一指控。根据与他同行的朋友说:

> 汤姆·伊利亚斯在进行个人的朝圣,可能是为了最后一次看看他父母的坟墓……他父亲的坟墓位于国家人权委员会调查所记录的 1965 年屠杀的万人坑之一。现在汤姆彻底死心了,因为他不但被驱逐出境,甚至被列上了黑名单。他再也不能回到印度尼西亚了。

地区警察署警察长承认拘留过伊利亚斯和他的同伴,但声称"我们只是想保护他们免受村民的围攻",因为这些村民对外人前来拍摄关于 1965 年屠杀的纪录片感到非常不悦。②

就在几天后,巴厘岛警方也介入了在乌布(Ubud)的一个国际作家节,禁止举办与 1965—1966 年事件相关的三个座谈会并禁

---

① "Police Order Recall and Burning of Magazine on 1965 Communist Purge," *Tempo*, October 18, 2015. 被勒令焚毁的杂志期刊号是 2015 年第 3 期(1965 年 10 月 9 日),共印刷了 500 份。参见 "Student Magazine Withdrawn for Publishing about 1965 Massacre," *Jakarta Post*, October 20, 2015.
② "1965 Purge Survivor in Search of Father's Grave Gets Deported, Blacklisted," *Jakarta Globe*, October 18, 2015.

止放映一部电影。① 在解释这一决定时，吉安雅（Gianyar）地区警长不出预料地援引了临时人民协商会议第 25/1966 号决议。同几乎所有的国家官员一样，他也间接提及了社群利益和避免揭开旧伤疤。"这是为了人民的利益，"他说，"这个节日的精神不在于讨论那些只会揭开旧伤疤的事情。"② 本来要出现在上述其中一场座谈会的印尼著名作家埃卡·古尼阿弯（Eka Kurniawan）在评论该禁令时说："最近，一股新的反共浪潮似乎已经重现，哪怕印尼几乎没有共产主义存在。如果我们容忍了这种审查的思想，那么它将变本加厉直到触及顶峰，即消灭所有持不同政见的人。"③

执法者以安全与"关注社团意见"为名，干涉阻挠与 1965 年事件相关的文化活动，这种干扰模式自此一直延续着。例如，在 2016 年 3 月，捍卫伊斯兰阵线威胁要破坏雅加达歌德学院组织的电影《布鲁岛我的故乡》放映。在与警方会面后，主办方选择取消活动。④ 这只是涉 1965 年事件的电影受阻挠的诸多案例之一。事实上，根据 2016 年底的一份报告，在过去一年里，印度尼西亚限制言论自由的事件有所增加，其中大多数以中止或禁止电影和研讨会的形式出现。而在被禁影片中，大多数是以 1965 年相关事件为主

---

① 这次活动是乌布作家和读者节。被取消的座谈会分别为"1965，见证"（1965 Bearing Witness）、"1965，书写"（1965, Writing On）和"1965，巴厘"（1965, Bali）；被取消放映的电影是奥本海默的《沉默之像》。更多的细节与评论，参见 Ubud Writers and Readers Festival, accessed June 13, 2017, http：//www.ubudwritersfestival.com/schedule-changes/。亦可参见"At a Bali Festival, Indonesia Enforces Silence about Its Bloody Past,"*The New York Times*, November 6, 2015。

② "Ubud Festival Banned from Discussing 1965 Massacre," *Jakarta Post*, October 23, 2015.

③ "Indonesia Threatens to Shut Down Bali's International Writers Festival," *Sydney Morning Herald*, October 24, 2015.

④ 这部电影最终在国家人权委员会的办公室进行放映。在 2016 年 2 月，一场名为"左转"（Belok Kiri）的艺术节也因为类似的原因而不得不更换场地。"Screening Packed Despite Threats," *Jakarta Post*, March 17, 2016。

题的。①

当然，在1965—1966年相关事件上的沉默无声与无所作为，并不仅由于国家宣传、官方审查和根深蒂固的反共产主义。它还源于一系列社会压力和个人的选择。玛丽·祖尔布琴在2002年的著作中敏锐地提出了普遍存在的"个人记忆自我压抑"，指出受害者、旁观者和行凶者的记忆已经且仍然保持在"谨小慎微的沉默之中"。② 无论是被迫的还是自主的沉默，肯定都是前囚犯们长久以来的顾虑。似乎沉默比言语更可取，因为只言片语无法表达他们复杂的感受，也因为作为一个前囚犯而言说出这些事情仍然是危险的。最近，赫里延托提出，沉默可能仅仅源于漠不关心，特别是对许多年轻的印尼人来说，1965—1966年相关事件似乎遥不可及，本身对它就没有兴趣。③

同时，也有理由相信，无论是作为行凶者还是旁观者，许多直接或间接参与杀戮与逮捕的人，都选择了沉默。鉴于军队在1965—1966年动员群众施暴的策略，如此作为的人数必然是非常庞大的，保守估计可达数十万人。无论是出于内疚、想要忘记，还是害怕被起诉（尽管这种可能性相对较小），这些人都宁愿保持沉默。这表明，民众对大屠杀的普遍参与可能与暴力后的沉默与不作为息息相关。例如通过民兵团体，大规模动员民众参与施暴运动会严重阻碍日后寻求真相与正义的努力。

简言之，已有迹象表明，印尼自1998年以来在反思1965—1966年的历史方面有了全新的开放与勇气，在援助受害者方面取得了一些有限的进展，但对这类努力的抵制并没有消失。事实上，有

---

① 该报告来自东南亚言论自由网络（Southeast Asia Freedom of Expression Network）。报告中提到的电影禁映或中止放映的情况，有超过一半是《沉默之像》的放映。参见"Indonesia Faces Real Threats on Free Speech Rights," *Jakarta Post*, September 17, 2016。

② Mary Zurbuchen, "History, Memory, and the '1965 Incident' in Indonesia," 577.

③ Ariel Heryanto, *Identity and Pleasure*, pp. 111, 117.

理由认为，随着过去正统观念不断受到挑战，反对派的敌意也与日俱增。此外，尽管许多反共活动常常是由地方社会和宗教团体执行的，但这些活动同样是依照长期以来所确立的官方反共规范和传统进行的，也得到了当局、政客和限制性法律的纵容甚至是怂恿。在改革方面，过去几年的记录表明，改革的重心已经从早期的依靠国家来解决问题，转向更多的来自基层的地方实验和方案。尽管这些地方方案看起来颇有可行性，但也更容易受到当地反共团体和联盟的破坏。如果这种评估是正确的，那么未来的道路将是困难重重、冲突不断的。

第十一章　暴力、遗产、缄默

> 是的，死者必会开口，假以时日，择其方式。布痕瓦尔德、拉文斯布吕克、达豪、奥斯威辛和所有其他的人类屠场，乃至印度尼西亚的那些屠场，均不可能消弭逝者之声。
>
> ——普拉姆迪亚·阿南达·杜尔，
> 《哑者的无言歌》
> (*The Mute's Soliloquy*)

1965—1966 年的暴力摧毁了数百万人的生活，并且改变了印度尼西亚的历史进程。50 多年之后，在印度尼西亚境外，此暴行很大程度上已经被人遗忘，而与其相关的基本史学和分析性疑问仍悬而未解。在此前的篇幅里，我尝试以一种捕捉其若干复杂性的方式来讲述暴行始末，同时也为那些悬而未解的疑问提供答案。我期望这样做，能促成其他人的努力，尤其是在印度尼西亚境内，以此打破围绕此事件太过长久的缄默。而今依然需要将故事的主要线索和论点汇拢起来，并阐明其更广泛影响。我想通过重新思考本书开头设置的三个核心问题来做到这一点：我们可以怎样解释这场暴行？它的后果都是些什么？为什么在过去半个世纪里，与之相关的所言所行少之又少？在聚焦印度尼西亚事例的同时，我还想提出一些方法，通过这些方法，那段经历或许可以使我们大致了解大规模杀戮与监禁的逻辑、此暴力事件的遗产，以及随着时间的推移它会得到怎样的对待。

暴　力

我们可以如何解释1965—1966年印度尼西亚发生的大规模暴力？简言之，我在此主张，暴力不是由根深蒂固的文化、宗教和社会紧张局势自然而然所引发，而是经由军方组织、大国势力和国际条件共同促成的，并且更大可能是被印度尼西亚现代政治史的某些显著特性造就的。先前存在的冲突以各种方式推动塑造和煽动暴行，但这些不是自发的。如果没有军队的领导，没有大国势力的包庇纵容和一个有利于苏哈托军政府的国际环境，那些冲突本不会导致如此大规模和高强度的暴力行为。

对军方领导权的关注，为长期困扰观察家们的特定暴力模式及其变体提供了解释。比如，它解释了社会和经济紧张局势是如何转化为大规模暴力行为，为何暴力采取如此类似的方式在全国各地发生，为何各地民团组织发挥如此突出的作用，以及暴力的独特语言来自何处。重要的是，强调军队的作用也有助于解释在杀戮和长期拘禁两方面显著的时空变化。尤为重要的是，这些变化反映出不同地区指挥官在执行中央指令时的政治姿态、策略和能力。但是这些变化也反映出这样一个事实：在开展此项运动时，军队依赖地方和区域一些更可靠的中介机构网络，并利用了现存的社会经济、宗教和政治紧张局势，从而达到目的。从这个意义上说，暴力事件的地

第十一章 暴力、遗产、缄默

理分布和时机变化反映出中央军队计划经由这些不同网络及当地条件进行推进的不同方式。

1965年10月1日之后旋即开始大规模拘禁,其某些特征凸显了军队的核心作用和运动的协调一致性质。首先,不同地区采用了通用的监禁办法,即在审讯过程中日常使用的酷刑和性暴力,以及诉诸高度军事化的惩罚,这都指向了军队作为负责机构的基本事实。其次,拘禁的庞大规模和系统性特质,特别是精细的囚犯分类和运送系统,显示出拘禁是集中规划和协调而非自发或随机的。最后,监禁程度存在地理分布的差异,这似乎与区域和地方军事当局执行国家层级指令的姿态、能力和策略有关。

虽然大规模屠杀和拘禁的过程相异,但我认为两者均与一场由军队领导的针对左翼的运动密切相关。杀戮和拘禁之间的紧密联系在多种模式里显而易见。一个令人不安的模式就是,许多甚至绝大多数被杀害的人先是被拘禁,然后从拘禁地被带离并处决。同样令人不安又昭然若揭的证据在于——诚然,尚未完全——杀戮程度最高的地区长期拘禁率最低。杀戮和长期拘禁之间的反比关系表明,军方某些当权者以杀戮作为拘禁的替代办法。综上所述,这些特点突出了拘禁计划的显著特点:就像更为广泛的暴力活动一样,拘禁是由军方故意组织和执行的,拘禁是暴力不可分割的一部分。

进一步的证据显示,暴力是军方内部协调一致打击左翼政治群体的结果。矛盾的是,这些暴力出现在该运动最显而易见的表现形式完结之后。随着20世纪70年代大多数政治拘留者被释放,公然的暴力行为转化成一个协调一致的模式——镇压、控制并规训曾被拘留者,清洗国家和社会中的左派人士以及其他的政治上不受欢迎者。这一模式直接影响了100万左右的前被扣押人士,还有他们的家人、朋友和同事,营造出一股肃杀之气——如同安德鲁·内森(Andrew Nathan)论及朝鲜及其他威权国家时所说的"焦虑的顺从"（an anxious conformity）——存在于持续了 30 多年的政治社会关系之中。① 尽管随着 1998 年苏哈托总统被迫辞职，这套压迫和控制机制的某些要素已被剔除，然而影响并巩固这套机制的很多威权主义观念和态度，甚至是法律基础，却遗留了下来，而且似乎已在印度尼西亚社会中变得根深蒂固。

军方针对左派的暴力运动受到境外大国势力的推动和鼓励，特别是美国和英国，并且是在更广阔的国际背景之下以极为深刻的方式进行塑造的。这并不是说，境外大国预先策划了政变和暴行，尽管存在此种可能性。以相当多样化的方式——通过及时的经济和军事援助，秘密宣传与心理战，以及蓄意保持沉默的政策——美国及其盟友协助创造了政治条件，使军队更有可能夺取政权，而且鼓励了军队及其盟友继续针对左翼的暴力运动。也就是说，美国及其盟友援助并怂恿了包括种族灭绝在内的反人类罪行。

除了大国势力的有意为之和置若罔闻，更广阔的国际背景也促成了同一结果，突出表现为冷战、激进的反殖民族主义兴起，以及人权准则及相关组织网络的缺失。冷战背景激发了大规模暴力，一方面，是两极分化的政治逻辑和语言；另一方面，冷战也催生了一些人对那些被怀疑为共产主义者的受害者漠不关心。例如，苏加诺等反殖民族主义者坚持一种激进的政治风格，他在此风格影响下宣扬好战言论，从而进一步加剧了紧张局势。在这种语境下，国际人权准则的牵制力微乎其微，来自左翼跨国互助团体的抗议声更是被湮没了。此外，正如我在此前所言，20 世纪 70 年代后期，国际准则在国家暴力和人权等方面发生了重要转变。在此背景下，一个有影响力的跨国人权组织网络应运而生，激进反殖民族主义逐渐式

---

① 在描述朝鲜的特权制度时，安德鲁·J. 内森写道："中层特权人员不敢质疑这一制度，因为害怕被降级到遭受更大匮乏的阶层。这一制度在全社会引发了一种焦虑的顺从，可以与苏联的古拉格和纳粹德国的种族排斥相提并论。" Andrew J. Nathan, "Who Is Kim Jong-un?" *New York Review of Books*, August 18, 2016。

微。这些因素共同作用，似乎迫使印度尼西亚暂时调整了其对左翼政治犯的政策。

最后，我在此阐明，有五大历史条件让大屠杀和大监禁在印度尼西亚更有可能发生，并且有助于解释其独特模式。第一，该国的殖民地历史和革命历史产生的左右两派之间的意识形态分歧，导致了印度尼西亚政治的分裂，并在军队、印尼共和某些穆斯林政党各方中形成了相异的历史叙述和记忆基础。第二，可追溯自革命时期的严重冲突，在军队和某些穆斯林中引发了这样一种认知，即印尼共代表着对国家的威胁，并加深了相互之间的怀疑和敌意。第三，革命期间及其之后的国家形成过程中滋生了一支政治上强大而保守的军队，与时局利害紧密相关。第四，借鉴荷兰和日本殖民部队以及革命时期的经验，军队内部发展起来的制度文化、全套技能和信条，使其对国内敌人进行暴力镇压更为可能，同时也塑造了实现这一目标的手段。第五，独立之后出现的以好斗、两极分化和大规模动员而闻名的政治活动，为民众广泛参与军队暴力运动奠定了基础。

除了这些具体的结论，印度尼西亚案例还突出了一些更为普遍的观察结果，即最有可能发生大规模杀戮和监禁的条件。也许至关重要的观察结果是，大规模暴行在任何意义上都并非古代文化倾向、深层宗教差异、潜在社会经济条件或者甚至是政治冲突的自然或不可避免的后果，而是政治及社会权力掌控者的特定历史行为和失职的产物。换言之，无论多么根深蒂固，潜在的偏见、紧张、冲突和仇恨不会自然而然或不可避免地导致群体性暴力，其转为大规模杀戮和监禁，需要的不仅是仇恨和冲突，它还需要一个代理（agent）来阐明这样的观念——冲突能够而且应该以暴力来解决，以及一个有意愿和能力如此行事的机构（institution）。显而易见的候选者是军队、警察部队、民兵组织和革命运动，其制度规范和信条将暴力描述成在达成政治目标过程里是合法而有效的，并且具有后勤和组织资金去付诸实施。我认为，在把敌意和冲突转化为包括种族灭绝在内的大规模暴力方面，正是这些机构发挥了关键矢量（crucial vectors）或加速器的作用。

它们之所以能做到这一点很大程度上取决于其体制内部的动力。随着时间的推移，这类机构发展出一种特定的制度文化，其或多或少可能是暴力的，并且能够界定各种对于自身存在和权力的具体威胁。这类机构还发展出我所说的暴力手段清单，基本上是和这些机构有关的人士所习得的常规暴力手段。通过社会化、思想灌输、长官命令、同辈压力等各种过程，机构成员们开始崇奉这些制度文化，以既能加速暴力又能赋予暴力独特性的方式施展他们的手段。例如，在印度尼西亚个案当中，这些制度文化和暴力手段清单在某种程度上展现了暴行的某些共同特征，比如，采用特定的酷刑手段、斩首或阉割受害者，公开展示尸体或躯体部位，在水井、灌溉沟渠及河流中处置尸体。此类行为和模式难于援引个人心理、偶发事件及根深蒂固的社会或文化矛盾来进行解释。事实上，它们并不是书面要求或命令的产物。

同时，印度尼西亚案例突显了区域和地方执行者及条件对大规模暴力中的逻辑和动力至关重要。正如施特劳斯等研究 20 世纪大屠杀的学者们所观察到的，即便暴行是中央指令，它的实施也总依赖于这些"中层"（mesolevel）行为体和条件。如果他们是中央指挥部的热心盟友，有意愿和能力实施其指示，就会促进或加速大规模暴力的发生。相比之下，在那些本地执行者抗拒中央指令或缺乏执行中央指令的组织和后勤能力的地方，大规模暴力极有可能会被放缓，除非这些条件有所改变。关键在于，即使在最中央集权的政治制度中，这些中层执行者也总是有一定程度的自主性，其自主权的行使有助于说明所考察到的暴力模式显著的地理和时间变化。当

第十一章 暴力、遗产、缄默

然,在印度尼西亚,暴行的强度和性质根据区域和本地军事指挥官及其平民盟友政治姿态和能力的不同而存在较大差异。

印度尼西亚的案例也证实了一个长期存在的判断,即种族灭绝和大规模杀戮是由对目标群体进行去人性化的语言激起并加剧的,比如把他们描绘成无神论者、叛徒、动物、野蛮人、妓女或恐怖分子。正如费恩和其他人所主张的那样,公共话语、叙述和视觉表现,有效地将目标群体排除在作恶者的道德共同体之外,使从冲突转向大规模暴力的可能性增加。此外,在这一过程中,大众媒体扮演着至关重要的作用,特别在是技术、政治权力和武力允许其中一方控制并垄断大众媒体,几乎摒除了其他声音的情况下。印度尼西亚案例的另一个启示是,这种让暴力升级的叙述和陈述的力量很少依赖内在的可信性与真实性,而取决于被感知到的言论制造者的权威。视乎具体语境,这可能是一名军官、一个政治家或一位宗教权威,尽管随着暴力事件的发生,人们推测军事人物的权威会相应地增加。

对于这些大多是在国内的进程,印度尼西亚案例表明,国际行为体和背景通常能够助长或抑制种族灭绝或大规模杀戮。简言之,种族灭绝和大规模杀戮是由一系列国际行动(和不作为)促成的。相对于受害者,这些行动(和不作为)为作恶方提供了支持,形式包括武器转让、宣传和心理战、军事干预、非杀伤性援助、无所作为和蓄意缄默。或许较不明显的是,如上所言,某些国际通行的做法有可能加剧种族灭绝和大规模杀戮,因为这些所谓的通行做法将暴力粉饰为达成某些政治或道德目的之合理行为。这些准则的范畴无疑包括乌托邦和革命意识形态,但印度尼西亚的例子表明,包括"国家安全""法律与秩序"和"发展"的其他准则也可能经由国家加剧,或通过合法化的极端暴力方式调用。

通过大量研究,我们已经对纳粹大屠杀以及亚美尼亚和卢旺达的种族灭绝等大规模暴力事件有了一定了解。但在印度尼西亚的经

杀戮季节：1965—1966 年印度尼西亚大屠杀历史

历中，至少有三个特征可以将其与那些案例区分开来，并指向新的方向。首先，与标志性的种族屠杀不同，印度尼西亚的主要受害者不是由他们的民族、种族或宗教，而是由他们的政治身份来界定的；也就是说，他们都是左翼人士。其次，与国内外很多种族灭绝事件一致，大规模屠杀和监禁并不是在战争背景下，而是在一个相对和平的时期发生的。最后，与其他进行种族灭绝的政权（如希特勒的德国、斯大林的苏联和波尔布特的柬埔寨）不同，实施这场运动的苏哈托政府决然没有受乌托邦式的憧憬驱动。

这些差别挑战了关于种族灭绝和大规模暴力的一些现有理论。或者说，这些差别的存在至少为我们改进这些理论提供了方法。譬如，倘若印度尼西亚的受害者们主要是由他们的政治身份来界定，那么强调民族、种族、宗教仇恨引发大规模暴力的论点就必须进行拓展，使之能够解释基于政治身份对目标进行的攻击。1965—1966 年大屠杀事件同我在此为印度尼西亚所勾勒的那样，我对印尼事件的研究表明，国家尤其是军方在引发集体性暴力方面，远比个人心理、原始情感、旧时代的民族竞争、宗教仇恨和社会经济状况所发挥的作用更大。印度尼西亚的大屠杀事件也有助于提醒人们，大多数的大规模暴力和种族灭绝案例都具有明显的政治因素。政治认同和种族、宗教、民族之间的界限往往是模糊而非绝对的，很少是绝对的。也就是说，即使暴力所针对的目标主要用民族、种族和宗教术语来定义，施暴者的意图也几乎总是出于某种政治考量。[①]

[①] 我们也知道，在攻击种族和宗教界定的群体之前，种族灭绝常以暴力迫害政治上的敌人作为先导，例如德国纳粹在 20 世纪 30 年代所为。正如历史学家马克·马佐尔（Mazower）所写："纳粹自行设定的消除左派威胁的任务——在第三帝国早期被视作比犹太人更紧迫的威胁——是一项艰巨的任务，所涉及的目标牵涉德国社会极大部分，包括数以百万计属于社会民主党的人。我们无法理解 1939 年秋天开始针对波兰人和犹太人爆发的超大规模暴力，除非我们牢记在心，领导层已经在多大程度上批准了野蛮施虐，不仅是针对左翼，在 1934 年，甚至也针对其在右翼的自己同志。" Mark Mazower, "The Historian Who Was Not Baffled by the Nazis," *New York Review of Books*, December 22, 2016, pp. 70–72。

第十一章 暴力、遗产、缄默

　　同样，由于印度尼西亚的大规模杀戮发生在战争背景之外，我们需要考虑战争对种族灭绝可能产生的影响——例如残忍效应、感知威胁、叛变言论以及制造一种彼此对立的心理状态——在其他一背景下也有可能会出现。印度尼西亚的案例表明，这些效应不仅会出现在常规战争之中，也会出现在政治思想上激进而总体上并非暴力冲突的时期。两种背景显然都能激发国家面对生存威胁的论断、严重的政治极化、群众动员和阴谋论等，从而鼓励并加剧大规模暴力的发生。此外，印度尼西亚的经历令人相信，挑战、颠覆或以其他方式削弱这种二元对立的国际准则和法律制度，无论是出于人权或其他原则之名，都可能有助于抑制甚至阻止包括种族灭绝在内的大规模暴力行为。

　　最后，在一定程度上，苏哈托执政的新秩序并非由某种乌托邦式的理想所驱动，我们需要考虑的可能性是，种族灭绝和大屠杀的潜在意识形态力量不一定是乌托邦主义，而是如同美国历史学家魏茨（Weitz）所反复强调的那样，其思想之源来自其他因素。一个可能性是，连接希特勒、佛朗哥、斯大林、波尔布特和苏哈托之间的共同脉络是一套可以被统称为军国主义的国家准则、实践形式和制度系统。从规范上来说，这种军国主义涉及一套信仰和话语体系的构建。在这一过程中，反对者能够轻易地被描绘成为敌人，或者威胁国家生存，因而对他们使用或威胁使用严重暴力是正当的甚至是必要的。在实践中，军国主义提供了一套例行程序和暴力手段，领导者通过国家暴力机器来应对其感知到的威胁。就制度而言，这种军国主义提供了一套有效的组织结构且具有较强的动员能力，这对大规模暴力的长期实施至关重要。简言之，军国主义为针对一个群体实施大规模暴力提供了关键的规范、信条和组织基础。

杀戮季节：1965—1966年印度尼西亚大屠杀历史

遗　产

　　印度尼西亚1965—1966年暴力事件的后果和遗产是什么？最显而易见的是，它造成了至少50万人死亡，更多人的生活被其摧毁。在获得释放后的30多年里，大约100万曾被政治拘留的人及其家属在政治、社会、经济权利及自由方面受到正式和非正式的严格限制。以"秩序和稳定"的名义，官方限制了他们的投票权，禁止其从事一系列"敏感职业"，而且让他们处于一种恶意的监视和控制制度之下，严重损害了他们生活的方方面面。许多人由于确曾参与或涉嫌参与了印尼共产党或所谓的政变而背负社会污名。此外，对于被杀害者的家人和朋友来说，1965—1966年事件往往意味着家庭生活的毁坏，痛失爱侣、父亲、母亲、挚爱的叔叔、阿姨、外甥或祖父母。即使一部分失踪者重返家庭，其受到的伤害也很难弥补；配偶已经再婚或搬家，儿女不认识父母，或者听闻官方对于印尼共产党残暴和叛变的报道，不想和他们有任何关联。几十年来，国家权力部门和社会规范强行如此，其境遇和体验的长期心理及社会后果几乎不可能彻底厘清。

　　尽管少为人知，我也未在此做细致描述，但无论那些身为作恶者的人，还是旁观者来说，1965—1966年暴力事件似乎已显示出深远而持久的心理后果。[①] 奥本海默的电影《杀戮演绎》和《沉默之

[①] 关于暴力事件的心理遗产，参见 Laurie J. Sears, *Situated Testimonies: Dread and Enchantment in an Indonesian Literary Archive* (Honolulu: University of Hawaii Press, 2013); Ariel Heryanto, *State Terrorism and Political Identity in Indonesia: Fatally Belonging* (New York: Routledge, 2006); Leslie Dwyer and DegungSantikarma, "'When the World Turned to Chaos': 1965 and Its Aftermath in Bali, Indonesia," in Robert Gellately and Ben Kiernan (eds.), *The Specter of Genocide: Mass Murder in Historical Perspective* (Cambridge: Cambridge University Press, 2003), pp. 289-305; Robert Lemelson, dir., *40 Years of Silence* (Los Angeles: Elemental Productions, 2009), DVD。

第十一章 暴力、遗产、缄默

像》着重讨论了作恶者的折磨行为是否适当,然而在作恶者和旁观者的回忆录、文学叙述和证词等整体情况里,可以观察到梦魇、身体疾患、心理障碍、家庭暴力和药物滥用等相同症状。例如,1994年,我在对巴厘岛社区采访中遇到两名男子,他们年轻时观看军队处决印尼共成员,死者血肉飞溅至他们身上。当我问他们是否愿意跟我分享他们的故事,他们先是咧开嘴笑,然后开始失控抽泣。另有记述描写前杀人者显然失去了理智,成为无法自控的暴力狂,或遭受各种幻觉的困扰。

学者和其他观察人士一直倾向于将此类反应描述为"精神创伤"的迹象——虽然使用这些术语或许是有价值的(我当然并非此领域专家),但值得指出的是,绝大多数遭受这种症状困扰的印尼人并不使用这样的措辞来描述它们。更为常见的解释根植于信仰,关于闹鬼、魂灵附体、宗教不平衡或宗教义务。同样,对这种紊乱的补救措施通常采用文化上特定的形式。例如,当一位参加过杀戮的西帝汶前警官开始行为失常并殴打他的妻子,这家人决定让他去进行一项降血热的仪式。后来他女儿回忆说,"他被带到河边,在那里他不得不喝下一只被宰的狗的几滴血。他们用那只狗的血在他前额上画了个十字,来给他降体内的血热。这似乎还不够,所以他们找来一个信仰治疗师(faith healer)。我父亲后来告诉我说,只有那个时候他才感到内心的平静回来了"。①

从超越个人心理的角度观察,1965—1966年事件也意味着整一代作家、活动家以及与左翼相关的艺术家们被集体消声。无论是通过杀害、监禁或审查,摧残或至少是深刻地改变了印度尼西亚文化

---

① Mery Kolimon, Cited in Willy van Rooijen, "Murdering Army, Silent Church," *Inside Indonesia* 124 (April-June 2016). 同样地,根据社区成员们的说法,本书第十章所述2016年在巴厘岛进行的那处万人坑挖掘是为了结束一系列长期困扰该社区的令人不安事件,这些事件被理解成埋葬遗体不当的结果。ELSAM, "Pembongkaran Kuburan Massal Peristiwa 1965 di Dusun Masaen, Jembrana," October 29, 2015.

和精神生活的进程已成事实。这场迫害的受害者包括该国一些最受重视的文化人物。然而，对印度尼西亚政治和文化生活的影响已经远远超出了这些知识分子的重要作用。更广泛和更棘手的问题是，自从20世纪20年代以来，整个左派的思想、写作和政治行动传统对于建构现代印度尼西亚的政治身份认同和文化而言至关重要，却已被摧毁且判为非法。这一过程剥夺了印度尼西亚对自身过往的肯定，同时也削弱了批判性思维和分析的重要传统。更直接地说，它使印度尼西亚人在批判性分析1965—1966年事件时面临更大的困难。

此外，通过摧毁左派实施暴行并歪曲历史的苏哈托政权也封闭了民众政治表达和批评的一条重要途径。在这样的过程中，它很可能已经把民众的愤怒和不满重新导向其他的制度性形式，包括伊斯兰捍卫者阵线（Islamic Defenders Front）之类激进伊斯兰主义团体，建国五基青年团之流的右翼民族主义"青年团体"以及诸如声名狼藉的普拉博沃·苏比安托将军（General Prabowo Subianto）那些民粹主义政治运动。正如政治学家赫里延托和李克莱弗斯（Ricklefs）及其他人士所说，1965—1966年之后对左派的摧毁，是新秩序最后岁月里发生的伊斯兰化进程的基本前提，并由此持续下去。[1] 左派毁灭也开启了政治精英经常雇用被称为"烂仔"（preman）的暴徒们。正如奥本海默的电影所生动展示的，这种实践在国家和社会两个层面上变得根深蒂固。[2] 自从1998年以来，政治生活民主化和地

---

[1] 赫里延托写道："此外，通过屠戮左翼，20世纪最后十年以来，当代伊斯兰化的壮阔迅猛进程得以实现。" Ariel Heryanto, *Identity and Pleasure: The Politics of Indonesian Screen Culture* (Singapore: NUS Press, 2014), p. 75. 也可参见 Merle C. Ricklefs, *Islamisation and Its Opponents in Java: A Political, Social, Cultural, and Religious History, c.1930 to the Present* (Honolulu: University of Hawaii Press, 2012)。

[2] 关于"preman"，尤其是在北苏门答腊省（North Sumatra）的情况，参见 Loren Ryter, "Pemuda Pancasila: The Last Loyalist Free Men of Suharto's Order?" in Benedict R. O'G. Anderson (eds.), *Violence and the State in Suharto's Indonesia* (Ithaca, NY: Cornell Southeast Asia Program), pp. 124-155。

第十一章 暴力、遗产、缄默

方分权不仅没有削弱这种趋势,还助长催生了新形式的政治恶习(political thuggery),包括其打着伊斯兰旗号的类似组织。正如一个"烂仔"告诉一位研究者的那样:"现今,在革新时代(reformasi era),民族主义、保卫国家……所有那些屁话一样没减。这就是'圣战'和锄奸[maksiat]相关团体的惯用套路。"① 这些团体暴力且不宽容的言行尚未主宰印尼政治,但它们的确对该国传统和宗教所体现的包容与彬彬有礼的国家形象构成了威胁。

由于错综复杂的原因,1965—1966年大规模暴力事件也导致宗教生活和宗教从属关系发生了显著的变化。在官方压力下,因为担心被指责为无神论者,1965年之后很多印尼人放弃了他们古老的、基于万物有灵论的信仰体系,改宗官方认可的五种信仰——伊斯兰教、印度教、天主教、新教和佛教——之一。多数情况下,对于那些未被承认其信仰体系的信众而言,这种改变意味着重大损失,而却无助于提升这五种主要宗教的活力。事实上,新秩序政权针对所谓的异端团体如艾哈迈迪斯、第七天复临者以及爪哇前伊斯兰信仰体系(Kejawen)的追随者强化其宗教正统观念,为歧视、迫害、暴力打击这些团体铺平了道路。这些做法不仅在新秩序终结过程后留存下来,而且自那时起愈演愈烈了。同样值得注意的是,在1965—1966年暴力当中构建的宗教正统导致其领袖们不愿正视那段历史,更不用说采取措施来弥补他们的罪过了。

1965—1966年事件也对印度尼西亚妇女和性别关系产生了深远影响。正如我们所看到的,妇女和女孩们成为杀害与拘留的目标,尤其是那些与印尼妇女运动有关联的人,很多遭遇了来自袭击者和狱警的性暴力。除了成为目标,作为那些在反"左"运动中被杀戮和拘禁的男人们的母亲、妻子、姐妹或女儿,妇女和女孩们饱受创伤和歧视。此外,通过对妇女们生理和心理的攻击,新秩序令源自

---

① 转引自 Ariel Heryanto, *Identity and Pleasure*, pp. 129-130。

杀戮季节：1965—1966年印度尼西亚大屠杀历史

20世纪初印度尼西亚民族主义觉醒的妇女政治和社会赋权运动受挫。取而代之的是，政权强推了一个过时的父权制度中理想的女性形象——温顺、不关心政治，且位置始终在家庭里面。如同1965—1966年大规模暴力的其他遗产一样，那种理想形象在新秩序结束后的20年内受到了挑战。① 但过时的理想尚未被推翻，它以各种形式持续存在，包括立法者和行政官员的决定，强化或忽视性别不平等及针对妇女的暴力，而且不停地影射参与政治生活的女性在行为方面不符合印度尼西亚传统。

大体上说，1965—1966年暴力事件标志着冷战史上一个关键转折点，东南亚左翼政党的合法状态就此终结，同时越南、柬埔寨、老挝、菲律宾、泰国及其他地方的左派活动也受到了外部势力的武装干预。随着印尼共的覆灭，共产党经由议会选举等合法途径竞逐政治权力的道路被果断关闭，只剩下暴力叛乱、冲突和战争路线。印尼共的毁灭也助长了美国及其盟友的错误乐观情绪，他们认为通过诉诸武力，并与本质上反民主的军事政权结盟，共产主义就可以被击败。某些观察家进一步指出，提议摧毁印尼共的行动——特别是蓄意挑衅、心理战和敢死队的使用——或许可以充当世界上其他地区反共秘密行动的模板。例如，皮特·戴尔·斯科特曾暗示，美国在1970年推翻柬埔寨王子诺罗敦·西哈努克（Norodom Sihanouk）、1973年推翻智利阿连德（Allende）过程中发挥的作用以及20世纪60年代资助中美洲敢死队，据称，就是以1965—1966年印度尼西亚行动的成功为模板的。②

最后，1965—1966年事件令印度尼西亚新秩序政权的某些特征

---

① 例如，1998年建立的全国暴力受害妇女委员会（The National Commission on Violence against Women，印尼文名称 Komnas Perempuan）一直致力于对长期的性别歧视和暴力问题提出解决方案。

② Peter Dale Scott, "The United States and the Overthrow of Sukarno, 1965–1967," *Pacific Affairs* 58, no. 2 (Summer 1985): 264.

第十一章 暴力、遗产、缄默

明朗化,并塑造了后续半个世纪里其对待异见的方式。1965年之后,该政权经常诉诸极端暴力——包括法外杀人、酷刑和无理拘留——针对其真实的或有嫌疑的反对者。在1965—1966年磨炼出的技术和暴力手段基础之上,它依靠部署民兵或准军事部队来对付真正的或所谓的政府反对者,尤其是在爪哇腹地以外的东帝汶、亚齐和巴布亚。在那些地方和其他地方,它杀害并拘禁了大量的异见人士,并且强迫被拘禁者遭受1965年后曾对左派使用的同种酷刑和性暴力。鉴于当局对这种虐待行为缺乏任何有意义的法律或政治制裁,一种充满暴力且不受惩罚的文化在军队及其附属机构中变得根深蒂固。① 总之,新秩序的这些特质为它赢得了名副其实的侵犯人权之恶名,并在1966年后造成数十万人死亡。② 即使1998年新秩序垮台,在民主化和分权化不断推进的过程之中,该国的这些特性依然存在。

在这些结论之外,印度尼西亚暴力事件的长期后果也许能为更大范围的③问题带来启示:大规模暴力对于其受害者、犯罪者以及整个社会的政治、社会和道德影响是什么?印度尼西亚的经历证实了我们已知的大规模屠杀和监禁对受害者及其亲人的冲击。这些影响涉及心理痛苦、精神疾病、家庭和其他社会纽带断裂、经济困难、社会排斥和政治权利被剥夺。或许不太明显的是,印度尼西亚个案告诉我们:大规模暴力和缄默的后果对实施者和旁观者也可能别有深意。尤其是直接参与杀戮和酷刑的那些人,其长期影响或许

---

① 关于新秩序国家的这些特征,参见 Benedict R. O'G. Anderson, ed., *Violence and the State in Suharto's Indonesia* (Ithaca, NY: Cornell Southeast Asia Program, 2001); Robinson, *"If You Leave Us Here, We Will Die": How Genocide Was Stopped in East Timor* (Princeton, NJ: Princeton University Press, 2010), especially chapter 3。

② 关于新秩序的人权纪录和名声,参见 Amnesty International, *Power and Impunity: Human Rights under the New Order* (London: Amnesty International Publications, 1994); Amnesty International, *Indonesia: An Amnesty International Report* (London: Amnesty International Publications, 1977)。

③ 原文为"boader",此处疑有单词拼写错误,似应为"broader"。——译者注

435

包括心理痛苦和精神疾病。即使只是目睹了这些行为的人，也很可能遭受痛苦，特别是在强制缄默的情形之下，没有渠道表达自责或求得宽恕。

图 11.1　东加里曼丹的苏姆拜勒乔集中营入口，
1977 年，标牌上写着"注意：大门必须保持关闭并上锁"
大卫·詹金斯（David Jenkins）

印度尼西亚事件还表明，这种暴力和缄默对整个社会的影响可能是深远的。仅列举出最明显的几个后果：在大规模暴力之后，人们可能期盼通过暴力的常态化来应对国家受到的所谓威胁；安全部

第十一章 暴力、遗产、缄默

门内部罪而不罚的制度文化;政治和社会生活里的普遍军事化或野蛮化;性暴力与家庭暴力程度加剧;主要国家机构的公信力缺失。在诸如柬埔寨、东帝汶、南非等摆脱了长期暴力的国家,这种情况已有例证,也相应地成为过渡司法(transitional justice)工作的焦点所在。

尽管需要更多研究才能得出确切的结论,然而似乎更有可能出现的情况是,所有这些在以下情况里会变得更为复杂:其他的历史解读已被官方压制,至少两代人一直没有得到赔偿、补偿、纪念,正义没有得到伸张。倘若深刻的个人和社会创伤,连同政治乱局一起持续困扰着信奉过渡司法机制的社会,那么有理由相信,那些问题在缺乏这种机制的社会中更加糟糕。

关键问题在于这种伤害何时能被消除,何种机制能够奏效。对数以百万计的人们而言,答案明显是否定的——这种伤害无法弥补。对幸存者及整个社会而言,答案更趋复杂。一些人认为官方道歉已足够,其他人则将澄清历史记录作为终极目标,还有一些人决心考虑通过司法程序令最该负责的人责有攸归。观点之多样让我们警惕任何性质的"一刀切",特别是那些将单一价值观点强加于所有其他观点之上的解决方案。这一点尤其适用于寻求用和解来取代以正义与惩罚为目标的方案。事实上,如果从印度尼西亚案例中吸取教训,和解无疑是好事,但仅有正义远远不够。此外,我们仍有充分的理由怀疑,以牺牲正义为代价的和解是否永远无法提供令人满意的解决方案。

缄　默

考虑到1965—1966年暴力事件影响深远而且令人不安的后果,

杀戮季节：1965—1966年印度尼西亚大屠杀历史

我们可以公平地问一下，为何在过去半个世纪里对这个事件所谈所做如此之少。但是首先，让我提出一个免责声明——如果说印度尼西亚的那次暴力事件已经完全平息，这对于那些勇敢发声反对它的人则是一种损害。正如我们所见，许多人包括记者、艺术家、教师、作家、电影人、人权活动家、学者，甚至是一些政治家已经在行动。尽管面临严重阻碍，他们却已经开始以明显有效的方式来挑战主流叙事。

然而，在重要的方面，如此描述是真实的：尽管已经采取了积极措施来改变现状，但官方仍然严格限制（即使不算禁忌）对1965—1966年事件进行公开讨论。同样严峻的是，尽管印尼的公民们采取了行动，但印尼当局没能继续或者蓄意阻挠几乎每一项认真解决暴力问题的努力。截至2017年，还没有成立真相调查委员会，也没有尽全力挖掘散布在全国各地的数百个万人坑，还没有建造纪念死者和其他受害者的纪念碑，没有开展适当的司法调查，也没对涉案的犯罪者提出刑事指控，而且国家没有做出正式的道歉或赔偿。同时，国际社会拒绝公开反对这些事件，甚至拒绝将其描述为它们原本就是的"反人类罪行"。相反，事件发生半个多世纪之后，一套否认、阻挠和有罪不罚的处理模式仍在印尼盛行。

印度尼西亚在这方面的失败，与一些国家来之不易、略有瑕疵的进步形成鲜明对比，特别是阿根廷、波斯尼亚、柬埔寨、智利、德国、卢旺达、南非和东帝汶那些曾经有过相似的暴行国家。尽管这些国家的记录远非完美，也还有大量工作需要做，但这些国家至少已做出努力直面其历史中的暴力事件，通过成立真相调查委员会来寻求对这一历史的共同理解，至少把一部分的罪犯绳之以法，承认和反思过去的罪行，并且向这些罪行的受害者提供某种形式的赔偿（至少是致歉）。的确，尽管民间社会做出了顽强的努力，但印度尼西亚在各方面的糟糕表现却无疑将其置于一小撮侵犯人权而恶

第十一章　暴力、遗产、缄默

名昭彰的国家之列，包括与苏联相关的大清洗与集体化运动，还有美国对土著民族的种族灭绝等。

问题的核心是为什么。尽管民间社会的行动者们做出了勇敢努力，为什么印度尼西亚的表现仍乏善可陈？为什么在事件发生半个世纪后，罪行还没受到适当调查，更遑论惩罚？为什么没有官方道歉，国家没有针对和解做出必要的尝试，也没有试图进行赔偿？

最简单的答案是，这是一个事关政治权力的问题。与许多犯有种族灭绝和其他反人类罪行的政权形成鲜明对比，苏哈托新秩序政权存活了超过30年。在这一时期里，它利用宣传、（错误）教育、公共仪式、镇压和恐惧来迫使批评者缄默，阻挠严肃的行动需求。此外，由于那些对暴力事件负有责任的人长期掌权，他们能够编写暴力事件的历史，并且重组印度尼西亚的政治和社会生活，这些都导致质疑官方版本的任何尝试变得危险而不可能。换言之，如同他们的俄国和美国同道一样，他们对国家权力的长期把控有助于限制或破坏实现诸如真理和正义之类的目标，那些目标与作恶者个人、政治和体制的利益不符。

或许更令人惊讶的是，在1998年之后取代新秩序的、表面上民主的政权采用了许多同样的方法和机制，产生了同样的寒蝉效应（chilling effects）。20世纪60年代末遗留下来的立法遗产继续扮演着针对左翼采取镇压行动之法律基础的角色。此外，最值得注意的是，当局继续坚持1965年以来的"威权主义"旧思想，把印尼共描述成一个对民族和国家本身存在颠覆性威胁、一个必须被粉碎的奸诈敌人。

在印度尼西亚国内，如果恶意反共和威权主义观点确实仍然占据主导地位，那么涉及1965—1966年事件，有意义的推动改变的推力则不太可能来自该国内部。自从1998年以来，立法机关、司法机关、总统和武装部队等国家机构在此问题上几乎没有取得任何重要进展，这一惨淡的记录无疑也指向相同结论。这大概就是为什么近年来，真正关心人权（包括 1965—1966 年问题）的印度尼西亚人越来越多转向底层，绕过或忽略国家政治行为。虽然在范围上必须更为合理，而且承诺不做权宜之计，这些非国家解决方案（nonstate solutions）在范围上必须更为合理，而且承诺不走捷径，好在此类方案已逐渐通过和解、道歉和赔偿等地方行为产生效果。从某种意义上来说，这种自下而上的渐进式变革展现出了更多的希望，但本身却更加困难，因为印尼社会整体的批判性思维和政治行动已被毁坏，已无可挽回。

大量社会阻力的存在让这一问题变得更加复杂。这些阻力产生的原因有很多，其中的一些令人相当失望。在某些情况下，国家纵容或煽动了一种群体愤怒（community anger）。在另一些情况下，反对印尼共和左翼似乎成为许多人真心秉持的宗教或政治信仰。从这些人的反应中我们可以看到，政治和语言的极化在长达 50 年的漫长过程中演变成一种霸权。无论这些人怎么看待他们自己的观点，也不管这些观点在他人看来多么落伍，其长久而深远的影响已挥之不去。倘若这种分析在一定程度上还算正确，我们可以预期在可见的未来，1965—1966 年事件将再度成为深层潜在暴力冲突的焦点。从长远来说，我们只能希望人们意识到某种和解是必要的——若不接受某种形式的真理和正义，就不能达成这种和解。

与此同时，对于讲真话、举办纪念活动和寻求正义而言，进一步的阻碍依旧存在。其中之一是，即便人权倡导者尽了最大的努力，但公众对此类倡议的支持依然有限，甚至在幸存者之中也是如此。正如同祖尔布琴（Zurbuchen）所指出的那样，一些幸存者可能"宁愿不表达他们的痛苦与哀伤，或宁愿不与他人分享这些"。①

---

① Mary Zurbuchen (ed.), *Beginning to Remember: The Past in the Indonesian Present* (Seattle: University of Washington Press, 2005), p. 7.

第十一章 暴力、遗产、缄默

他们的沉默或许也是由于用语言和记忆去表达创伤体验的能力有限——祖尔布琴将此种情况形容为"无法完整复原和表现过去"的问题。① 赫里延托提出了一个令人沮丧的观点,即沉默反映出印尼人,特别是青年群体对于 1965—1966 年的历史缺乏兴趣。当然,选择沉默也极有可能是源于恐惧,这种恐惧在新秩序结束 20 年之后仍然深深铭刻在印尼社会。

如同暴力事件本身,关于 1965—1966 年的缄默与不作为已经成为大国赋权行为和国际环境某些特征的结果。正如我们看到的,新秩序从一开始就得到美国和其他国家的热情帮助,它们将 1965—1966 年暴行视为摧毁印度尼西亚左派所要付出的一点代价。这种支持采用了多种形式,包括暴行发生之前及发生期间在经济、宣传、政治等方面的隐形支持,以及随后几十年间大量的经济投入和军事援助。美国政府及其官员也不遗余力将人们对其卷入所谓政变及后续暴行的关注转移,而且把可能反证这一说法的记录文件打乱。事实上,在过去 50 年间,许多学者根据美国《信息自由法》(*Freedom of Information Act*),要求解密记录 1965—1966 年事件相关材料,特别是中央情报局来自印度尼西亚的情报和关于印度尼西亚报告,而美国政府却对学者们的请求不管不顾。② 例如,2001 年美国国务院试图撤回一卷已出版并分发给各图书馆的 1964—1966 年

---

① Mary Zurbuchen (ed.), *Beginning to Remember: The Past in the Indonesian Present* (Seattle: University of Washington Press, 2005), p. 6.
② 在 2017 年 3 月,美国政府的国家解密中心(National Declassification Center)宣布:"为了回应公众评论",它已开始审查 1963—1966 年美国驻雅加达大使馆的机密材料。然而,尚不知道这一过程是否会产生新状况。值得注意的是,没有迹象表明解密将会包括来自中央情报局或其他情报机构的文件。"Declassification of Indonesia Files in Progress," National Declassification Center, March 6, 2017。

解密文档,这一举动可谓古怪而发人深省。①

这也许不言而喻,在过去 50 年的大部分时间里,美国及其盟友既未发起也未支持任何旨在阐明真相或为 1965—1966 年受害者寻求正义的行动或程序。唯一明显的例外出现在 20 世纪 70 年代末,当时的卡特政府向印度尼西亚政府施压,要求释放数千名政治犯,这些人在所谓的政变发生十多年后未经指控却仍被关押。值得注意,这一举动是在一个强大的国际运动背景之下出现的,该运动代表那些囚犯的利益。如果缺少这场运动,美国是否仍会如此行事是令人怀疑的。

简言之,印度尼西亚当局应该对 1965—1966 年罪行及与之相关的缄默和不作为负直接且主要的责任,而美国政府和其他西方国家也难辞其咎。美国及其他西方国家为 1965—1966 年罪行后上台的政权提供了经济、政治和军事支持,而且此后对这些罪行也几乎彻底缄默,这些都为该事件官方版本普遍流传起到了推波助澜的作用。无论以哪种标准衡量均阻碍了对这些罪行应有的调查和起诉,而这些罪行属于 20 世纪最为严重的罪行之列。

除了国家的作为和不作为,1965—1966 年事件及其后的缄默和坐视不理也可以说是国际人权历史和实践的共同作用的结果。第一个特征是:1948 年联合国《防止及惩治灭绝种族罪公约》以排除政治团体的方式界定种族灭绝罪潜在受害者。根据公约第二条,种族灭绝是指"蓄意全部或局部消灭某一民族、族裔、种族或宗教团体"特定行为列表中的任一行为。② 把种族灭绝限定在民族、族裔、

---

① 这卷有问题的文档是 US Department of State, *Foreign Relations of the United States*, Vol. 26, *Indonesia; Malaysia-Singapore, Philippines (1964–66)*。参见 National Security Archive, "CIA Stalling State Department Histories," July 27, 2001, accessed August 27, 2015, http://nsarchive.gwu.edu/NSAEBB/NSAEBB52/.

② United Nations, *Convention on the Prevention and Punishment of the Crime of Genocide*, December 9, 1948, Article Ⅱ.

第十一章 暴力、遗产、缄默

种族或宗教团体的范围内可以说，该公约轻视了政治身份烙印，这种烙印牵涉基于政治身份而对人群进行的大规模杀戮。这也就导致代表其权益的国际司法上诉或政治行动不太可能成功。若从另一方面审视，这恰好是一些学者和倡议者（2010 年以来多为"国际人民法庭 1965"法学家们①）寻求将印度尼西亚暴力事件定义成种族灭绝的理由。他们的期望是，使用"种族灭绝"这一术语为受害者争取更多的同情，同时改进政治和司法对策。在印度尼西亚案例之中能否见效，还有待观察，但目前看来机会渺茫。

人权历史的第二个特征，即当时跨国人权和民间社会网络的相对薄弱，也导致了对 1965—1966 年事件的缄默与无所作为。从 20 世纪 70 年代末起，国际人权运动对全球几乎每一次大规模暴力都进行了积极的报道与回应，而该运动在 1965—1966 年还处于发展初期，其结果是该运动几乎没有关于印度尼西亚国内事件的详细报告。虽然国际性的团结小组（international solidarity groups）尽了最大努力，［当时］刚刚成立不久的大赦国际做过一些报道，但是在那样的气候下，几乎听不到愤怒的表达，而且其影响范围在很大程度上也无法奏效。媒体上的反对之声亦同样罕见。在那种语境里，无论是大国势力抑或是联合国这样的国际组织，都没有感到需要发声的压力，也没有对那些累累罪行进行关注，更不用说采取任何行动来制止或惩罚那些应当负有责任的人了。

因此，以上两个特性造成的结果是，一些国家（如俄罗斯、美国和印度尼西亚）有效逃脱或部分逃脱了对其重大罪行的国际谴责，因为人权准则和网络自 20 世纪 70 年代末开始获得重要权重与

---

① 2015 年 11 月 10—13 日，非政府组织"国际人民法庭 1965"（IPT1965）就印度尼西亚 1965 年侵犯人权案件召开听证会，2016 年 7 月 20 日做出"宣判"，认定印度尼西亚政府应当对 1965 年 9 月 30 日事件后的大屠杀负主要责任，犯有"反人类罪"，而美国、英国和澳大利亚政府"都存在不同程度的同流合污罪责"，相关内容参见 *Final Report of the IPT 1965: Findings and Documents of the IPT 1965*。当天印尼官方回应此"判决"时表示"拒绝接受裁决"，该法庭判决对印尼不具备法律约束力。——译者注

合法性,而这些罪行都是此前数年内所犯下的。20世纪70年代末人权运动在全球兴起,在此之后,阿根廷、柬埔寨、智利、危地马拉、卢旺达等国也发生了大规模暴力事件。相比印尼,这些国家已被国际社会区别对待,并受到愈发强势的普世人权话语的批判。换言之,犯罪时机可能一直是关键因素,它与人权准则的地位及网络相关,罪行受到批评和收到反馈的程度及性质也因而相异。此间明显的特例是第三帝国(Third Reich),其罪行早在20世纪70年代末之前就受到了谴责和惩罚。此外,第三帝国的罪行非常独特:国际社会对其罪行的谴责,战后议程的设置,同盟国的胜利三者之间的关系如此紧密,可以视为一个例外来证明罪而有罚可以实现。

自从20世纪70年代末以来,为印度尼西亚暴力事件受害者进行某种问责、讲述真相、寻求正义和赔偿的要求逐渐取代了新秩序时期的明显缄默,这要部分归功于有关人权的现行国际准则发生了显著变化。这当然就是印度尼西亚在东帝汶的种族灭绝运动中受到如此严厉谴责的原因之一,也是1999年其该事件被最终制止的原因之一。如今,一个真正的跨国网络将印度尼西亚和国际组织、活动家们、学者们以及艺术家们联结起来,促进1965—1966年事件的信息传播,并且强化代表受害者权益的运动。1965—1966年的事件已经开始在国际媒体上受到广泛报道,新一代学者、艺术家和电影工作者对此给予关注,所有这些都体现出在过去20年内所发生的巨大变化。但是,正如本人所言,在印度尼西亚国内和国外,抵制任何有意义改变的力量依旧强大,尤其在涉及真理和正义的关键问题,并且这种态势在未来多年内很有可能会持续下去。

据此经验,印度尼西亚案例可能会给我开头提出的第三个大问题带来某种启示:为什么某些严重罪行会被铭记、谴责及惩罚,而另一些会被遗忘且不受惩罚?来自印度尼西亚的最重要启示可简单划归为权力问题。只要对暴行负有责任的那些人继续掌权,寻求真相、正义、和解、赔偿和纪念的过程就不太可能发生。即使在该政权被推翻之后，此进程也将难以启动。尤其是，如果该政权利用其当权的时期来宣传另一个版本的历史，那个版本的历史指责受害者、转移对责任问题的关注，如果有人尝试提出另一个版本的历史或要求正义，就会置身于威吓和险境之中。换言之，围绕历史而展开的斗争，如同对侵犯人权行为进行界定和惩罚而展开的斗争一样，都与权力密切相关。印度尼西亚事件也表明，缄默和无所作为或许源自国际环境的特殊性——包括大国势力所采取的姿态、现行国际人权准则和跨国社会网络的力量及分布。印度尼西亚案例凸显了这样一个令人沮丧的事实：首先，大国势力的姿态或许是决定性的。一旦超级大国不愿披露某方面对自己不利的信息，国际准则和网络的影响力将大打折扣。

更为积极的方面是，印度尼西亚事件表明，控制历史叙述、记忆和正义的国家权力从来都不是绝对的。即使在新秩序最黑暗的年代，印度尼西亚国内外仍有那样一些人依然不惧暴力、恐惧弥漫、意识形态监管等威胁及现实。他们致力于挑战官方叙事，分享或保留他们的记忆，为他人的经历作证，为实现某种形式的正义而奔忙。自从 1998 年新秩序崩溃以来，人们从事这些活动的愿望和机会与日俱增，他们确定无疑会继续这样做，尽管存在阻碍。在这种经历中，存在一个有用的提示：历史不是命中注定的，历史记忆和正义的问题从来都不是不变的，而要随时接受阐释和争辩。也就是说，即使强大的利益集团阻挠变革，现行法律和社会准则对抗正义，少数人的行动，包括作证这样发自良心的举动，也将有助于改变现状。

所有这些都引出了这样一个问题：学者和公民在印度尼西亚及其他相似案例中应该做些什么。一个答案是我们什么也不做——基于熟悉的那些理由，最好不要揭开旧伤疤、我们没权利告诉别人应该如何对待他们自己的历史、学者尤其不应该卷入他们想要研究的课题。冒着打破这些准则的风险，我想提一个提议——我认为有些事情是我们可以做而且应该做的。首先，至少就印度尼西亚而言，我认为我们应该坚持要求我们的政府不加限制地公开这一时期的档案以帮助澄清历史记录。在事件发生 50 多年之后，不该有任何理由对这些文件保密。其次，我认为我们应该要求政府鼓励所有可靠的司法程序，打击那些对所犯罪行确实负有责任的人，同时也支持任何通往真相与和解的严肃倡议。最后，我相信，我们应该尽我们所能打破这种可怕的缄默与无知，这种缄默与无知使与之相似的罪行在半个多世纪以来被人忽视并不受惩罚。无论这本书有何种用途，我希望它有助于实现上述目的。我明白，这是一个奢望，但它肯定胜过无所作为。